Michel de Montaigne

Tagebuch der Reise nach Italien über die Schweiz und Deutschland von 1580 bis 1581

Übersetzt und
mit einem Essay versehen
von Hans Stilett

Extradrucke der Anderen Bibliothek
№ 349

Michel de Montaigne

Tagebuch der Reise nach Italien über die Schweiz und Deutschland von 1580 bis 1581

Für hilfreiche Hinweise danke ich
Anita Albus und Dr. Harald Stang.
Hans Stilett

Inhalt

5. Von Venedig bis Florenz

In Abano aus allen Spalten rauchende Felsen — Geniale Kanalsysteme — Mißglückter Versuch, die Po-Sümpfe auszutrocknen — Das Landvolk benutzt für die Schlammwege Stelzen — Gefährdung der Reiseroute durch Banditen — Die Gastwirte jagen sich gegenseitig Gäste ab und bieten diesen selbst Knaben und Mädchen an — Schöne Frauen sind in Italien selten — Montaigne bezweifelt die Echtheit des Marmors am Dom zu Florenz

6. Von Florenz bis Rom, dort erster Aufenthalt

Italien: Das rechte Land für Langschläfer und Faulpelze — Montaignes Bücher werden in Rom konfisziert — Messen mit mehr Prunk und Pracht als Andacht — Schilderung des Fußkusses beim Papst — Montaigne wohnt der Hinrichtung des Räubers Catena bei — Trauergesang auf den Untergang des antiken Rom — Das Beschneidungsritual der Juden

II.
Von Montaigne französisch verfaßter Text

7. Erster Aufenthalt in Rom (Fortsetzung)

Montaigne entläßt den Sekretär und muß das Journal daher eigenhändig fortführn — Einem besessenen Notar wird der Teufel ausgetrieben — Bewunderung für die Schätze der Vatikanischen Bibliothek — Schwule heiraten einander nach kirchlichem Ritus, einige wurden dennoch verbrannt — Der oberste Zensor gibt Montaigne die Essais mit Korrekturauflagen zurück, der aber sein Recht auf seine »Irrtümer« verteidigt — Die

regeln — Der Stich einer Artischocke läßt den Landvogt beinah eines grausamen Todes sterben — Zwischen den Einwohnern herrschen Neid und insgeheim tödliche Feindschaft — Montaigne wird gebeten, zwischen den Ärzten zu schlichten

S. 264—276

III. Von Montaigne italienisch verfaßter Text

11. Von den Bädern von Lucca bis Florenz und Pisa

Montaigne muß der Wanzen wegen auf dem Tisch des Speisesaals schlafen — Die Bauern arbeiten selbst sonntags und führen »mit der Laute in der Hand Ariost im Mund« — In Pisa verwesen Leichen in vierundzwanzig Stunden — Das Trinkwasser dort schmeckt nach Sumpf — Wüste Schlägerei zwischen Dompriestern und Ordensbrüdern — Türkische Korsaren entführen Fischer und arme Schäfer — Montaigne schickt den Damen einer Komödiantentruppe frische Fische

S. 277—321

12. Rückkehr aus Pisa in die Bäder von Lucca, dort zweiter Aufenthalt

Montaigne bedauert, »all die schönen Dinge« allein genießen zu müssen — Ein Vogelfänger kann an einem einzigen Morgen zweihundert Drosseln erbeuten — Montaigne kehrt »gesund und munter« in die Bäder zurück, und prompt bricht sein Leiden wieder aus — Nierensteine in allen Formen und Größen — Montaigne erfährt, daß man ihn zum Bürgermeister von Bordeaux gewählt hat — Die Einheimischen sind

Vorwort

Des Reisetagebuchs abenteuerliche Reise

Die Geschichte der verspäteten Auffindung und Publikation des *Tagebuchs der Reise Michel de Montaignes nach Italien über die Schweiz und Deutschland von 1580 bis 1581* (kurz: Reisetagebuch) gleicht mit dem rätselhaften Verschwinden sowohl des Originals als auch der ersten Transkription in mancher Hinsicht einem Kriminalroman — zumindest aber muß man seine Reise vom Autor zum Leser als wahrhaft abenteuerlich bezeichnen.

Zerfetzt und fast unleserlich, mit abgerißnem Titelblatt wurde es 1770, also einhundertachtundsiebzig Jahre nach dem Tod des Autors, von Abbé Joseph Prunis in einer alten, völlig verstaubten Truhe auf Schloß Montaigne entdeckt, bis zu deren Boden sich der Historiker auf der Suche nach Dokumenten über die Geschichte des Périgord durchgewühlt hatte. Hocherfreut machte er sich daran, den wertvollen Fund zu entziffern, zu transkribieren und mit Anmerkungen zu versehn.

In Paris ließ sich Abbé Prunis die Authentizität von mehreren Sprachforschern und Montaigne-Spezialisten bestätigen, darunter keinem Geringeren als dem Leiter der Königlichen Bibliothek. Hierüber verständigte er den ihm persönlich bekannten Enzyklopädisten Jean Le Rond d'Alembert, der ihn zur Publikation ermunterte — freilich mit der Auflage, »den Text nicht in seiner Gesamtheit zu veröffentlichen und all die unnützen und degoutanten Details über die Auswirkungen der Mineralwässer auf den Körper Montaignes wegzulassen«. Obwohl der Abbé mit einer nolens volens verstümmelten Fassung dem nachkam, rührte d'Alembert, nachdem die Herausgabe angekündigt worden war, keinen Finger mehr für ihn (und dies, wie sein obiger Vorbehalt vermuten läßt, weil er gleich allen Aufklärern seiner Zeit von Inhalt und Form des Reisetagebuchs enttäuscht war).

Prunis sah sich jedenfalls allein gelassen, als nun ein Intrigenspiel einsetzte, dessen Hauptakteur der für die Königliche Bibliothek arbeitende Journalist und Schriftsteller Anne-Gabriel Meu(s)nier de Querlon gewesen sein dürfte. Dafür spricht, daß diesem zur größten Verbitterung des sich düpiert fühlenden Abbés die Herausgabe übertragen wurde, was er in seinem Vorwort folgendermaßen zu begründen sucht:

»Um dieses Werk der Öffentlichkeit zu übergeben, mußte man es zunächst entziffern ... Die Transkription war nämlich äußerst fehlerhaft; es gab Auslassungen, die recht häufig den Sinn entstellten, und die Übersetzung aus dem Italienischen war noch mangelhafter.« (Etwa ein Drittel des Reisetagebuchs ist von Montaigne italienisch geschrieben.) Eine Überprüfung dieser Behauptungen ist freilich nicht mehr möglich — wie das Original ging ja auch des Abbés Transkription verloren.

Mit eindringlichen Worten schildert Querlon die von ihm übernommene Aufgabe: »Zunächst ging man daran, das Original neu zu transkribieren, ohne ein einziges Wort auszulassen oder zu ändern. Dieser erste Arbeitsgang verlief nicht ohne Schwierigkeiten, sei es wegen der schlechten Handschrift des Sekretärs, der bis Rom federführend war, sei es wegen der mangelnden Sorgfalt von Montaigne selbst ... Das Lesen der beiden Handschriften wurde vor allem dadurch weiter erschwert, daß die Orthographie des ganzen Manuskripts von der wunderlichsten, widersprüchlichsten und verworrensten Art ist. Die Überwindung all dieser Schwierigkeiten erforderte viel Zeit und Geduld.«

Auch diese Darlegungen, so glaubwürdig ihr letzter Teil in Anbetracht von Montaignes (freilich oft nur kokettierend) eingestandener Unbekümmertheit gegenüber Orthographie und Interpunktion sein dürfte, lassen sich nicht mehr verifizieren: Das Original bleibt, wie gesagt, unauffindbar.

Hinsichtlich der von Querlon behaupteten Texttreue seiner in den Jahren 1774 und 1775 veranstalteten fünf Ausgaben des Reisetagebuchs vertritt Charles Dédéyan zwar die Meinung, »daß die Edition für die damalige Zeit in einem wahrhaft wissenschaftlichen Geist konzipiert und zugleich mit sehr feinem Gespür durchgeführt wurde«; andere wiederum, zum Beispiel Fausta Garavini, äußern diesbezüglich größte, vorwiegend plausibel begründete Zweifel.

Was jedoch den Disput über die Authentizität des verschwundenen Originalmanuskripts selbst betrifft, dürfte er durch die kürzliche Entdeckung der *Copie Leydet*, einer weiteren Abschrift des Reisetagebuchs in Auszügen, endgültig beendet sein.

Montaigne unternahm die Reise in der Gesellschaft von vier jungen Edelleuten, von denen keiner älter als zwanzig Jahre war: seinem Bruder Bertrand-Charles de Montaigne, Sieur de Mattecoulon, dem Schwager Bernard de Cazalis und den beiden Freunden Sieur du Hautoy und Charles d'Estissac. Sie verfolgten jedoch andere Interessen als der reisende Humanist und Erkenntnissucher, von dem sie sich, mehr den mondänen Vergnügungen ihres Stands und Alters (wie Tanzen und Fechten) zugetan, einer nach dem andern trennten — keineswegs zu Montaignes Bedauern.

Zu seiner Begleitung gehörte jedoch auch jener mysteriöse Sekretär, der nicht nur ständig um ihn war und offenbar zugleich den Dienertroß leitete, sondern auch und vor allem fast die Hälfte (genau: sechsundvierzig Prozent) des *Reisetagebuchs* geschrieben hat. Es ist also insoweit ein Hybrid.

Wer wohl, fragte sich die Forschung, fragt sie sich antwortlos weiter, war dieser Sekretär, den Montaigne mitten im römischen Karneval verabschiedet hat oder von dem er im Stich gelassen wurde — ein fahrender Scholar aus der Gascogne, dem es darum ging, gratis nach Italien zu gelangen? Ein deklassierter, Abenteuer suchender Intellektueller? Ein Familienmitglied? Gar Montaigne selbst?

Die letztgenannte Vermutung gilt im wissenschaftlichen Diskurs längst als abwegig — der argumentative Trend geht in die entgegengesetzte Richtung: »Bei der Abfassung des ersten Teils des *Reisetagebuchs* spielte Montaigne nur eine bescheidene Rolle«, schreibt Craig B. Brush, obwohl Querlon (wie nach ihm viele Forscher) umgekehrt vermutet hatte, dieser Anfang sei von Montaigne regelrecht diktiert worden.

Damit könnte das überraschende Wechselspiel von »er« und »ich« im Text jedoch nur als eine Folge von Flüchtigkeitsfehlern erklärt werden. Dédéyan sieht den Sachverhalt vielmehr so, daß der Sekretär zu einem Teil gewiß nach dem Diktat Montaignes geschrieben habe, zum andern — größeren — aber von dessen Worten lediglich inspiriert gewesen sei: »Wenn die beiden sich nach einer Trennung von mehreren Tagen wiedersahen, nahm der Sekretär zwar das Diktat seines Herrn auf; des *Reisetagebuchs* erster Teil insgesamt läßt sich jedoch besser damit erklären, daß der Sekretär sich der Worte Montaignes im übrigen vermutlich genau erinnert hat und sie dann mit aller Sorgfalt allein niederschrieb.« Richard A. Sayce schlägt zur Verdeutlichung vor, daß man sich einen Maler und seinen Lehrling vorstellen möge: »Der Meister entwirft das Gesamtkonzept und vertraut die Ausführung dem Lehrling an — wohl wissend, daß das Ergebnis sich kaum von seinem eigenen Werk unterscheiden wird.«

Letzten Endes gilt: »Der Sekretär unterscheidet sich zwar von Montaigne, doch zugleich identifiziert er sich mit ihm und spricht schließlich in dessen Worten« (Garavini). So kam es dazu, daß »zwei Geister und zwei Stile sich verbanden, um ein harmonisches Ganzes zu bilden« (Dédéyan).

Wenn also im ersten Teil des *Reisetagebuchs* verwirrenderweise sowohl das erzählende Ich des Sekretärs mit dem erzählten Er Montaignes als auch dieses mit dem erzählten (oder gar diktierenden) Ich wiederum Montaignes alternieren, während im zweiten Teil das mit dem erzählten identische erzählende Ich Montaignes für monoperspektivische Klarheit sorgt (denn daß hier »ich« und das die Reisegesellschaft einschließende »wir« oft sogar in einem Satz nebeneinanderstehn, geht auf einen dem Autor vielleicht unbewußten Wechsel von Erlebnis- und reiner Berichtsebene zurück, nicht aber der Blickrichtung), bleibt doch festzuhalten, daß auch des *Reisetagebuchs* knapper erster Teil alles in allem von *einem* Autor stammt: von Montaigne selbdritt.

Habent sua fata libelli — daß dieser berühmte Satz des Terentianus Maurus mit *Pro captu lectoris* beginnt, wird zumeist unterschlagen, und dabei sagt er nur solcherart klipp und klar, worauf es ankommt: Über das Schicksal jedes Buchs entscheidet das Verständnis des Lesers.

Hinsichtlich des *Reisetagebuchs* nun zeigten die Daumen aller maßgeblichen Aufklärer zunächst nach unten. In höchst intoleranter Ausübung des von ihr beanspruchten Toleranzwächteramtes reagierte zum Beispiel die Grimm-Diderotsche *Correspondance littéraire* schon im Mai 1774: »Das Werk ist ein trockner und kalter Reisebericht, der kaum ein anderes Verdienst hat, als uns bis in die kleinsten Einzelheiten mitzuteilen, wie der Philosoph seine vielfältigen Wasser- und Heilkuren in Deutschland und Italien anzuwenden pflegte ... Die Lektüre wirkt abstoßend, denn sie enthält nichts, was ansprechend wäre, was interessieren könnte.« Und während im gleichen Jahr das Amsterdamer *Journal des Sçavants* zwar einräumt, die Entdeckung des Manuskripts werde von manchen für »ein wahres literarisches Ereignis« gehalten, kommt es doch nach der Lektüre zu dem Schluß: »Jene, die überall darin den Autor der *Essais* suchen, könnten bald feststellen, daß sie ihn nirgendwo finden.«

Möglicherweise geht die heftige Ablehnung des *Reisetagebuchs* durch die Aufklärer auf ein religiöses Trauma zurück: Den Fideisten Montaigne, als der er sich in den Essais (und hier vor allem in der *Apologie für Raymond Sebond*) zu erkennen gibt, hatten sie erfolgreich verdrängt, nun aber feierte er als praktizierender Katholik eine sie abstoßende Auferstehung. Das war nicht mehr ihr Montaigne!

Dem entsprach auf der anderen Seite eine Art *Habemus-Montanum*-Frohlocken mancher Klerikaler samt laizistischem Troß — ein Grund mehr für die ihr Haupt erhebenden Revolutionäre, den Autor der *Essais* zu *ihrem* Schutzpatron hochzuheiligen, den Autor des *Reisetagebuchs* aber gleichzeitig in den Limbus des Vergessens zu stoßen. Dieses Totschweigen führte dazu, daß erst vierundvierzig Jahre nach dem ersten Erscheinen des *Reisetagebuchs* ein Herausgeber den Mut fand, es in Montaignes *Œuvres complètes* (Lefèvre, Paris 1818) aufzunehmen.

Beendet waren die Auseinandersetzungen um die Frage seiner Literarizität damit keineswegs, und es bedurfte gewichtiger Stimmen, um einer insgesamt positiven Bewertung zum Durchbruch zu verhelfen. In Deutschland hat es zwar (anders als bei den *Essais*, deren sich ein deutscher Übersetzer erst einhundertsechzig Jahre nach dem Tod des Autors annahm) schon drei Jahre nach der Pariser Veröffentlichung des *Reisetagebuchs* eine Übersetzung durch Johann Heinrich Friedrich Ulrich (Halle 1777—1779) gegeben; sie fand jedoch kaum Beachtung, und selbst nach dem auf der Lektüre des französischen Originals gründenden Lobpreis durch Goethe —

Der lebendige Mensch erklärt auf alle Fälle den Schriftsteller ... Wie ein starker, feiner, zartgesinnter, sich selbst beobachtender, neugieriger, mit einer gewissen anmutigen Eitelkeit behafteter französischer Edelmann in fremden Ländern hervortritt, ist wohl auf keine andere Weise zu schauen und zu erfahren ... Alles, was einer solchen Feder entfließt, alles, was ein solcher Mensch erkundet, gewinntfür die Zukunft Bedeutung. So habe ich gerade mit großem Interesse die Reisebeschreibungen Montaignes gelesen: Sie bereiteten mir an manchen Stellen noch mehr Vergnügen als selbst seine Essais.—

mußten die Deutschen bis 1908 warten, ehe ihnen Otto Flake eine Neuübersetzung bescherte (an der, streckenweise zwar gut lesbar noch, mittlerweile doch der Zahn der Zeit genagt hat und die, obwohl 1963 eine dem damaligen Stand der Forschung entsprechende und grobe Fehler Flakes korrigierende Fassung herausgegeben wurde, seit 1988 als Taschenbuchausgabe wieder nur in der fehlerhaften *alten* Fassung vorliegt).

Ich konnte — mehrfach glückliche Lage des Späteren — für meine Neuübersetzung nicht nur den jüngsten Stand der Forschung berücksichtigen, sondern neben dem Originaltext Querlons und den beiden deutschen Übersetzungen auch die späteren französischsprachigen Ausgaben sowie die mir zugänglichen moderneren Übersetzungen ins Englische und Italienische heranziehn; vor allem aber stand mir das heutige Deutsch zur Verfügung (dessen ich mich freilich stets als einer Art Lasur zu bedienen suchte, die den Durchblick auf die Historizität des Textes und seine einmaligen Reize offenhält). Damit hoffe ich dem Leser meinen Montaigne *auf Tour* ebenso nahezubringen, wie ich es in der ersten modernen Gesamtübersetzung der *Essais* bereits mit meinem Montaigne *im Turm* angestrebt habe.

Hans Stilett

Michel de Montaigne

Tagebuch der Reise nach Italien über die Schweiz und Deutschland von 1580 bis 1581

I.
Vom Sekretär französisch verfaßter Text

1. Von Beaumont bis Plombières

In aller Eile entsandte der Herr de Montaigne seinen Bruder, den Herrn de Mattecoulon, mit dem Stallmeister zum Grafen, dessen Wunden, wie der Bruder feststellte, nicht tödlich waren. Im besagten **Beaumont** stieß der Herr d'Estissac zu unsrer Gesellschaft, um an der Reise teilzunehmen. In seiner Begleitung befanden sich ein andrer Edelmann und ein Kammerdiener, zu Fuß außerdem zwei Lakaien und ein Treiber für das mitgebrachte Maultier. Der Herr d'Estissac übernahm auch die Hälfte der Reisekosten. Montag, den fünften September 1580 brachen wir nach dem Essen von Beaumont auf und erreichten ohne Zwischenhalt zum Abendessen **Meaux**, zwölf Meilen: eine kleine hübsche Stadt an der Marne. Sie besteht aus drei Teilen. Alt- und Vorstadt liegen diesseits des Flusses, Paris zugewandt. Sie sind durch Brücken mit dem dritten großen Ortsteil verbunden, den man *Le Marché* nennt. Vom Fluß und einem sehr schönen Graben umschlossen, ist er reich an Häusern und Menschen. Ehedem war er mit mächtigen Mauern und Türmen hervorragend befestigt. Da die Einwohner aber den Hugenotten anhingen, wurden all diese Anlagen während unsrer zweiten Religionswirren geschleift. Zur Zeit des Hundertjährigen Krieges hatte nur dieser Stadtteil dem Angriff der Engländer standgehalten, die übrigen gingen völlig verloren. Daher sind seine Einwohner noch heute von der Steuer und allen andern Abgaben befreit.

Man zeigte uns eine Insel in der Marne, die zwei- bis dreihundert Fuß Länge mißt und von der es heißt, sie sei ursprünglich eine Erdaufschüttung der Engländer gewesen, von der aus sie *Le Marché* besser mit ihren Bombarden beschießen konnten; mit der Zeit habe sie dann diese feste Inselgestalt angenommen.

In der Vorstadt sahen wir die Abtei von *Saint-Faron*, ein sehr altes Gebäude, in dem die Wohnung Ogiers des Dänen mit dem Empfangssaal gezeigt wird. In dieser Abtei befindet sich auch ein altes Refektorium mit großen langen Steintischen von ungewöhnlicher Dicke; vor unsren Bürgerkriegen sprudelte dort ein fröhlicher Springbrunnen, aus dem die Mönche zu den Mahlzeiten tranken.

Die meisten Klosterbrüder sind heute noch Edelleute. Unter anderm ist in der Abtei ein altehrwürdiges Grabmal aus Stein mit den hingestreckten Gestalten zweier Ritter von ungewöhnlicher Größe zu sehen. Man behauptet, es handle sich um Oger den Dänen und einen andern Paladin. Das Grabmal trägt weder Inschrift noch irgendwelche Wappen, von einem lateinischen Satz abgesehn, den ein Abt vor etwa hundert Jahren einmeißeln ließ und der besagt, daß hier zwei unbekannte Helden begraben lägen.

Aus ihrem Schatz zeigen die Mönche auch Gebeine dieser beiden Ritter. Man erkennt, daß der Teil des Armknochens von der Schulter bis zum Ellbogen ungefähr die Länge des ganzen Arms eines durchschnittlich großen Mannes von heute hat, ja sogar etwas länger ist als der ganze Arm des Herrn de Montaigne. Zudem werden zwei der damaligen Schwerter gezeigt, die etwa die Länge unsrer Zweihänder haben und deren Schneide durch die Hiebe äußerst schartig geworden ist.

In Meaux ging Herr de Montaigne den Schatzmeister der Kirche *Saint-Étienne* besuchen, Juste Terrelle, der, klein und sechzig Jahre alt, unter den französischen Gelehrten sehr bekannt ist: Er bereiste Ägypten, sah sich in Jerusalem um und blieb dann sieben Jahre in Konstantinopel. Der Schatzmeister zeigte dem Herrn de Montaigne seine Bibliothek und die Sehenswürdigkeiten seines Gartens. Das Seltsamste, was sich unsren Blicken bot, war ein Buchsbaum, dessen sich rundum ausbreitende Zweige so dicht standen und dabei so kunstvoll beschnitten waren, daß man den Eindruck gewann, es handle sich um eine mannshohe Kugel: durch und durch massiv und völlig glatt.

Von Meaux kommend, wo wir am Dienstag zu Mittag gegessen hatten, trafen wir am Abend in Charly ein, sieben Meilen. Von dort ging es am Mittwoch nach dem Essen weiter bis Dormann, wiederum sieben Meilen, wo wir übernachteten. Am Donnerstagmorgen setzten wir die Reise fort und kamen nach fünf Meilen zum Mittagessen in Épernay an. Dort gingen die Herren d'Estissac und de Montaigne wie jeden Donnerstag zur Messe, und zwar in die Kirche *Notre-Dame*. Der Herr de Montaigne erkundigte sich nach dem Grabmal des Marschalls Strozzi, den er einmal getroffen hatte; er war bei der Belagerung von Thionville gefallen und wurde dann in dieser Kirche beigesetzt. Seinem Grab gegenüber dem Hauptaltar fehlt jeder Aufwand, es ist sogar ohne Platte, Wappen und Inschrift. Man erzählte uns, die Königin habe seinem Wunsch entsprechend verfügt, bei der Bestattung auf jederlei Pomp und Prunk zu verzichten.

Der Bischof von Reims aus dem Haus der Hennequins in Paris, der zugleich Abt der Kirche ist, las beim Besuch der beiden Herren gerade persönlich die Messe, denn man feierte an diesem Tag das Septemberfest der Namenspatronin.

Nach der Messe suchte der Herr de Montaigne in der Kirche Herrn Maldonat auf, einen durch seine Gelehrsamkeit in Theologie und Philosophie berühmten Jesuiten. Sie führten mehrere wissenschaftliche Gespräche, zuerst in der Kirche und dann nach Tisch in der Unterkunft des Herrn de Montaigne, wo Maldonat ihn aufsuchte.

Aber sie sprachen auch über andre Dinge. So berichtete ihm Maldonat, er habe kurz zuvor mit dem Herrn de Nevers die bei Lüttich gelegnen Bäder von Spa besucht und dabei festgestellt, daß die Heilwässer dort äußerst kalt seien; es werde einem sogar gesagt, am besten nähme man sie so kalt zu sich, wie man es irgend vertrage. Ihre Kälte sei derart, daß manche es hernach schüttle und schaudre; kurz nach dem Trinken fühle man jedoch eine große Wärme im Bauch. Maldonat selbst habe hundert Unzen zu sich genommen. Das Maß der Gläser, die dort erhältlich seien, könne jeder selbst bestimmen. Man trinke das Wasser nicht nur nüchtern, sondern auch nach den Mahlzeiten. Dem Bericht Maldonats zufolge wirkt es ähnlich wie die gascognischen Heilwässer, rückt jedoch dem Leiden stärker zu Leibe, denn nachdem er es mehrmals getrunken habe, sei er in Schweiß gebadet und völlig erschöpft gewesen. Man müsse das Wasser mindestens zwei bis drei Wochen lang trinken.

Ferner erzählte er, daß er mit eigenen Augen gesehn habe, wie Frösche und andre kleine Tiere, wenn man sie in das Heilwasser warf, sofort verendeten; und wenn man ein Taschentuch auf ein mit diesem Wasser gefülltes Glas lege, färbe es sich auf der Stelle gelb.

Abschließend sagte er, daß es sich um einen Ort handle, wo man sehr bequem lebe und gut untergebracht sei; besonders empfehlen könne man ihn zur Behandlung von Verstopfung und Nierengrieß. Freilich wurden weder er noch der Herr de Nevers durch die dortige Kur gesünder.

Maldonat war bei seinem Besuch von einem Haushofmeister des Herrn de Nevers begleitet. Sie übergaben dem Herrn de Montaigne eine Druckschrift über die Auseinandersetzung zwischen den Herren de Montpensier und de Nevers, damit er hierüber unterrichtet sei und dies seinerseits denjenigen Edelleuten mitteilen könne, die ihn danach fragen sollten.

In Épernay brachen wir am Freitagmorgen auf und kamen nach **Châlons**, sieben Meilen. Dort wohnten wir in dem schönen Wirtshaus *La Couronne*, wo die Speisen auf Silbergeschirr gereicht werden, und die meisten Betten und Decken sind aus Seide. Die Häuser bestehen im ganzen Landstrich gewöhnlich aus kleinen, etwa einen halben Fuß messenden Kreidequadern, oder man hat sie aus Lehm errichtet, der mit Rasensoden von gleicher Größe verkleidet ist.

Am nächsten Morgen reisten wir nach dem Essen ab und erreichten **Vitry-le-François**, sieben Meilen, wo wir übernachteten. Dies ist eine kleine Stadt an der Marne, die vor fünfunddreißig, vierzig Jahren an der Stelle jenes andren Vitry angelegt wurde, das man niedergebrannt hatte. Es weist wieder die wohlproportionierte und sehr ansprechende Form des alten auf, mit einem viereckigen großen Platz in der Mitte, der zu den schönsten Frankreichs gehört.

Wir hörten dort von drei Denkwürdigkeiten. Die eine war, daß die Witwe des Herzogs de Guise, Antoinette de Bourbon, noch lebe und trotz ihrer siebenundachtzig Jahre nach wie vor eine Viertelmeile zu Fuß gehen könne.

Die andre handelte davon, daß wenige Tage zuvor im nahe gelegnen Montier-en-Der jemand aufgrund folgender Geschehnisse gehenkt worden war: Sieben, acht Mädchen aus der Gegend von Chaumont-en-Bassigny hatten den Plan ausgeheckt, sich als Männer zu verkleiden und ihr Leben in der Öffentlichkeit so getarnt fortzuführen. Eine von ihnen, sie hieß Marie, kam nach Vitry, bestritt hier ihren Lebensunterhalt als Weber und galt nun als gutmütiger junger Mann, der sich jeden zum Freund machte. *Er* verlobte sich mit einer Frau, die noch am Leben ist. Aber nachdem sie wegen irgendeiner Sache in Streit geraten waren, kamen sie nicht mehr miteinander aus. Als *er* sich daraufhin nach besagtem Montier-en-Der begab, um dort *seinen*

Beruf weiter auszuüben, verliebte *er* sich in eine andre Frau und heiratete sie. Vier, fünf Monate lang soll *er* dort vergnügt mit ihr gelebt haben, bis *ihn* jemand aus Chaumont erkannte, so daß die Sache vor Gericht kam. Man verurteilte *ihn* zum Tod durch den Strang — was sie, soll sie gesagt haben, lieber erleiden wolle, denn wieder als Mädchen zu leben.

Und so wurde sie wegen der gesetzwidrigen Praktiken, mit denen sie dem Mangel ihres Geschlechts abzuhelfen suchte, tatsächlich erhängt.

Die dritte Denkwürdigkeit betrifft einen Mann von niederer Herkunft, der noch am Leben ist und *Germain* heißt. Er hat keinerlei Beruf oder Amt. Bis zum Alter von zweiundzwanzig Jahren war er ein Mädchen und als solches von allen Einwohnern der Stadt angesehn und gekannt; auffallend fand man lediglich, daß es etwas mehr Haare ums Kinn hatte als die andern Mädchen, weswegen man es *Marie mit dem Bart* nannte. Eines Tages sind dieser *Marie* durch die Anspannung eines Sprungs plötzlich männliche Geschlechtsteile hervorgeschnellt, und Kardinal de Lenoncourt, damals Bischof von Châlons, gab ihr daraufhin den Namen *Germain*. Als solcher trägt er nun einen großen und äußerst dichten Bart. Eine Ehe ist er nie eingegangen.

Wir bekamen ihn nicht zu sehen, weil er in die Stadt gegangen war.

Die Mädchen dieser Stadt hört man noch oft ein Liedchen singen, in dem sie einander warnen, allzu ausgreifende Schritte zu machen, damit sie nicht zu Männern würden — wie *Marie Germain*. Ambroise Paré soll die Geschichte in sein Buch über die Chirurgie aufgenommen haben. Sie ist also seriös, zumal sie dem Herrn de Montaigne überdies von den höchsten Beamten der Stadt bestätigt wurde.

Von hier reisten wir Sonntagmorgen nach dem Frühstück ab und erreichten ohne Zwischenhalt **Bar-le-Duc**, neun Meilen, wo der Herr de Montaigne bereits einmal gewesen ist. Er fand hier nichts Neues vor, das der Rede wert wäre, abgesehn von der ungewöhnlichen Großzügigkeit, mit der ein dortiger Dechant die Errichtung öffentlicher Bauten aus eigner Tasche gefördert hat und dies auch weiterhin tut. Er heißt *Gilles de Trèves*. So ließ er die an Marmor, Malereien und Schmuckwerk prächtigste Kapelle ganz Frankreichs errichten, außerdem das schönste Stadthaus, dessen Ausstattung kurz vor der Vollendung steht. Es ist in seiner Architektur wohlproportioniert und höchst harmonisch, dabei reichhaltig eingerichtet und auf vielfältigste und kostbarste Weise künstlerisch ausgeschmückt. Da es sich zudem hervorragend zu Wohnzwecken eignet, will der Dechant daraus eine höhere Internatsschule machen, und er ist bereits dabei, sie zu dotieren und auf seine Kosten zu unterhalten.

Von Bar-le-Duc aus, wo wir Montagmorgen das Essen einnahmen, trafen wir nach vier Meilen in **Mauvages** ein, einem kleinen Dorf; dort waren wir gezwungen zu übernachten, weil der Herr de Montaigne eine seiner Koliken bekam und haltmachen mußte. Das war auch der Grund, warum er seinen ursprünglichen Plan aufgab, *Saint-Dizier, Joinville, Toul, Nancy* und *Metz* zu besuchen — alles Städte, die ja von unsrer Reiseroute nicht weit ablagen. Jedenfalls hatte er diesbezügliche Überlegungen angestellt. Jetzt ging es ihm aber nur noch darum, so schnell wie möglich die Bäder von *Plombières* zu erreichen.

Von Mauvages brachen wir am Dienstagmorgen auf und kamen zum Mittagessen nach **Vaucouleurs**, eine Meile; dann folgten wir dem Flußlauf der Maas und erreichten nach weiteren drei Meilen **Domrémy**. Hier wurde die berühmte Jungfrau von Orléans geboren, die sich *Jeanne d'Arc* oder *Du Lys* nannte und deren Nachkommen durch die Huld des Königs geadelt wurden. Man zeigte uns das Wappen, das der König ihnen verliehen hatte: auf blauem Grund ein gerades Schwert mit Krone, die wie dessen Griff von Gold ist, und daneben zwei goldne Lilien. Ein Steuereinnehmer aus Vaucouleurs schenkte dem Herrn de Cazalis ein hiernach gemaltes Wappenschild.

Die Vorderseite des Häuschens, in dem die Jungfrau geboren wurde, ist über und über mit den Darstellungen ihrer Heldentaten bemalt; das Alter hat jedoch die Farben stark zersetzt. An einem größeren Weinberg ist auch der sogenannte *Baum der Jungfrau* zu sehn, der im übrigen aber keine Besonderheiten aufweist.

Am Abend erreichten wir zur Übernachtung Neufchâteau, fünf Meilen. Dort gibt es in der Kirche der Franziskaner zahlreiche drei- bis vierhundert Jahre alte Gräber der Adligen dieser Gegend; die Steinplatten tragen Inschriften, die allesamt nach demselben Schema formuliert sind: *Hier liegt der Herr Soundso, welcher in der Zeit nach dem Jahre eintausendzweihundert gestorben ist* — und so weiter und so fort.

Der Herr de Montaigne besichtigte die Bibliothek der Mönche, die zwar eine Menge Bücher enthält, doch keine Raritäten; dann nahm er einen Brunnen in Augenschein, aus dem das Wasser in riesigen Eimern geschöpft wird. Dazu setzt man mit den Füßen eine hölzerne Platte in rotierende Bewegung, die auf einem Drehzapfen befestigt ist; dieser wiederum steht mit einem runden Holzstück in Verbindung, an dem das Brunnenseil hängt. Er hatte dergleichen schon anderswo gesehn.

Dicht neben dem Brunnen steht fünf bis sechs Fuß über dessen Rand ein großer steinerner Behälter, bis zu dem die Eimer aufsteigen und in den sie dann das Wasser ohne fremdes Zutun ausschütten, ehe sie leer in die Tiefe zurückwandern. Der Behälter nun ist so hoch, daß von hier aus das Wasser durch Bleirohre in das Refektorium, die Küche und die Backstube der Mönche fließen kann, wo es aus Steinfassungen hervorsprudelt, die wie natürliche Quellen geformt sind.

Von Neufchâteau aus, wo wir frühstückten, gelangten wir zum Abendessen nach Mirecourt, sechs Meilen. Hübsche kleine Stadt, wo der Herr de Montaigne Neuigkeiten über den Herrn de Bourbonne und seine Gemahlin erfuhr, die ganz in der Nähe wohnen.

Am nächsten Morgen machte er nach dem Frühstück einen Abstecher von einer Viertelmeile zu den Nonnen von Poussay. Es gibt in dieser Gegend viele Klöster, die sich der Erziehung von Mädchen aus gutem Hause widmen. Jede Klosterfrau bekommt eine Pfründe von hundert, zweihundert oder dreihundert Talern, die eine mehr, die andre weniger; und jede hat eine eigne Wohnung, in der sie für sich lebt. Sogar stillende Mütter werden aufgenommen. Es besteht kein Keuschheitsgebot, außer für jene Klosterfrauen, die ein Amt innehaben, also Äbtissin, Priorin oder dergleichen sind. Sie können sich wie jede andre Dame ganz nach Belieben kleiden; nur müssen sie sich den Kopf mit einem weißen Schleier bedecken und während des Gottesdienstes in der Kirche einen großen Umhang tragen, den sie auf ihrem Sitz im Chor liegenlassen. Diese Klosterfrauen sind völlig frei, in ihrer Wohnung Besucher zu empfangen, die um ihre Hand werben oder aus anderem Anlaß kommen.

Jene, die ihren Austritt erklären, können nach eignem Ermessen ihre Pfründe — und es ist nicht anstößig, daß eine einzelne Klosterfrau deren drei bis vier besitzt — an eine andre Dame verkaufen, vorausgesetzt, daß sie die verlangten Bedingungen erfüllt. (Um dies zu überprüfen, sind Adlige aus der Umgegend in aller Form beauftragt, die Herkunft der sich vorstellenden Bewerberinnen eidlich zu bezeugen.) Die meisten beschließen jedoch im Kloster ihre Tage und haben keinerlei Verlangen, ihre Lebensumstände zu ändern.

Der Gottesdienst wird dort übrigens in derselben Form abgehalten wie überall sonst.

Von Mirecourt aus erreichten wir zum Abendessen Épinal, fünf Meilen: eine hübsche kleine Stadt am Ufer der Mosel. Wir mußten jedoch vor ihren Toren bleiben, weil wir durch Neufchâteau gekommen waren, wo bis vor kurzem die Pest geherrscht hatte.

Am nächsten Tag gelangten wir nach Plombières, vier Meilen, wo wir zu Mittag aßen. (Von Bar-le-Duc an berechnet man die Meilen wieder wie in der Gascogne, und je näher man

Deutschland kommt, desto mehr verlängern sie sich, bis sie schließlich das Doppelte, ja Dreifache erreichen.)
Wir langten dort also am Freitag, den sechzehnten September 1580 um zwei Uhr nachmittags an. Dieser Ort liegt an der Grenze von Lothringen und Deutschland in einem Talkessel, der von

hohen Hügeln und Kuppen umschlossen ist. Auf der Sohle dieses Kessels entspringen mehrere teils kalte, teils heiße Quellen. Das Wasser ist ohne Geruch und Geschmack — und derart heiß, daß man es kaum trinken kann; deshalb war der Herr de Montaigne gezwungen, es von einem Glas ins andre umzugießen. Es gibt nur zwei Quellen, aus denen man trinkt. Jene, die von Osten her kommt und das sogenannte *Bad der Königin* speist, hinterläßt im Mund außer einer Andeutung von süßlichem Lakritz keinen sonstigen unangenehmen Nachgeschmack, es sei denn, daß, wenn man ganz genau *hinschmeckt,* noch eine was weiß ich wie hohe Beimischung von Eisen darin enthalten scheint — so kam es dem Herrn de Montaigne jedenfalls vor. Von der zweiten Quelle, die am Fuß des gegenüberliegenden Berges entspringt, trank der Herr de Montaigne nur an einem einzigen Tag; sie ist etwas schärfer und weist einen unverkennbaren Geschmack nach Alaun auf.

Es ist dort Brauch, sich im Heilwasser lediglich zu baden; und das tut man täglich zwei- bis dreimal. Manche nehmen hierbei ihre Mahlzeiten ein; auch läßt man sich darin mittels Schröpfköpfen zur Ader. Man steigt erst ins Bad, nachdem man sich purgiert hat.

Soweit vom Wasser dennoch getrunken wird, sind es allenfalls ein bis zwei Gläser. Man wunderte sich daher über das Verhalten des Herrn de Montaigne, der jeden Morgen um sieben ohne vorhergehende Einnahme irgendeiner Medizin neun Gläser davon trank (was etwa einer Kanne entspricht), sein Essen erst mittags einnahm und an den Tagen, da er badete — und das geschah jeden zweiten Tag gegen vier Uhr —, nur ungefähr eine Stunde im Wasser blieb. An jenen Tagen verzichtete er auch bereitwillig aufs Abendessen.

Wir sahen Leute, die von Geschwüren und über den ganzen Körper verteilten Hitzblattern geheilt wurden. Im allgemeinen verbringt man dort mindestens einen Monat. Die bis in den Mai dauernde Frühlingssaison wird am meisten empfohlen, während man nach dem August die Bäder wegen des kalten

Klimas kaum in Anspruch nimmt. Wir fanden jedoch noch Gesellschaft, denn Hitze und Trockenheit waren dieses Jahr größer und hatten länger gedauert.
Unter den Leuten, zu denen der Herr de Montaigne in freundschaftliche Beziehung trat, befand sich der Herr d'Andelot aus der Franche-Comté, dessen Vater einst Kaiser Karl V. als Oberstallmeister gedient hatte; er selbst war erster Feldmarschall der Armee von Don Juan de Austria und blieb Gouverneur von Saint-Quentin, als uns die Stadt verlorenging.
Eine Stelle seines Barts und eine halbe Augenbraue waren ganz weiß; er erzählte dem Herrn de Montaigne, diese Verändrung habe ihn urplötzlich ereilt, als er einst voller Gram über den Tod seines Bruders (den der Herzog von Alba als Komplizen der Grafen Egmont und Hoorne hatte hinrichten lassen) den Kopf an ebenden Stellen auf die Hand gestützt hielt, so daß die Anwesenden dachten, der Farbwechsel rühre von zufällig auf seine Finger geratnem Mehl her. Seit jenem Augenblick hat sich sein Aussehn nicht mehr geändert.
Früher wurde das Bad allein von den Deutschen besucht; seit einigen Jahren kommen jedoch auch Leute aus der Franche-Comté und Franzosen in großer Menge. Es sind mehrere Bäder vorhanden. Das größte wurde nach alter Weise in ovaler Form errichtet und dient als Hauptbad. Es ist fünfunddreißig Schritt lang und fünfzehn breit. Das heiße Wasser quillt in mehreren Sprudeln von unten empor, während man von oben kaltes hinzuleitet; so hält man es auf gemäßigter Temperatur, wie es den Bedürfnissen der Badegäste entspricht. Deren Plätze sind nach Art unsrer Pferdeboxen durch Querstangen abgeteilt, die an den Beckenrändern hängen. Darüber dienen Holzplatten zum Schutz vor Sonne und Regen. Wie im Theater ziehn sich rings um die Bäder drei bis vier Reihen steinerner Stufen; auf ihnen können die Badegäste sitzen und sich anlehnen. Zucht und Sitte werden streng eingehalten, obwohl die Männer nur mit einer Badehose bekleidet ins Wasser steigen und die Frauen nur mit einem Hemd.

Wir wohnten im Gasthaus *À l'Ange*, dem besten des Orts, zumal es nahe bei zwei Bädern liegt. Die ganze Wohnung, die mehrere Zimmer umfaßte, kostete nur täglich fünfzehn Sous.
Die Wirte setzen überall das bereitgestellte Holz auf die Rechnung, obwohl das Land so reich daran ist, daß lediglich das Fällen etwas kostet. Die Wirtinnen verstehen sich auf eine hervorragende Küche. In der Hauptsaison hätte unsre Wohnung täglich einen Taler gekostet — sehr preiswert! Das Futter für die Pferde belief sich auf sieben Sous. Alle andern Ausgaben ähnlich günstig. Die Unterkünfte nicht pompös, doch höchst bequem: Da man fast überall Galerien benutzen kann, braucht man nicht zu einem Zimmer durchs andre zu gehn. Wein und Brot sind schlecht.
Das Volk ist sehr sympathisch: von gesundem Menschenverstand, freiheitsliebend und hilfsbereit. Alle Gesetze des Landes werden gewissenhaft eingehalten. Auf einer Tafel vor dem Hauptbad erneuert man jährlich auf deutsch und französisch folgende Bestimmungen:
Wir, Claude de Rynach, Ritter, Seigneur de Saint-Bâlesmont, Montureux-en-Ferrette, Landacourt usw., Rat und Kämmerer unsres höchsten Herrn, des Monseigneur Soundso, Herzog von usw., und dessen Vogt für die Vogesen, tun kund und zu wissen, daß wir zur Ruhe und Sicherheit der zahlreichen Damen und andern adligen Persönlichkeiten, die aus vielen Gegenden und Ländern in die Bäder von Plombières strömen, gemäß dem Willen Seiner Hoheit folgendes anordnen und festsetzen:
Die Strafmaßnahmen für leichtere Vergehen bleiben wie bisher in den Händen der Deutschen. Hierzu gehört, daß sie sich um die Einhaltung der Regeln für ein gesittetes Benehmen kümmern, denen sie zur Zierde unsrer Bäder Geltung verschaffen, sowie um die Bestrafung aller von ihren Landsleuten begangnen Übertretungen durch Auferlegung eines Bußgelds, ohne Ansehn der Person. Dabei sind Flüche und andre Äußerungen tunlichst zu vermeiden, die es an Ehrerbietung gegenüber der katholischen Kirche und deren Überlieferung fehlen lassen.

Generell verboten sind allen Personen — gleich welchen Standes oder Berufs und aus welchem Gebiet oder Land auch immer — die Verwendung beleidigender und provozierender Worte, das Tragen und der Gebrauch von Waffen im Bade und das gegenseitige Sich-des-Lügens-Bezichtigen. Übertretungen werden als Verletzung der persönlichen Sicherheit der Badegäste sowie Mißachtung Seiner Hoheit und Aufruhr schwer geahndet.

Auch ist allen Prostituierten und unzüchtigen Frauen untersagt, die Bäder zu betreten oder sich ihnen mehr als fünfhundert Schritt zu nähern. Verstöße dagegen sind durch Auspeitschung an allen vier Ecken des jeweiligen Bads zu sühnen. Wirte, die sie aufnehmen oder verbergen, werden mit Gefängnis oder einer je nach Fall festzusetzenden Geldbuße bestraft.

Unter der gleichen Strafandrohung ist es jedermann verboten, beim Betreten oder Verlassen der Bäder den öffentlichen Anstand zu verletzen, gegenüber den darin weilenden adligen Damen und Jungfrauen sowie allen andern Frauen und Mädchen unzüchtige und lüsterne Worte zu gebrauchen oder sie auf sittenwidrige Weise zu berühren.

Und weil durch die Benutzung unsrer Bäder Gott und die Natur uns zwar vielfache Annehmlichkeit und Heilung verschaffen, zur Verhinderung von allerlei stets möglichen Ansteckungen und Infektionen jedoch Reinlichkeit und Sauberkeit unabdingbare Voraussetzung sind, wird dem Bademeister ausdrücklich befohlen, sein Augenmerk peinlich genau auf die Körper der tagsüber oder des Nachts eintretenden Badegäste zu richten. In den Nachtstunden hat er dafür zu sorgen, daß die Badegäste sich ruhig und rücksichtsvoll benehmen, ohne Lärm, lautes Gelächter oder sonstwie anstößiges Verhalten. Wenn ihm jemand den Gehorsam verweigert, hat er ihn unverzüglich der Obrigkeit zwecks exemplarischer Bestrafung zu übergeben.

Sämtlichen Personen, die aus Orten kommen, in denen ansteckende Krankheiten herrschen, ist es außerdem unter An-

drohung der Todesstrafe verboten, den Ort Plombières zu betreten oder sich ihm zu nähern. Den Bürgermeistern und Gerichtspersonen wird ausdrücklich befohlen, hierauf ihr besondres Augenmerk zu richten; alle Einwohner haben uns überdies Meldezettel mit Vor- und Zuname sowie Wohnort der von ihnen aufgenommenen und untergebrachten Personen einzureichen. Jede Unterlassung wird mit Gefängnis bestraft.

Alle oben getroffnen Anordnungen wurden heute vor dem Hauptbad von Plombières ausgehängt, Abschriften davon auf französisch und deutsch in dessen unmittelbarer Nähe, an gut sichtbarer Stelle. Unterzeichnet von uns, Vogt für die Vogesen. Gegeben zu Plombières, den vierten Tag des Mai im Jahr des Heils unsres Herrn eintausendfünfhundertundsoundsoviel.

Es folgt der Name des Vogts.

Unser Aufenthalt an diesem Ort dauerte vom sechzehnten bis zum siebenundzwanzigsten September. Der Herr de Montaigne trank das Heilwasser elf Morgen lang, und zwar neun Glas an acht Tagen und sieben Glas an drei; außerdem nahm er fünf Bäder. Er fand das Wasser leicht zu trinken und ließ es täglich vor Tisch wieder ab. Er verspürte keine andere Wirkung als einen starken Drang zum Urinieren. Sein Appetit war gut. Schlaf und Verdauung wie sein allgemeiner Zustand erfuhren durch diese Trinkkur keine Verschlechtrung. Am fünften Tag bekam er jedoch eine arg heftige Kolik, die schlimmer war als die ihm gewohnten, diesmal zudem in der rechten Seite; dort hatte er bisher nie Schmerzen gehabt, außer einmal ganz leichte in Arsac, die aber folgenlos blieben. Der Anfall dauerte vier Stunden, und der Herr de Montaigne spürte ganz deutlich, wie der Stein sich durch Harnleiter und Unterleib bewegte. Die ersten beiden Tage danach schied er aus der Blase zwar zwei kleine Steine aus, später auch gelegentlich Sand. Als er Plombières verließ, war er aber fest überzeugt, daß ihm der große Stein von jener Kolik noch in der Blase sitze, zusammen mit mehreren kleinen — denn er glaubte, auch deren Weg nach unten wahrgenommen zu haben.

Die Wirkung, die das dortige Heilwasser auf ihn hatte, beurteilt er sehr ähnlich wie die der oberen Quelle von Bagnères-de-Bigorre, wo sich auch das Bad befindet. Was das Bad von Plombières betrifft, findet er seine Temperatur sehr mild; in der Tat fröscheln gewöhnlich schon Kinder von einem Jahr, ja sechs Monaten darin herum. Das Wasser bringt einen stark zum Schwitzen, aber auf sehr schonende Weise.
Um der Wirtin einen Gefallen zu tun, wies er mich an, nach Landessitte sein Wappen auf Holz anfertigen zu lassen; ein ortsansässiger Maler erledigte das für einen Taler, worauf die Wirtin schnurstracks veranlaßte, es außen an der Mauer aufzuhängen.

2. Von Plombières bis Baden

Am siebenundzwanzigsten September brachen wir nach dem Essen auf und passierten bald einen gebirgigen Landstrich, dessen Boden unter den Hufen unsrer dahintrabenden Pferde überall widerhallte, als ritten wir über ein Gewölbe, und von tausend Tambourins, im Takt geschlagen, schienen wir umtönt.

Zur Übernachtung reisten wir bis **Remiremont**, zwei Meilen. Hübsche kleine Stadt, gute Unterkunft im Gasthaus *À la Licorne*. Alle lothringischen Städte — dies war die letzte — haben nämlich bequemere Gasthäuser und eine bessere Küche als irgendein andrer französischer Ort.

Hier befindet sich auch eine berühmte Nonnenabtei, die ähnlich wie jene von Poussay geführt wird, über die ich bereits sprach. Die Klosterfrauen behaupten gegenüber dem Herzog von Lothringen ihre Souveränität und den Besitzanspruch auf die Stadt. Die Herren d'Estissac und de Montaigne statteten ihnen sofort nach der Ankunft einen Besuch ab und besichtigten etliche ihrer Privatwohnungen, die sehr schön und hervorragend eingerichtet sind. Man war gerade mit der Wahl einer Nachfolgerin für die kurz vorher verstorbne Äbtissin aus dem Hause Dinteville beschäftigt; um das Amt bewarb sich die Schwester des Grafen de Salm.

Zudem besuchten sie die Dechantin, die aus dem Hause Ludre stammt. Sie hatte dem Herrn de Montaigne die Ehre erwiesen, ihm im Bad von Plombières Artischocken, Rebhühner und ein Fäßchen Wein überbringen zu lassen. Man erzählte den beiden Herren, daß bestimmte Dörfer der Umgegend den Klosterfrauen zu Pfingsten stets zwei Kübel Schnee zu liefern hätten, ersatzweise einen mit vier weißen Ochsen bespannten Karren. Diese Schneelieferung sei aber, wurde den Besuchern gesagt, bisher niemals ausgeblieben — und dabei war während der frühherbstlichen Tage, die wir dort weilten, die Hitze noch so groß wie zu keiner Jahreszeit in der Gascogne!

Die Nonnen tragen auf dem Kopf nur einen weißen Schleier mit einem Stückchen Flor. Innerhalb des Klosters kleiden sie sich schwarz (wobei sie Stoff und Schnitt selber wählen), außerhalb farbig. Überdies steht es ihnen frei, Unterröcke zu tragen, auch leichte Schuhe oder solche mit dicken Sohlen und hohen Absätzen: nach italienischer Mode. Unter dem Schleier sind sie frisiert, wie wir es schon bei den Nonnen in Poussay sahen.

Ihre adlige Herkunft müssen sie bis in die vierte Generation nachweisen, auf Vater- und Mutterseite.

Es war schon Abend, da sich die beiden Herren von den Klosterfrauen in Remiremont verabschiedeten.

Am nächsten Morgen brachen wir in aller Frühe auf. Als wir bereits zu Pferde saßen, trat ein Edelmann im Auftrag der Dechantin an den Herrn de Montaigne mit der Bitte heran, daß er sie aufsuchen möge — was er denn auch gleich tat. Es ging um eine Vollmacht, welche die Damen des Klosters dem Herrn de Montaigne für die Regelung ihrer Angelegenheiten in Rom mitgaben. Hierdurch wurden wir eine Stunde aufgehalten.

Von dort folgten wir lange dem sehr schönen und heitren Tal der Mosel und gelangten von dort zum Mittagessen nach

Bussang, vier Meilen. Kleines häßliches Dorf, das letzte im französischen Sprachgebiet. Dort besuchten die Herren d'Estissac und de Montaigne in ihnen zur Verfügung gestellten Leinenkitteln die Silberminen, die etwa zweitausend Schritt tief im Berg liegen und dem Herzog von Lothringen gehören.

Nach Tisch setzten wir unsern Weg durch ein Gebirge fort. Man zeigte uns dort unter anderm die auf schier unzugänglichen Felsen liegenden Horste von Habichten, die man dort zu fangen und für nur drei örtliche *Testons* zu verkaufen pflegt. Auch sahen wir die Moselquelle. Zum Abendessen erreichten wir **Thann**, vier Meilen. Erste deutsche Stadt, sehr schön, dem Kaiser untertan.

Am nächsten Morgen kamen wir in eine reizvolle und große Ebene. Linkerhand zogen sich Weinberge mit den prächtigsten und gepflegtesten Reben derart weit hin, daß die Gascogner in unsrer Gesellschaft ausriefen, noch nie so viele auf einmal gesehn zu haben. Überall war die Weinlese im Gang. Zum Mittagessen erreichten wir **Mülhausen**, zwei Meilen. Kleine Schweizer Stadt, die zum Kanton Basel gehört. Der Herr de Montaigne besichtigte die Kirche, denn dort ist man nicht katholisch. Sie bot ihm wie alle andern in der Schweiz einen schönen Anblick — wurden sie durch die Reformation doch kaum verändert, außer daß die Hochaltäre und Bilder fehlen; aber das hat die Bauform nicht beeinträchtigt.

Überhaupt sah der Herr de Montaigne mit unendlicher Freude das freiheitlich geordnete, gute Zusammenleben der Menschen dieses Landes. Zum Beispiel kam sein Wirt, der Besitzer des Gasthofs *Zur Traube*, von einer Sitzung des Stadtrats zurück (wo er präsidiert hatte), um seine Gäste an der Tafel zu bedienen. Zum Trinken aber wartete mit ihm ein Mann ohne Amt und Würden auf, der unter dem Pfalzgrafen Johann Casimir vier Fähnlein Landsknechte gegen den katholischen König ins Feld geführt hatte und gleichwohl von diesem seit mehr als zwanzig Jahren eine Rente von jährlich dreihundert Talern bezog.

Ein Edelmann redete bei Tisch dem Herrn de Montaigne gegenüber frank und frei über seine Lebensumstände; unter anderm erzählte er, daß ihre Religion sie nicht im geringsten hindre, dem König sogar gegen die Hugenotten zu dienen (was uns auf der Reise von vielen andern bestätigt wurde, und in der Tat befanden sich während unsrer Belagerung von La Fère mehr als fünfzig Mülhausner unter uns), daß sie sich mit Frauen katholischer Konfession bedenkenlos priesterlich trauen ließen und sie keineswegs zwängen, den Glauben zu wechseln.
Nach dem Mittagessen zogen wir durch einen schönen, ebnen und sehr fruchtbaren Landstrich, den viele hübsche Dörfer und Gasthäuser zierten, und begaben uns zur Übernachtung nach

Basel, drei Meilen. Schöne Stadt, etwa so groß wie Blois, aus zwei Teilen bestehend, denn der Rhein fließt mitten hindurch; verbunden sind sie durch eine große und äußerst breite Holzbrücke.

Die Oberen der Stadt erwiesen den Herren d'Estissac und de Montaigne die Ehre, ihnen durch einen ihrer Beamten als Willkommensgabe Wein überreichen zu lassen. Dazu begrüßte man sie an der Tafel mit einer langen Ansprache, die der Herr de Montaigne mit einer noch wesentlich länger dauernden beantwortete. Hierbei standen Gastgeber und Gäste mit entblößtem Haupte da; auch zahlreiche Deutsche und Franzosen, die sich ebenfalls im Speisesaal befanden, hörten dem zu. Der Wirt diente ihnen als Dolmetscher.

Die Weine dort sind vorzüglich.

An Besonderheiten sahen wir das Haus des Arztes Felix Platter, das *à la française* aufs bunteste und schnörkelreichste bemalt ist. Er hat es groß, geräumig und prunkvoll errichten lassen. Unter anderm beschäftigt er sich damit, ein Herbarium mit Heilkräutern anzulegen, das schon weit fortgeschritten ist: Statt die Pflanzen wie üblich farbgetreu abmalen zu lassen, hat er die Kunst erfunden, die natürlichen Exemplare so haargenau aufs Papier zu kleben, daß man die winzigsten Blättchen und Fäserchen erkennt. In diesem Herbarium blättert er hin und her, ohne daß etwas herausfällt. Er zeigte uns Kräuter, die vor über zwanzig Jahren eingeklebt wurden.

Auch sahen wir bei ihm und in der Universität vollständige Skelette von Verstorbnen, die ohne Stützen aufrecht dastehn.

Die Basler haben die seltsame Angewohnheit, die Turmuhren in der Stadt, aber nicht in der Vorstadt eine Stunde vor der Zeit schlagen zu lassen: Wenn es zehn schlägt, ist es erst neun. Sie sagen, dies täten sie, weil eine zufällig um eine Stunde vorgehende Uhr die Stadt vor einem Handstreich gerettet habe.

Die Stadt Basel heißt nicht nach dem griechischen Wort für *König* so, sondern vielmehr nach dem deutschen Wort *Paß* oder *Passel*, das *Über-* oder *Durchgang* bedeutet.

Wir trafen dort mit zahlreichen Gelehrten zusammen, so mit Grynaeus, mit Theodor Zwinger, dem Verfasser des *Theatrum vitae humanae*, mit dem besagten Arzt Felix Platter und mit François Hotman. Die beiden letztgenannten speisten mit den Herren d' Estissac und de Montaigne am Tag nach deren Ankunft zu Abend. Der Herr de Montaigne fand nach den widersprüchlichen Auskünften, die er von den beiden über ihre Konfession erhielt, daß sie sich höchst uneins waren. In diesem Land nennen sich die einen Protestanten *Zwinglianer*, die andern *Calvinisten* und die dritten nach Martin Luther *Martinisten*. Der Herr de Montaigne vermutete daher, daß viele von ihnen im Herzen noch den römischen Glauben hegten.
Die Hostie wird dort den Kommunikanten gewöhnlich in den Mund gesteckt. Wer will, kann sie jedoch mit der Hand nehmen. In ihren Auseinandersetzungen trauen sich die Geistlichen aber nicht, dieses heikle Thema anzuschneiden.
Das Innere der Kirchen ist so, wie ich es schon beschrieben habe. Außen aber sind sie mit Bildern bemalt, und man sieht noch viele völlig unversehrte alte Grabsteine, auf denen Gebete für die Seelen der Verstorbenen stehn. Die Orgeln und Glocken, die Kreuze der Glockentürme und die vielfältigsten Darstellungen auf den Kirchenfenstern sind ebenfalls vollständig erhalten. Das gleiche gilt für die Bänke und das Chorgestühl. Die Taufbecken hat man an die Stelle gesetzt, wo vorher der große Altar stand. Für das Abendmahl wurde am Ende des Kirchenschiffs ein anderer Altar errichtet. Der von Basel beeindruckt durch seine sehr schöne Gestalt. Die *Kartäuserkirche*, ein höchst ansehnlicher Bau, ist gut erhalten und wird sorgfältig gepflegt. Selbst der Schmuck und die Einrichtung sind geblieben. Hierauf weisen die Basler als Zeugnis ihrer treuen Befolgung der Verpflichtungen eigens hin, die sie im Abkommen mit der katholischen Kirche auf sich genommen haben. Und dabei ist der örtliche Bischof ihr geschworener Feind!
Er residiert außerhalb der Stadt in seiner Diözese. Den größten Teil der ländlichen Bevölkerung weiß er im herkömmlichen

Glauben zu halten. Die Stadt zahlt ihm eine Zuwendung von gut 50 000 Franken; auch hat sich an der Bischofswahl nichts geändert. Der Herr de Montaigne bekam viele Klagen über den Sittenverfall der Frauen und die Trunksucht der Einwohner zu hören. Auch wurden wir Zeugen, wie brutal ein Chirurg eine Bruchoperation an dem kleinen Kind eines armen Mannes vornahm.

Wir besichtigten eine schöne öffentliche Bibliothek, in reizender Lage am Fluß.

Wir hielten uns den ganzen Tag nach unsrer Ankunft in der Stadt auf und speisten auch tags darauf noch dort zu Mittag.

Nach Tisch reisten wir von Basel ab und nahmen unsern Weg den Rhein entlang; nach etwa zwei Meilen ließen wir ihn linkerhand liegen und kamen in eine ziemlich flache und sehr fruchtbare Gegend.

In diesem ganzen Landstrich gibt es eine Menge Brunnen — kein Dorf und keine Kreuzung, wo man nicht auf einen äußerst schönen träfe! Allein in Basel zählt man, heißt es, deren mehr als dreihundert. Auch sind die Einwohner bis ins Lothringische hinein derart an Außengalerien gewöhnt, daß man in allen Häusern zwischen den Fenstern der oberen Zimmer sogar dann auf die Straße gehende Türen einläßt, wenn man die Anbringung einer Galerie erst für später ins Auge faßt.

Von Épinal an sahen wir selbst die kleinsten Häuser mit Glasfenstern ausgestattet; den herrschaftlichen Wohnungen aber gereicht das Glas innen und außen zu besonderer Zierde, da sie ganz auf die großen Scheiben hin angelegt sind, die sich in mehreren Stellungen öffnen lassen.

Man verwendet zudem Unmengen an Schmiedeeisen, für dessen Bearbeitung darauf spezialisierte Kunsthandwerker tätig sind. Sie übertreffen uns hierin bei weitem. Außerdem gibt es keine noch so kleine Kirche, die nicht eine prächtige Turm- oder Sonnenuhr aufwiese. Ferner beherrschen die Leute hervorragend die Kunst der Ziegelbrennerei und -verarbeitung; daher bieten die Dächer ihrer Häuser mit den bunten und vielfältig gemusterten Klinkern einen wunderschönen Anblick; das gleiche gilt für die Bodenfliesen in den Zimmern. Und nichts Wohlgefälligeres gibt es als ihre aus Ton gebrannten Kachelöfen.

Auch verwendet man hier reichlich Tanne, und sie haben höchst geschickte Zimmerleute und Küfner. Alle Fässer sind zum Beispiel rundum mit Schnitzereien geschmückt, und die meisten gefirnißt und bemalt.

Bei den Kachelöfen sparen sie an nichts, namentlich in den gemeinsamen Speisesälen. In jedem Saal, der auch ansonsten sehr gut ausgestattet ist, stehn gut fünf bis sechs Tische mit Bänken, an denen alle Gäste zusammen speisen, jede Gesellschaft an ihrem Tisch. Selbst die billigsten Unterkünfte haben zwei bis drei solch schöne Säle mit vielen großen Glasfenstern.

Anscheinend aber geht es ihnen mehr um den Komfort beim Speisen als um alles andre — sind die Zimmer doch oft um so dürftiger.

An den Betten gibt es niemals Vorhänge, und stets stehn in einem Zimmer drei bis vier Betten nebeneinander. Keine Kamine. Wärmen kann man sich nur gemeinsam: in ebenden Speisesälen. Kein Feuer sonst, nirgendwo. Flüchtet man sich aber in die Küche, wird einem das arg verübelt.

Sehr unsauber im Zimmerdienst. Glücklich, wer ein weißes Laken bekommt! Die Kopfkissen zu überziehn ist bei ihnen nicht Brauch. Zum Zudecken dienen nur Federbetten, und die sind arg schmutzig.

Die Schweizer sind jedoch hervorragende Köche, besonders in der Zubereitung von Fisch.

Zum Schutz gegen Wind und Nachtfeuchte haben sie allein ihre mit keinen Holzläden versehnen Glasfenster, die zudem selbst nachtsüber kaum geschlossen werden. Dafür sind sowohl die Speisesäle als auch die Zimmer entsprechend luftig und hell.

Ihre Tischsitten unterscheiden sich stark von den unsren. Sie mischen dem Wein niemals Wasser bei — und sie tun im Grunde gut daran, denn ihre Weine sind so klein, daß unsre Edelleute sie noch schwächer fanden als die schon arg verwässerten der Gascogne. Gleichwohl ist ihre Art sehr fein. Das Dienstpersonal ißt mit der Herrschaft zusammen, entweder am selben Tisch oder daneben. Zur Versorgung einer großen Tafel reicht ein einziger Diener, denn dieser füllt die vor den Gästen stehenden Becher oder Silberpokale aus einem Zinn- oder Holzgefäß mit langer Schnepfe nach, also ohne daß er sie in die Hand nehmen müßte.

Was das Essen betrifft, so werden bei jedem Gang nur zwei bis drei Platten aufgetragen. Die Gerichte sind gut zubereitet, man vermischt die Speisen aber und serviert sie in einer völlig anderen Reihenfolge als bei uns, manchmal sogar in hohen Eisengestellen übereinander. Die teils runden, teils viereckigen Tische sind nämlich ungeheuer groß, so daß es schwierig ist, die Ge-

richte aufzutragen. Dank jener Gestelle aber kann der Diener die Platten bequem auf einmal wegnehmen und dafür zwei bis drei neue auftragen, und dies sechs- bis siebenmal hintereinander; denn nie wird ein Gericht serviert, bevor das andre weg ist. Mit den Tellern hält man es wie folgt: Sobald die Speisen abgeräumt sind und das Obst aufgetragen werden soll, stellt man mitten auf den Tisch einen Weidenkorb (oder manchmal ein großes bemaltes Holzbrett), in den zuerst der Vornehmste der Runde seinen Teller hineinwirft, dann die andern; diese Rangordnung wird streng eingehalten. So kann der Bediente die Teller mühelos im Korb wegtragen, um wie vorher die Gerichte nun das Obst bunt gemischt auf zwei bis drei Platten zu servieren.
Dem Braten pflegt man häufig Meerrettich und gekochte Birnen beizumischen.
Den Flußkrebsen sprechen die Schweizer reichlich zu; sie werden auf einer Platte serviert, die als Ausdruck ihrer besondren Wertschätzung stets zugedeckt ist. Sie bieten sich die Krebse gegenseitig an, was sie bei kaum einem anderen Gericht tun. Das ganze Land ist voll davon, und obwohl man sie täglich ißt, bleiben sie allen ein Hochgenuß.
Weder zu Beginn noch am Ende des Essens wird Handwasser gereicht; jeder holt es sich vielmehr aus einer kleinen Kanne, die wie bei unsren Mönchen in einer Ecke des Eßsaals steht.
Die meisten Leute benutzen Holzteller, selbst hölzerne Töpfe und Pißpötte; und all das ist denkbar sauber und blank. Andre stellen in die hölzernen Teller solche aus Zinn, außer beim Obst: Für diesen das Mahl beschließenden Gang verwendet man *ausnahmslos* Holz.
Die Benutzung des Holzes geschieht jedoch rein aus Gewohnheit, denn selbst wo man die Speisen darauf serviert, benutzt man zum Trinken Silberbecher, von denen es eine schier unendliche Menge gibt.
Sie putzen und polieren ihre Holzmöbel mit größtem Eifer, selbst die Dielen der Fußböden.

Ihre Betten sind so hoch, daß man zumeist auf Stufen in sie steigt; und fast immer stehn unter den großen Betten noch kleine.
Da sie hervorragende Eisenschmiede sind, werden fast überall die Bratspieße durch Federn oder wie bei den Uhren durch Gewichte gedreht; oder auch durch leichte und dünne Brettchen aus Tannenholz, die wie Windmühlenflügel angeordnet sind und sich in den Rauchfang der Kamine einhängen lassen. Der Luftzug versetzt sie ebenso wie der aufsteigende Rauch in eine schnelle Drehbewegung; diese überträgt sich auf den Spieß und sorgt für ein sanftes und langes Garen des Bratens — lieben sie doch allgemein das Fleisch etwas zu trocken.
Diese kleinen Windmühlen, deren Drehbewegung sehr gleichmäßig und ruhig ist, werden jedoch nur in den großen Hotels verwendet, wo das Feuer genügend Kraft hat — zum Beispiel in Baden. Seit Lothringen sind die meisten Kamine von anderer Art als bei uns. Man errichtet die Feuerstelle vielmehr in der Mitte oder in einer Ecke der Küche und verwendet fast die ganze Breite des Raumes für den Rauchfang: eine sieben bis acht Schritt große Öffnung im Quadrat, die bis zur Höhe der Wohnung geht. Deshalb haben sie Raum genug fürs Anbringen der erwähnten Windmühlen, die in unseren Abzugsöffnungen derart viel Platz einnehmen würden, daß der Rauch nicht abziehn könnte.

Weil die einzelnen Gänge so lang sind, dauern die einfachsten Mahlzeiten drei bis vier Stunden — und auch weil man hier weit weniger hastig ißt als bei uns, was zudem der Gesundheit dient.

An Lebensmitteln herrscht großer Überfluß, namentlich an Fisch und Fleisch. Die Eßtische können die Fülle kaum fassen, zumindest war das bei unserm so. Freitags wurde niemandem Fleisch serviert — sie sagen, es würde ihnen an diesem Tag nicht schmecken.

Die Teuerung ähnlich groß wie in der Pariser Gegend.

Die Pferde erhalten gewöhnlich mehr Hafer, als sie fressen können.

Zur Nacht kamen wir nach Hornussen, vier Meilen. Ein kleiner, zum Herzogtum Österreich gehörender Ort.

Am nächsten Morgen, es war Sonntag, hörten wir die Messe, und mir fiel auf, daß die Frauen ausschließlich die linke Seite einnehmen, die Männer die rechte. Die Frauenbänke sind in mehreren Querreihen hintereinander angeordnet. Sie haben Sitzhöhe, doch die Frauen *knien* hierauf, so daß es aussieht, als stünden sie.

Die Männer knien ebenfalls nicht auf dem Boden, sondern auf den Bänken vor ihnen, die außerdem hölzerne Querstangen zum Festhalten haben. Statt bei der Wandlung wie wir zur Anbetung die Hände zu falten, spreizen sie diese auseinander und halten sie mit den offnen Flächen so lange erhoben, bis der Priester die Monstranz zeigt.

Den Herren d'Estissac und de Montaigne wurden Plätze in der dritten Bankreihe angewiesen; die Reihen vor ihnen nahmen dann Männer minderen Ranges ein; ebenso verfuhr man auf der Frauenseite. Wir sahen also, daß die ersten beiden Reihen keineswegs den Höchstrangigen vorbehalten waren.

Der vereidigte Dolmetscher und Führer, den wir schon in Basel genommen hatten, begleitete uns in die Messe und zeigte durch sein Verhalten, daß er ihr mit großer Andacht und Hingabe folgte.

Nach dem Mittagessen überquerten wir die Aare bei Brugg, kleine Stadt der Herren von Bern; von dort aus sahen wir eine Abtei, die Königin Katharina von Ungarn den Herren von Bern im Jahre 1524 geschenkt hatte. In ihr sind Erzherzog Leopold

von Österreich und viele Edelleute begraben, die mit ihm im verlornen Kampf gegen die Schweizer 1386 gefallen sind. Ihre Grabsteine tragen noch ihre Wappen und Namen, und die sterblichen Überreste bewahrt man mit größter Sorgfalt auf.
Der Herr de Montaigne sprach mit einem der Herren von Bern, der dort das Sagen hat, woraufhin dieser ihm und dem Herrn d'Estissac alles zeigen ließ.
Die Abtei hält Brotlaibe und Suppe für jeden bereit, der vorüberkommt und darum bittet — nach ihrer Satzung darf dies keinem verweigert werden.
Von da aus setzten wir auf einer Fähre über die aus dem Vierwaldstätter See kommende Reuß. Diese Fähre wird mittels einer eisernen Rolle, die an einem hohen Drahtseil entlangläuft, über den Fluß geführt. Weiter begaben wir uns nun nach **Baden**, vier Meilen: eine kleine Stadt mit einem abgesonderten Ortsteil, in dem die Bäder liegen. Sie ist katholisch und steht dennoch unter dem Schutz der acht protestantischen Schweizer Kantone. Viele große Fürstenversammlungen haben hier stattgefunden.
Wir wohnten nicht in der Stadt, sondern im erwähnten abgesonderten Ortsteil, der sich am Fuß der Berge längs eines Flusses (oder eher Sturzbachs) hinzieht, der *Limmat* heißt und aus dem Zürichsee kommt.
Es gibt dort zwei bis drei öffentliche Bäder, die nicht überdacht sind. Sie werden nur von den armen Leuten benutzt. Die anderen, wesentlich zahlreicheren liegen innerhalb der Häuser. Man hat sie in viele kleine Einzelzellen geteilt und abgetrennt, die, in sich geschlossen und überdeckt, mit den Zimmern gemietet werden. Sie sind die denkbar angenehmsten und zweckmäßigsten, denn in sie wird für jedes Bad eigens heißes Wasser eingeleitet.
Die Unterkünfte sind großartig. In dem Gasthaus, das wir gewählt hatten, soll es vorgekommen sein, daß an einem einzigen Tag dreihundert Münder verköstigt wurden. Während unseres Aufenthalts weilten noch viele Gäste da, denen gut hundertsiebzig Betten zur Verfügung standen. Es gibt siebzehn mit

Arx

BADENSE
OPPIDVM
Vulgo
Ober Badenn.
Thermę
minores

Kachelöfen beheizte Speisesäle und elf Küchen, in einem dem unsren benachbarten Gasthaus auch fünfzig möblierte Zimmer. Die Wände der Zimmer sind über und über mit den Wappen der Edelleute bedeckt, die dort geweilt haben.
Die Stadt liegt in der Höhe, unterhalb eines Berggipfels. Sie ist wie nahezu alle in der Gegend klein, aber sehr schön; denn nicht nur sind die Straßen breiter und offner als die unsren, die Plätze weiträumiger und fast alle Fensterfronten großzügig verglast, sondern man folgt hier überdies dem Brauch, so gut wie alle Häuser außen zu bemalen und mit Sinnsprüchen zu versehn, so daß sie einen höchst gefälligen Anblick bieten. Zudem gibt es keine Stadt, in der nicht zahlreiche Brunnen plätschern; sie sind an den Wegkreuzungen in kunstvoll bearbeiteten Holz- oder Steinfassungen errichtet. Das läßt die Schweizer Städte weitaus hübscher aussehn als die in Frankreich.
Dem Wasser in den Bädern entströmt ein Schwefelgeruch, der dem in Eaux-Chaudes und anderswo ähnelt. Auch die Temperatur ist so gemäßigt wie dort und in Barbotan; man empfindet es daher als sehr angenehm, im lauen Wasser zu baden.
Wer Damen zu begleiten hat, die unbelästigt bleiben wollen, kann sie bedenkenlos hierherführen, denn auch für sie gibt es die Möglichkeit, ganz allein zu baden: in augenscheinlich luxuriösen, zum Teil verglasten und daher lichten Kabinen, die überdies einen kunstgerecht verlegten Dielenboden sowie rundum eine bemalte Täfelung aufweisen. Außerdem sind sie zum beliebigen Gebrauch komplett mit Liegen und kleinen Lese- oder Spieltischen ausgestattet.
Beim Baden kann jeder soviel Wasser einfüllen oder ablaufen lassen, wie er will. Alle Zimmer haben ihr eigenes Bad direkt nebenan.
Schöne Promenaden am Fluß entlang, auch eigens zum Promenieren errichtete Galerien.
Diese Bäder liegen in einer Talmulde, die von hohen Bergen beherrscht wird, deren Hänge jedoch meist kultiviert sind und reiche Frucht tragen.

Beim Trinken kommt einem das Wasser etwas fad und schal vor, als hätte man es mehrmals umgegossen, und es schmeckt nach Schwefel; zudem hat es einen, wie soll ich sagen, Stich ins Salzige. Jene, die es zu sich nehmen, trinken hiervon allenfalls ein bis zwei Glas. Die Einheimischen verwenden es freilich vorwiegend zum Baden. Dabei lassen sie sich mittels Schröpfköpfen derart heftig zur Ader, daß mir die beiden öffentlichen Bäder manchmal wie mit purem Blut gefüllt schienen.

Man hält sich dort gewöhnlich fünf bis sechs Wochen auf, und fast den ganzen Sommer über sind die Bäder besucht. Kaum ein anderes Volk bedient sich ihrer in derartigen Massen wie das deutsche. Man benutzte sie seit uralten Zeiten — schon Tacitus erwähnt sie.

Der Herr de Montaigne gab sich alle Mühe, die Hauptquelle ausfindig zu machen, doch er konnte nichts darüber in Erfahrung bringen. Dem Anschein nach liegen die Quellen allesamt sehr tief, fast auf der Ebene des Flusses. Ihr Wasser ist weniger klar als das anderer Quellen, die wir kennenlernten, und es führt beim Schöpfen seltsame winzige Fädchen mit sich. Es entbehrt auch der hochperlenden Bläschen, wie man sie sonst in schwefligem Wasser aufblitzen sieht, wenn man es ins Glas gießt. (Herr Maldonat hatte das zum Beispiel von dem in Spa berichtet.)

Am Tag nach unsrer Ankunft, also am Montagmorgen, trank der Herr de Montaigne sieben kleine Gläser davon, was etwa einem großen Halbliterkrug bei ihm zu Hause entsprach; am nächsten Tag fünf große Gläser, die zehn der kleinen, also etwa einen Liter ausmachten. Am gleichen Dienstag neun Uhr morgens begab er sich, während die andern aßen, allein ins Bad und begann hernach im Bett mächtig zu schwitzen. Dabei war er lediglich eine halbe Stunde im Wasser geblieben — er hatte sich nämlich der Länge nach hineingelegt, bis zum Hals bedeckt; den Einheimischen hingegen, die hierin den Tag mit Spielen und Trinken verbringen, reicht es nur bis zur Hüfte.

Am gleichen Tag reiste ein Schweizer Edelmann, der unsrer Krone höchst nützliche Dienste leistet, aus dem Bade ab. Er hat-

te den ganzen Tag vorher den Herrn de Montaigne bestens über die Angelegenheiten der Schweiz unterrichtet und ihm zudem einen Brief gezeigt, den ihm der französische Gesandte (ein Sohn des Pariser Gerichtspräsidenten de Harlay) aus Solothurn, wo er residiert, geschrieben hatte, um ihm die Wahrnehmung der Geschäfte des Königs anzuvertraun, nachdem er selber von der Königinmutter nach Lyon beordert worden war; dort sollte er von ihr Anweisungen für das weitere Vorgehn gegen die Umtriebe Spaniens und Savoyens entgegennehmen. Der König hatte sich nämlich offen dem vom jüngst verstorbnen Herzog von Savoyen mit einigen Kantonen geschloßnen Bündnis widersetzt, indem er geltend machte, daß sie ihm bereits verpflichtet seien und deshalb keine neuen Verpflichtungen eingehen könnten, ohne seine Interessen zu verletzen. Das fanden einige Kantone so einleuchtend, daß sie — nicht zuletzt kraft der Nachhilfe des besagten Schweizer Edelmanns — das Bündnis ablehnten.
Tatsächlich nennt man in der Schweiz den Namen unsres Königs überall voll Ehrerbietung, und man fühlt sich ihm freundschaftlich verbunden. Daher erweist man uns alle erdenklichen Höflichkeiten. Die Spanier hingegen sind hier schlecht angesehn.
Der Troß dieses Schweizers bestand bei der Abreise aus vier Pferden. Auf dem einen saß sein Sohn, der schon wie der Vater im Dienste unsres Königs steht; auf dem zweiten ein Bedienter. Eine Tochter, groß und schön, ritt im Damensitz *à la française* das dritte: mit wollner Satteldecke, Huthalter am Sattelbogen und Reisesack auf der Kruppe. Sie war von keiner Kammerfrau begleitet, obwohl die Gesellschaft zwei große Tagereisen zur Heimatstadt zurücklegen mußte, wo der Adlige das Regiment führt. Der alte Herr selber saß auf dem vierten.
Die übliche Frauenkleidung scheint mir ebenso adrett wie die unsre. Das gilt auch für die Kopfbedeckung: eine *Kokardenhaube*. Rundum mit Seidenquasten oder Pelzbesatz reich verziert, ist sie hinten umgeschlagen und hat vorn einen kleinen Schirm. Das Haar tragen die Frauen als Flechte, die ihnen hin-

ten bis auf die Schultern fällt. Wenn man ihnen die Haube zum Scherz wegzieht — denn sie sitzt nicht fester als bei unsren Frauen —, nehmen sie das nicht übel, sondern lassen ihren Kopf ohne Widerspruch unbedeckt sehn. Die jungen Mädchen tragen auf dem Haupt statt der Haube nur einen Blumenkranz. Standesunterschiede sind an der Kleidung der Frauen kaum erkennbar. Man begrüßt sie durch Kuß auf die dargebotne Hand. Wenn man ihnen hingegen draußen begegnet und sie mit Verneigung und Hutabnehmen grüßt, behalten sie ihre unnahbare Haltung bei, wie es ihre althergebrachte Sitte will. Freilich gibt es einige, die den Kopf ein wenig neigen, um den Gruß zu erwidern.

Im allgemeinen sind die Frauen schön, groß und von heller Haut.

Der Schweizer Volksstamm ist sehr umgänglich, vor allem wenn man sich den ortsüblichen Gebräuchen anpaßt. Da der Herr de Montaigne überall in die jeweils andersartige Lebensweise voll und ganz eintauchen wollte, ließ er sich, wie beschwerlich ihm das gelegentlich auch wurde, stets nach Landessitte bedienen. In der Schweiz, sagte er, habe er damit jedoch keinerlei Schwierigkeiten gehabt, es sei denn, daß er bei Tisch als Serviette nur ein Tuch von einem halben Fuß Länge benutzen konnte — wobei die Schweizer dieses Tüchlein beim Essen nicht einmal entfalten, obwohl sie reichlich Soßen und Topfgerichte zu sich nehmen. Freilich legen sie hierzu für jeden Gast einen Holzlöffel mit Silbergriff auf. Zudem verwendet der Schweizer zu jedem Gericht ein Messer, und kaum greift er je mit den Fingern zu.

Fast all ihre Städte tragen über dem eignen Wappen das des Kaisers und des Hauses Österreich — haben sich die meisten von ihnen doch erst wegen der schlechten Verwaltung des Erzherzogtums von ihm losgelöst. Man sagt, alle Mitglieder dieses Hauses seien außer dem katholischen König Philipp II. in große Armut geraten, sogar Kaiser Rudolf II. selber, der in ganz Deutschland wenig geschätzt wird.

Das von Herrn de Montaigne am Dienstag getrunkne Wasser hatte ihm dreimaligen Stuhlgang verschafft und war noch vor Mittag vollständig wieder abgegangen. Am Mittwoch morgen nahm er dasselbe Maß wie am Tag vorher. Er findet, daß er am Tag nach einem Schwitzbad viel weniger uriniert und das zu sich genommene Wasser folglich gar nicht ausscheidet. So war es ihm bereits in Plombières ergangen. Der Urin ist dann verfärbt; und aus der Tatsache, daß er so spärlich fließt, schließt er, daß das getrunkne Wasser sofort anderweitig verbraucht wird, sei es vom Schwitzen oder vom Fasten: Er nahm nämlich nicht mehr als eine Mahlzeit zu sich, wenn er badete — was er deswegen hier auch nur ein einziges Mal tat.

Am Mittwoch kaufte der Wirt des Herrn de Montaigne Unmengen Fisch, und dieser fragte ihn, warum. Er erhielt die Antwort, an diesem Tag esse man in Baden *aus religiösen Gründen* meistens Fisch. Darin sah der Herr de Montaigne eine Bestätigung dessen, was er schon vorher gehört hatte: Jene, die an der katholischen Konfession festhalten, tun dies um so eifriger und hingebungsvoller, wenn sie sich einem entgegengesetzten Glauben gegenübersehn. Hierüber ließ er sich nun folgendermaßen aus: Wenn unterschiedliche Bekenntnisse in Städten mit gemeinsamer Verfassung zu einem großen Mischmasch führen, lockert sich die Glaubenstreue, bis sich schließlich sogar die einzelnen Menschen vermischen, wie es ja in Augsburg und den anderen Reichsstädten der Fall ist. Wenn aber jede Stadt ihre eigene Verfassung hat (denn die Schweizer Städte haben alle ihre separaten Gesetze und Regierungsformen, so daß sie in der Gestaltung ihres öffentlichen Lebens völlig unabhängig voneinander sind; was sie verbindet, sind lediglich ein paar generelle Regeln), wenn also jede Stadt souverän ist und ein eigenes Gemeinwesen aller Bürger bildet, verfügt sie über das rechte Rüstzeug für ihre Selbstbehauptung: Die Bürger werden durch die von den Nachbarn drohende Gefahr der Ansteckung aufgerüttelt, schließen sich immer enger zusammen und finden sich, da gegen Zweifel gefeit, in ihrem Glauben bestärkt.

Wir gaben uns von Anfang an dem Genuß der von Kachelöfen erzeugten Wärme in den Sälen hin — jedenfalls war keiner unter uns, den sie gestört hätte. Beim Eintreten schlägt einem zwar ein etwas dumpfer Geruch entgegen, doch hernach empfindet man die Wärme als angenehm gleichmäßig und mild. Der Herr de Montaigne hatte sich zum Schlafen in einen solchen Saal zurückgezogen und äußerte sich sehr lobend, vor allem darüber, daß man die ganze Nacht eine wohltuend laue Luft einatme.

Zumindest verbrennt man sich in diesen Räumen nicht das Gesicht oder die Stiefel, auch bleibt einem der Rauch der französischen Kamine erspart. Während wir beim Betreten der Wohnung warme und gefütterte Hauskleidung anlegen, ziehen sich die Schweizer daher bis aufs Wams aus und nehmen die Kopfbedeckung ab — und kleiden sich erst dann wieder warm, wenn sie ins Freie gehn.

Am Donnerstag setzte der Herr de Montaigne das Trinken des Heilwassers fort, das vorn wie hinten Wirkung zeigte. Überdies ging in geringer Menge Sand ab. Er fand das Wasser durchschlagender als das von ihm anderswo ausprobierte — sei es wegen der ihm innewohnenden Kräfte oder einer entsprechenden Disposition seines Körpers. Dabei trank er weniger als sonst und schied das Wasser weniger pur aus.

Am selben Tag unterhielt er sich mit einem Geistlichen, der gerade aus seiner Geburtsstadt Zürich angekommen war. Dabei erfuhr er, daß man dort zunächst der Lehre Zwinglis gefolgt sei, sich dann aber dem weniger strengen Calvinismus zugewandt habe. Und auf die Frage nach der Einstellung zur Prädestinationslehre antwortete der Geistliche, daß man hier eine mittlere Position zwischen Calvin und Luther einnehme, die Gemeinde aber nicht mit diesem Disput belästige. Was sein eigenes Urteil angehe, neige er mehr der extremen Lehre Zwinglis zu, die er in höchsten Tönen lobte, da sie dem Urchristentum am nächsten komme.

3. Von Baden bis Augsburg

Am Freitag, den siebten Tag im Oktober reisten wir um sieben Uhr nach dem Frühstück von Baden ab. Vorher trank der Herr de Montaigne noch sein erwähntes Maß Wasser — er nahm es dort also insgesamt fünfmal zu sich. Was die Frage von dessen Wirksamkeit betrifft, glaubt er allen Grund zu haben, sich hiervon mehr Gutes zu erhoffen als von jedem andern, ganz gleich, ob man es trinkt oder darin badet.

Er würde deshalb diesen Kurort ganz besonders empfehlen, zumal er jede Annehmlichkeit bietet. Die Wohnungen sind gepflegt und so zweckmäßig angeordnet, daß jede ihren eignen Zugang hat und keiner den andern belästigt, ob es sich nun um Unterkünfte für kleinere Leute handelt oder für die großen. Selbst für ein ganzes Gefolge gibt es hier getrennte Zimmer, Galerien, Bäder, Küchen und Kapellen, zum Beispiel in dem Hotel namens *Stadthof*, das neben dem von uns bewohnten, *Hinterer Hof* genannten lag und sogar etliche französische Kamine auf-

wies. (Beide gehören den Kantonen und werden von Pächtern bewirtschaftet.) An sich haben die großen Räume samt und sonders Kachelöfen.
Wie in allen Ländern (und besonders ja in unserm) sind die den Fremden abverlangten Preise halsabschneiderisch. Vier Zimmer mit neun Betten, davon zwei mit Öfen und einem Bad, kosteten uns täglich für jeden der Herren einen Taler und für jeden Bedienten vier Batzen (also etwas mehr als neun Sous), und für die Pferde mußten wir sechs Batzen (ungefähr vierzehn Sous) täglich berappen. Außerdem aber haben sie uns — was sonst nicht ihre Art ist — bei der Abrechnung mehrfach bemogelt.
Die Schweizer pflegen ihre Städte zu bewachen. Das war selbst in demjenigen Ortsteil Badens der Fall, wo die Bäder liegen, und der ist nur ein Dorf. Jede Nacht machen zwei Wächter die Runde — weniger, um vor Feinden auf der Hut zu sein, sondern um Feuersbrünste und andres Unheil zu verhindern. Jedesmal, wenn die volle Stunde schlägt, ist der eine gehalten, dem andern die Frage entgegenzuschreien, wieviel Uhr es sei, worauf der andre ihm mit gleicher Lautstärke Bescheid gibt — und hinzufügt, daß er weiter scharf aufpasse.
Die Frauen waschen im Freien und in aller Öffentlichkeit. Neben dem Waschplatz stellen sie einen kleinen Holzofen auf, um das Wasser zu kochen. Sie verrichten diese Arbeit zuverlässiger und reinigen auch die Bottiche viel gründlicher, als es in unsern französischen Hotels geschieht. In denen der Schweiz hat eben jede Bediente ihre eigene Aufgabe, jeder Bediente die seine.
Höchst bedauerlich ist, daß man als Fremder von den Leuten hier nichts über die Sehenswürdigkeiten eines Orts zu erfahren bekommt (es sei denn, man stößt zufällig auf einen, der Bescheid weiß): Sie verstehen einfach nicht, worauf man mit einer Frage hinauswill. So haben wir uns während der fünf Tage mit unersättlicher Neugier in Baden umgetan und doch kein Wort von dem gehört, was uns jetzt beim Verlassen der Stadt auffiel: ein mannshoher Stein, der, formlos zwar und unbearbeitet,

ein Säulenstumpf zu sein schien. Wie ein Wahrzeichen für die Vorüberkommenden stand er da an einer Hausecke, mit einer lateinischen Inschrift, die (auf freilich recht schlichte Weise) den Kaisern Nerva und Trajan gewidmet war. Leider hatte ich kein Schreibzeug zur Hand, um sie zu kopieren.

Wir überquerten den Rhein bei der Stadt Kaiserstuhl, die zwar katholisch, doch mit den Schweizern verbündet ist. Von hier folgten wir dem Strom durch eine sehr schöne ebene Landschaft, bis wir auf riesige Schnellen trafen, die analog zu den Fällen des Nils *Rheinfall* genannt werden. Er entsteht dadurch, daß der Strom nahe Schaffhausen gegen ein Massiv von wuchtigen Felsen stößt, an denen er sich bricht, und dann über eine etwa zwei Lanzen hohe Steilwand mächtig aufschäumend und unter schrecklichem Gebrüll in die Tiefe stürzt. Kein Boot kommt hier weiter, und die Schiffahrt wird unterbrochen.

In einem Zug gelangten wir zum Abendessen nach Schaffhausen, vier Meilen: Hauptstadt eines der Schweizer Kantone, wie Zürich der Lehre Zwinglis folgend.

Was Zürich angeht, hatten wir die Stadt, als wir von Baden aufbrachen, rechterhand liegengelassen. Eigentlich wollte der Herr de Montaigne sie besuchen, betrug die Entfernung doch nur zwei Meilen. Aber man hatte ihm berichtet, daß dort die Pest herrsche.

In Schaffhausen sahen wir nichts Außergewöhnliches. Gewiß, man ließ gerade eine Zitadelle errichten, die recht ansehnlich zu werden verspricht. Auch gibt es dort eine reich mit schattigen Galerien, Sitzen und Logen ausgestattete Schießanlage für Armbrustschützen, wie man sie sich größer und schöner nicht vorstellen kann. Eine ähnliche ist für Arkebusenschützen vorhanden. Und es gibt Wassermühlen, die gleich den uns zuvor begegneten Holz sägen, Flachs brechen oder Hirse stampfen.

Weiter trafen wir auf einen Baum, der so zugeschnitten war, wie wir es schon anderswo sahn (auch jetzt erst wieder in Baden), doch nicht von derselben Größe: Die alleruntersten Zweige dienen als Boden für eine rundum führende Galerie von zwanzig

Schritt Durchmesser und werden mit dem dünneren Teil dergestalt nach oben gebogen, daß sie so hoch und dicht wie möglich deren Außenwand bilden. Hernach sägt man den Stamm bis zur gewünschten Höhe der Galerie (etwa zehn Fuß) kahl, damit keine neuen Zweige nachwachsen. Die Zweige darüber aber befestigt man auf einem Weidengeflecht und erhält auf diese Weise das Dach. Dann biegt man deren Enden so nach unten, daß sie sich mit denen der hochgebognen, die Außenwand bildenden Zweige verbinden; und schließlich füllt man alle verbleibenden Zwischenräume mit Laub. Darüber sägt man den Stamm bis untern Wipfel wieder kahl, während dieser seine

Zweige nun frei ausbreiten darf. Ergebnis: ein sehr schöner Baum von sehr schöner Form. Zudem läßt man an dessen Fuß einen kleinen Springbrunnen plätschern, dessen Wasser übern Boden der Galerie rieselt.

Der Herr de Montaigne stattete den Bürgermeistern der Stadt einen Besuch ab, die hernach, um sich zu bedanken, mit anderen Beamten zum Abendessen in unsre Unterkunft kamen und dabei dem Herrn d'Estissac und ihm selber Wein überreichen ließen. Das ging wiederum nicht ohne mehrere höchst feierliche Ansprachen beider Seiten ab. Der Oberbürgermeister war adlig und beim verstorbnen Herzog von Orléans als Page erzogen worden, hat aber sein Französisch inzwischen völlig vergessen.

Dieser Kanton erklärt offen, voll und ganz auf unserer Seite zu stehn. Erst kürzlich hat er das wieder bewiesen, indem er zu unsren Gunsten das Bündnis ausschlug, das der verstorbne Herzog von Savoyen den Kantonen antrug. (Ich habe die Sache weiter oben bereits erwähnt.)

Samstag, den achten Oktober brachen wir morgens acht Uhr nach dem Frühstück von Schaffhausen auf, wo wir in der *Krone* sehr gut untergebracht waren. Dort hatte ein einheimischer Gelehrter dem Herrn de Montaigne allerlei erzählt, unter anderm, daß die Einwohner dieser Stadt in Wahrheit recht wenig Sympathie für unsern Hof empfänden. Deshalb sei die Mehrheit der Bürger bei allen Beratungen über das Bündnis mit dem König auch stets dafür gewesen, es zu brechen — daß die Sache dennoch einen anderen Lauf nahm, gehe nur auf die Umtriebe einiger Reicher zurück.

Bei der Abreise sahen wir (wie schon anderswo zuvor) eine Vorrichtung aus Eisen, dank derer man ohne Menschenkraft Karren mit schweren Steinblöcken beladen kann.

Wir folgten nun dem Rhein, der zu unsrer Rechten lag, bis wir **Stein** erreichten: eine kleine Stadt, die mit den Kantonen verbündet ist und sich wie Schaffhausen zu Zwingli bekennt (obwohl wir am Wegesrand eine Menge Steinkreuze sahen).

Dort überquerten wir auf einer anderen Holzbrücke erneut den Rhein, und indem wir dem Fluß weiterfolgten, der jetzt zu unsrer Linken lag, passierten wir wieder eine kleine Stadt, die ihrerseits mit den katholischen Kantonen verbündet ist. Der Rhein dehnt sich hier wie unsre Garonne vor Blaye zu einer ungeheuren Breite aus und verengt sich dann wieder bis hin zu Konstanz, vier Meilen, wo wir gegen vier Uhr ankamen.

Diese Stadt hat die Größe von Châlons-sur-Marne. Sie gehört dem Erzherzog von Österreich und ist katholisch. Da sie vorher dreißig Jahre lang im Besitz der Lutheraner war (die erst Kaiser Karl V. gewaltsam daraus vertrieb), sind die Bilder in den Kirchen weitgehend zerstört. Der Bischof, dem einheimischen Adel entstammend und Kardinal, hält sich in Rom auf, und seine Einkünfte betragen gut viertausend Taler. In der Liebfrauenkirche gibt es für Adlige Kanonikerpfründen von tausendfünfhundert Gulden. Wir sahen, wie gerade einer von außerhalb zu Pferde ankam, der unbekümmert um seine kirchliche Würde als Krieger gekleidet war. All das bewirkt, sagt man, daß es in der Stadt noch eine Menge Lutheraner gibt.

Wir bestiegen den sehr hohen Glockenturm der Kirche. Oben trafen wir auf einen Mann, der als Wächter dort eingeschlossen ist und seinen Platz unter keinen Umständen verlassen darf.

Am Ufer des Rheins wird eine große überdachte Anlage gebaut, die etwa fünfzig Schritt lang und vierzig breit ist. Man will dort durch zwölf bis fünfzehn große Holzräder ständig Massen von Wasser auf ein darüberliegendes Becken befördern, wo andere Räder gleicher Zahl, nun aus Eisen, die Wassermassen einem noch höheren Becken zuführn. Von dieser Höhe, die ungefähr fünfzig Fuß beträgt, soll sich das Wasser über einen künstlichen Kanal von beträchtlicher Länge und Breite herabstürzen und in die Stadt geleitet werden, um hier zahlreiche Mühlen zu treiben. (Allein für die Ausführung seiner Konstruktion erhielt der Architekt fünftausendsiebenhundert Gulden und wurde überdies mit Wein beliefert.)

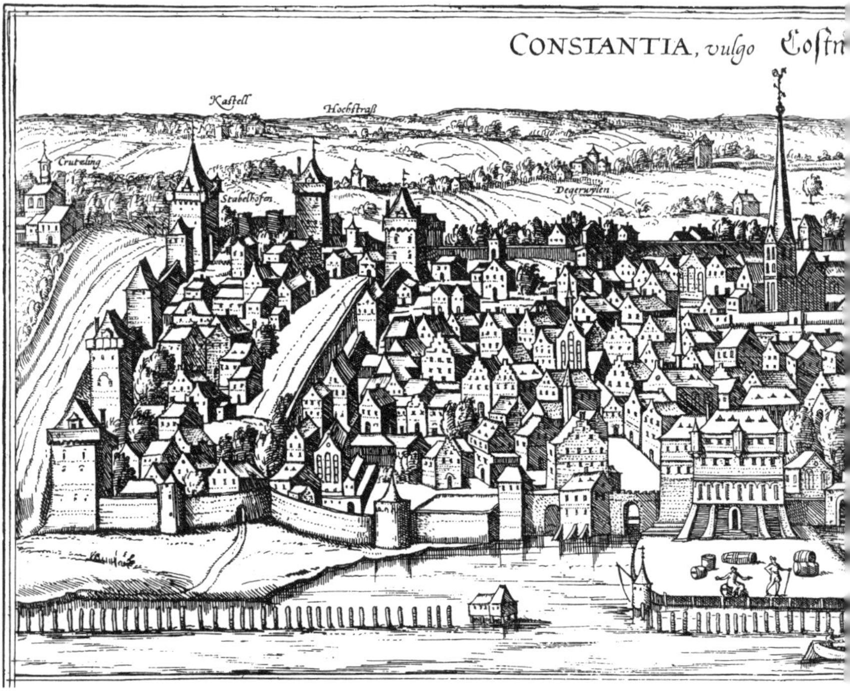

Ganz unten wird der Fluß zu einem rundum geschloßnen Bassin gestaut, damit die Strömung sich bricht und so das Wasser leichter zu schöpfen ist. Auch hat man Vorrichtungen angebracht, durch die sich das ganze Räderwerk je nach Wasserstand heben und senken läßt.

Der Rhein verliert dort seinen Namen, denn er dehnt sich am Ende der Stadt zu einem großen See von gut vier deutschen Meilen Breite und fünf bis sechs Meilen Länge aus. In den See ragt eine schöne, spitz zulaufende Landzunge, auf der die Güter gestapelt werden. Fünfzig Schritt vom See steht ein hübsches Häuschen, das ständig mit einer Wache besetzt ist. Durch eine dort angebrachte Kette kann der Zugang zum Hafen gesperrt werden. Zudem wird dieser Teil des Sees, in dem die Lastkähne zur Beladung anlegen, von zwei Seiten durch zahlreiche Pfähle abgeschlossen.

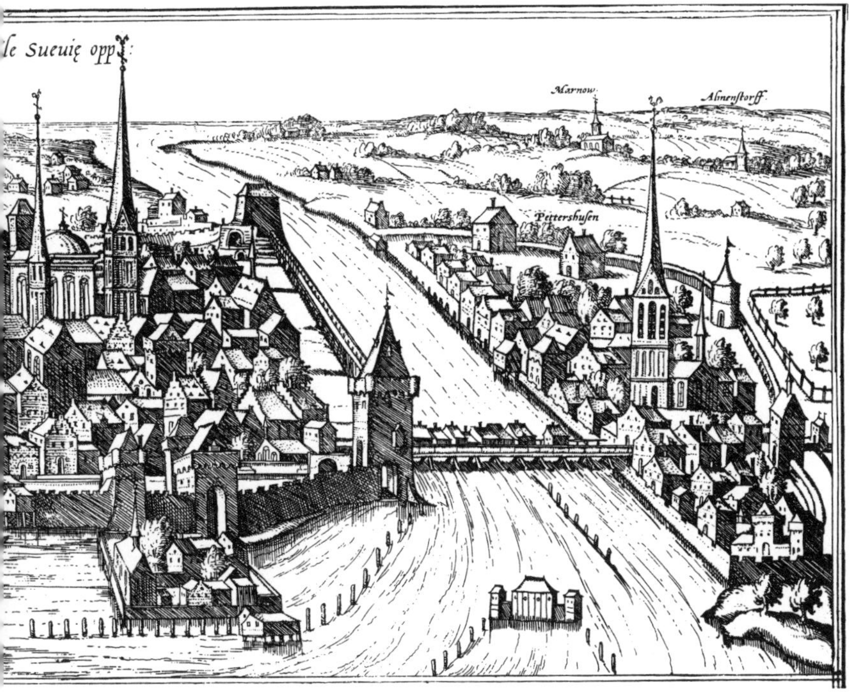

In der Liebfrauenkirche gibt es eine Rohrleitung, die über den Rhein hinweg bis in die Vorstadt führt. Daß wir die Schweiz hinter uns gelassen hatten, merkten wir kurz vor Erreichen der Stadt an den vielen Adelssitzen, denn deren sieht man in der Schweiz kaum. Was aber die bürgerlichen Häuser betrifft, waren diese, denen allein das Adelswappen fehlte, auf unsrer Wegstrecke durch Stadt und Land unvergleichlich schöner als in Frankreich, namentlich die Gasthöfe. Zudem ist man in diesen viel besser aufgehoben — und wenn der Aufwand für die Bedienung einem manchmal auch zu kärglich scheint, liegt das nicht an zu kärglicher Ausstattung: Man sieht es schon daran, daß es kaum einen Gasthof gibt, wo nicht jeder aus großen, meist vergoldeten und reich verzierten Silbergefäßen trinkt. Nein, sie kargen aus Gewohnheit.

Das Land ist äußerst fruchtbar, vor allem an Wein.

Um auf Konstanz zurückzukommen: Wir waren dort im *Adler* schlecht untergebracht, und vom Wirt erhielten wir, als einer unserer Fußbedienten mit unserm Führer aus Basel in Streit geriet, eine Kostprobe geradezu barbarischer alemannischer Willkür und Anmaßung. Der Herr de Montaigne brachte die Sache bis vors Gericht. Auf die Frage, ob seine Bedienten als Zeugen für unsre Sache aussagen dürften, antwortete der Amtsrichter — ein italienischer Adliger, der, dort ansässig und verheiratet, seit langem das Bürgerrecht besitzt —, gewiß, das dürften sie, falls er sie vorher entlasse. Gleich danach könne er sie ja wieder einstellen. Diese Spitzfindigkeit sollte man sich merken!

Tags darauf, einem Sonntag, wurden wir durch diese Mißlichkeit bis nach dem Mittagessen aufgehalten; dann wechselten wir in den *Hecht*, wo es uns sehr gut gefiel. Der Sohn des Stadthauptmanns, beim Herrn de Méru als Page erzogen, leistete den Herren zu den Mahlzeiten und auch sonst ständig Gesellschaft — dabei konnte er kein Wort Französisch! Zum Essen wurden viele Gänge aufgetragen, und anschließend reichte man den Herren hier wie später noch oft vielerlei Nachspeisen zum Wein: zunächst ein kranzförmiges Gebäck, das die Gascogner *canaulo* nennen, danach Pfefferkuchen, und als drittes ein zartes Weißbrot, das, obwohl in Stücke geschnitten, nicht auseinanderfällt. In die Einschnitte ist reichlich Gewürz und Salz gestreut, wie auch oben über die Kruste.

In dieser Gegend gibt es ungewöhnlich viele Leprosorien, und auch die Wege sind voll Aussätziger.

Die Bauern geben ihrem Gesinde zum Frühstück ganz flache, mit Fenchel gewürzte Brotfladen, darauf eine Schicht feingehackter Speck und Knoblauchzehen.

In Deutschland verlangt die Ehrerbietung einem andern gegenüber, daß man sich an seiner linken Seite hält, wo immer es auch sei. An seine rechte Seite zu treten gilt als Beleidigung, denn um einen Mann zu achten, müsse man ihm ebendiese Seite freilassen, damit er jederzeit zur Waffe greifen könne.

Am Sonntag verließen wir nach dem Essen Konstanz, fuhren eine Meile von der Stadt entfernt über den See und erreichten zur Übernachtung Markdorf, zwei Meilen. Katholisches Städtchen, wo wir im *Wappen von Köln* abstiegen, das zugleich kaiserliche Poststation für Sendungen von Italien nach Deutschland ist. Das Städtchen liegt eingebettet in eine sich weithin erstreckende Rebenlandschaft, und die dort wachsenden Weine sind sehr gut.

Wie an vielen anderen Orten füllt man auch hier die »Strohsäcke« mit den Blättern eines bestimmten Baums, die bessere Dienste leisten als Stroh und länger halten.

Am Montag, den zehnten Oktober brachen wir gleich nach dem Frühstück auf, denn der Herr de Montaigne wurde durch das schöne Wetter dazu verlockt, nicht wie vorgesehn nach Ravensburg weiterzureisen, sondern einen eintägigen Abstecher nach Lindau zu machen. Er selber frühstückte freilich nie, sondern pflegte sich nur ein Stück trocknes Brot bringen zu lassen, das er dann unterwegs verzehrte; manchmal aß er dazu Weintrauben, wenn es welche gab. Hier war die ganze Gegend voll davon, besonders um Lindau herum. Man befand sich noch mitten in der Weinlese. Die Rebstöcke werden in Spalieren hochgezogen, zwischen denen man mit üppigem Grün bewachsne Gänge läßt, die einen ungemein hübschen Anblick bieten.

Wir passierten das am Bodensee liegende Buchhorn, katholische Reichsstadt. Hier werden all die aus Ulm, Nürnberg und anderen Städten auf Wagen herantransportierten Waren verschifft, um über den See auf den Rheinweg zu gelangen.

Gegen drei Uhr nachmittags kamen wir in Lindau an, drei Meilen. Diese kleine Stadt liegt hundert Schritt weit im See; man gelangt zu ihr über eine Steinbrücke, die den einzigen Zugang bildet — ringsherum ist nur Wasser. Jenseits blickt man bis zu den Graubündner Bergen. Der Wasserstand des hier gut eine Meile breiten Sees ist wie der aller Zuflüsse im Winter niedrig, wegen der Schneeschmelze im Sommer jedoch hoch.

Überall im Land bedecken sich die Frauen den Kopf mit Hüten oder Hauben aus Pelz, die etwa unseren *calottes* gleichen. Außen nehmen sie dafür das kostbarere Rauchwerk, etwa Feh, innen dagegen nur Lamm. Eine solche Haube kostet nicht mehr als drei *Testons*. Die offne Seite, die bei unsren *calottes* vorne ist, tragen sie nach hinten, so daß man ihr geflochtnes Haar vollständig sehen kann. Gern ziehen sie auch rote oder weiße Stiefelchen an, die ihnen nicht schlecht stehn.

Hier werden zwei Konfessionen praktiziert. Wir besuchten die im Jahr 866 erbaute katholische Kirche, wo alles unversehrt geblieben ist, und sahen auch die protestantische. In den Reichsstädten herrscht für Katholiken und Protestanten durchweg Religionsfreiheit. Die Bürger entscheiden selbst darüber, welche Konfession sie bevorzugen, und an die halten sie sich dann mehr oder weniger. In Lindau gibt es nur zwei, drei Katholiken, wie der Priester dem Herrn de Montaigne sagte. Trotzdem beziehen alle Priester ihre Einkünfte weiter und fahren fort, den Gottesdienst zu versehn. Das gleiche gilt für die dort ansässigen Nonnen.

Der Herr de Montaigne sprach auch mit dem lutherischen Geistlichen, der ihm nichts Wesentliches mitzuteilen wußte — außer daß er gegen Zwingli und Calvin mit dem gewohnten Haß loswetterte. Man hört allgemein, daß es praktisch kaum eine Stadt gibt, in der die Gläubigen ihr Bekenntnis nicht auf sehr eigenwillige Art interpretieren: Unter Berufung auf Luther, den sie doch samt und sonders als ihr Oberhaupt anerkennen, brechen sie zahlreiche Dispute über die Auslegung seiner Schriften vom Zaun.

Wir wohnten in der *Krone*, einem hübschen Gasthaus. In die Täfelung des Speisesaals war eine Art Käfig für eine Unzahl von Vögeln eingelassen. Er war mit an Messingdrähten befestigten Hängestegen versehn, auf denen die Vögel von einem Ende des Saals zum andern spazierten. Für Möbel und Täfelung verwendet man nur Tanne, in den Wäldern hier der häufigste Baum. Das Holz wird jedoch farbig gebeizt und mit großer Gründlich-

keit blankgehalten, ja zum Säubern von Bänken und Tischen verwendet man eigens aus den Borsten des Wildschweins gefertigte Bürsten.
Hier gibt es eine Fülle von Kohlköpfen, die man mit einem besonderen Gerät zerkleinert. Davon werden große Mengen in Fässern eingesalzen und dann den ganzen Winter über als Topfgerichte verwendet.
Der Herr de Montaigne probierte auch ein Federbett aus, womit man sich dort zuzudecken pflegt, und er war darüber des Lobes voll, da er es zugleich warm und leicht fand. Anspruchsvolle Männer könnten sich seines Erachtens nur über das Bett im ganzen beklagen; wenn sie jedoch in ihrem Gepäck eine Matratze (die dortzulande unbekannt ist) und einen Vorhang mitführten, würde es ihnen im übrigen an nichts fehlen.
Was nämlich die Bewirtung angeht, tischen die Deutschen einem Topfgerichte, Soßen und Salate in uns ungewohnter Fülle und Reichhaltigkeit auf. So hat man uns Gerichte aus Quitten vorgesetzt, ferner mit eingemachten Apfelringen bedeckte Suppen, dazu Salate aus Weißkraut. Auch bietet man Brühen verschiedner Art ohne Brot an, zum Beispiel aus Reis, in denen alle gemeinsam herumfischen — Einzelgedecke hierfür gibt es nicht.
All das ist in den guten Gasthäusern von einem solchen Wohlgeschmack, daß die Küche des französischen Adels, sagte der Herr de Montaigne, kaum damit zu vergleichen sei. Auch fände man dort selten derart schön ausgestattete Speisesäle.
Gute Fische gibt es in Hülle und Fülle, die zusammen mit Fleisch aufgetragen werden. Die Forellen freilich schätzt man hier wenig — von ihnen ißt man nur die Leber.
Ebenso reichlich ist Wild vorhanden, etwa Schnepfen und junge Hasen, das man völlig anders als bei uns zubereitet, aber mindestens ebensogut. Wir haben nie zuvor so delikate Gerichte gegessen, wie sie dort gang und gäbe sind.
Bald wird zuerst der Braten aufgetragen und die Suppe zuletzt, bald umgekehrt. Als Beilage zum Fleisch reicht man Pflaumen-

kompott sowie Apfel- und Birnentörtchen. An Frischobst gibt es nur Birnen und köstliche Äpfel, dazu Nüsse und Käse. Zum Fleisch wird ein Gerät aus Silber oder Zinn mit vier Kästchen aufgestellt, die vielerlei zerstoßne Gewürze enthalten, zum Beispiel Kümmel oder etwas Ähnliches, pikant und brennendscharf; all dies pflegt man aufs Brot zu streuen, das zudem mit Fenchel gebacken ist. Nach der Mahlzeit werden nochmals volle Gläser und zwei, drei reichhaltige Gerichte serviert, die dazu dienen, den Durst zu steigern.

Der Herr de Montaigne bedauerte auf seiner Reise dreierlei: Erstens, daß er keinen Koch mitgenommen hatte, der sich mit den örtlichen Zubereitungsarten hätte vertraut machen und diese später bei ihm erproben können. Zweitens, daß er nicht einen deutschen Diener angeheuert oder die Gesellschaft eines einheimischen Adligen gesucht hatte, denn er fand es äußerst lästig, den Launen irgendeines Schafskopfs von Fremdenführer ausgeliefert zu sein. Drittens, daß er vor Antritt der Reise keins der Bücher konsultiert hatte, die ihn auf die besondren Sehenswürdigkeiten jedes Orts hätten aufmerksam machen können, oder daß er nicht wenigstens einen *Münster* oder irgendeinen andern Kosmographen in seinem Gepäck mitführte.

Natürlich floß in sein positives Urteil über dieses Land auch ein wenig die leidenschaftliche Verachtung seines eignen ein, das ihm aus anderen Gründen zuwider und verhaßt war. Doch unabhängig davon zog er die hiesigen Annehmlichkeiten der französischen Lebensweise entschieden vor, und er paßte sich ihnen gar soweit an, daß er den Wein ohne Wasser trank. Wenn es freilich darum ging, um die Wette zu trinken, wurde er lediglich aus Höflichkeit dazu eingeladen, denn man hatte bemerkt, daß er niemals mitmachte.

In Oberdeutschland lebt man freilich teurer als in Frankreich, denn umgerechnet kosten Mann und Pferd täglich mindestens einen Sonnentaler. Die Wirte berechnen zunächst jede Mahlzeit mit vier, fünf oder sechs Batzen für die *Table d'hôte*. Dann führen sie in einem zweiten Posten alles auf, was man vor und nach den beiden Mahlzeiten oder dem kleinsten Imbiß trinkt — weswegen die Deutschen, wenn sie das Gasthaus morgens verlassen, gewöhnlich aufs Trinken verzichten. Die als Nachtisch gereichten Speisen und der dabei verzehrte Wein, der sie das meiste kostet, werden zusammen mit den Imbissen in Rechnung gestellt. Und schließlich berechnen die Wirte den Hafer für die Pferde und den Stall einschließlich Heu.

In Anbetracht der Überfülle des Gebotenen jedoch, namentlich des Weins vor allem da, wo er äußerst teuer ist und von weitem herangeschafft werden muß, finde ich die hohen Preise durchaus vertretbar.

Man lädt hier sogar die Bedienten für zwei bis drei Stunden an die Tafel zum Mittrinken ein.

Der Wein wird in Gemäßen aufgetragen, die unsren großen Krügen gleichen, und es gilt als Verbrechen, einen leeren Becher nicht sofort daraus nachzufüllen — doch nie mit Wasser, selbst wenn man es verlangt (es sei denn, man genießt ein besonderes Ansehn).

Die Deutschen haben die gute Eigenschaft, vom ersten Wort an zu sagen, welchen Preis sie verlangen: Handeln hat da wenig Zweck. Sie sind zwar Prahlhänse, Choleriker und Trunkenbolde, aber, sagte der Herr de Montaigne, weder Betrüger noch Spitzbuben.

Von Lindau brachen wir nach dem Frühstück auf und erreichten gegen zwei Uhr nachmittags Wangen, zwei Meilen: eine kleine Reichsstadt, die niemals eine andere Religion als die katholische zugelassen hat und in der Sicheln hergestellt werden, die so berühmt sind, daß man sie bis nach Lothringen zum Verkauf schickt. Dort zwang uns eine Verletzung des mit dem Gepäck beladnen Maultiers, haltzumachen und ab dem nächsten Tag einen Karren mit einem Gespann von vier Pferden zu mieten. Er kostete uns einschließlich des Lohns für den Fuhrmann, der seinen Lebensunterhalt damit bestritt, täglich drei Taler.

Wir verließen den Ort am nächsten Morgen (Mittwoch, den zwölften Oktober), und der Herr de Montaigne wandte sich kurz entschlossen der Route zu, die man gewöhnlich einschlägt, wenn man auf geradestem Weg Trient erreichen will. So kamen wir zum Mittagessen nach Isny, zwei Meilen, eine sehr hübsch gelegne kleine Reichsstadt.
Seiner Gewohnheit folgend, suchte der Herr de Montaigne dort sogleich einen Doktor der Theologie auf, um sich kundig zu machen, und gemeinsam nahm man das Essen ein. Hierbei erfuhr der Herr de Montaigne, daß die ganze Bevölkerung lutherisch sei; später besichtigte er auch die lutherische Kirche, die man wie in allen Reichsstädten dem katholischen Kult entzogen hatte.
Bei den Gesprächen über das Sakrament erinnerte er sich, daß ihm auf der Reise einige Calvinisten gesagt hatten, die Anhänger Luthers unterschöben dessen ursprünglicher Lehre Abwegigkeiten wie den *Ubiquismus*. Dieser postuliere, der Leib Jesu Christi sei wie in der Hostie so auch überall sonst gegenwärtig, wodurch sie in dieselbe Zwickmühle wie Zwingli gerieten, wenn auch auf verschiednen Wegen: Der eine, indem er die Gegenwart des Leibes Jesu Christi zu sehr begrenze, der andre durch ihre zu weite Ausdehnung. Wenn der *Ubiquismus* recht hätte, besäße das Sakrament folglich keinerlei höheren Rang als die Kirche, wie sie schon in drei Menschen verkörpert ist, die sich im Namen des Heilands versammeln. Die Lutheraner argumentierten hauptsächlich so: Erstens könne man das göttliche Wesen nicht vom Leib Jesu Christi trennen. Da das göttliche Wesen aber allgegenwärtig sei, müsse es der Leib Jesu Christi auch sein. Zweitens sitze Jesus Christus ewig zur Rechten des Vaters. Also sei er ebenso wie die Rechte Gottes, Inbegriff von dessen Macht, wiederum allgegenwärtig.
Wortmächtig bestritt der Doktor diese Vorwürfe und wies sie als Verleumdung zurück. Seine Argumente schienen dem Herrn de Montaigne jedoch nicht sehr überzeugend.

Der Doktor begleitete diesen gleichwohl zum Besuch eines sehr schönen und prächtig ausgeschmückten Klosters, in dem eben die Messe gelesen wurde. Er trat mit ein und blieb, ohne sein Barett abzunehmen, darin stehn, bis die Herren d'Estissac und de Montaigne ihre Gebete gesprochen hatten.

Im Keller dieses Klosters, einer Abtei, besichtigten sie einen langen und runden Stein, der keine sonstige Bearbeitung aufwies und offenbar zu einem Pfeiler gehört hatte. Er trägt in gut lesbaren lateinischen Lettern eine Inschrift, die besagt, daß die Kaiser Pertinax und Antonius Verus alle Wege und Brücken bis zu elftausend Schritt von *Campidonum* entfernt neu hergerichtet hätten — und *Campidonum* ist Kempten, wohin wir zur Übernachtung weiterreisten. (Wahrscheinlich befand sich der Stein nur deswegen in Isny, weil die ausgebesserte Straße dort vorbeilief, denn man hält den Ort selbst für keineswegs so alt.) Doch obgleich wir den Weg nach Kempten von einem Ende zum andern sehr aufmerksam zurücklegten, fanden wir weder Brücken vor noch konnten wir Stellen entdecken, an denen die Notwendigkeit der damaligen Arbeiten einsichtig gewesen wäre. Gewiß gab es einige Bergdurchstiche, aber dergleichen verlangt ja keinen großen Aufwand. Also Kempten, drei Meilen: eine Stadt in der Größe von Sainte-Foy, sehr schön, reich an Bevölkerung und ansehnlichen Gasthöfen. Wir stiegen im *Bären* ab, eine sehr gute Unterkunft.

Man wartete uns mit großen Silbergefäßen aller Art auf (reich ziseliert und voller Adelswappen), wie man sie selbst in vornehmen Häusern kaum findet. An sich dienen sie nur zur Zierde. Hier bestätigte sich wieder, was der Herr de Montaigne schon hinsichtlich der Schweizer festgestellt hatte: Wenn diese Leute solche Kostbarkeiten im Gegensatz zu uns nicht benutzen, dann deswegen, weil sie deren praktischen Wert geringschätzen; denn obwohl sie riesige Mengen von Zinngeschirr besitzen, blankgescheuert wie auf Schloß Montaigne, tragen sie die Speisen gewöhnlich nur auf Holztellern auf, die freilich stets sehr schön und blitzsauber sind.

Rottenberg
Der Gründt
CAMPIDONIA vulgo Kemptten, peruetus Sacri Romani Imperij oppid
1 Stainriner thor
2 Brugkher thor
3 Spittal
4 Briñergaßthor
5 Burghald
6 Newestatt thor
7 S. Anna Kloſt.
8 Viſther thor
9 Rieggerthurn
10 Kloster thor
11 Maltzmill thurn
12 Hayidenthurn
13 Pfeiler thireln
14 Schießgrab
15 Bappirmih
16 Stattmih
17 Zimerhut
18 Die Metzg
19 S. Mangē kirch
20 Wagſtadl
21 Rathauß
22 Saltzſtadel
23 Die Walckh
24 Sietherthor
25 S. Steffan

Überall im Land werden auf die Sessel, ehe man sich niederläßt, Kissen gelegt.
Die getäfelten Decken sind meistens halbmondförmig gewölbt, was ihnen ein anmutiges Aussehn gibt.
Hinsichtlich der Tischwäsche, deren Knappheit wir anfangs bemängelten, hatten wir uns seither nicht mehr zu beklagen. Auch fehlte es mir nie an Stoff, um für meinen Herrn Bettvorhänge zu fertigen; und wenn ihm eine Serviette nicht reichte, wurde sie ihm mehrmals gewechselt.
In dieser Stadt gibt es einen Kaufmann, der mit Leinen im Wert von hunderttausend Gulden handelt. Von Konstanz aus hätte der Herr de Montaigne gern einen Abstecher in jenen Schweizer Kanton gemacht, aus dem die ganze Christenheit diesen Stoff bezieht — allein, ihn schreckte die Dauer von vier bis fünf Stunden für die Rückfahrt über den See nach Lindau.
Kempten ist lutherisch. Wie schon in Isny fällt auch hier auf, daß die katholische Kirche ihre Messen gleichwohl feierlich weiterbegeht. So wurde am Morgen nach unsrer Ankunft — es war Donnerstag, also ein Werktag — in der wunderschönen Abtei oberhalb der Stadt die Messe wie an Ostern in Notre-Dame zu Paris gelesen: mit viel Musik, vor allem Orgelspiel. Freilich wohnten dem Gottesdienst nur die Mönche bei. (An den Feiertagen aber besucht auch das außerhalb der Reichsstädte wohnende Volk die Messen, denn ihm blieb die Freiheit versagt, das Bekenntnis zu wechseln.)
Die Abtei ist Fürstentum, und der Abt bezieht hieraus ein Einkommen von fünfzigtausend Gulden. Er gehört zum Haus von Stein. Auch von allen Ordensbrüdern verlangt man adlige Herkunft. Hildegard, die Gemahlin Karls des Großen, gründete die Abtei im Jahre 783; sie liegt hier begraben und gilt als Heilige. Ihre Gebeine ruhten ursprünglich in einer Gruft, wurden dann aber in einen Reliquienschrein umgebettet.
Am selben Donnerstagmorgen besuchte der Herr de Montaigne die lutherische Kirche, die wie die anderen dieser Konfession und wie die hugenottischen eingerichtet war — nur daß

vorm Altar am Kopf des Schiffes Holzbänke standen, die unten Stützen hatten, auf die sich die Gläubigen beim Empfang des Abendmahls ihrem Brauch gemäß niederknien können.

Der Herr de Montaigne sah dort zwei alte Geistliche. Der eine hielt vor einer nicht gerade großen Gemeinde eine Predigt auf deutsch. Als er sie beendet hatte, sang man (ebenfalls auf deutsch) einen Choral, der etwas anders klang als bei uns. Auf jede Strophe antwortete die Orgel, die man kürzlich dort eingebaut hatte — ein sehr schönes Instrument. Jedesmal, wenn der Geistliche Jesus Christus beim Namen nannte, entblößten er und die Gemeinde das Haupt.

Nach der Predigt ging der andre Geistliche mit einem Buch in der Hand zum Altar und richtete das Gesicht auf die Gemeinde. Nun trat eine junge Frau barhäuptig, das Haar aufgelöst, zu ihm, machte nach dem Brauch des Landes einen Knicks und blieb allein vor ihm stehn. Gleich darauf trat ein junger Mann, Handwerker, doch mit Degen an der Seite, ebenfalls vor und stellte sich neben die junge Frau. Der Geistliche sagte beiden ein paar Worte ins Ohr und ließ sie, jeden für sich, das Vaterunser sprechen. Dann las er aus seinem Buch die Verhaltensregeln für den Ehestand vor und hieß sie einander die Hand geben, ohne sich zu küssen.

Hierauf schritt er davon, doch der Herr de Montaigne holte ihn ein, und es kam zwischen ihnen zu einem langen Gespräch. Der Geistliche, es handelte sich um Johannes Tilianus Augustanus, lud den Herrn de Montaigne schließlich in das reich ausgestattete Studierzimmer seines Hauses ein. Dort bat dieser um ein Exemplar der neuen *Augsburgischen Konfession,* weil sie, von den Lutheranern verfaßt und von allen ihr anhängenden Gelehrten und Fürsten unterzeichnet, nicht auf Latein vorliege.

Da man, als beide die Kirche verließen, auf der anderen Seite die Jungvermählten mit Geigen und Trommeln hinausgeleitet hatte, stellte der Herr de Montaigne seinem Gegenüber die

Frage, ob seine Kirche denn das Tanzen gestatte, und er erhielt zur Antwort: »Warum nicht?«

Weiter: Warum hätten sie auf den Glasfenstern und der neuen Orgel Jesus Christus darstellen lassen, zusammen mit vielen bunten Bildern? Antwort: Solche Darstellungen und Bilder, die den Menschen zur Belehrung dienten, verbiete man keineswegs, solang man sie nicht anbete. Hierauf: Warum habe man dann die alten Bilder aus den Kirchen entfernt? — Das seien nicht sie gewesen; vielmehr hätten die Zwinglianer, ihre »sauberen« Schüler, diese und zahlreiche weitre Verwüstungen *vor* ihnen angerichtet, vom bösen Geist getrieben.

Das ist nun die gleiche Antwort, die der Herr de Montaigne schon von anderen Vertretern dieser Konfession erhalten hatte. Als er zum Beispiel den obenerwähnten Doktor in Isny fragte, ob er das Kreuz mit der Darstellung des Gekreuzigten denn hasse, schrie dieser sogar plötzlich los: »Wie könnte ich so gottlos sein, die den Christen derart heilbringende und glorreiche Gestalt zu hassen! Welch teuflische Irrmeinung wäre das!« Ja, beim gemeinsamen Essen sagte er mit rückhaltloser Offenheit, er würde lieber hundert Messen hören, als am Abendmahl Calvins teilzunehmen.

Am selben Ort servierte man uns weiße Hasen.

In Kempten, das an der Iller liegt, aßen wir an jenem Donnerstag zu Mittag, zogen dann weiter und erreichten über einen kahlen Gebirgsweg zur Übernachtung **Pfronten**, vier Meilen. Kleiner Ort, wie die ganze dem Erzherzog von Österreich gehörende Gegend katholisch.

(Im Abschnitt über Lindau vergaß ich zu erwähnen, daß am Eingang zur Stadt eine Mauer von ehrwürdigem Alter steht, an der ich jedoch keinerlei Inschrift entdeckte. Im Deutschen soll ihr Name, soweit ich es verstanden habe, »alte Mauer« bedeuten, was man mir mit ihrem Ursprung aus der Antike erklärte.)

Am Freitagmorgen tischte man uns in unsrer an sich recht dürftigen Unterkunft reichlich Essen auf.

Dortzulande ist der Brauch völlig unbekannt, vorm Schlafengehen das Bettzeug und vorm Aufstehn die Kleider zu wärmen — und die Wirte nehmen es übel, wenn man zu dem Zweck in der Küche Feuer anmacht oder das gerade brennende hierfür benutzt. Das war eine der größten Streitigkeiten, die wir in den Gasthöfen hatten. Selbst an diesem Ort, inmitten von Bergen und Wäldern, wo zehntausend Fuß Tannenholz kaum fünfzig Sous kosten, wollte man uns nicht gestatten, Feuer zu machen.

Am selben Morgen reisten wir weiter. Wir verließen den direkt nach Trient führenden Gebirgspfad und schlugen zur Linken wieder einen bequemeren Weg ein — wollte der Herr de Montaigne doch einen Abstecher von mehreren Tagen machen, um bestimmte schöne Städte Deutschlands zu besichtigen; und er bedauerte nun, daß er in Wangen diesen Plan, den er von Anfang an hegte, zunächst aufgegeben und statt dessen die andere Route eingeschlagen hatte.

Unterwegs trafen wir wie schon oft zuvor wieder auf Wassermühlen. Sie werden nur aus einer Holzrinne gespeist, die das Wasser vom Fuß irgendeiner Anhöhe aus auf hohen Stützen der Mühle zuführt, wo es sich, durch eine steile Neigung der Rinne beschleunigt, über das Rad ergießt.

Zum Mittagessen kamen wir nach **Füssen**, eine Meile. Diese kleine katholische Stadt gehört dem Bischof von Augsburg. Wir begegneten dort vielen Leuten aus dem Gefolge des Erzherzogs von Österreich, der sich in einem benachbarten Schloß mit dem Herzog von Bayern aufhielt.

Am Ufer des Lech verstauten wir das Gepäck auf einem sogenannten *Floß* — eng verbundne Holzstämme, die während der Liegezeit im Hafen aufquellen —, und fuhren damit, ich und andre, nach Augsburg.

In Füssen gibt es eine Abtei, wo man den Herren in einem Reliquienschrein Kelch und Stola eines Heiligen namens *Magnus* zeigte; er soll Sohn eines Königs von Schottland und Schüler des Columbanus gewesen sein. Zu Ehren dieses Magnus gründete Pippin das Kloster und setzte ihn als ersten Abt ein. Oben im Kirchenschiff stehen folgende Worte (und darüber sie in Musik setzende Noten): *Comperta virtute beati Magni fama, Pipinus Princeps locum quem Sanctus incoluit regia largitate donavit.* Später folgte Karl der Große diesem lateinisch geschilderten Beispiel, wovon im Kloster ebenfalls eine Inschrift berichtet.

Nach Tisch brachen wir auf und erreichten Schongau, vier Meilen, wo beide Reisegruppen übernachteten. Die kleine Stadt gehört dem Herzog von Bayern und ist daher streng katholisch — hat dieser Fürst doch sein Herrschaftsgebiet mehr als jeder andre in Deutschland vor aller Ansteckung bewahrt, und er versteift sich darauf, daß es auch so bleibe.

Das Gasthaus *Zum Stern* ist eine gute Unterkunft. Die Anordnung der Tafel war uns neu: Auf quadratischen Tischen standen zwischen zwei gegenüberliegenden Ecken des Speisesaals die Salzgefäße, zwischen den zwei andern die Leuchter, so daß sich ein Andreaskreuz bildete.

Eier wurden uns (wenigstens bis dahin) nie anders als hartgekocht und in Viertel zerschnitten auf Salat serviert, der dort sehr gut zu sein pflegt, und die Kräuter sind stets taufrisch. Den jungen Wein schenkt man gewöhnlich schon unmittelbar nach beendeter Gärung aus.

Das Getreide wird nach jeweiligem Bedarf in den Scheunen gedroschen, und zwar mit dem dicken Ende des Dreschflegels.

Am Samstag reisten wir weiter nach Landsberg, vier Meilen, wo wir zu Mittag aßen. Kleine Stadt am Lech, ebenfalls dem Herzog von Bayern gehörend, sehr hübsch für ihre Größe. Sie besteht aus Stadt, Vorstadt und Schloß. Da Markttag war, herrschte dichtes Gedränge. Inmitten eines großen Platzes läßt ein Springbrunnen das Wasser aus hundert Röhren eine Lanze hoch hervorschießen und auf höchst kunstfertige Weise versprühen, indem die Röhren sich in ständigem Wechsel drehn.

Stadt und Vorstadt ziehen sich mit je einer sehr schönen Kirche und dem Schloß einen steilen Hügel hoch. Oben suchte der Herr de Montaigne ein Kolleg der Jesuiten auf, die in einem völlig neuen Gebäude bestens untergebracht sind. Sie bauen sich gerade eine ansehnliche Kirche. In aller Gemächlichkeit unterhielt sich der Herr de Montaigne mit ihnen. Schloßkommandant ist der Graf von Helfenstein. Wer einen anderen Glauben als den römisch-katholischen hegt, muß ihn verschweigen.

An dem Tor, das Stadt und Vorstadt trennt, ist eine große lateinische Inschrift zu lesen, in der es wortwörtlich heißt, daß *Senatus populusque* der Stadt dieses Denkmal zum Gedächtnis an die Brüder Wilhelm und Ludwig, Herzöge *utriusque Boïariae*, errichtet hätten. Im Ort selber sind eine Menge weiterer lateinischer Sprüche zu finden, zum Beispiel: »Furcht verbreite ein Soldat, und nicht goldne Zier sei sein Stolz, sondern die Kraft seines Mutes, seines Schwerts.« Und darüber: »Die Welt ist ein Narrenkäfig.« An einer anderen gut sichtbaren Stelle sind Worte von irgendeinem lateinischen Geschichtsschreiber zu lesen, die sich auf den Sieg eines bajuwarischen Königs über den Konsul Marcellus beziehn. Auch an den Türen der Privathäuser findet man viele treffliche Sinnsprüche in Latein.

Die Häuser und Kirchen der Stadt werden oft neu bemalt, was ihnen ein geradezu blühendes Aussehn gibt; und fast alle, die wir zu Gesicht bekamen, waren erst vor drei, vier Jahren renoviert worden (was wir aus den Daten ersahn, die man dort stets anzubringen pflegt) — als hätte man dies im Hinblick auf unsre Durchreise eigens uns zuliebe getan!

Die Stadtuhr schlägt hier wie in vielen anderen Orten alle Viertelstunde, und von der Nürnberger sagt man sogar, daß sie die Minuten schlage.

Nach dem Mittagessen brachen wir auf und kamen durch eine sich weithin dehnende, fast nur aus Weideland bestehende Ebene, die derjenigen von Beauce glich; so gelangten wir schließlich nach Augsburg, vier Meilen. Sie gilt als die schönste Stadt Deutschlands (wie Straßburg als die am stärksten befestigte).

AVGVS TA IVXTA
1 Rot thor
3 Einlaß.
5 Gsundbrunn.
6 Wertachbruck.
7 Fischer th.
8 Luginßland.
10 Olblater th.
11 Jacober thor.
12 Vogel thor
13 Schwiboger th.
14 H. Creütz th.
15 Unser frawe th.
16 Parfusser th.
17 S Vlrichs klost.
18 Prediger klost
19 S. Moritz kir.
20 H. Grab.
21 S. Vrsula klost.
22 S. Katharina klo.
23 S. Anna klost.
24 S. Steffans kl.
25 Parfusser klost.
26 Hail. ✠ kloster.
27 S. Iorgen klost.
28 S. Ostmars kirch
29 S. Veyts kirch
30 S. Johans kirch
31 S. Gilgen kirch
32 Unser frawen ki.
33 Jacober kirch.
34 Das Spital.
35 S. Peters kirch.
36 Stern kloster.
37 Rassamerhof.
38 Saltz stadel.
39 Wein stadel.
40 Sigelhauß.
45 Der Fugger ha.
47 Eichehauß.
48 Kornschrand.
50 Burger stuben.
51 Kaufleut stub.
52 Rathauß.
55 Die Metzg.
57 Pfriendhauß.
58 Schlachthauß.
54 Katzenstadel.
55 Ob dem Creütz
56 Zeughauß.
57 Juden kirchof.
68 Kornhauß.
70 Kalck hutt
71 Blaerhauß.
72 Die Fuggereij
73 Zur sackpfeiffn
75 Spitalhof.
76 Am Eser.
77 Ritzen marckt.
79 Zwerchgaß.
80 Kirchgaß.
82 S. Affra gaß.
83 Am Schwal.
86 Schönawgaß.
89 Findelhauß.
92 Am Judenberg
94 Berlberg
97 Steingaß.
99 Opsmarckt
100 S. Johans gaß.
101 Schmidgaß.
104 Fronhof
105 Die Pfaltz.
106 Hirschengrab.
108 Lang gaß.
110 Fischergäßlin.
111 Rautzengäßlin.
113 Steffans platz
114 Puluergaß.
115 Gensbühel
116 Lauterlech.
117 Hasen gaßlin
118 S. Iaco. gart.
119 Rosen gaßlin
120 Rappenzipfel.
122 Prielbruck
124 Rosmarckt
125 Ober newgang
126 Mittel gang
127 Vndrer gang
130 Sachssen gaß.
132 Meitings gaß.
133 Maurberg

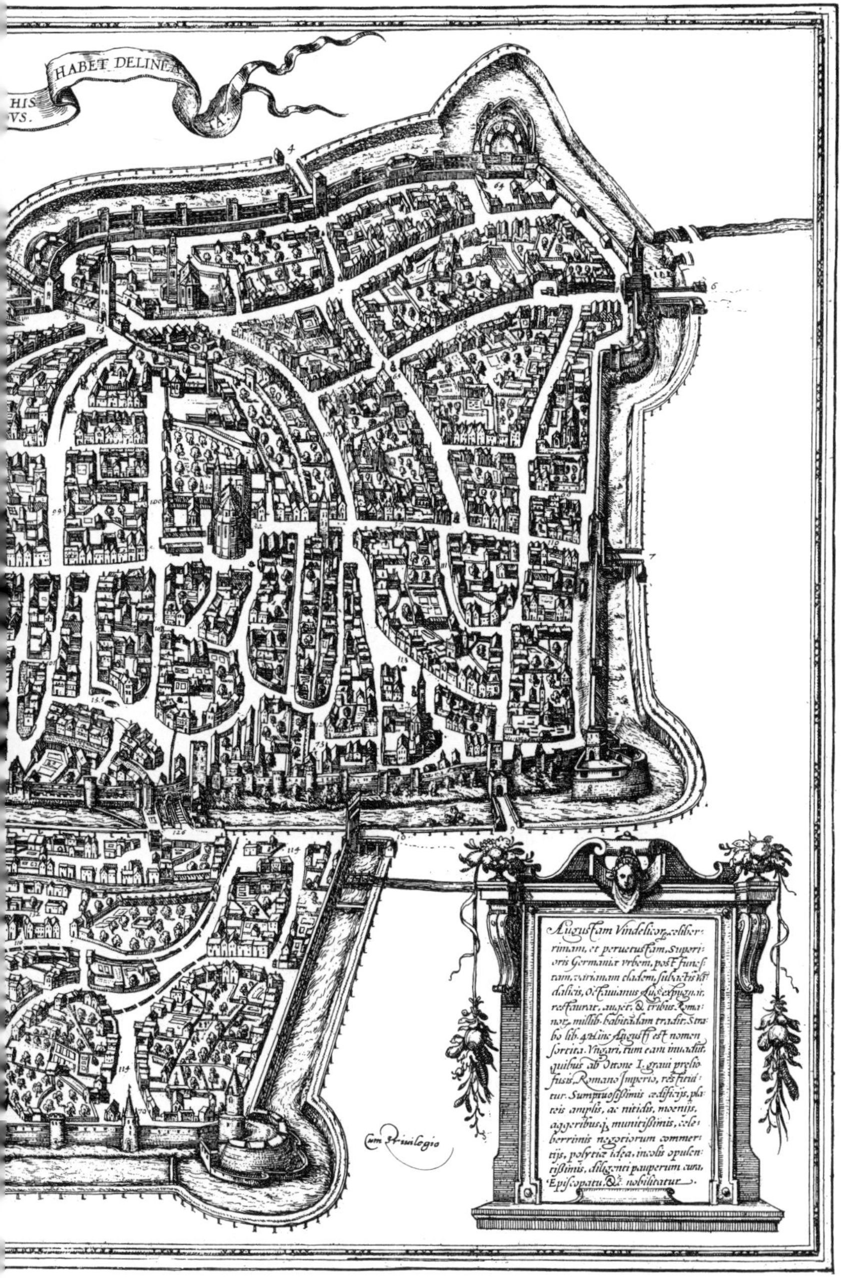
HABET DELINEA
HIS
VS.
Augustam Vindelicorum, celiberrimam, et peruetustam, Superioris Germaniæ vrbem, post funestam, variamqꝫ cladem, subactis Vandalicis, Octauianus Aug. expugnauit, restaurat, auget, & tribus Romanorum millib. habitandam tradit. Strabo lib. 4. Hinc Augusti est nomen sortita. Vngari, cum eam inuadunt, quibus ab Ottone I. graui prelio fusis, Romano Imperio, restituitur. Sumptuosissimis ædificijs, plateis amplis, ac nitidis, moenijs, aggeribusqꝫ munitissimis, celeberrimis negotiorum commertijs, polytiæ idea, incolis opulentissimis, diligenti pauperum cura, Episcopatu, &c. nobilitatur.
Cum Privilegio

Bei unserer Ankunft fiel uns als erstes auf, daß man hier einen ungewöhnlichen Wert auf Reinlichkeit legt, denn wir konnten die Stufen der Wendeltreppe zu unsren Zimmern nur über die Stoffmatten beschreiten, mit denen sie abgedeckt waren, damit sie nicht beschmutzt würden — hatte man sie doch eben erst (wie alle Samstage) gewaschen und blankgescheuert! Auch haben wir in den Gasthäusern niemals Spinnweben oder irgendwelchen Schmutz bemerkt.
In manchen gibt es Fenstervorhänge, die man nach Belieben zuziehn kann. Tische findet man in den Zimmern selten, ausgenommen die am Fußende jedes Betts mit Scharnieren befestigten, die sich, wie immer man will, auf- und zuklappen lassen. Die Bettfüße ragen zwei, drei Fuß über das Gestell, oft bis zur Höhe des Kopfkissens. Das Holz ist sehr schön und reich an Schnitzwerk — freilich aus Tanne, die von unserm Nußholz bei weitem übertroffen wird.
Auch hier setzt man, weil man die Teller aus blitzendem Zinn schonen will, zum Tafeln solche aus Holz hinein; neben den Betten sind oft Tücher und Vorhänge vor die Wand gespannt, damit man diese nicht durch Anspucken besudelt.
Die Deutschen sind große Liebhaber von Wappen, denn eine Unzahl hiervon hinterlassen die durchreisenden Edelleute des Landes an den Wänden aller Gasthäuser, auch sämtliche Fensterscheiben sind damit übersät.
Beim Tafeln wechselt die Speisenfolge von Gegend zu Gegend. Hier wurden die Krebse als erster Gang serviert, sonst überall vor der Nachspeise; und ihr Umfang war enorm.
In vielen Hotels, namentlich den großen, wird alles bedeckt aufgetragen.
Daß die Fensterscheiben vor Sauberkeit glänzen, liegt daran, daß die Rahmen nicht wie bei uns fest eingebaut sind, sondern sich nach Belieben öffnen und schließen lassen, was das Putzen erleichtert — und geputzt werden sie unglaublich oft.
Der Herr de Montaigne besuchte am nächsten Morgen — es war Sonntag — mehrere Kirchen, und in den katholischen, die

sehr zahlreich sind, fand er den Gottesdienst überall hervorragend gestaltet.
An lutherischen Kirchen gibt es sechs (mit sechzehn Geistlichen); zwei davon wurden den Katholiken weggenommen, die anderen vier haben die Lutheraner selbst gebaut. Am selben Morgen besichtigte er deren eine, die einem großen Kollegsaal gleicht: keine Bilder, keine Orgel, kein Kreuz. Die Wände voller Bibelsprüche auf deutsch. Zwei Kanzeln, eine für den Pfarrer (einer war gerade am Predigen), eine unter ihr für den, der die zu singenden Choräle anstimmt. Nach jeder Strophe wartet die Gemeinde, bis er die nächste intoniert. Es steht in jedermanns Belieben, ob er mitsingt (wie auch, ob er sich das Haupt bedeckt oder nicht). Hernach trat ein Geistlicher, der inmitten der Gemeinde stand, vor den Altar und las aus einem Buch eine Menge Gebete; bei etlichen erhoben sich die Gläubigen und falteten die Hände, und bei Nennung des Namens Jesu Christi verneigten sie sich tief.
Nachdem der Geistliche die Lesung barhäuptig beendet hatte, wurden auf den Altar ein weißes Tuch, eine Kanne und eine Schale Wasser gestellt. Hierauf reichte ihm eine Frau in Begleitung von zehn, zwölf anderen ein Wickelkind mit unbedecktem Gesicht, das der Geistliche mit dem Wasser aus der Schale dreimal bespritzte, wobei er bestimmte Worte sprach.
Nun traten zwei Männer heran, und jeder legte zwei Finger der rechten Hand auf das Kind. Der Geistliche sprach mit ihnen, und die Taufe war zu Ende.
Beim Hinausgehn unterhielt sich der Herr de Montaigne mit diesem Geistlichen, und er erfuhr, daß sie nicht aus den Einkünften der Kirche bezahlt werden, sondern aus den öffentlichen Geldern der Stadtverwaltung.
Allein in dieser Kirche war eine größere Menge gläubigen Volks versammelt als in zwei, drei katholischen.
Wir sahen keine einzige schöne Frau. Die Kleider der Frauen heben sich stark voneinander ab. Bei den Männern hingegen fällt es sogar schwer, die Adligen zu erkennen, da alle, ganz

gleich aus welcher Schicht, einen Degen an der Seite tragen, und auf dem Kopf eine Samtmütze.
Unser Gasthof zeigte auf seinem Schild einen Baum, der dortzulande *Linde* heißt, und lag neben dem kupferbedeckten Palast der Fugger. Ein Mitglied dieser Familie war etliche Jahre zuvor gestorben und hatte den Erben zwei Millionen französische Taler hinterlassen; hiervon schenkten diese den dortigen Jesuiten, damit sie für seine Seele beten, dreißigtausend Gulden in bar, womit diese sich eine großzügig angelegte Niederlassung bauten. Generell sind hier die Häuser schöner, größer und höher als in irgendeiner französischen Stadt, und die Straßen wesentlich breiter.
Der Herr de Montaigne schätzt Augsburg so groß wie Orléans.
Nach dem Mittagessen besuchten wir ein Schaufechten, das in einem öffentlichen Saal mit einer riesigen Menschenmenge stattfand. Beim Eintritt bezahlte man wie in Jahrmarktsbuden für die Akteure und zusätzlich für den Banksitz. Es wurde mit Dolchen, mit Zweihändern, mit beidseitig eisenbeschlagnen Stöcken und mit kurzen Breitschwertern gekämpft. Danach sahen wir uns ein Preisschießen mit Armbrust und Bogen an, und die Anlage war noch großartiger als in Schaffhausen.
Von dort aus gingen wir zu dem Stadttor, durch das wir eingezogen waren, und erblickten unter der Brücke einen das Wasser von außerhalb der Stadt heranbringenden Kanal; dieser wird seinerseits auf einer Holzbrücke über den Fluß geleitet, der den Stadtgraben durchfließt.
Das Wasser dieses Kanals nun treibt über zahlreiche Räder eine Reihe Pumpen an, die durch zwei Bleileitungen das Wasser eines an dieser Stelle sehr tiefen Brunnens bis in einen mindestens fünfzig Fuß hohen Turm befördern. Dort ergießt es sich in einen großen steinernen Behälter, aus dem es durch mehrere Rohre nach unten stürzt und sich über die ganze Stadt verteilt, die allein dank dieser Vorrichtung überreich an Brunnen

ist. Den Bürgern, die eine eigene Abzweigung für sich beantragen, wird es gegen eine laufende Gebühr von zehn Gulden oder eine einmalige Zahlung von zweihundert Gulden genehmigt.

Seit vierzig Jahren ist diese sinnreiche Anlage eine Zierde der Stadt.

Eheschließungen zwischen Katholiken und Lutheranern sind an der Tagesordnung, und wer die Heirat am meisten begehrt, übernimmt den Glauben des andern. Solche Ehen gibt es zu Tausenden. Unser Wirt zum Beispiel war Katholik, seine Frau lutherisch.

Die Gläser reinigt man hier mit einer langstieligen Bürste aus feinen Borsten.

Es heißt, daß man sehr schöne Pferde schon für vierzig bis fünfzig Taler bekommt.

Der Stadtrat erwies den Herren d'Estissac und de Montaigne die Ehre, ihnen zum Abendessen vierzehn große Gemäße mit einheimischem Wein durch sieben uniformierte Amtsdiener und einen höheren Beamten überbringen zu lassen, den sie nun ihrerseits zur Teilnahme am Essen einluden — dem dortigen Brauch folgend, der überdies verlangt, daß man den Amtsdienern eine kleine Abfindung gibt. Die Herren veranlaßten, daß jeder einen Taler bekam.

Der mit ihnen speisende Beamte sagte dem Herrn de Montaigne, fremde Besucher von einem gewissen Rang auf solche Weise willkommen zu heißen seien er und zwei andre beauftragt; deshalb bemühten sie sich, ebendiesen Rang herauszufinden, um danach das ihm gebührende Zeremoniell ausrichten zu können: Die einen beschenke man reichlicher mit Wein als die andern. Bei einem Herzog etwa käme einer der Bürgermeister persönlich, um ihn zu überreichen. Uns hielten sie für Barone oder Ritter.

Aus bestimmten Gründen wollte der Herr de Montaigne aber nicht, daß man die gewünschten Auskünfte erteile und unseren wahren Stand verrate. Daher verzichtete er auch, als er sich

den ganzen Tag in der Stadt umsah, auf jedes Gefolge — er ist sogar der Meinung, daß gerade dies die ehrenvolle Behandlung der Herren noch erhöht habe.
Solche Ehren wurden den Herren jedenfalls in allen Städten Deutschlands und der Schweiz zuteil.
Während die Herren sich bis Kempten des denkbar schönsten Wetters erfreuten, begann es von dort an kalt zu werden, was ihnen arg zusetzte. Als der Herr de Montaigne auf seinem Rundgang nun die Liebfrauenkirche besuchte, herrschte darin eine derart grimmige Kälte, daß er sich unwillkürlich das Taschentuch vor die Nase hielt — glaubte er doch, daß man ihn ohne Gefolge und in schlichtester Kleidung überhaupt nicht beachten würde. Nachdem er mit den Augsburgern aber in engeren Kontakt gekommen war, sagten sie ihm, die Kirchgänger hätten ihn durch sein Verhalten sehr wohl sofort als Fremden erkannt. So ereilte ihn schließlich gerade *das* Übel, dem er am meisten zu entfliehen suchte: bei den Einheimischen durch ein von ihren Sitten und Gebräuchen abweichendes Benehmen Auffallen zu erregen — pflegt er sich doch nach besten Kräften stets der ortsüblichen Lebensweise anzupassen und einzufügen. In Augsburg trug er zum Beispiel jedesmal, wenn er ausging, eine Pelzmütze.
Nach Aussage der Augsburger gibt es in der Stadt zwar Mäuse, aber keine Ratten, von denen das übrige Deutschland heimgesucht wird. Darüber erzählen sie zahlreiche Wunder. So schreiben sie ihre Bevorzugung einem dort beigesetzten Bischof zu; und von der Erde seines Grabes, die sie in haselnußkleinen Klümpchen verkaufen, behaupten sie, daß sie überall, wo man sie ausstreue, das Ungeziefer vertreibe.
Am Montag wohnten wir in der Liebfrauenkirche der prunkvollen Hochzeit eines reichen, doch häßlichen Bürgermädchens mit einem venezianischen Verwalter der Fugger bei. Überhaupt sahen wir dort keine einzige schöne Frau.
Die Fugger, von denen es mehrere, durchweg sehr reiche Zweige gibt, nehmen die wichtigsten gesellschaftlichen Positionen

der Stadt ein. Wir durften zwei Säle ihres Palastes besichtigen: der eine groß, hoch und mit Marmorboden, der andre niedrig und reich an alten wie modernen Medaillen, dahinter ein kleines Kabinett. Das sind die prächtigsten Säle, die ich je gesehen habe.

Wir sahen uns auch die Tänze der Hochzeitsgesellschaft an: ausschließlich *Allemanden*. Diese werden immer wieder abgebrochen, worauf alle Herren die Damen an ihre Plätze auf den zweireihig an den Wänden stehenden, mit rotem Tuch bedeckten Bänken zurückführen, ohne an ihrer Seite zu bleiben. Nach einer kleinen Pause holen sie, die eigene Hand küssend, die Damen wieder ab (die diese Geste jedoch nicht erwidern) und umfassen sie bis unter die Achsel, während die Damen ihnen die rechte Hand auf die Schulter legen. So tanzen sie Wange an Wange oder miteinander plaudernd, die Herren barhäuptig und eher lässig gekleidet.

An verschiedenen Stellen besichtigten wir auch andere Häuser der Fugger: Lusthäuser für den Sommer. Sie tragen mit ihrer kostspieligen Pracht zur weiteren Verschönerung der Stadt bei, wofür die ihnen dankbar ist. In einem davon sahen wir eine Uhr, die lediglich durch Wasser in Gang gehalten wird, dessen Bewegung ihr zum Gewicht dient. Auch gab es dort zwei große überdeckte Fischbehälter, zwanzig Schritt im Quadrat, worin es von Fischen wimmelte. An allen vier Seiten jedes Behälters waren viele kleine Röhren angebracht, die einen gerade, die andern nach oben gebogen. Aus all diesen Röhren ergießt sich das Wasser auf recht lustige Weise in die Behälter: hier in geradem Strahl, dort bis zur Höhe einer Lanze hervorwirbelnd.
Zwischen den beiden Behältern liegt eine zehn Schritt breite begehbare Fläche, die mit Bohlen ausgelegt ist, in denen eine Menge unsichtbarer kleiner Düsen angebracht ist. Wenn nun die Damen gerade damit beschäftigt sind, amüsiert dem Spiel der Fische zuzusehn, braucht man nur ein Ventil zu öffnen, und schon schießen aus allen Düsen dünne spitze Strahlen bis auf Mannshöhe empor und benetzen Unterröcke und Schenkel der Damen mit ihrer spritzigen Frische.
Anderswo wieder kann es beim Betrachten eines hübschen Springbrunnens geschehn, daß man auf unsichtbare Röhrchen tritt, die einem aus hundert Düsen plötzlich feinste Wasserstrahlen ins Gesicht spritzen. Hierzu paßt famos der am Brunnen angebrachte lateinische Spruch: *Du wolltest neckischen Schnickschnack? Freu dich doch — hier hast du ihn!*
Es gibt dort auch eine Voliere, zwanzig Schritt im Quadrat und zwölf bis fünfzehn Fuß hoch, rundum geschlossen mit geschickt verflochtnem Messingdraht. Drinnen haben zehn bis zwölf Tannen und ein Springbrunnen Platz. Der ganze Käfig ist voller Vögel. Wir sahen polnische Tauben (die dort *indische* heißen), wie ich sie schon von anderswoher kannte. Sie sind dick, und ihr Schnabel gleicht dem eines Rebhuhns. Und wir besichtigten auch den gut durchdachten Betrieb eines Gärtners, der in weiser Voraussicht der klirrenden Winterfröste in einem

überdeckten Verschlag große Mengen von Artischocken und Kohlköpfen, Blattsalat und Spinat, Chicorée und anderem Gemüse aus frischer Ernte untergebracht und mit den Wurzeln in Erde eingeschlagen hatte, um sie so für zwei, drei Monate gut und frisch zu erhalten; und in der Tat waren an die hundert Artischocken, obwohl er sie schon vor mehr als sechs Wochen geerntet hatte, noch kein bißchen verwelkt.
Auch sahen wir ein Gerät, das aus einem gekrümmten und an beiden Seiten offnen Bleirohr besteht. Wenn man es, beide Öffnungen nach oben, zunächst ins Wasser eines Gefäßes hält und dann, nachdem es sich gefüllt hat, auf geschickte Weise plötzlich so umdreht, daß das eine Ende das Wasser saugt und das andre es nach außen abfließen läßt, setzt sich der Vorgang, erst einmal begonnen, aufgrund des *horror vacui* schließlich ohne Unterbrechung fort.
Das Wappen der Fugger zeigt auf einem längsgeteilten Schild links eine azurne Lilie auf goldenem, rechts eine goldne auf azurnem Feld. Es wurde ihnen von Kaiser Karl V. bei der Erhebung in den Adelsstand verliehn.
Weiter schauten wir zu, wie Tiertreiber auf ihrem Weg von Venedig zum Herzog von Sachsen zwei Strauße durch die Stadt führten: das Männchen schwärzer und mit rotem Hals, das Weibchen eher grau; diesem entfielen zahlreiche Eier. Die Treiber waren zu Fuß, und sie sagten, die Tiere ermüdeten weniger als sie; und da sie ihnen ständig zu entweichen suchten, hielten sie deren Körper rundum durch zwei Gurte gefesselt, von denen der eine über das Kreuz zu den Schenkeln verlief, der andre über die Schulterblätter; mit langen Leinen wurden die Tiere nach Belieben der Treiber hin und her gelenkt oder zum Stehn gebracht.
Am Dienstag durften wir durch ein ganz besonderes Entgegenkommen der Stadtväter eine zweitorige geheime Anlage in der Mauer besichtigen, durch die zu allen Stunden der Nacht jeder, der dies begehrt, zu Fuß oder zu Pferde eingelassen wird — vorausgesetzt, er sagt, wie er heißt, zu wem er will

oder in welchem Gasthof er unterzukommen sucht. Die Anlage wird von zwei zuverlässigen Pförtnern bedient, die im Solde der Stadt stehn. Berittene zahlen für den Zugang zwei Batzen, Fußgänger einen.

Das äußere Tor ist mit Eisen beschlagen. Neben ihm hängt an einer Kette ein ebenfalls eiserner Griff. Wenn man ihn zieht, wird dies durch die Kette über eine ungemein lange Strecke mit vielen Windungen in den hoch oben liegenden Raum eines der Pförtner übertragen und läßt dort eine Glocke ertönen. Der Pförtner, der nur mit seinem Hemd bekleidet im Bett liegt, öffnet nun durch eine in beide Richtungen bewegliche Vorrichtung dieses erste Tor — mehr als gut hundert Schritt davon entfernt!

Der so eingelaßne Ankömmling betritt eine überdachte Brücke von etwa vierzig Schritt, die über den Stadtgraben führt. An ihr entlang verläuft in einer hölzernen Führung die Kette, die das erste Tor geöffnet hat und jetzt hinter dem Ankömmling schnell wieder schließt. Hat man die Brücke überschritten, befindet man sich auf einem kleinen Hof. Von dort aus sagt man Namen und Ziel zu jenem ersten Pförtner hoch. Hierauf verständigt dieser mit einem Glockenzeichen den zweiten Pförtner, der ein Stockwerk darunter seinen Platz hat (und dort gibt es noch viele weitre Unterkünfte). Der nun öffnet mit einer federgetriebnen Vorrichtung, die sich in einem Nebenraum zu seinem Gelaß befindet, zunächst eine kleine Eisenschranke und dann über ein großes Rad die Zugbrücke, ohne daß man von den Bewegungen der Maschinerie auch nur das Geringste sähe, denn alles spielt sich im Innern der mächtigen Mauern und Tore ab. Plötzlich schließt sich das Ganze mit einem Mordsgetöse.

Hinter der Zugbrücke geht wieder ein ungemein wuchtiges, mit Eisenplatten armiertes Holztor auf. Der Fremde betritt jetzt eine Halle, die er, während das Tor hinter ihm zugeht, bis zu einem andern Tor gleicher Art durchschreitet, ohne daß er auf jemanden träfe, mit dem er sprechen könnte. Nachdem sich ihm auch dieses Tor geöffnet hat, setzt er seinen Weg in eine zweite, diesmal aber beleuchtete Halle fort. Dort hängt an einer Kette eine bronzene Schale, in die er sein Einlaßgeld wirft. Hierauf zieht der Pförtner die Schale hoch, und wenn ihm das Geld zu wenig scheint, läßt er den Fremden bis zum nächsten Morgen schmoren. Ist er jedoch, weil es dem üblichen Betrag entspricht, damit zufrieden, öffnet er ihm auf gleiche Weise wie bisher das letzte große Tor, das sich, sobald der Fremde es passiert hat, sofort hinter ihm schließt — endlich ist er in der Stadt!

Das ist eine der erfindungsreichsten Anlagen, die man je zu Gesicht bekommt.

Königin Elisabeth von England hat eigens einen Botschafter nach Augsburg entsandt, damit er den Rat der Stadt ersuche, ihm Einblick in die Arbeitsweise der Maschinerie nehmen zu lassen — wie es heißt, vergeblich.

Unter der Toranlage befindet sich ein kolossaler Keller, der groß genug ist, heimlich, also ohne Wissen der gemeinen Bürger im Kriegsfall fünfhundert Pferde zur eigenen Verstärkung oder zur Entsendung nach draußen aufzunehmen.

Von der Toranlage aus gingen wir zur Besichtigung der sehr schönen Heiligkreuzkirche. Man feiert dort mit großem Aufwand ein Wunder, das sich vor etwa hundert Jahren zugetragen hat: Eine Frau wollte den Leib des Herrn nicht schlucken, sondern zog ihn wieder aus dem Mund und legte ihn mit Wachs umhüllt in eine Schachtel; nach ihrer Beichte nun fand man ihn ganz in Fleisch verwandelt. Hierfür werden zahlreiche Zeugen angeführt, und die schriftliche Schilderung des Wunders wechselt zwischen Deutsch und Latein. Unter Kristallglas wird das Wachs und dazu ein fleischfarbnes Klümpchen ausgestellt.

Die Kirche ist wie das Fuggerhaus mit Kupfer gedeckt, was keineswegs selten vorkommt. Die Kirche der Lutheraner steht unmittelbar daneben. (Zudem ist hier wie auch anderswo das Pfarrhaus gleich dem Domherrenhaus bei den Katholiken mit der Kirche verbunden.)

Über dem Portal dieser lutherischen Kirche hat man doch tatsächlich das Bild der Madonna mit dem Jesuskind samt anderen Kindern und etlichen Heiligen angebracht, dazu das Wort: »Lasset die Kindlein zu mir kommen ...«!

In unserm Gasthof gab es eine Vorrichtung, deren eiserne Glieder an zwei Stellen bis auf den Boden eines sehr tiefen Brunnens hinabreichten. Wenn nun oben ein junger Bursche an einem bestimmten Gerät drehte, hoben und senkten sich diese Eisenteile jeweils um zwei, drei Fuß und preßten so das Wasser vom Boden des Brunnens in ein Bleirohr, das es in die Küchen oder überall sonst hinleitete, wo man seiner bedurfte. Ein Tüncher ist eigens dazu angeheuert, an den Wänden sich vom Moder schwärzende Stellen sofort auszubessern.

Man trug dort große und kleine Pasteten in irdenen Gefäßen auf, deren Farbe und Form diesen völlig glichen. Es gibt kaum eine Mahlzeit, zu der nicht Konfekt und Schachteln mit kandierten Früchten gereicht würden. Das Brot ist das denkbar vorzüglichste, und die in diesem Land meist weißen Weine schmecken gut. In der Gegend um Augsburg wächst freilich keiner, daher läßt man ihn aus einer Entfernung von fünf bis sechs Tagen heranholen. Von den Wirten, die für den Wein hundert Gulden zahlen, verlangt der Staat sechzig Gulden, und von einem Privatmann, der ihn nur für seinen eigenen Bedarf kauft, die Hälfte.

An vielen Orten herrscht der Brauch, die Zimmer und Speisesäle zu parfümieren.

Die ganze Stadt folgte zunächst Zwingli. Nachdem aber die Katholiken zurückgerufen worden waren, entschieden sich die Protestanten für Luther; sie nehmen nun die zweite Stelle ein. Die Katholiken sind viel reicher an Macht als an Zahl.

Der Herr de Montaigne besuchte auch die Jesuiten, unter denen er sehr gelehrte antraf.

4. Von Augsburg bis Venedig

Am Mittwoch, den neunzehnten Oktober nahmen wir in Augsburg unser letztes Frühstück ein. Der Herr de Montaigne beklagte es sehr, weiterreiten zu müssen, ohne die nur eine Tagereise entfernte Donau und die an ihren Ufern liegende Stadt Ulm zu sehn — noch eine gewisse Quelle namens *Sauerbrunnen*. Sie entspringt auf dem flachen Land, und ihr frisches Wasser ist so kalt, daß man es zum Trinken und Baden erwärmt. Ihr Geschmack hat einen Stich ins Säuerliche, den man als angenehm empfindet und der Kopf- und Bauchschmerzen lindert. Zudem sagte man uns, daß man sich ihrer in gut ausgerüsteten Kabinen auf höchst komfortable Weise zum Baden bedienen könne: wie wir es schon in *Baden* sahn. Sie ist daher ebenso berühmt.

Der Winter nahte jedoch mit Riesenschritten; der Weg zu jener Quelle wies außerdem in die unsrer Reiseroute entgegengesetzte Richtung, und auf dem Rückweg hätten wir wieder Augsburg passieren müssen — wo der Herr de Montaigne doch nichts mehr fürchtete, als ein und denselben Weg zweimal zu machen! Ich ließ vor unsrer Abreise ein hölzernes Wappenschild des Herrn de Montaigne an der Tür seines Kachelofenzimmers anbringen; es kam in den Farben großartig heraus und kostete mich zwei Taler für den Maler und zwanzig Sous für den Schreiner.

Augsburg liegt am Lech, lateinisch *Lycus*.

Wir durchzogen eine sehr schöne, an Kornfeldern reiche Landschaft und gelangten zur Übernachtung nach Fürstenfeldbruck, zwölf Meilen: ein großes, schön gelegnes katholisches Dorf im Herzogtum Bayern. Am nächsten Morgen, den zwanzigsten Oktober reisten wir weiter, und nachdem wir zuerst eine wieder nur von Kornfeldern bedeckte Ebene (denn Wein wächst hier keiner) durchzogen hatten, hernach eine sich rundum bis zum Horizont erstreckende Grassteppe, kamen wir zum Mittagessen nach München, vier Meilen: eine große Stadt, etwa Bordeaux vergleichbar, Hauptstadt des Herzogtums Bayern. Am Ufer der Isar, lateinisch *Ister*, befindet sich zugleich die Hauptresidenz der Kurfürsten. Die Stadt hat ein schönes Schloß und noch schönere Stallungen, als ich sie je in Frankreich oder Italien gesehn habe. Sie sind gewölbt und bieten zweihundert Pferden Platz.

Die Stadt ist ansehnlich, dicht bevölkert und sehr katholisch, mit reger Handelstätigkeit.

Ab einer Tagereise von Augsburg muß man mit Ausgaben von täglich mindestens vier Livres pro Mann und Pferd rechnen, und vierzig Sous pro Diener zu Fuß. In unsren Zimmern hatten die Betten zwar Vorhänge, doch keine Himmel. Alles aber sehr sauber. Die Fußböden bohnert man mit gekochter Sägemehlwichse.

Überall hierzulande werden Steckrüben und weiße Rübchen in ebenso exaktem Takt und Tempo zerkleinert, wie man das Getreide drischt — dergestalt, daß sieben, acht Männer die Rüben mit großen Messern gut gezielt in große Behälter hacken,

die etwa unsren Keltern gleichen. Dann werden sie gleich dem Weißkohl für den Winter eingesalzen. Diese Rüben wachsen so üppig, daß man sie nicht in Gärten, sondern auf Feldern anbaut, die regelrecht abgeerntet werden.

Der jetzige Herzog von Bayern hat die Schwester des Herzogs von Lothringen geheiratet, und dieser Ehe sind zwei Knaben und eine Tochter entsprungen. Der Herzog lebt mit seinem Bruder in derselben Stadt. Am Tag unsrer Anwesenheit waren sie samt Damen und allem Gefolge auf der Jagd.

Am Freitagmorgen verließen wir die Stadt und reisten durch die Wälder des Herzogs weiter, in denen wir eine schier unendliche Menge Rotwild zu Gesicht bekamen; es hielt sich wie die Hammel in Herden. In einem Zug erreichten wir Königsdorf, ein armseliges Dörfchen in besagtem Herzogtum, sechs Meilen.

Die Jesuiten, die in diesem Gebiet eine große Macht ausüben, haben eine beträchtliche Unruhe ausgelöst und sich beim Volk verhaßt gemacht, weil sie die Priester unter Androhung schwerer Strafen zwingen ließen, ihre Konkubinen davonzujagen; und da auch die Priester selbst sich darüber empörten, scheint ihnen das Konkubinat bis dahin zugebilligt worden zu sein, so daß sie dessen Genuß für völlig legitim hielten. Jedenfalls werden sie nicht müde, sich beim Herzog über ihre Behandlung zu beschweren.

Hier bekamen wir in Deutschland zum ersten Mal an Fastentagen, wenn nicht überhaupt, ganze Eier vorgesetzt — bisher nur geviertelt zum Salat. Ferner gehörten neben vielen Bechern aus Silber auch hölzerne zum Gedeck: wie kleine Fässer, mit Dauben und Reifen.

Die Dame eines am Ort befindlichen Adelssitzes schickte dem Herrn de Montaigne Wein aus ihren privaten Beständen.

Am frühen Samstagmorgen reisten wir wieder ab. Zur rechten Hand stießen wir jetzt auf die Loisach und einen großen See am Fuß der bayerischen Berge. Nach einer einstündigen Wegstrecke erreichten wir die Höhe eines kleinen Gebirgsstocks, auf der eine Inschrift besagt, vor etwa hundert Jahren habe ein bayerischer Herzog die Felswand durchbrechen lassen. Nun erst drangen wir vollends ins Innere der Alpen vor: auf einem sorgsam instandgehaltnen, sehr bequemen Weg. Zudem hatten wir das Glück, daß schönes Wetter herrschte.

Beim Abstieg vom Gebirgsstock trafen wir wieder auf einen See, der sehr schön war: eine gascognische Meile lang und ebenso breit, ringsum eingeschlossen von hohen und unzugänglichen Bergen. Wir verfolgten diese Route nun am Fuß der Berge entlang immer weiter, wobei sich uns zuweilen der überaus liebliche Anblick mit Hütten bestandner Wiesenhänge bot. In einem Zug gelangten wir so zur Übernachtung nach **Mittenwald**: kleines, dem Herzog von Bayern gehörendes Dorf, recht hübsch längs der Isar gelegen. Zum ersten Mal in Deutschland reichte man uns hier Kastanien; sie waren völlig roh. Im Hotel befindet sich eine Badestube, in der die Gäste für anderthalb Batzen ein Schwitzbad zu nehmen

pflegen. Ich tat das ebenfalls, während die Herren zu Abend speisten. Viele Deutsche ließen sich hier mittels Schröpfköpfen zur Ader.
Am nächsten Morgen, Sonntag, den dreiundzwanzigsten Oktober zogen wir denselben Weg zwischen den Bergen weiter und stießen auf ein Gebäude mit großem Tor, das den Paß ins Land Tirol sperrt, Besitz des Erzherzogs von Österreich. Zum Mittagessen kamen wir nach Seefeld, drei Meilen. Kleiner Ort mit Abtei, hübsche Lage, recht schöne Kirche. Sie ist durch folgendes Wunder berühmt:
Im Jahre 1384 wollte ein Irgendwer, dessen Name und Lebensumstände hierorts jedoch wohlbekannt sind, zum Osterfest sich nicht mit der gewöhnlichen Hostie zufriedengeben und verlangte statt dessen die große des Priesters. Als er sie aber in den Mund nahm, öffnete sich unter ihm die Erde und verschlang ihn bis zum Hals; da klammerte er sich zur Rettung, während der Priester ihm die Hostie aus dem Mund zog, an eine Ecke des Altars. Das von einem Eisengitter bedeckte Loch wird heute noch gezeigt, ebenso der Altar mit den Fingereindrücken des Mannes und die Hostie, die wie von Blutstropfen rötlich gefärbt ist.
Dort lag auch eine lateinische Aufzeichnung über einen Tiroler aus, dem vor einiger Zeit ein Stück Fleisch im Halse steckenblieb und der, nachdem er es weder hinunterschlucken noch ausbrechen konnte, einem Gelübde folgend in diese Kirche trat — und auf der Stelle von seinem Übel befreit war.
Während der Weiterreise auf dieser Hochebene bekamen wir hübsche Dörfer zu Gesicht, und über einen bis ins Tal führenden steilen Abhang gelangten wir nach einer halben Stunde in einen reizend gelegnen, ansehnlichen Marktflecken; auf einem schroffen Fels, der unzugänglich scheint, sieht man eine schöne Burg ragen. Sie beherrscht den ins Gesteinsmassiv des Abhangs eingehaunen engen Weg, der noch etwas schmaler ist als ein gewöhnlicher Karren, was auch sonst in den hiesigen Bergen immer wieder vorkommt. Daher pflegen die Fuhrleute,

die sich auf diese Strecken einlassen, die Karren um mindestens einen Fuß zu verschmälern.

Von da ab befanden wir uns in einem langgestreckten, vom Inn durchfloßnen Tal, der sich bei Wien in die Donau ergießt. Lateinisch heißt er *Aenus*. Auf ihm braucht man von Innsbruck bis Wien fünf, sechs Tage. Dieses Tal schien dem Herrn de Montaigne die wohlgefälligste Landschaft, die er je gesehen hat: Bald verengte es sich vor den dicht an dicht herandrängenden Bergen, bald erweiterte es sich auf unserer Seite (wir befanden uns am linken Ufer des Flusses) und gab Land zum Kultivieren und Bearbeiten bis in die Abhänge der hier weniger steilen Berge hinein frei; und dasselbe dann auf der andern Seite. Und dann der Anblick dieser in zwei, drei Stufen gegliederten Terrassen voll schöner Adelssitze und Kirchen! Und dann all das allseitig durch Berge umschlossen und beschützt, die unendlich hoch sind!

Auf unsrer Seite des Flusses entdeckten wir in einer Felswand ein Kruzifix: an einer Stelle, die ein Mensch ohne Abseilen unmöglich erreichen kann. Man erzählt, daß Kaiser Maximilian, der Vater Karls V., sich auf der Jagd in diese Felswand verstieg und zum Zeugnis für die überstandne Gefahr dieses Wahrzeichen errichten ließ. Dargestellt ist die Geschichte auch auf einem Gemälde in der Augsburger Halle der Armbrustschützen.

Am Abend erreichten wir Innsbruck, drei Meilen, Hauptstadt der Grafschaft Tirol, lateinisch *Aenopontum*. Hier residiert Ferdinand, Erzherzog von Österreich. Sehr schöne kleine Stadt, der Talsohle geschickt eingefügt, voller Brunnen und Bäche: eine Annehmlichkeit, die überall in den von uns besuchten Städten Deutschlands und der Schweiz anzutreffen ist. Die Häuser sind fast ausnahmslos terrassenförmig gebaut. Wir wohnten im Gasthof *Zur Rose* — überaus gastlich! Die Speisen reichte man uns auf Zinntellern. Schon seit einigen Tagen standen uns Servietten *à la française* zur Verfügung. Auch gab es etliche Betten mit Vorhängen; diese waren, darin zeigte sich die Mentalität dieser Menschen, zwar schön zugeschnitten und reich an durchbrochnen Mustern, im übrigen aber kurz und schmal — für das also, wozu *wir* uns ihrer bedienen, in keiner Weise geeignet.

Außerdem fanden wir einen winzigen Betthimmel vor, drei Finger breit und jede Menge Quasten dran.

Für den Herrn de Montaigne gab man mir Bettücher, die rundum mit einem vier Finger breiten weißen Posament reich verziert waren.

Wie in den meisten anderen deutschen Städten gehen auch hier die ganze Nacht über Männer durch die Straßen und rufen laut, welche Stunde es geschlagen hat.

In allen Orten, durch die wir kamen, pflegte man zwischen den Fleischgerichten Fisch aufzutragen, doch an Fastentagen nicht umgekehrt zwischen den Fischgerichten Fleisch — zumindest niemals uns.

Am Montag machten wir von Innsbruck aus durch die schöne Ebene des Inntals, der Fluß lag nun zu unsrer Linken, einen Abstecher nach Hall, zwei Meilen, wo wir auf einer Brücke den Inn überquerten: wie Innsbruck eine kleine Stadt, etwa von der Größe Libournes.

Von hier bezieht ganz Deutschland sein Salz. Jede Woche gewinnt man neunhundert Barren zu einem Taler das Stück. Sie haben den Durchmesser eines Scheffelmaßes und auch ungefähr dessen Aussehn, da die Preßform, deren man sich bedient, diesem Maß entspricht. Der Erzherzog ist alleiniger Nutznießer des Salzwerks, aber dessen Betriebskosten sind ungeheuer. Noch nie habe ich soviel Holz aufgestapelt gesehn wie hier für die Salzgewinnung. Das Salzwasser, das mehr als zwei Meilen weit von einem der benachbarten Berge kommt, muß nämlich auf großen Eisenpfannen von gut dreißig Schritt Umfang zur Verdampfung gekocht werden.

Der Ort hat mehrere schöne Kirchen, vor allem die der Jesuiten. Der Herr de Montaigne stattete ihnen einen Besuch ab, ebenso wie jenen in Innsbruck, die in prächtigen Gebäuden mit allen Annehmlichkeiten untergebracht sind.

Nach dem Mittagessen wechselten wir wieder auf die rechte Seite des Flusses, wo Erzherzog Ferdinand von Österreich ein schönes Schloß besitzt, in dem er sich aufhält; und um ihm seine Aufwartung zu machen, hatte sich der Herr de Montaigne schon am Morgen dorthin begeben; von einem Grafen Soundso war ihm jedoch mitgeteilt worden, der Erzherzog sei durch eine Ratssitzung verhindert. Daher also sprachen wir nach Tisch erneut vor, und wir glaubten ihn in einem Garten flüchtig erkannt zu haben. Die Bedienten eilten zwar zu ihm, um ihm Namen und Begehr unsrer Herren zu vermelden, kamen aber mit der Nachricht zurück, er bitte sie, ihn zu entschuldigen — morgen käme ihm der Besuch weniger ungelegen. Wenn sie freilich seiner Gunst bedürften, möchten sie das jenen Mailänder Graf Soundso wissen lassen.

Durch diese Kälte fühlte sich der Herr de Montaigne ziemlich verletzt, zumal den Herren nicht einmal gestattet wurde, das Schloß auch nur zu besichtigen; und als er sich noch am selben Tag bei einem Hofbeamten hierüber beschwerte, wurde ihm mitgeteilt, der Erzherzog habe geantwortet, Franzosen sähe er nicht gern; zudem sei das Haus Frankreich mit dem seinen verfeindet. — Wir kamen nach Innsbruck zurück, zwei Meilen. Dort besichtigten wir achtzehn sehr schöne Bronzestandbilder der Fürsten und Fürstinnen aus dem Hause Österreich. Auch nahmen wir mit einigen Gängen an einem großen Abendessen des Kardinals von Österreich und des Markgrafen von Burgau teil, den einzigen Kindern des Erzherzogs Ferdinand und seiner Konkubine aus Augsburg, Tochter eines Kaufmanns, die er heiratete, um die Kinder zu legitimieren. Sie war in diesem Jahr gestorben. Der ganze Hof trägt deswegen noch Trauer.

Es wurde im großen und ganzen wie bei unsren Fürsten aufgetragen. Der Saal war rundum mit schwarzem Tuch bespannt, einschließlich Baldachin und Stühlen. Der Kardinal ist der ältere, dabei zählt er nach meinem Eindruck noch keine zwanzig Jahre. Der Markgraf trinkt nur *bouchet* und der Kardinal stark verdünnten Wein. Deckel für die Speisen kennt man nicht, man trägt vielmehr alles offen auf, im übrigen aber wie wir. Wenn sie Platz nehmen, dann etwas entfernt vom Tisch, der erst jetzt, vollbeladen mit den Speisen, an sie herangeschoben wird. Der Kardinal sitzt oben, ansonsten ist ihr »Oben« ja stets die rechte Seite.

Im selben Palast sahen wir eine Anlage fürs Paumespiel und einen recht schönen Garten. Der Erzherzog ist nämlich groß im Entwerfen und Konstruieren von allerlei nützlichen Dingen. So konnten wir bei ihm zehn, zwölf Feldgeschütze für Kugeln von der Größe eines dicken Gänseeis besichtigen. Die Geschütze, rundum vergoldet, sind auf gleichfalls vergoldeten Rädern mit den denkbar reichsten Verzierungen montiert, dabei nur aus Holz gefertigt; doch ist die Mündung ebenso wie die ganze Innenseite des Rohrs mit Eisenblech ausgeschlagen. Ein Mann kann ein solches Geschütz allein auf den Schultern tragen. Man schießt zwar nicht allzuoft damit, aber die Schüsse tragen fast genauso weit wie die aus Bronzekanonen.

Auf den Feldern seines Schlosses erblickten wir zwei Ochsen von ungewöhnlicher Größe, völlig grau, doch mit weißem Kopf: ein Geschenk des Herzogs von Ferrara, der eine der Schwestern des Erzherzogs geheiratet hatte. Die zweite war mit dem Herzog von Toscana verheiratet, die dritte mit dem von Mantua. Drei weitere lebten in Hall; sie wurden *die drei Königinnen* genannt, denn den Töchtern des Kaisers gibt man diesen Titel. Und wie man Herzoginnen und Gräfinnen nach ihren Ländereien benennt, so diese Kaisertöchter nach den Königreichen, die ihr Vater besitzt. Von den dreien sind zwei tot, die dritte lebt noch dort. Der Herr de Montaigne konnte sie jedoch nicht besuchen, da sie sich als Nonne hinter Klostermauern zurückgezogen hat. Sie nahm die Jesuiten in den Ort auf und gestattete ihnen, sich dort fest niederzulassen.

Man hört allenthalben die Meinung, daß der Erzherzog seine Güter nicht seinen Kindern hinterlassen könne, sondern daß sie den Nachfolgern des Kaisers zufallen würden; man wußte uns die Sache jedoch nicht recht verständlich zu machen. Denn

Oenipons, s
Inßprück,
vrbs amp
Heitingen
Weirrburg
S. Iacob.

is vulgo
mitatus
D. LXXV.
Schloß Ammens
Spirall.
IN
FLV.

wenn man anführt, daß seine Frau nicht ebenbürtiger Herkunft gewesen sei, leuchtet das als Begründung keineswegs ein: Schließlich hat er sie ja geheiratet, so daß diese Ehe und die ihr entsproßnen Kinder von jedem als legitim angesehn werden. Eins steht jedenfalls fest: Der Erzherzog häuft eine Menge Taler an, damit er etwas hat, was er den Kindern hinterlassen kann.

Dienstagmorgen reisten wir ab und setzten unsern Weg fort, indem wir die ebne Talsohle des Inn überquerten. Eine Meile von unserm Gasthaus führte uns der bequeme Pfad nach einer Stunde auf die Höhe eines kleinen Bergs. Zur Linken bot sich uns der Anblick vieler andrer Berge, die, von sanfterer Neigung und breiter ausladend, mit Kirchen und Dörfern übersät sind und meistens bis zum Gipfel kultiviert: Wie reizend dies anzusehn ist, in all seiner Vielgestaltigkeit, seinem Abwechslungsreichtum!

Die Berge zur Rechten waren etwas wilder und nur an wenigen Stellen bewohnt. Immer wieder mußten wir Wasserläufe und Sturzbäche unterschiedlicher Richtung überschreiten. Auf der Höhe wie am Fuß der Berge trafen wir aber auch auf zahlreiche ansehnliche Dörfer und Marktflecken, zudem auf viele schöne Gasthöfe und zur Linken auf zwei Schlösser und Adelssitze.

Etwa vier Meilen von Innsbruck erblickten wir auf sehr engem Weg zur Rechten eine großartig ausgearbeitete, dem Felsen eingefügte Bronzetafel, deren lateinische Inschrift besagt, daß Karl V. auf seiner Rückkehr von Spanien und Italien, wo er zum Kaiser gekrönt worden war, und sein Bruder Ferdinand, König von Ungarn und Böhmen, auf der Rückkehr von *Pannonien* an dieser Stelle im Jahre 1530 aufeinandergetroffen seien, nachdem sie sich acht Jahre nicht gesehn und daher einander gesucht hätten; deshalb habe Ferdinand diese Gedächtnistafel anbringen lassen, auf der die beiden Brüder einander umarmend dargestellt sind. Etwas später fanden wir beim Passieren eines den Weg versperrenden Tors unter dessen Bogen lateinische Verse, die daran erinnern, daß der Kaiser sich auf dem Rückweg von der Gefangensetzung des französischen Königs und der Einnahme Roms an diesem Ort aufgehalten habe.

Der Herr de Montaigne sagte, daß es ihm in diesem sich zwischen den Bergen öffnenden Paß wegen der wechselvollen Ausblicke sehr gut gefalle. Das einzige, was uns arg zu schaffen machte, war ein Staub, wie wir ihn so unerträglich dicht noch nie zu erleiden hatten — er blieb unser ständiger Begleiter.

Nach insgesamt zehn Stunden, der Herr de Montaigne noch immer mit leerem Magen, erreichten wir in später Nacht **Sterzing**, sieben Meilen. Er sagte, dies sei eine Etappe von der ihm gewohnten Dauer gewesen (und in der Tat pflegt er unabhängig davon, ob Aufenthalte vorgesehn sind oder nicht, schon am Morgen vor der Abreise die Pferde mit der vollen Tagesration Hafer füttern zu lassen).

Die kleine Stadt gehört zur Grafschaft Tirol, und sie ist recht hübsch; eine Viertelmeile entfernt liegt darüber ein schönes neues Schloß.

Man setzte uns hier völlig runde Brote vor, die aneinanderhingen.

In ganz Deutschland serviert man den Senf flüssig; er schmeckt wie der weiße Senf in Frankreich. Und überall ist der Essig weiß. In den Bergen hier wächst kein Wein (doch Getreide in so großer Menge, daß es für die Bewohner fast ausreicht); gleichwohl trinkt man sehr gute Weißweine.

All diese Gebirgsübergänge sind ungemein sicher, und es herrscht dort ein äußerst reger Verkehr von Händlern, Fuhrleuten und Karrenführern.

Obwohl der Brennerpaß wegen seiner Kälte verschrien ist, herrschte zu unsrer Zeit eine schier unerträgliche Hitze.

Die Frauen in dieser Gegend tragen Tuchhauben, die völlig unsren *toques* gleichen, dazu die Haare geflochten und herabhängend wie anderswo. Als der Herr de Montaigne in einer Kirche auf ein junges hübsches Mädchen traf, hielt er sie für eine Studentin und fragte sie, ob sie nicht vielleicht Latein spreche.

Die Betten hatten dort Vorhänge aus rot gefärbtem groben Leinen; querüber wechselte der Stoff in vier Finger breiten Streifen zwischen dicht und durchbrochen. Auf unsrer ganzen Reise durch Deutschland haben wir kein Zimmer und keinen Speisesaal angetroffen, der nicht getäfelt gewesen wäre und niedrige Decken gehabt hätte.

Der Herr de Montaigne erlitt in der Nacht eine zwei, drei Stunden dauernde Kolik; sie war, wie er am nächsten Morgen sagte, äußerst schmerzhaft. Beim Aufstehn schied er einen Stein mittlerer Größe aus, der sich leicht zerbrechen ließ. Außen zeigte er eine gelbliche Färbung, während er innen mehr ins Weißliche ging. Am Tag zuvor hatte er sich erkältet, und er fühlte sich elend. Seit Plombières war er von keiner Kolik mehr befallen worden. Die heutige befreite ihn wenigstens von seinem bisher gehegten Verdacht, in Plombières sei ihm mehr Grieß in der Blase verblieben, als er ausgeschieden hatte, so daß er fürchtete, ein Teil hiervon habe sich darin festgesetzt und verklebt. Angesichts des ausgeschiednen Steins scheint ihm jetzt aber die Annahme am vernünftigsten, daß mit diesem auch die Rückstände abgeführt worden seien — falls denn welche vorhanden waren.

Schon unterwegs hatte er sich über Nierenschmerzen beklagt; sie seien auch der Grund, sagte er, weswegen er die Tagesetappe verlängert habe, denn im Sattel verspüre er größere Erleichterung als irgendwo sonst.

In dieser Stadt ließ er den Schulmeister zu sich bitten, um sich mit ihm auf Latein zu unterhalten. Der erwies sich jedoch als Trottel, aus dem nichts über die Besonderheiten der Gegend herauszubekommen war.

Tags darauf, Mittwoch, den sechsundzwanzigsten Oktober reisten wir nach dem Frühstück ab und kamen durch eine Ebene von einer Achtelmeile Breite, die wir nach etwa zwei Meilen überquert hatten, zu unsrer Rechten den Fluß Eisack. Die nahen Berge waren an vielen Stellen kultiviert und bewohnt, oft ganze Häusergruppen, zu denen wir keine Wege auch nur andeutungsweise erkennen konnten. An dieser Strecke liegen vier, fünf Schlösser. Später überschritten wir den Fluß auf einer Holzbrücke und folgten ihm die andre Seite entlang. Wir trafen auf viele Arbeiter, welche die Wege herrichteten — und dabei waren sie lediglich voller Steine, etwa wie im Périgord.

Nachdem wir ein Steintor passiert hatten, ging es nun wieder bergauf bis zu einer Hochebene von ungefähr einer Meile Breite, und eine zweite von ähnlicher Höhe entdeckten wir jenseits des Flusses: beide steinig und unfruchtbar. Was an Land längs des Flusses unter uns übrigblieb, bestand jedoch aus wunderschönen Wiesen.

In einem Zug gelangten wir zum Abendessen nach **Brixen**, vier Meilen. Sehr hübsches Städtchen, durch das unter einer Holzbrücke der Eisack fließt. Ein Bistum. Wir besichtigten dort zwei schöne Kirchen. Unsre Unterkunft hieß *Zum Adler*, guter Gasthof.

Die Ebene ist an dieser Stelle nicht breit. Aber ringsum, selbst auf unsrer linken Seite des Flusses steigen die Berge so sanft an, daß sie sich vollständig kultivieren lassen — sie sind gleichsam bis zu den Ohren gekämmt und frisiert: Alles ist voller Kirchtürme und Dörfer, und nahe der Stadt gibt es viele schön gebaute Häuser in lieblicher Lage.

Der Herr de Montaigne sagte, sein ganzes Leben habe er hinsichtlich der Annehmlichkeiten fremder Gegenden dem Urteil andrer mißtraut, denn jeder wisse nur das zu genießen, was der Schablone seiner Gewohnheiten und dem Brauch seines Dorfs entspreche; daher habe er stets äußerst wenig auf die Warnungen andrer Reisender gegeben. Im jetzigen Fall aber wundre er sich mehr noch über deren Dummheit, nachdem er besonders auf unsrer Reise zu hören bekam, die Schwierigkeiten des Alpenübergangs seien an dieser Stelle endlos, die Landessitten unverständlich, die Wege unzugänglich, die Unterkünfte ungepflegt und die klimatischen Verhältnisse unerträglich. Was nun aber gerade das Klima betreffe, so danke er Gott, auf ein so mildes getroffen zu sein, denn er liebe es eher zu warm als zu

kalt — und auf der ganzen Reise hätten wir bisher ja nicht mehr als drei kalte Tage gehabt, und Regen nur etwa eine Stunde. Wenn er daher mit seiner erst achtjährigen Tochter spazierengehn müßte, würde er dies ebensogern auf diesem Paßweg als in einer Allee seines Gartens tun. Und was schließlich die Gasthäuser betreffe, habe er noch nie eine Gegend erlebt, wo sie so dicht gesät und so ansehnlich waren wie hier; zudem sei er stets in schönen Städten untergekommen, in denen es reichlich Lebensmittel und Wein gab, und dies preiswerter denn anderswo.

Zum Drehen des Bratspießes bediente man sich dort eines Räderwerks. Um eine große eiserne Trommel wurde mit aller Kraft eine Schnur gespannt. Deren Abspulen verlangsamte man nun bis zu über einer Stunde, wonach man sie wieder aufwinden mußte. Wir hatten schon andre Vorrichtungen gesehn, die zum selben Zweck den Luftzug im Kamin nutzten.

Eisen ist in solchem Überfluß vorhanden, daß nicht nur alle Fenster mit den verschiedenartigsten Gittern versehen sind,

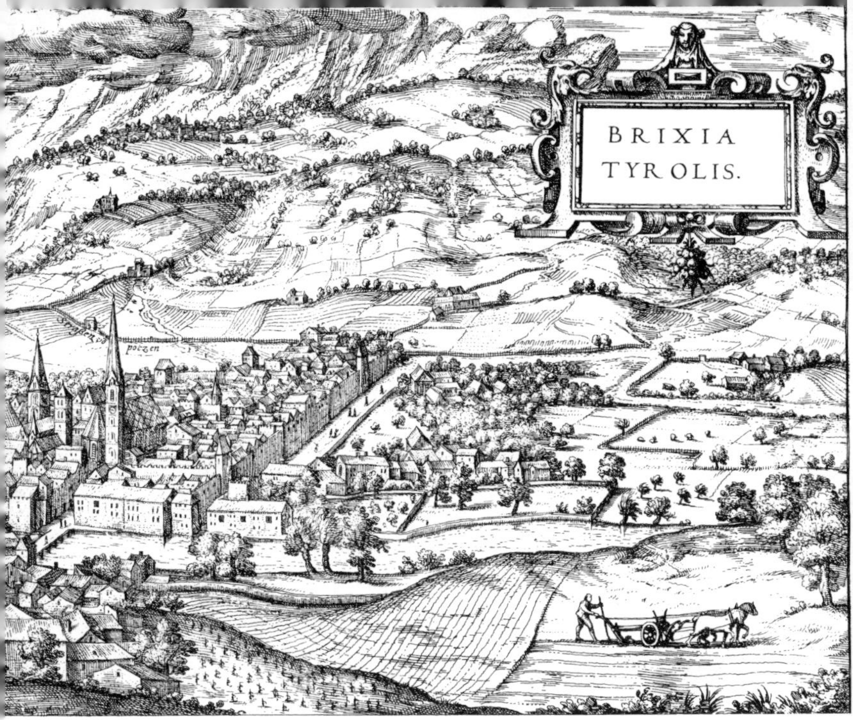

sondern man auch die Türen, ja selbst die Fensterläden mit Eisenblech beschlagen hat.
Wir trafen nun wieder auf Weingärten; vor Augsburg hatten wir die letzten zu Gesicht bekommen.
Rundherum haben die meisten Häuser in allen Stockwerken Gewölbe. Und die Verwendung von Hohlpfannen zur Abdeckung sehr schmaler Neigungsflächen, besonders der Kirchturmdächer, ist im Gegensatz zu Frankreich, wo man sich überhaupt nicht auf dergleichen versteht, in Deutschland gang und gäbe. Die hiesigen Pfannen sind noch kleiner und stärker gehöhlt, mancherorts auch in den Fugen vergipst.
Wir verließen Brixen am nächsten Morgen und trafen wieder auf dasselbe breite Tal. Die längste Strecke des Weges waren die Hänge mit vielen schönen Häusern geschmückt. Den Eisack zur Linken, passierten wir das winzige Städtchen **Klausen**, in dem die verschiedensten Handwerke betrieben werden, und gelangten dann zum Mittagessen nach **Kolmann**, drei Meilen: ein kleines Dorf, wo der Erzherzog ein Lusthaus hat.

Hier wurden uns neben silbernen Bechern irdne vorgesetzt, die bemalt waren. Die Gläser werden mit weißem Sand geputzt. Den ersten Gang servierte man in einer blitzblanken Pfanne auf einem kleinen eisernen Untergestell, das zugleich den Stiel stützte. Sie enthielt in Butter pochierte Eier.

Von hier ab beengte uns der Weg ein wenig, und schließlich rückten uns etliche Felsen derart dicht auf den Leib, daß für uns und den Fluß zusammen kaum Platz zum Hindurchkommen blieb; wir wären daher abgestürzt, wenn man zwischen Fluß und Weg nicht eine Schutzmauer hochgezogen hätte, die an verschiednen Stellen mehr als eine deutsche Meile lang ist. Das hautnah an uns herantretende Gebirge bestand aus solch wilden Felsen: teils dichte Massen, teils zerklüftet und von herabrauschenden Bächen durchfurcht; andre aus grobem Geröll, von dem schier unendliche Mengen, darunter riesige Brocken, am Boden lagen (hier dürfte es bei Orkanen höchst gefährlich werden); dann wieder sahen wir weithin umgestürzte Tannenwälder, deren Wurzelwerk im Fallen Hügel aus Erdreich mit sich gerissen hatte und nun umklammert hielt. Dennoch ist die Gegend so volkreich, daß selbst Berge, die wir oberhalb der uns nächsten erblickten, kultiviert und bewohnt waren — ja, man sagte uns, noch weiter darüber lägen schöne große Ebenen, die den Städten im Unterland das Getreide lieferten; die Bauern seien daher sehr reich und hätten ansehnliche Höfe.

Wir passierten den Fluß über eine Holzbrücke, deren es hier viele gibt; er lag also jetzt zu unsrer Linken. Nach manchen andren Schlössern entdeckten wir auf dem unzugänglichsten und höchsten Berg nun eins, das einem einheimischen Baron gehören soll, der sich hier aufhält und da oben schöne Ländereien und Jagden besitzt.

Jenseits all dieser Berge ragt rundum die Barriere der Hochalpen auf. An sie wagt sich keiner heran. Der Engpaß bleibt folglich derart davon umschlossen, daß man stets auf ihn zurückgelenkt wird und nie anders aus ihm herauskommt als durch eines der beiden Enden.

Der Erzherzog zieht aus dieser Grafschaft Tirol, deren ganzen Reichtum die Berge bilden, dreihunderttausend Gulden jährlich, so daß sie ihm mehr Gewinn bringt als all sein übriger Besitz.
Wir passierten wiederum den Fluß über eine Holzbrücke und erreichten am frühen Nachmittag Bozen, vier Meilen. Stadt von der Größe Libournes, am erwähnten Fluß gelegen, im Vergleich mit den anderen deutschen Städten wenig einnehmend — so daß der Herr de Montaigne ausrief, unverkennbar beginne man Deutschland zu verlassen: Zwar gebe es noch Bäche, Springbrunnen, Glasfenster und bemalte Häuser, doch die Straßen würden enger, und man finde keinen einzigen schönen Platz.
An Wein hat die Gegend solchen Überfluß, daß sie ganz Deutschland damit beliefert, und in den Bergen hier ißt man das beste Brot der Welt.
Wir besichtigten die Kirche, die zu den schönsten gehört. An Sehenswürdigkeiten weist sie unter anderm eine Holzorgel auf, die hoch oben, nahe dem Kruzifix und vor dem Hauptaltar an einem Pfeiler angebracht ist; der Organist aber sitzt über zwölf Fuß tiefer am untern Ende. Die Blasebälge wiederum befinden sich jenseits der Kirchenmauer: mehr als fünfzehn Fuß hinter dem Organisten, so daß der Orgel die Luft unterirdisch zugeleitet wird!
Die Talöffnung, in der die Stadt liegt, ist gerade groß genug, sie aufzunehmen; doch vor allem zu unsrer Rechten ziehn die Berge den Bauch etwas ein und verschlanken sich ins Weite.
Aus Bozen schrieb der Herr de Montaigne folgendes an François Hotman, dem er seinerzeit in Basel begegnet war: Der Besuch in Deutschland habe ihm derart gefallen, daß er es mit großem Bedauern verlasse, obwohl doch Italien das Ziel seiner Reise sei. Gewiß hätten wie anderswo, so auch in Deutschland die Fremden unter der Halsabschneiderei der Wirte zu leiden; das ließe sich seines Erachtens jedoch dadurch ändern, daß man die Fremden nicht mehr auf Gnade und Ungnade den Reise-

führern und Dolmetschern ausliefere, die sie verkauften und am Profit teilhätten. In allem Übrigen sehe er nur Annehmlichkeit und Höflichkeit, besonders aber schienen ihm Recht und Sicherheit zu herrschen.

Wir verließen Bozen am frühen Freitagmorgen; und um den Tieren ein Maß Hafer zu geben und selbst zu frühstücken, machten wir halt in Branzoll, zwei Meilen. Oberhalb dieses kleinen Dorfes vereinigt sich der Eisack, der uns bisher geleitet hatte, mit der Etsch, die erst im adriatischen Meer mündet. Sie fließt breit und friedlich dahin — ganz anders als die brausenden Wildbäche, die uns in den Bergen weiter oben die Ohren betäubt hatten. Auch weitet sich die Ebene bis Trient ein wenig, und an einigen Stellen senken die Berge bereits die Hörner; gleichwohl sind sie an den Flanken nicht mehr so fruchtreich wie zuvor. Hier und da machen Sümpfe den Weg fast unpassierbar; im übrigen aber ist er, da meist auf der Talsohle bleibend, sehr bequem.

Zwei Meilen hinter Branzoll trafen wir auf einen großen Flekken, in dem gerade Markttag war; daher strömte eine Menge Volks herbei. Hernach erreichten wir ein anderes hübsch angelegtes Dorf namens Salurn, wo wir zu unsrer Linken ein kleines Schloß des Erzherzogs in ungewöhnlicher Lage erblickten: auf der äußersten Spitze eines Felsens. Zur Übernachtung kamen wir nach Trient, fünf Meilen: eine Stadt, die etwas größer als Agen ist. Ziemlich reizlos, völlig der Anmut der deutschen Städte entbehrend, die Straßen zumeist gewunden und eng.

Etwa zwei Meilen zuvor hatten wir das italienische Sprachgebiet betreten. Die Stadt selbst ist zur einen Hälfte italienisch-, zur andern deutschsprachig. Es gibt ein sogenanntes *deutsches Viertel* mit eigner Kirche und deutsch predigendem Pfarrer. Was die neuen Konfessionen angeht, ist davon seit Augsburg keine Rede mehr.

Die Stadt liegt an der Etsch. Wir besichtigten den Dom, der sehr alt zu sein scheint, ebenso wie ein nahebei stehender viereckiger Turm. Ferner sahen wir uns die neue Kirche *Santa Maria Maggiore* an, in der unser Konzil abgehalten wurde. Diese Kirche besitzt als Geschenk eines Privatmanns eine Orgel von erlesener Schönheit. Sie ist einem Marmoraufbau eingefügt, den viele hervorragende Skulpturen schmücken, besonders aber eine Schar singender kleiner Kinder. Laut Inschrift wurde die Kirche im Jahr 1520 von Kardinal Bernardus Clesius errichtet, Bischof der Stadt und dort gebürtig.

Trient war ehedem freie Reichsstadt und unterstand der Herrschaft des Bischofs. Später, als sie im Krieg gegen die Venezianer in eine Zwangslage geriet, riefen die Einwohner den Grafen von Tirol zu Hilfe, der zum Entgelt seither gewisse Herrschaftsrechte über die Stadt ausübt. Er liegt darüber mit dem Bischof im Streit, doch dieser hat den Nießnutz; im Augenblick ist es Kardinal Madruccio.

Der Herr de Montaigne sagte, ihm seien unterwegs immer wieder Bürger aufgefallen, die sich um ihre Geburtsstadt verdient gemacht hätten: so in Augsburg die Fugger, denen die Stadt die meisten ihrer Zierden verdanke — an allen Straßenkreuzungen stünden die Fuggerschen Paläste, und die Kirchen prangten im Schmuck der von ihnen gestifteten Werke —, und so hier Kardinal Clesius, denn er habe nicht nur auf eigne Kosten für die Erneuerung vieler Straßen gesorgt, sondern auch diese Kirche und innerhalb des Stadtschlosses ein sehr schönes Gebäude errichten lassen.

Von außen gibt es nicht viel her, innen aber ist es auf die denkbar wohnlichste Weise möbliert, ausgemalt und verziert. Das ganze Getäfel im Hintergrund schmücken zahlreiche mit Wahlsprüchen versehne bildliche Darstellungen; die Reliefs sind feinstens durchgearbeitet und reich vergoldet, während der Fußboden aus einer bestimmten gehärteten Erde mit aufgemalter Marmorstruktur besteht. Teils entspricht die Einrichtung unsrer Art, teils der deutschen: mit Kachelöfen. Einer davon ist aus bronzefarben gebranntem Ton und wird von einer Reihe großer menschlicher Figuren gebildet, deren Glieder zur Aufnahme

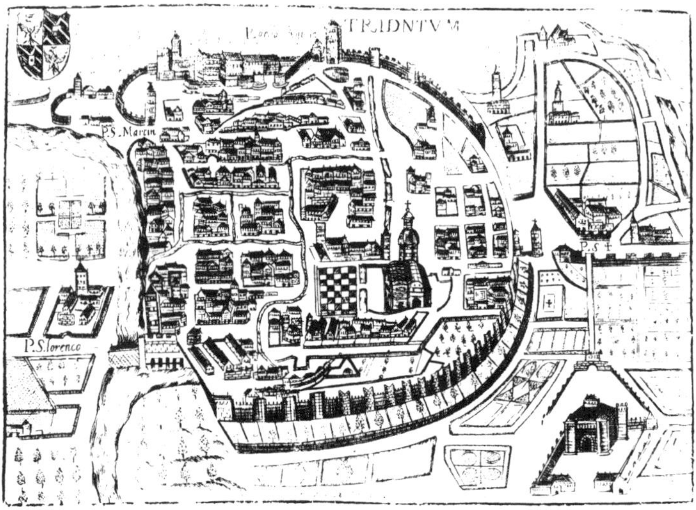

des Feuers dienen. Zwei, drei andre solche Gestalten befinden sich an der Wand und spenden Wasser, das aus einem Brunnen im weit darunterliegenden Hof kommt — höchst beeindrukkend!

Unter den Deckenmalereien fiel uns ein nächtlicher Triumphzug mit Fackeln auf, den der Herr de Montaigne sehr bewunderte. Ferner gibt es dort zwei, drei runde Gemächer; in einem besagt eine Inschrift, daß Clesius, Bischof von Trient, 1530 am Tag des heiligen Matthäus zur Krönung Kaiser Karls V. durch Papst Klemens VII. als Botschafter des Königs Ferdinand von Ungarn und Böhmen (Graf von Tirol und Bruder des Kaisers) nach Bologna entsandt, dortselbst zum Kardinal ernannt wurde.

Ringsum ließ Clesius die mit Namen versehnen Wappen der etwa fünfzig Edelleute an die Wände hängen, die ihn auf dieser Reise begleitet hatten: Grafen und Barone, alles seine Vasallen. In einem der Zimmer gibt es auch eine Falltür, durch die der Bischof in die Stadt entweichen konnte, ohne die Tore zu benutzen; ferner enthielt es zwei reich ausgearbeitete Kamine. Zudem sind viele naturgetreue Bilder und eine Menge Karten zu sehn.

Clesius war ein guter Kardinal. Gewiß ließen auch die Fugger stattliche Bauten errichten, aber nur für ihre Nachfahren, er hingegen dachte an andre — hat er doch dieses Schloß mit seiner mehr als hunderttausend Taler teuren, jetzt noch vorhandnen Einrichtung den ihm folgenden Bischöfen ebenso wie hundertfünfzigtausend Taler in gemünztem Silber für deren öffentliche Kasse hinterlassen, von denen sie allein die Zinsen verbrauchen, ohne das Kapital anzurühren. Sie mußten also kein neues Mobiliar anschaffen: Genug hiervon ist sowohl für den Sommer wie für den Winter da (und es darf nicht veräußert werden). Dabei haben sie seine Kirche *Santa Maria Maggiore* nicht vollendet und ihn selbst nur in einem recht schäbigen Grab beigesetzt.

Ab jetzt gelten die italienischen Meilen, von denen fünf auf eine deutsche gehn. Und statt den Tag in zwei Hälften zu teilen, zählt man nun durchgehend vierundzwanzig Stunden.

Wir wohnten im Gasthaus *Zur Rose* — sehr gastlich!

Samstag reisten wir nach dem Essen aus Trient ab und folgten in dem verbreiterten, von hohen unbewohnten Bergen flankierten Tal einem ähnlichen Weg wie zuvor, die Etsch zur rechten. Wir mußten eine Burg des Erzherzogs passieren, die den Weg sperrt (und auf dergleichen Sperren, die den Verkehr überwachen und unter Kontrolle halten, waren wir schon oft anderswo getroffen). Als wir nach fünfzehn Meilen Rovereto erreichten, war es bereits sehr spät; wir bekamen daher zum ersten Mal die Nachtfeuchte zu spüren — derart gut hatten wir bis dahin unsre Reise geregelt!

Die Stadt gehört dem Erzherzog. Im Gasthof trafen wir nun wieder auf das von daheim Gewohnte, so daß wir nicht nur der Sauberkeit der deutschen Zimmer und Einrichtungen samt Glasscheiben nachtrauerten, sondern auch den Kachelöfen, die der Herr de Montaigne weitaus behaglicher gefunden hatte als unsre Kamine. Und bei den Speisen vermißten wir die Krebse, deren Fehlen der Herr de Montaigne höchst erstaunlich nannte, wo sie uns doch ab Plombières auf der nahezu zweihundert

Meilen langen Strecke zu allen Mahlzeiten serviert worden waren.
Hier ißt man hingegen wie überall längs der Berge Schnecken, die zwar viel größer und fetter sind als in Frankreich, aber weniger gut schmecken. Auch Trüffel pflegt man zu essen, die geschält und dann scheibchenweise in Essig und Öl eingelegt werden; sie sind gar nicht schlecht. In Trient bekamen wir welche vorgesetzt, die schon seit einem Jahr so konserviert waren.
An Neuem gab es Unmengen von Apfelsinen, Zitronen und Oliven, die sich der Herr de Montaigne munden ließ.
Die Betten hatten zwar breitgestreifte Vorhänge aus Leinen oder grobem Wollstoff, die girlandenartig aufgehängt waren — zu dem aber, was der Herr de Montaigne von jetzt ab vermißte, gehörten die deutschen Oberbetten: ganz anders als die unsren mit zartesten Daunen gefüllter rein weißer Barchent, jedenfalls in den guten Gasthöfen. Selbst in Deutschland gilt das freilich nicht für die Unterbetten, denn sie sind höchst unbequem.
Ich glaube wirklich: Hätte er allein seine Leute bei sich gehabt, wäre er lieber nach Krakau oder Richtung Griechenland gereist, statt mit dieser Gesellschaft die Tour nach Italien zu unternehmen — konnte er doch keinem darunter die Freude vermitteln, die er beim Besuch der fremden Länder empfand: eine derart herzerwärmende Freude, daß er hierüber die Hinfälligkeit seines Alters und seiner Gesundheit vergaß. Von den andern wollte jeder nur so schnell wie möglich ans Ziel; er hingegen pflegte zu sagen, er stehe, wenn er sich nach einer unruhig verbrachten Nacht am Morgen erinnre, daß eine neue Stadt oder neue Gegend ihn erwarte, jedesmal heitersten Sinnes und voller Neugier auf. Nie erlebte ich ihn weniger abgeschlagen, nie weniger über seine Schmerzen klagend, als wenn sein Geist im Gasthaus oder unterwegs auf das Kommende gespannt war und darauf, welche (stets eifrig gesuchte) Gelegenheiten zu Unterhaltungen mit den Fremden es ihm böte. Ebendies, glaube ich, lenkte ihn von seinem Leiden ab.

Beschwerte man sich bei ihm, daß er die Reisegesellschaft oft kreuz und quer herumführe, so daß man nicht selten fast wieder beim Ausgangspunkt anlange (was er tatsächlich tat, wenn er von einer bestimmten Sehenswürdigkeit hörte oder wegen sonstiger Gelegenheiten seine Meinung änderte), erwiderte er, daß er, was ihn betreffe, kein anderes Ziel habe als ebendie Stelle, wo er sich gerade befinde, und es für ihn folglich weder Irr- noch Umwege gebe, da er ja allein darauf aus sei, zwischen unbekannten Orten herumzustreifen; und solang er nicht dieselbe Strecke zweimal zurücklege oder denselben Ort zweimal besuche, werde er also seinem Vorhaben nicht im geringsten untreu.

Und Rom, einziges Ziel seiner Reisebegleiter, ziehe er den anderen Städten um so weniger vor, als jedermann schon dort gewesen sei — wie ja auch aus Florenz oder Ferrara der simpelste Lakai das Neueste berichten könne.

Weiterhin sagte er, ihm ergehe es hier wohl wie jenen, die eine höchst packende Erzählung lesen und nun fürchten, sie könnte zu schnell ans Ende kommen; das widerfahre einem ja mit jedem guten Buch. Genauso bereite ihm das Reisen ein derartiges Vergnügen, daß er sich nur widerwillig dem Ort nähere, an dem er zu rasten gezwungen sei. Wäre es ihm vergönnt, allein zu reisen, würde er daher für jede Route mehrere Alternativen ins Auge fassen.

Sonntagmorgen überkam ihn die Lust, den dortzulande berühmten Gardasee kennenzulernen, der höchst vorzügliche Fische liefert. Zu diesem Zweck mietete er für sich und die Herren de Cazalis und de Mattecoulon drei Pferde zu je zwanzig Batzen, der Herr d'Estissac für sich und den Herrn du Hautoy zwei dazu. So brachen sie ohne Diener und eigne Pferde auf, die sie im Gasthof von Rovereto zurückließen, und erreichten zum Mittagessen Torbole, acht Meilen: ein kleines Dorf unter Tiroler Gerichtsbarkeit, an der Spitze dieses großen Sees gelegen. Ihm gegenüber sieht man ein Städtchen und eine Burg namens Riva, wohin die Herren sich von fünf Ruderern fahren

ließen. Diese schafften die fünf Meilen lange Strecke hin und zurück in etwa drei Stunden.
An Sehenswertem bot ihnen Riva nichts als einen Turm von anscheinend hohem Alter. Zufällig begegneten sie dem Herrn der Burg, Fortunato Madruccio, Bruder des Kardinals und gegenwärtigen Bischofs von Trient.
Nach Süden hat man einen unbegrenzten Ausblick auf den See, denn er ist fünfunddreißig Meilen lang; von seiner Breite bekamen die Herren jedoch nur die erwähnten fünf Meilen zu sehn. Der Grafschaft Tirol gehört allein ebendiese Spitze, der Signoria Venedig aber der ganze untere Teil von einer Seite zur andern. Dort säumen zahlreiche schöne Kirchen die Ufer, und Obstgärten sowie herrliche Oliven- und Orangenhaine gibt es in Hülle und Fülle. Wenn sich ein Gewitter entlädt, gerät der See freilich in wildesten Aufruhr. Auch umstünden ihn, wie die Herren berichteten, die finstersten und ödesten Berge, die uns auf unsrer Reise je begegnet seien.
Weiter erzählten sie, unterhalb von Rovereto hätten sie auf der Hinreise die Etsch überschritten und den Weg nach Verona links liegengelassen; so seien sie in eine Talsenke mit einem sehr langen Dorf und einem kümmerlichen Städtchen gelangt: die Strecke steinig wie nie zuvor und eingezwängt in das denkbar wildeste Panorama von Bergen, die den Weg verstellen.
Von Torbole kamen sie zum Abendessen nach **Rovereto** zurück, acht Meilen. Man servierte uns als ersten Gang pochierte Eier, danach einen Hecht und eine Riesenmenge von verschiedenartigstem Fleisch.
Hier ließen die Herren ihr schweres Gepäck für den Transport nach Verona, der einen Gulden kostete, auf eines jener *zatte* verstauen, die man in Deutschland *Flöße* nennt. Mit der Leitung dieses Transports auf der Etsch wurde am nächsten Tag, einem Montag, ich betraut.
Die Herren brachen am selben Tag in aller Frühe auf und folgten diesem ziemlich bevölkerten, doch wenig fruchtbaren, zudem von hohen Bergen aus nacktem Fels flankierten Tal bis

nach Borghetto, fünfzehn Meilen, wo sie zu Mittag aßen. Auch dieser Ort gehört noch zur Grafschaft Tirol, die von beachtlicher Größe ist. Der Herr de Montaigne erkundigte sich deswegen, ob sie noch andere Gegenden aufweise als das Tal, durch das wir gerade gekommen waren, und die hohen Berge, die sich unsren Augen geboten hatten. Man antwortete ihm: Ja, dergleichen Täler gebe es viele, die genauso ausgedehnt und höchst fruchtbar seien, und auch andre schöne Städte. Das alles sei wie ein Kleid, das wir nur plissiert sähen — sobald man es jedoch ausbreite, ergäbe sich ein erstaunlich großes Land: eben Tirol.

Weiterhin den Fluß zur Rechten, setzten wir nach Tisch den gewohnten Weg fort. So gelangten wir nach Chiusa, einem kleinen Fort, das die Venezianer in den Spalt eines Felsens über der Etsch hineingebaut haben. Der Abstieg von unserm entlang des Bergkamms verlaufenden Weg führte über blanken Stein, der den Hufen der Pferde kaum Halt gab, steil hinunter und dann mitten durchs Fort, wo fünfundzwanzig Soldaten der Republik Venedig stationiert sind (deren Hoheitsgebiet wir bereits ein, zwei Meilen hinter Borghetto betreten hatten).

Zur Übernachtung kamen die Herren nach Volargne, zwölf Meilen. Kleines Dorf mit miserablem Gasthof, wie alle an dieser Straße bis Verona. Aus dem örtlichen Schloß schickte eine adlige Dame, Schwester des abwesenden Signore, dem Herrn de Montaigne Wein.

Am Morgen darauf verloren sie die Berge rechts völlig aus dem Blick, während eine Hügelkette zur Linken sie nur von fern begleitete. Lange ritten sie über eine unfruchtbare Ebene, deren Boden erst nahe dem Fluß etwas besser, schließlich gar reich an Reben wurde: mit Bäumen als Stütze, wie es in diesem Lande Brauch ist.

Zu Allerheiligen erreichten die Herren vor der Messe Verona, zwölf Meilen. Die Stadt ist so groß wie Poitiers und hat ebenfalls einen langgestreckten Kai an der Etsch, über die hier drei Brücken führen. Auch ich traf dort mit dem mir anvertrauten

schweren Gepäck ein. Ohne die *bollette della sanità,* jene Gesundheitsscheine, die sich die Herren in Trient hatten ausstellen und in Rovereto bestätigen lassen, wären sie nicht in die Stadt hineingekommen — und dabei gab es keinerlei Gerüchte über eine Pestgefahr. Aber man verlangt diese Scheine eben rein aus Gewohnheit — oder um dem Reisenden die Gebühr von ein paar Hellern abzuluchsen.

Wir gingen den Dom besichtigen. Dort fand der Herr de Montaigne das Benehmen der Leute an einem solchen Feiertag, zudem mitten im Hochamt befremdlich: Sie standen selbst im Chor der Kirche herum und plauderten ungeniert drauflos, das Haupt bedeckt und dem Altar den Rücken zugewandt, und erst bei der Wandlung schien ihnen einzufallen, daß sie im Gottesdienst waren. Die Messe wurde von Orgel- und Geigenspiel begleitet.

Wir besichtigten noch andere Kirchen in der Stadt. Es gab dort nichts Besondres (was gleichermaßen für Schönheit und Schmuck der Frauen gilt). Zum Beispiel besuchten die Herren die Kirche *San Giorgio,* in der zahlreiche Zeugnisse (so eine

Menge Wappen) daran erinnern, daß sie einst den Deutschen gehörte. Auch besagt eine Inschrift, daß deutsche Edelleute, die sich in der Begleitung Kaiser Maximilians befanden, als er Verona den Venezianern entriß, für die Kirche was weiß ich welches Werk zur Anbringung über einem Altar gestiftet haben. Der Herr de Montaigne fand es bemerkenswert, daß die Signoria in der nun ihr gehörenden Stadt die Zeugnisse ihrer früheren Niederlagen aufbewahre — wie sie ja auch die ansehnlichen Grabmäler der armen Herren della Scala völlig unangetastet läßt. (Übrigens behauptete der Wirt des Gasthofs *Al Cavalletto*, wo wir sehr gut untergebracht und mit Essen reichlichst versorgt waren — freilich zu einem um ein Viertel höheren Preis als in Frankreich —, daß er für seine Familie ein Anrecht auf eines dieser Gräber habe.)

Anschließend suchten wir das Kastell auf, wo die Herren unter der persönlichen Führung des stellvertretenden Kastellans alles besichtigen durften. Darin sind sechzig Soldaten der Signoria stationiert — mehr zum Schutz vor den Einwohnern der Stadt als vor Fremden, wie man dem Herrn de Montaigne an Ort und Stelle sagte.

Ferner besuchten wir das Kloster eines Mönchsordens, der sich *Jesuaten vom heiligen Hieronymus* nennt. Die Brüder sind keine Priester, lesen keine Messe, halten keine Predigt und verfügen zum größten Teil über keine Bildung; dafür aber weisen sie voller Stolz auf den ausgezeichneten Orangenlikör und ähnliche Spirituosen hin, die sie mit größter Kennerschaft herstellen. Hier wie in anderen Niederlassungen tragen sie weiße Kleidung, ein Käppchen in derselben Farbe und darüber einen Umhang von dunklem Braun. Äußerst schöne Jünglinge! Ihre Kirche sehr ansprechend eingerichtet, ebenso das Refektorium, wo die Tafel schon zum Abendessen gedeckt war.

Im Keller zeigte man den Herren Bruchstücke von uraltem Mauerwerk, aus der römischen Zeit. Sie hätten, wie die Mönche erklärten, zu einem Amphitheater gehört, und man arbeite daran, sie mit andren Stücken zusammenzusetzen, die man tiefer unten ständig entdecke. Nach oben zurückgekehrt, stellten wir fest, daß sie uns zu Ehren die Räume parfümiert hatten — ja, sie führten uns schließlich in einen Raum voller Phiolen und irdener Gefäße, um dort auch uns mit Parfüm zu besprühn!

Das Schönste aber, was wir dort sahen, ja das schönste Bauwerk überhaupt, das der Herr de Montaigne, wie er ausrief, je in seinem Leben zu Gesicht bekam, war die sogenannte *Arena*: ein ovales Amphitheater, das sich dem Auge fast vollständig erhalten darbietet: mit allen Sitzen, allen Gewölben und, von den äußersten abgesehn, allen Umgängen — genug also, um Form und Funktion solcher Bauwerke unmittelbar erkennen zu lassen. Auf Befehl der Signoria büßen hier Verbrecher ihre Strafe mit Ausbesserungsarbeiten ab, und ein paar kümmerliche Teilstücke wurden auf diese Weise wiederhergestellt; doch das reicht bei weitem nicht zu einer völligen Erneuerung, ja, ich bezweifle, daß selbst der Wert der ganzen Stadt die Kosten hierfür aufwöge.

Die Form der Arena ist, wie gesagt, oval; sie umfaßt dreiundvierzig stufenförmig ansteigende Sitzreihen von je einem Fuß Höhe oder mehr, von denen die oberste etwa sechshundert Schritt in der Runde mißt. Die einheimischen Edelleute benutzen die Arena noch heute zum Lanzenstechen oder für andre öffentliche Spiele.

Wir statteten auch den Juden einen Besuch ab, und der Herr de Montaigne ging in ihre Synagoge und unterhielt sich mit ihnen ausführlich über ihre Rituale.

Die Stadt hat sehr hübsche Plätze und schöne Märkte. Auch herrscht an Inschriften kein Mangel, denn selbst wenn die kleinste Traufe ausgebessert wird, geschieht dies nie, ohne daß sich Bürgermeister und Handwerker mit ihrem Namen darauf verewigen — das sahen wir sowohl in dieser Stadt als auch überall unterwegs. Und mit den Deutschen haben die Leute hier dies gemein, daß alle ein Wappen führen, Kaufleute wie andre. In Deutschland leisten sich zudem nicht nur die Städte, sondern sogar die meisten kleinen Nester ein eignes.

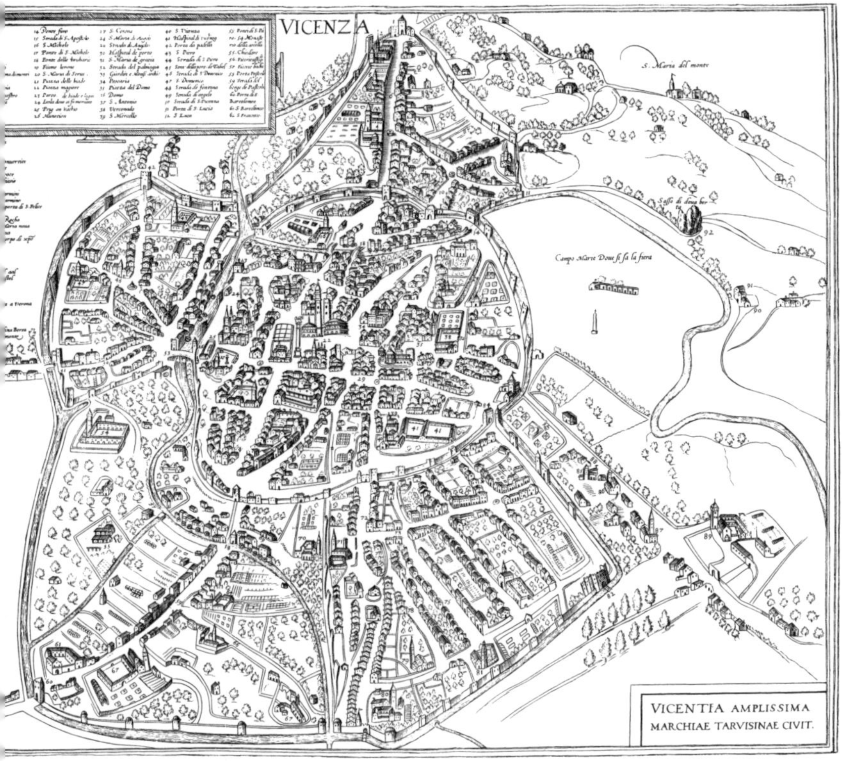

Vom Kastell aus, hoch über der Stadt, entdeckten wir in der Ebene Mantua, zwanzig Meilen rechts von unserm Weg.

Als wir Verona verließen, kamen wir an der Kirche *Nostra Signora dei Miracoli* vorbei, die wegen einer Reihe wundersamer Geschehnisse berühmt ist und deswegen neu errichtet wurde — ein sehr schöner Rundbau.

Von hier ab sind die Kirchtürme vielerorts mit querverlegten Dachpfannen bedeckt.

Wir überquerten eine mal fruchtbare, mal unfruchtbare, sich lang hinstreckende Ebene. Die Berge lagen in weiter Ferne zu unsrer Linken, vereinzelt auch einige zur Rechten. In einem Zug erreichten wir zum Abendessen Vicenza, dreißig Meilen: eine Stadt, die nicht ganz so groß ist wie Verona und in der es zahlreiche Adelspaläste gibt.

Am Tag darauf besichtigten wir mehrere Kirchen und den gerade auf einem großen Platz stattfindenden Markt, für den man eigens hölzerne Verkaufsbuden errichtet hatte.

Auch hier besuchten wir die Jesuaten, die ein stattliches Kloster besitzen. In dem Laden, wo sie ihre Spirituosen öffentlich feilbieten — denn sie stellen sie als Medizin gegen alle erdenklichen Krankheiten her —, kauften wir für einen Taler zwei Flaschen Likör.

Der Orden wurde unter Papst Urban V. vom heiligen Giovanni Colombini, einem Sieneser Edelmann, im Jahre 1363 gegründet. Sein Protektor ist zur Zeit der Kardinal de Pelvé. Die Jesuaten besitzen nur in Italien Klöster, insgesamt etwa dreißig, und das in Vicenza gehört zu den schönsten. Sie geißeln sich täglich, wie sie sagen. Jeder hat dafür eigne Ketten an seinem Platz im Oratorium hängen, wo sie sich zu festen Stunden versammeln, um ohne Gesang Gott anzubeten.

Abgelagerte Weine zu bekommen erwies sich schon von jetzt ab als unmöglich, und es machte mir wegen seiner Nierenkoliken Sorgen, daß der Herr de Montaigne nun die trüben Weine der hiesigen Gegend trinken mußte, so gut sie an sich waren. Daher begannen wir den deutschen Weinen nachzutrauern, obwohl sie meist mit verschiedensten Kräutern aromatisiert sind — was dortzulande als Köstlichkeit gilt. So gibt es selbst einen Salbeiwein, der, wenn man sich daran gewöhnt hat, nicht einmal schlecht schmeckt, ist er doch im übrigen gut und edel.

Donnerstag reisten wir nach dem Mittagessen von Vicenza ab und folgten einer sehr ebenmäßigen, breiten und geraden Straße, die zwischen zwei Gräben etwas erhöht verlief. Rings umher sahen wir nur äußerst fruchtbare Ländereien vor der uns mittlerweile vertrauten Silhouette ferner Berge. Zur Übernachtung gelangten wir so nach **Padua**, achtzehn Meilen.

Die dortigen Unterkünfte lassen sich, was die Betreuung der Gäste betrifft, in keiner Weise mit den deutschen vergleichen — sie nähern sich schon stark den französischen Zuständen. Dafür sind sie ein Drittel billiger.

Die Stadt ist sehr ausgedehnt. Ihre Umwallung dürfte nach meiner Schätzung mindestens so weitläufig sein wie die von Bordeaux. Die Straßen aber eng und häßlich, kaum bewohnt, arm an schönen Häusern. Höchst ansprechend freilich die Lage: in einer nach allen Seiten fernhin offnen Ebene.

Wir hielten uns den ganzen nächsten Tag dort auf und besuchten die Fecht-, die Tanz- und die Reitschule, in denen wir mehr als hundert französische Edelleute antrafen. Der Herr de Montaigne fand ein solches Aneinanderhängen unsrer jungen Leute im Ausland für sie sehr nachteilig, da es sie nur noch enger an Sprache und Verhaltensweisen der eignen Nation binde und so der Möglichkeit beraube, fremde Sitten und Gebräuche kennenzulernen.

Die Kirche *Sant' Antonio* schien ihm schön. Sie hat mehrere Kuppeln und ist reich an kostbaren Marmor- und Bronzeskulpturen. Wohlwollend betrachtete der Herr de Montaigne das Antlitz des Kardinals Bembo, das die Sanftheit seiner Gemütsart und den, wie soll ich sagen, Adel seines Geistes widerspiegelt.

Im Justizpalast befindet sich der größte pfeilerlose Saal, den ich je gesehn habe. An einem Ende steht eine Büste des Titus Livius, die den magren Kopf eines melancholischen, ganz dem Studium hingegebnen Mannes zeigt: ein antikes Werk — so

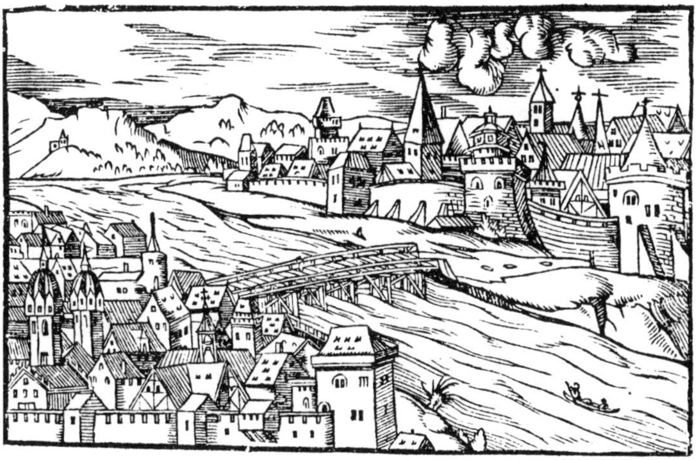

lebendig, daß man meint, es müsse gleich zu sprechen anheben. Auch das Epitaph ist noch vorhanden, das man sofort nach der Entdeckung neben der Büste aufgestellt hat, weil die Stadt damit Ehre einzulegen gedachte, zu Recht.

Ferner sieht man überm Portal des Justizpalastes den Kopf des Juristen Paulus abgebildet; der Herr de Montaigne hält das Werk jedoch für jüngeren Datums. Auch das Haus, das am Platz der antiken Arena steht, ist ebenso wie sein Garten durchaus sehenswert.

In den besseren Pensionen können die Studenten mit sieben Talern für den Herrn und sechs für den Diener recht gut leben.

Samstag reisten wir ziemlich früh aus Padua ab und zogen auf einem sehr schönen Damm den Fluß entlang. Zu beiden Seiten lag eine an Kornfeldern reiche Ebene, durchschattet von Reihen den Reben zur Stütze dienender Bäume, während eine prächtige Villa nach der andern den Weg säumte, darunter die der Familie Contarini. An deren Portal besagt eine Inschrift, daß der König auf seiner Rückkehr von Polen dort gewohnt habe.

So gelangten wir nach Cà Fusina, zwanzig Meilen, wo wir zu Mittag aßen: nur ein Gasthof, von dem aus man sich nach Venedig einschifft. Alle den Fluß befahrenden Boote legen hier an. Mit großen Winden, deren Transmissionsscheibe ähnlich wie bei den Ölmühlen von zwei Pferden gedreht wird, hebt man die Barken auf Rädergestelle und rollt sie über eine Holzbahn in den Kanal, der vor Venedig ins Meer führt.

Dort aßen wir also zu Mittag, bestiegen dann eine Gondel und gelangten zum Abendessen nach Venedig, fünf Meilen.

Am nächsten Morgen, es war ein Sonntag, stattete der Herr de Montaigne sogleich dem Herrn du Ferrier, Botschafter des Kö-

nigs, einen Besuch ab und wurde aufs herzlichste empfangen, zur Messe begleitet und zum Abendessen eingeladen. (Dieser Greis, der nach eigner Bekundung die fünfundsiebzig überschritten hat, erfreut sich seines Alters in voller Gesundheit und Heiterkeit. Die Art aber, wie er redet und sich gibt, hat, wie soll ich sagen, etwas Scholastisches, ermangelt also des lebendigen Zugriffs. Ganz offensichtlich neigt er in unsren heutigen Auseinandersetzungen den calvinistischen Neuerungen zu.)
Am Montag speisten bei ihm die Herren d'Estissac und de Montaigne noch einmal. Diesen verwunderte in den Ausführungen des Botschafters vor allem die Bemerkung, er pflege mit niemandem in der Stadt irgendwelchen Umgang, da die Leute hier derart argwöhnisch seien, daß zum Beispiel jeder einheimische Edelmann, der auch nur zweimal mit ihm gesprochen habe, sofort als verdächtig gelte.
Der Botschafter berichtete außerdem, daß die Stadt Venedig jährlich anderthalb Millionen Taler an die Signoria zu zahlen habe.
Was das Übrige betrifft, sind die Sehenswürdigkeiten der Stadt ja hinreichend bekannt. Der Herr de Montaigne sagte, sie seien ihm anders erschienen, als er sie sich vorgestellt habe, jedenfalls nicht ganz so bewundernswert. Gerade deshalb machte er sich daran, die Stadt und alles, was an ihr so ungewöhnlich ist, mit äußerster Aufmerksamkeit zu erkunden. Am beeindruckendsten fand er die Lage, das Arsenal, den Markusplatz, das Gewühl von Menschen aus aller Herren Länder und die öffentliche Ordnung.
Montag, den siebten November erhielt er während des Abendessens von einem Boten als Geschenk der Signora Veronica Franco ein kleines Buch mit von ihr selbst verfaßten Briefen, wofür er dem Überbringer zwei Taler überreichen ließ.
Der Herr de Montaigne konnte nichts von der berühmten Schönheit entdecken, die man Venedigs Kurtisanen nachsagt, obwohl er die vornehmsten unter ihnen besucht hat. Hingegen fand er es höchst erstaunlich, sie in solcher Menge (etwa ein-

hundertfünfzig!) vorzufinden und sie zudem an Einrichtung und Kleidung einen fürstlichen Aufwand treiben zu sehn, wo sie doch ausschließlich von diesem Gewerbe leben müssen. Viele einheimische Adlige freilich hielten eine Kurtisane vor aller Augen allein für sich aus.

Am Dienstag bekam er nach dem Mittagessen eine Kolik, die ihn zwei bis drei Stunden quälte; dem Augenschein nach war es aber keine der schlimmsten, und vor dem Abendessen schied er nacheinander zwei dicke Steine aus.

Er mietete sich zum Herumfahren eine Gondel, die pro Tag und Nacht einschließlich Gondoliere zwei Livres kostet, also etwa siebzehn Sous.

Die Lebensmittel sind hier ebenso teuer wie in Paris. Gleichwohl lebt man auf der ganzen Welt nicht preisgünstiger als in Venedig, ist einem doch das Gefolge der Dienerschaft völlig unnütz, da man ohnehin nur allein herumgehn kann und auch für Kleidung kaum etwas ausgeben muß — und keiner braucht ein Pferd.

5. Von Venedig bis Florenz

Samstag, den zwölften November verließen wir am Vormittag Venedig und kamen nach **Cà Fusina** zurück, fünf Meilen, wo wir uns, Mann und Fracht, für zwei Taler auf einer Barke einschifften. Der Herr de Montaigne hat das Wasser fürchten gelernt. Seine Meinung nun, daß es allein in heftiger Bewegung seinem Magen zusetze, wollte er anhand dieser von Pferden gezognen, auf dem gleichmäßig und ruhig fließenden Fluß dahingleitenden Barke überprüfen — und die Überprüfung ergab: Stimmt, hier tat ihm nichts weh.

Auf diesem Fluß muß man zwei, drei Schleusen passieren, die sich für die Wasserfahrzeuge öffnen und schließen. So gelangten wir zur Übernachtung wieder nach **Padua**, zwanzig Meilen.

Der Herr de Cazalis verließ hier die Gesellschaft und fand für sieben Taler monatlich in einer Pension gute Unterkunft und Verpflegung. Für nur fünf Taler hätte er sich einen Diener hal-

ten können, und dabei gehörte seine Pension bereits zu den vornehmsten der Stadt, wo er sich also in bester Gesellschaft befand — zum Beispiel des Herrn de Millac, Sohn des Herrn de Salagnac.
Im allgemeinen halten sich die Herren dort keine Diener, sondern nur einen Hausknecht und Aufwartfrauen. Jeder hat sein eignes Zimmer, alle ordentlich und sauber. Für Feuer und Licht müssen sie selber sorgen. Die Verpflegung, wie wir sahn, vorzüglich. Generell lebt man äußerst preiswert, was meines Erachtens der Grund ist, weshalb viele Fremde, selbst wenn sie nicht mehr in Padua studieren, sich hierhin zurückziehn.
Es ist nicht üblich, durch die Stadt zu reiten, auch läßt man sich kaum mit Gefolge sehn; und während mir in Deutschland auffiel, daß jeder einen Degen an der Seite trug, sogar bei der Arbeit, tut dies hier im Gebiet der Signoria keiner.
Am Sonntag, den dreizehnten November reisten wir nach dem Essen weiter, um die zu unsrer Rechten liegenden Bäder von Abano zu besichtigen, denen der Herr de Montaigne geradewegs zustrebte. Das Städtchen selbst liegt nahe am Fuß der Berge, auf denen sich, drei- bis vierhundert Schritt höher, ein sehr weitläufiges und steiniges Plateau befindet. Dort sprudeln aus dem Felsen zahlreiche heiße Quellen, die zum Baden oder gar Trinken an Ort und Stelle zu heiß sind. Sedimente grau in grau säumen wie Asche von verbrannter Erde beide Seiten ihres Laufs. Das Wasser lagert eine Menge Bodensatz ab, der versteinerten Schwämmen gleicht. Es schmeckt leicht nach Schwefel und Salz.
Über der ganzen Gegend liegt Wasserdampf, denn die Bäche, die sich allenthalben in die Ebene ergießen, tragen diese kochende Hitze noch weit mit sich, und den Geruch. Aber nicht nur überm Wasser steigt der Dampf auf, sondern der Felsen selber raucht aus allen Spalten und Schründen und ist rundum durchglüht, so daß man bestimmte Stellen ausgehöhlt hat, wo sich ein Mann hineinlegen und in dem Schweiße baden kann, der ihm sofort aus allen Poren bricht.

Für die Kranken gibt es zwei, drei Häuschen, die ziemlich schlecht ausgestattet sind und in die das Wasser über Kanäle zum Baden hineingeleitet wird.
Der Herr de Montaigne nahm selbst einen Schluck dieses Wassers, nachdem er es lang hatte abkühln lassen. Er fand den Geschmack vor allem salzig.
Mehr zur Rechten entdeckten wir die Abtei *Praglia*, die für ihre Schönheit, ihren Reichtum und ihre Gastfreundschaft weithin berühmt ist. Der Herr de Montaigne wollte sie jetzt nicht aufsuchen, weil er vorhatte, diese ganze Gegend, namentlich Venedig später noch einmal in aller Gemächlichkeit zu besichtigen. Insoweit fand er den jetzigen Besuch völlig unwichtig; daß er ihn unternommen habe, sei lediglich seiner extremen Neugier zuzuschreiben, Venedig überhaupt einmal zu sehn; ohne dies wäre er weder in Rom noch sonstwo in Italien je zur Ruhe gekommen — allein deswegen also, beteuerte er, habe er den Abstecher gemacht.
Und da er so fest mit einem zweiten Besuch dieser Gegend rechnete, ließ er in Padua bei einem gewissen Rechtsanwalt François Bourges die Werke des Kardinals Cusanus zurück, die er in Venedig gekauft hatte.
Nach Abano erreichten wir den in der Ebene liegenden Ort **San Pietro**. Zu unsrer Rechten lagen wieder die Berge, jetzt sehr nah. Die rundum aus Wiesen und Weiden bestehende Gegend dampfte an mehreren Stellen weiterhin von diesem Wasser, das teils noch kochendheiß ist, teils schon lau oder gar abgekühlt. Es schmeckt nun weicher und stumpfer, riecht weniger nach Schwefel und enthält lediglich eine kaum noch wahrnehmbare Spur Salz. Im Ort stießen wir auf einige Reste antiker Bauten.
Wie zuvor gibt es ein paar armselige Häuschen zum Kuriern der Kranken; doch all das wirkt, die Wahrheit zu sagen, höchst primitiv, und meine Freunde würde ich hier nicht hinschicken wollen. Wie es heißt, ist es die Signoria, welche die Einrichtungen derart verkommen läßt, vor allem weil sie fremde Herren

vom Besuch dieser Bäder abhalten möchte. Der Herr de Montaigne sagte, sie erinnerten ihn an jene von Préchacq bei Dax. Das Wasser hat jedoch eine rötliche Trübung (und hinterließ auf seiner Zunge einen gewissen Niederschlag, den er völlig geschmacklos fand); er glaubt daher, daß es mehr Eisen enthält.
Von da reisten wir weiter und passierten der Länge nach das großartige Anwesen eines Adligen aus Padua, wo seit zwei Monaten der an Gicht erkrankte Kardinal Luigi d'Este weilte, um in den Genuß der örtlichen Bäder zu kommen, mehr noch freilich in den der so erfreulich nahen venezianischen Damen. Gleich danach erreichten wir **Battaglia**, acht Meilen: kleines Dorf am *Frassine-Kanal*, der trotz seiner geringen Tiefe, teilweise nur zwei, drei Fuß, Schiffe von ungewöhnlicher Größe trägt. Uns wurde auf irdenen Schüsseln und Holztellern serviert, da es hier kein Zinngeschirr gibt. Im übrigen war die Bewirtung passabel.
Am Montagmorgen machte ich mich mit dem Packesel wieder auf den Weg, während die Herren erst einmal die Bäder besichtigten, die man fünfhundert Schritt weiter über den am Kanal entlangführenden Damm erreicht. Nach dem Bericht des Herrn de Montaigne gibt es dort nur ein einziges Badehaus mit zehn bis zwölf Kammern. Im Mai wie im August sollen sich dort eine Reihe von Gästen einfinden; die meisten nähmen jedoch im Ort oder in der Villa des Herrn Pic Quartier, in dem auch der Kardinal Luigi d'Este weilte.
Das für die Bäder bestimmte Wasser entspringt auf einer kleinen Kuppe und wird in die Röhren des besagten Badehauses und darunter geleitet. Zum Trinken benutzt man jedoch ein anderes Wasser, das man von der Quelle *San Pietro* herbeischaffen läßt. Es entspringt auf derselben Kuppe und fließt in Röhren dicht neben denen des weichen und gut zum Baden geeigneten bergab; je nach der Länge seines Laufs ist es mehr oder weniger warm.
Der Herr de Montaigne stieg bis auf die Höhe, um die Quelle des Wassers für die Bäder ausfindig zu machen. Man vermoch-

te sie ihm jedoch nicht zu zeigen und speiste ihn damit ab, daß sie unterirdisch entspringe. Er fand das Wasser beim Kosten arm an Geschmack — nicht anders als das des Ortes San Pietro: nur ein wenig nach Schwefel, ein wenig nach Salz. Wer es tränke, wäre deshalb, dies seine Überzeugung, genauso gut bedient wie mit der Quelle *San Pietro*. In den Röhren hinterläßt es einen roten Niederschlag.

Im Badehaus gibt es Kabinen und andre Stellen, wo das Wasser aus den Röhren lediglich herauströpfelt, so daß man den kranken Körperteil darunterhalten kann — bei Kopfschmerzen, wie man dem Herrn de Montaigne sagte, gewöhnlich die Stirn. Auch hat man hier und da über den Röhren kleine steinerne Zellen errichtet, in die man sich einschließt; wenn man dann die Röhrenklappe öffnet, ist man vom aufsteigenden heißen Wasserdampf sofort schweißgebadet. Von solchen Schwitzzellen gibt es vielerlei Arten.

Zur Kur verwendet man jedoch vorwiegend Fango. Ihn entnimmt man einem großen Bassin, das im Freien neben dem Hause liegt, und zwar anhand eines bestimmten Geräts, worin er sich in die unmittelbar anschließenden Baderäume tragen läßt. Dort füllt man ihn in hölzerne Hohlformen für Arme und Beine, Schenkel und sonstige Körperteile, die dann hineingelegt und darin eingeschlossen werden. Je nach Bedarf wiederholt man die Prozedur mehrfach. Dieser Heilschlamm ist schwarz wie der von Barbotan, doch fetter und nicht so körnig; von mittlerer Wärme, fast ohne Geruch.

Jene Bäder haben samt und sonders wenig Annehmlichkeiten zu bieten (es sei denn die Nähe zu Venedig): Alles ist grob und grau in grau.

Nach dem Frühstück reisten die Herren aus Battaglia ab und folgten dem erwähnten Kanal, der wegen der beidseitig dem Verkehr dienenden Dämme *Zwei-Wege-Kanal* heißt. Schon nach kurzem trafen sie auf die über ihn führende Brücke. Sie besteht aus zwei Bögen, die außen die Höhe der beiden Verkehrswege haben, innen bis zum Grunde des Kanals hinabreichen und dort durch ein Steinbett miteinander verbunden sind, auf dem das Kanalwasser fließt. Über Bögen und Kanal nun spannt sich wiederum eine Brücke, die von derartiger Höhe ist, daß die diesen Kanal benutzenden Schiffe sie passieren können, während jene, die ihn kreuzen wollen, auf dem Kanal der zweiten, dies alles überspannenden Brücke fahren.

In der Ebene gibt es aber als weiteren Wasserlauf einen vom Gebirge herabkommenden kleinen Fluß, der auf besagten Kanal stößt. Damit er ihn queren kann, ohne mit ihm zusammenzufließen, hat man für diesen das erwähnte Steinbett und für das Flüßchen eine mit Holzplanken verschalte Unterführung gebaut, die hoch und breit genug ist, die es befahrenden Boote durchzulassen. Auf dem Kanal selbst folgen sich die Schiffe ohne Unterlaß — wie auf dem darüber die Barken: Drei Verkehrswege einer überm andern!

Uns immer zur Linken des Kanals haltend, kamen wir nun an dem kleinen Ort Monselice vorüber, der zwar in der Ebene liegt, dessen Stadtmauern sich aber bis zum Gipfel eines Hügels hinaufziehn und auch ein altes Schloß einhegen, das früher den Herren des Orts gehörte, jetzt aber in Schutt und Asche liegt.

Von hier ab ließen wir die Berge rechts liegen und schlugen den Weg nach links ein. Er war sehr schön, erhöht gebaut und eben. Im Sommer dürfte er ganz überschattet sein. Zu beiden Seiten erstreckte sich fruchtbares flaches Land, wo zwischen den Kornfeldern zahlreiche Bäume in Reih und Glied standen und den Reben zur Stütze dienten. Die graufarbnen und ungemein großen Ochsen sind dort derart verbreitet, daß ich mich im nachhinein wundere, wieso ich zu Innsbruck die des Erzherzogs Ferdinand so erstaunlich fand.

Auf einem Damm trafen wir mit den Herren wieder zusammen. Soweit das Auge reichte, sahen wir nun links und rechts des Weges Sümpfe liegen, deren Ausdehnung mehr als fünfzehn Meilen betrug — riesige Teiche einst, welche die Signoria auszutrocknen versucht hatte, um Ackerland zu gewinnen; gelungen ist ihr dies jedoch nur an ganz wenigen Stellen. So dehnt sich hier jetzt ein sumpfiges Gelände von unendlicher Weite, unfruchtbar und voller Schilf. Mit dem Versuch, das Gesicht dieser Gegend zu ändern, verlor die Signoria daher mehr, als sie gewann.

Wir überquerten die zu unsrer Rechten fließende Etsch mit einer von zwei Pontons getragenen Fähre, die fünfzehn bis zwanzig Pferde aufnehmen konnte. Sie lief an einem mehr als fünfhundert Schritt breit über das Wasser gespannten und von gabelförmigen Stangen in der Luft gehaltenen Seil — Stangen, die ihrerseits auf mehreren zwischen den Ufern verankerten kleinen Pontons befestigt waren.

Zur Übernachtung gelangten wir nach Rovigo, fünfundzwanzig Meilen, ein kleines Städtchen, das noch zur Signoria gehört. Wir stiegen aber außerhalb ab.

Hier begann der Brauch, uns Salz in kleinen Würfeln zu servieren, deren man sich wie der Zuckerwürfel bedient. Fleisch gibt es nicht weniger als in Frankreich, wie sehr man auch das Gegenteil zu hören gewohnt ist; und daß man hier den Braten nicht zu spicken pflegt, macht ihn keineswegs weniger saftig. Die Zimmer sind ungastlicher als bei uns, ohne Fensterscheiben und -läden, die Betten jedoch besser, da dank einer Menge Matratzen viel glatter; andrerseits haben sie meist nur schlecht gewebte und zu kleine Himmel. Zudem wird an weißer Bettwäsche sehr gespart — wer allein reist oder mit lediglich kleinem Gefolge, bekommt gar keine.

Die Preise sind hoch wie in Frankreich, wenn nicht gar etwas höher.

Rovigo ist Geburtsstadt des guten *Coelius*, der sich *Rhodiginus* nannte. Sie ist recht hübsch und hat einen sehr schönen Marktplatz. Die Etsch fließt mitten hindurch.

Dienstagmorgen reisten wir von dort ab, und nach einer langen Strecke auf einer Chaussee, die der von Blois glich, überquerten wir wieder die Etsch zu unsrer Rechten, und hernach den Po zur Linken, und zwar mit einer Ponton-Fähre wie der vom

Vortag, außer daß darauf ein Büdchen stand, in dem man nach der gedruckt ausgehängten Anordnung bereits während der Überfahrt die Gebühr entrichten mußte: Mitten auf dem Fluß halten die Fährleute einfach an, um noch vor der Ankunft am jenseitigen Ufer das Geld einzustreichen und abzuzähln.
Danach ritten wir in eine Tiefebene hinunter, wo bei Regenwetter der Weg unpassierbar sein dürfte, und erreichten ohne Unterbrechung am Abend Ferrara, zwanzig Meilen. Dort hielt man uns zur Ausweiskontrolle und Vorlage der Gesundheitsscheine am Stadttor lange auf, und so ergeht es allen. Die Stadt hat die Größe von Tours und liegt in einer weithin ebnen Gegend. Eine Menge Paläste. Meist breite und gerade Straßen. Minimal bevölkert.
Mittwochmorgen machten die Herren d'Estissac und de Montaigne dem Herzog ihre Aufwartung. Als ihm ihr Begehr vermeldet wurde, ließ er sie sofort von einem Herrn seines Hofs in sein Kabinett geleiten, wo er sie mit zwei, drei andern Herren erwartete. (Wir kamen durch etliche verschloßne Zimmer, in denen sich mehrere vornehm gekleidete Edelleute aufhielten. Man ließ uns alle auf einmal eintreten. Wir fanden den Herzog aufrecht an einem Tisch stehend.)
Bei ihrem Eintritt nahm er den Hut ab und blieb während der ganzen Dauer des Gesprächs mit dem Herrn de Montaigne barhaupt — und die war recht lang.
Zunächst fragte ihn der Herzog, ob er seine Sprache verstehe, und als das bejaht wurde, versicherte er ihnen in einem höchst eloquenten Italienisch, daß er Edelleute aus Frankreich sehr gern bei sich sähe, da er ja selbst Diener des allerchristlichen Königs und diesem sehr ergeben sei. Hernach sprachen sie noch eine ganze Weile miteinander und zogen sich dann zurück. Bis zuletzt hatte der Herzog sein Haupt nicht wieder bedeckt.
In einer Kirche sahen wir das Bild Ariosts; er wirkte ein wenig voller, als er in seinen Büchern dargestellt ist. Er starb am sechsten Juni 1533 im Alter von neunundfünzig Jahren.

Das Obst wird hier auf Tellern serviert.
Alle Straßen in Ferrara sind mit Ziegelsteinen gepflastert. Doch während in Padua die Bogengänge kein Ende nehmen (was äußerst angenehm ist, weil man bei jedem Wetter geschützt und ohne sich zu beschmutzen durch die Stadt gehn kann), fehlen sie hier ganz. In Venedig wiederum sind die Straßen zwar mit dem gleichen Material gepflastert, aber so schräg, daß sich schon deswegen kein Schmutz ansammelt.
Zu Venedig habe ich übrigens zu sagen vergessen, daß uns am Tag unsrer Abreise viele Barken entgegenkamen, deren Fracht nur aus Süßwasser bestand. Jede Ladung wird von der Stadt mit einem Taler bezahlt und dient als Trinkwasser oder zum Färben der Stoffe. In Cà Fusina sahen wir dann, wie durch Pferde, die unablässig ein Rad drehn mußten, das Wasser aus einem Bach geschöpft und einem Kanal zugeführt wird, unter dem die Barken zur Beladung einlaufen.
Wir blieben den ganzen Tag in Ferrara und besichtigten etliche schöne Kirchen, Gärten und Privathäuser — überhaupt alles, was einem als Sehenswürdigkeit empfohlen wird: bei den Jesuaten etwa einen Rosenstock, der das ganze Jahr über blüht; und so fand sich selbst zu derart später Jahreszeit noch eine Rose, die man dem Herrn de Montaigne überreichte.
Auch sahen wir uns den *Bucentaurus* an, den der Herzog eigens hatte anfertigen lassen, um es den Venezianern gleichzutun und seine neue Gemahlin — sie ist schön, doch für ihn zu jung — auf dem Fluß Po darin nach Hause zu führn.
Ferner besichtigten wir des Herzogs Arsenal, in dem sich ein Geschütz von fünfunddreißig Spannen Länge und einem Fuß Durchmesser befindet.
Die jungen, noch trüben Weine sowie das nicht minder trübe, dem Fluß entnommne Wasser ließen den Herrn de Montaigne Anfälle seines Nierenleidens fürchten.
An allen Zimmertüren der Gasthäuser ist der Hinweis angeschlagen: *Ricordati della bolletta* — Vergiß nicht den Gesundheitsschein! Sofort nach der Ankunft muß man der Behörde

zudem seinen Namen und die Anzahl des Gefolges melden, das mit untergebracht werden soll; widrigenfalls wird die Aufnahme verweigert.

Dienstagmorgen verließen wir Ferrara und kamen durch eine flache und sehr fruchtbare Gegend, die bei schmutzigem Wetter Fußgängern ziemliche Schwierigkeiten machen dürfte — besteht doch die ganze Lombardei aus äußerst fettem Boden, und da die Wege überdies von beiden Seiten durch Gräben umschlossen sind, kann man dem Schlamm nicht nach links oder rechts ausweichen. Daher benutzen viele aus der ländlichen Bevölkerung kleine, einen halben Fuß hohe Stelzen.

In einem Zug erreichten wir zum Abend Bologna, dreißig Meilen: eine große und schöne Stadt, die an Umfang und Bevölkerung Ferrara bei weitem überflügelt. Eine Stunde vor unserm Eintreffen im Gasthof war dort bereits der Herr de Monluc aus Frankreich zu einem längeren Aufenthalt angekommen, um in der Stadt die Fecht- und Reitschule zu besuchen.

Am Freitag schauten wir jenem Venezianer beim Fechten zu, der sich rühmt, in dieser Kunst neue, alles Bisherige übertreffende Erfindungen gemacht zu haben; und tatsächlich weicht seine Technik in vieler Hinsicht von der üblichen ab. Sein bester Schüler war ein junger Mann namens *Binet*; er stammte aus Bordeaux.

In der Stadt sahen wir uns einen alten viereckigen Glockenturm an, der eine derartige Neigung aufweist, daß er jeden Augenblick einzustürzen droht. Weiter besichtigten wir die Universität — das schönste der Wissenschaft dienende Gebäude, das ich je zu sehn bekam.

Am Samstag wohnten wir einer Theateraufführung bei, die dem Herrn de Montaigne sehr gefiel. Der Besuch oder irgendein sonstiger Grund löste bei ihm aber Kopfschmerzen von derartiger Heftigkeit aus, wie er sie in den letzten Jahren nicht mehr zu erleiden hatte. Andrerseits fühlte er sich nach eignem Bekunden in jener Zeit zum ersten Mal seit langem von seinen

Nierenschmerzen völlig frei, und auch im Unterleib verspürte er ein Wohlbehagen wie nach seiner Rückkehr aus Bagnères. Auch die Kopfschmerzen gingen in der Nacht wieder weg.

Ganz Bologna ist reich an schönen breiten Bogengängen und besitzt eine riesige Zahl prächtiger Paläste. Man lebt hier wie in Padua, oder doch ungefähr — jedenfalls äußerst preiswert. Es geht in der Stadt freilich wegen der alten Streitigkeiten zwischen den führenden Familien, die je einer der beiden Parteien anhängen, viel weniger friedlich zu. Die eine wird seit jeher von den Franzosen unterstützt, die andre von den Spaniern, die in der Stadt zahlreich vertreten sind.

Den Marktplatz der Stadt ziert ein sehr schöner Springbrunnen.

Am Sonntag wollte der Herr de Montaigne die Reise zur Linken über Imola, die Mark Ancona und Loreto nach Rom fortsetzen, doch ein Deutscher sagte ihm, er sei im Herzogtum Spoleto von Banditen ausgeraubt worden. Deshalb wandte er sich lieber nach rechts Richtung Florenz.

Auf dem durch eine bergige Gegend führenden Weg, der sogleich recht beschwerlich wurde, gelangten wir schließlich nach Lojano, sechzehn Meilen, einem kleinen, ziemlich unwirtlichen Dorf. Hier gibt es nur zwei Gasthöfe, die in ganz Italien wegen der Tricksereien berüchtigt sind, mit denen man die Reisenden reinlegt: Ehe sie aus dem Sattel steigen, wird ihnen in blumigsten Worten jeder erdenkliche Komfort versprochen. Sobald die Wirte sie jedoch in den Fängen haben, machen sie sich über die Gutgläubigkeit ihrer Gäste lustig. Hierüber sind sogar Sprichwörter im Umlauf.

Am frühen Morgen verließen wir anderntags den Ort und folgten bis zum Abend einem Weg, den man als ersten auf unsrer Reise wirklich *wild* und *wüst* nennen muß — mitten durch ein Gebirge, das uns überhaupt mehr Schwierigkeiten machte als irgendeins zuvor. Gleichwohl erreichten wir zur Übernachtung Scarperia, vierundzwanzig Meilen. Kleines Städtchen der Toscana, in dem ein schwunghafter Handel mit Bestecken, Scheren und dergleichen stattfindet.

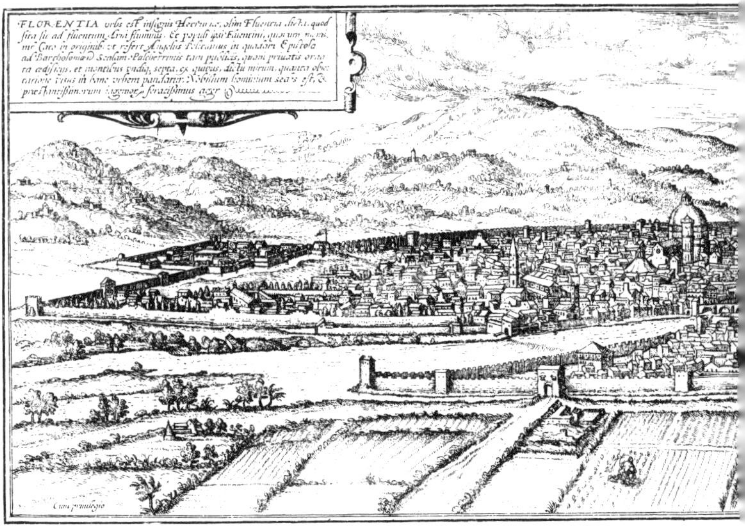

Dem Herrn de Montaigne bereitete es größtes Vergnügen, auf das Spiel der Wirte einzugehn. Bei ihnen ist es nämlich Brauch, ihre Boten den Fremden sieben, acht Meilen weit entgegenzuschicken, damit sie diese überreden, bei ihnen abzusteigen; manchmal kommt auch der Wirt selber angeritten. Zudem versuchen an den verschiedensten Stellen gut gekleidete Männer die Reisenden abzufangen. Um diese Leute nun gegeneinander auszuspieln, ließ sich der Herr de Montaigne während des ganzen Wegs spaßeshalber ihre Angebote machen, und jeder hatte ein andres — gibt es doch nichts, was sie einem nicht versprächen: Selbst Mädchen und Knaben offerieren sie! Einer wollte ihm sogar einen Hasen geben, rein als Geschenk, wenn er nur mitkäme, sich das Logis anzusehen.

Ist jedoch das Stadttor erreicht, hören all die lautstarken Ausstechereien auf, und keiner wagt noch ein Wort.

Im allgemeinen bieten die Wirte auf ihre Kosten den Reisenden einen berittnen Führer an, der sie zu dem Gasthaus ihrer Wahl geleitet und auch einen Teil des Gepäcks übernimmt. Ob die

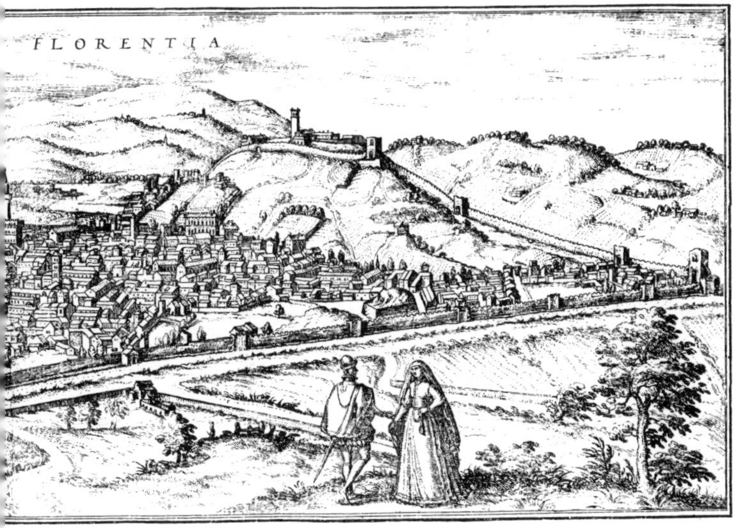

Wirte wegen der Gefährlichkeit dieser Wegstrecke durch eine amtliche Verordnung hierzu gezwungen sind, ist mir nicht bekannt.
Schon in Bologna hatten wir vereinbart, wieviel wir für welche Dienste in Lojano bezahlen sollten. Auf dringendes Anraten der Leute unsres dortigen Wirts (und andrer) schickte der Herr de Montaigne hernach stets einen von uns in den jeweiligen Ort mit dem Auftrag voraus, sich alle Gasthöfe anzusehn und die Bedingungen für Unterkunft und Verpflegung samt Wein zu erkunden — die beste akzeptierte er dann, noch ehe er aus dem Sattel stieg.
Gleichwohl kann man mit den Wirten keine Abmachung so hieb- und stichfest aushandeln, daß man ihren Betrügereien entgeht: Entweder wird einem das Holz oder das Licht zusätzlich berechnet, oder die Bettwäsche oder das Heu — nur weil man vergessen hat, sie getrennt aufzuführn.
Diese Route ist die von den meisten benutzte Hauptstraße nach Rom, auf der folglich ein dichtes Gedränge von Reisenden herrscht.

(Hier in Scarperia machte man mich darauf aufmerksam, daß es dumm von mir gewesen sei, zehn Meilen nach Verlassen Lojanos nicht den Abstecher von nur zwei Meilen zu jenem Berggipfel gemacht zu haben, aus dem man bei regnerischem oder stürmischem Wetter des Nachts eine außergewöhnlich hohe Flamme hervorlodern sehe. Der mir das erzählte, fügte hinzu, der Berg speie in mächtigen Stößen zuweilen auch kleine Münzen mit einer bestimmten figürlichen Prägung aus. Ich hätte mir tatsächlich ansehn sollen, ob an alldem etwas dran ist.)

Am nächsten Morgen reisten wir unter Führung unsres Wirts aus Scarperia ab und folgten zwischen kultivierten und bewohnten Hügeln einem schönen Weg.

Von ihm aus machten wir einen etwa zwei Meilen langen Abstecher nach rechts, um den Palast zu besichtigen, den der Herzog von Florenz hier in den letzten zwölf Jahren errichten ließ; jetzt verwendet er all seine fünf Sinne auf dessen weitere Verschönerung. Er scheint absichtlich eine unwegsame und öde, bergige und zudem quellenlose Gegend ausgesucht zu haben, um sich rühmen zu können, daß er das Wasser fünf Meilen weit heranschaffen lasse, sowie Sand und Kalk noch einmal fünf. Hier gibt es kein ebnes Stückchen Erde — man sieht rundum nur Hügel, Kennzeichen der ganzen Landschaft. Der Name des Palastes ist *Pratolino.*

Von fern wirkt das Gebäude unscheinbar, doch aus der Nähe ist es sehr schön — den schönsten französischen Schlössern steht es freilich nach. Angeblich hat es sechsundzwanzig möblierte Zimmer, von den geschmackvollsten sahen wir zehn bis zwölf. Die Möbel sind hübsch, wenn auch nicht prächtig.

Ans Wunderbare grenzt jedoch eine Grotte, die zahlreiche Einbuchtungen und Sitznischen aufweist; diese Anlage übertrifft nun alles, was wir je zu sehn bekamen. Sie ist mit einem Material völlig eingefaßt und ausgekleidet, das, wie es heißt, von bestimmten Bergen eigens herbeigeschafft und so befestigt wurde, daß die Nägel unsichtbar bleiben. Indem man das Wasser der Grotte in Bewegung versetzt, erzeugt man nicht nur

Musik und harmonische Klänge, sondern bewirkt auch, daß sich die vielen Statuen zu regen beginnen und alle erdenklichen Handlungen ausführn, während die ebenso zahlreichen künstlichen Tiere ihre Schnäbel und Schnauzen zum Trinken ins Naß tauchen — und dergleichen mehr.

Um so die ganze Grotte zu fluten, bedarf es nur eines einzigen Griffs. Gleichzeitig wird den Gästen aus allen Sitzen Wasser in den Hintern gespritzt. Flieht man dann und flitzt die Treppen zum Schloß hinauf, wird man jede zweite Stufe erneut von tausend Wasserstrahlen besprüht, so daß man völlig eingeweicht im Zimmer oben ankommt — ein Vergnügen, das nicht jedermanns Sache ist.

Schönheit und Pracht dieses Orts lassen sich kaum im einzelnen beschreiben.

Unterhalb des Schlosses gibt es eine fünfzig Fuß breite und etwa fünfhundert Schritt lange Allee, die man unter großen Kosten fast eben angelegt hat: Auf beiden Seiten ziehn sich ansehnliche Brüstungen aus Quadersteinen hin, und alle fünf bis zehn Schritt schießen aus ihnen die Strahlen eines Springbrunnens hervor, so daß die ganze Allee von ihnen eingerahmt ist.

Den Abschluß bildet ein besonders schöner Springbrunnen, der sich durch eine Statue hindurch, die eine Wäscherin darstellt, in ein großes Bassin ergießt. Man meint, die Wäscherin wringe das Wasser aus einem in weißen Marmor gemeißelten Tuch; zudem befindet sich darunter ein Gefäß, in dem das Waschwasser zu kochen scheint.

Weiter gibt es in einem Zimmer des Schlosses einen Marmortisch mit sechs Plätzen. An jedem kann man mit einem Ring den Deckel von einem unterm Tisch angebrachten kleinen Becken heben, worin Wasser sprudelt, damit man sein Glas spülen kann. In der Mitte befindet sich ein größeres Becken zur Ablage der Flasche.

Wir sahen auch ungemein breite Gräben in der Erde. Sie dienen das ganze Jahr über der Aufbewahrung von großen Mengen

Schnee, dem man Ginster untergelegt hat, während darüber Roggenstroh pyramidenförmig aufgehäuft ist, so daß man lauter kleine Scheunen zu sehen meint.
Man ist dabei, die Figur eines Riesen zu errichten, die so groß ist, daß schon die Augenhöhlen drei Ellen messen — dementsprechend sind die übrigen Maße! Sie soll einmal einen gewaltigen Wasserstrahl ausspeien.
Es gibt tausend Fischteiche und Seen, und all das wird über eine Unzahl unterirdischer Leitungen von nur zwei Quellen gespeist.
In einer sehr schönen und großen Voliere sahen wir kleine Vögel, die Distelfinken glichen, am Schwanz aber nach Art eines großen Kapauns zwei lange Federn hatten. Auch eine seltsame Schwitzstube findet sich dort.
Nachdem wir zwei, drei Stunden in Pratolino zugebracht hatten, machten wir uns wieder auf den Weg und gelangten über allerlei Höhen nach Florenz, siebzehn Meilen: eine Stadt von geringerer Größe als Ferrara. Sie liegt auf einer Talsohle, von tausend reich kultivierten Hügeln umkränzt. Der Arno fließt mitten hindurch, ist jedoch auf etlichen Brükken zu überschreiten. Die Stadtmauern fanden wir ohne Gräben.
Der Herr de Montaigne schied an diesem Tag zwei Steine und viel Sand aus, ohne mehr als einen leichten Schmerz im Unterleib zu verspüren.
Am gleichen Tag besuchten wir die Stallungen des selbst nicht anwesenden Großherzogs: riesige Gewölbe, in denen jedoch nur eine kleine Zahl wertvoller Pferde stand. Dafür sahen wir in der Menagerie einen Hammel von höchst seltsamer Gestalt, auch ein Kamel sowie Löwen und Bären, schließlich ein schwarz-weiß gestreiftes Tier, das die Größe eines mächtigen Fleischerhundes hatte, doch wie eine Raubkatze aussah — angeblich ein Tiger.
Ferner besuchten wir die Kirche *San Lorenzo*, in der noch die Fahnen hängen, die wir unter Marschall Strozzi in der Toscana

verloren. Sie ist nicht nur reich an Fresken, sondern besitzt auch Statuen von ungemeiner Schönheit: ein Werk Michelangelos. Hernach besichtigten wir den Dom — eine Kirche von beachtlicher Größe — und den Glockenturm, der ganz mit weißem und schwarzem Marmor verkleidet ist: eines der schönsten und prächtigsten Werke der Welt.
Der Herr de Montaigne sagte, bisher keinem Volk begegnet zu sein, wo man schöne Frauen so selten zu Gesicht bekäme wie in Italien. Zudem fand er die Gasthäuser viel ungastlicher als in Frankreich und Deutschland: Es wird weniger üppig getafelt, die Portionen sind nur halb so groß wie in Deutschland, und die Speisen nicht so gut zubereitet. In beiden Ländern verzichtet man darauf, den Braten zu spicken, in Deutschland ist er jedoch besser gewürzt und mit Soßen und Gemüsen angereichert. Die Einrichtungen der Gasthöfe in Italien auch weitaus schlechter: keine Eßsäle, die Fenster groß und völlig offen, von hohen Holzläden abgesehn, die einem, wenn man sich vor Sonne oder Wind schützen will, zugleich das Tageslicht rauben — was der Herr de Montaigne viel unerträglicher fand als das Fehlen der Bettvorhänge in Deutschland, weil nichts dagegen zu machen war.
Zudem gibt es in den Schlafzimmern nur einen einzigen Alkoven; unter dessen Bett mit schäbigem Himmel steht noch ein Rollbett zum Hervorziehn — wer nicht gerne hart schläft, ist da schlimm dran. Deutschland gegenüber gleicher oder noch größrer Mangel an Bettwäsche. Die Weine meist mieser und für jeden, der fade Süße verabscheut, in dieser Jahreszeit ungenießbar. Die Preise freilich, zugegeben, etwas niedriger — dabei gilt Florenz als teuerste Stadt Italiens.
Ehe mein Herr im Gasthaus *Dell'Agnolo* ankam, hatte ich dort sieben *reales* täglich für Mann und Pferd sowie vier für jeden Unberittnen ausgehandelt.
Am selben Tag besichtigten wir jenen Palast des Herzogs, worin er sich mit dem Nachmachen orientalischer Steine und der Verarbeitung von Kristall zu vergnügen pflegt, denn er inter-

essiert sich für Alchemie und mechanische Künste; vor allem aber ist dieser Fürst ein großer Architekt.
Am nächsten Tag stieg der Herr de Montaigne zunächst auf die Kuppel des Doms, die eine vergoldete Bronzekugel trägt. Von unten scheint diese nicht größer als ein Ball, doch unmittelbar davor sieht man, daß sie vier Männer zu fassen vermag. Von da oben fiel ihm auf, daß der Marmor, mit dem die Kirche eingekleidet ist, durch die Einwirkung von Frost und Sonne an vielen Stellen rissig zu werden beginnt, ja sich bereits abschält, besonders der schwarze (der ganze Bau ist, wie gesagt, rundum zweifarbig gestaltet). Er argwöhnte daher, daß dieser Marmor wohl kaum natürlich sei.
Hernach sah er sich die Häuser der Strozzi und der Gondi an, in denen noch Verwandte der Familien wohnen. Ferner besichtigten wir den Palast des Herzogs, in dem sein Vater Cosimo die von uns verlorne Schlacht bei Siena und die Einnahme der Stadt hat malen lassen — und dabei nehmen in Florenz an verschiednen Stellen, selbst an den alten Mauern dieses Palastes die Lilien Frankreichs den Ehrenplatz ein!
Die Herren d'Estissac und de Montaigne waren zum Bankett des *Großherzogs* (so nennt man ihn dort) eingeladen. Seine Frau saß am obren Ende der Tafel, dann folgten der Herzog und die Schwägerin der Herzogin mit ihrem Mann, Bruder der Herzogin. Diese finden die Italiener schön: das Gesicht hoheitsvoll und leutselig, der Oberkörper mächtig und die Fülle des Busens ganz nach landesüblichem Geschmack. Diese reiche Ausstattung ließ es dem Herrn de Montaigne verständlich erscheinen, daß sie sich den Fürsten zu ködern vermochte und ihn vermutlich noch lange am Gängelband halten werde.
Der Herzog ist ein untersetzter Mann von meiner Statur, die Glieder knochig, dunkler Teint, freundliches Gesicht. Seine Höflichkeit geht so weit, daß er selbst vor den Leuten seines Gefolges stets den Hut zieht, und das ist ganz schön groß. Haltung eines vierzigjährigen Mannes: aufrecht und straff.

An der Seite gegenüber saßen der Kardinal und ein andrer junger Mann, achtzehn Jahre alt, die beiden Brüder des Herzogs. Wenn der Herzog und seine Gattin trinken wollen, bringt man ihnen ein Becken, in dem ein nicht abgedecktes, mit Wein gefülltes Glas und eine Flasche voll Wasser stehn; sie nehmen das Glas, gießen daraus nach Belieben Wein ins Becken, füllen eigenhändig Wasser nach und setzen das Glas nach dem Trinken ins vom Mundschenk hingehaltne Becken zurück. Der Herzog setzte ziemlich viel Wasser zu, sie fast keins.
Die Unsitte der Deutschen, aus übermäßig großen Gläsern zu trinken, hat sich hier ins Gegenteil verkehrt: Man benutzt nur ungewöhnlich kleine.
Ich weiß nicht, warum Florenz als *einmalig schön* bezeichnet wird. Schön ist die Stadt, gewiß, doch sie übertrifft Bologna hierin gar nicht und Ferrara nur wenig — und mit Venedig kann sie sich überhaupt nicht vergleichen. Zweifellos aber ist es ein Erlebnis, auf dem Glockenturm ringsum die schier unendliche Menge von Häusern zu betrachten, die sich gut zwei, drei Meilen die Hügel hochziehn, und dann die weite Ebene, in der die Stadt liegt und die sich der Länge nach über zwei Meilen zu erstrecken scheint: Man meint, die Häuser müßten sich berühren, so dicht sind sie gesät.
Die Stadt ist mit unbehaunen Steinplatten gepflastert, die ganz unregelmäßig verlegt sind.
Nach dem Mittagessen fuhren die vier Herren und ein Führer mit der Post zur Besichtigung eines Lustschlosses, das dem Herzog gehört und Castello heißt. Das Gebäude selbst ist unbedeutend, weist aber eine Reihe von Gartenanlagen auf, die am Hang eines Hügels so angelegt sind, daß die Hauptalleen gradlinig ansteigen (aber bequem zu begehn sind), während die ebenfalls gradlinigen Querwege eben verlaufen. Es gibt viele Laubengänge, zu denen man die wohlriechenden Zweige von Zedern und Zypressen, von Orangen-, Zitronen- und Olivenbäumen derart dicht verbunden und verflochten hat, daß die Sonne, wie man leicht erkennen kann, selbst im Höchststand

mit keinem Strahl hindurchzudringen vermöchte. Und überdies gibt es Alleen, wo die Zypressen und die andern Bäume so eng angepflanzt wurden, daß darin nur für drei, vier Lustwandler Platz nebeneinander Platz ist.

Unter den Fischbassins gibt es eins, in dessen Mitte ein der Natur nachgebildeter Felsen zu sehn ist; seine Oberfläche scheint durch Anbringung jenes Materials ganz vereist zu sein, mit dem der Herzog seine Grotten in Pratolino verkleiden ließ. Auf dem Felsen stellt eine große Kupferstatue einen sehr alten, weißhaarigen Mann dar, der mit gekreuzten Armen dasitzt und aus dessen Bart, Stirn und Haar das Wasser Tropfen um Tropfen überall herunterrinnt, womit Schweiß und Tränen gemeint sind. Einen anderen Ausfluß hat die Fontäne nicht.

Ein wenig weiter erlebten die Herren wieder einen Spaß jener Art, wie ich ihn schon zweimal beschrieben habe: Als sie beim Herumschlendern in den Gärten und Betrachten all der Sehenswürdigkeiten sich an einer bestimmten Stelle einigen Marmorfiguren zuwandten, ließ der Gärtner, der eigens zu diesem Zweck die Gesellschaft verlassen hatte, ihre Füße und Beine aus einer schier unendlichen Zahl im Boden befindlicher kleiner Löcher mit Wasserstrahlen bespritzen, die man, so dünn waren sie, kaum sah — welch unübertrefflich gelungne Nachahmung feinster Regenschleier, in umgekehrter Richtung!

Dabei konnte der Gärtner aus einer Entfernung von mehr als zweihundert Schritt deren Bewegung durch eine unterirdische Vorrichtung mit derartigem Geschick dirigieren, daß die Strahlen nach seinem Gutdünken höher oder niedriger hervorsprühten: Bald strafften sie sich, bald knickten sie ein, und am Ende sah man die Herren pudelnaß.

Das gleiche Spiel findet sich dort noch an vielen andern Stellen.

Dann sahen sich die Herren die Hauptfontäne an, bei der das Wasser aus zwei riesigen Bronzestatuen kommt, von denen die eine, etwas tiefer, die andre mit aller Kraft derart eng umklammert, daß dieser, halb entseelt schon, Kopf zurückgesunken,

das Wasser gewaltsam aus dem Mund hervorgepreßt zu werden scheint. Die Wucht des Strahls schleudert diesen siebenunddreißig Klafter weit empor — dabei sind die Figuren selbst schon zumindest zwanzig Fuß hoch!
Man hat dort auch aus den Zweigen eines immergrünen Baums, den die Herren reicher belaubt fanden, als sie es je gesehn hatten, eine Art Hütte gebildet, die von diesen Zweigen und ihrem Laub derart dicht umschlossen war, daß man, wenn man einen Blick hineinwerfen wollte, sich erst hier und da eine kleine Öffnung aufbiegen mußte. Drinnen stand ein kleiner Marmortisch, aus dessen Mitte ein Wasserstrahl sprudelte, ohne daß irgendeine Zuleitung zu sehn gewesen wäre.
Ferner gibt es eine schöne Grotte, in der jederlei natürlich dargestellte Tiere zu bestaunen sind: Diesem strömt das Wasser der Fontäne aus dem Schnabel, jenem aus dem Flügel, diesem aus den Klauen, jenem aus den Ohren oder den Nüstern.
Man pflegt dort auch Wassermusik erklingen zu lassen; die Herren konnten sie sich jedoch nicht anhören, denn da sie in die Stadt zurückmußten, war es hierfür zu spät.
Hoch über einem Portal erblickten sie das Wappen des Herzogs, das man sehr kunstvoll aus natürlichen Zweigen geformt hatte; ihre fortwährende Frische bezogen sie aus Stämmen, die so faserfein waren, daß man sie kaum erkannte.
Der Besuch fiel gerade in die Jahreszeit, die für die Gärten am ungünstigsten ist — was sie um so bewundernswerter machte.
Ich vergaß zu erwähnen, daß in einem Saal des herzoglichen Palastes die ganz der Natur nachgebildete, auf einem Pfeiler stehende Bronzestatue eines vierfüßigen Tieres von seltsamer Gestalt zu sehn ist: vorn völlig geschuppt und auf dem Rücken mit was weiß ich welchen Körperteilen — aussehn tun sie wie Hörner. Man sagt, das natürliche Original sei in einer Berghöhle dieser Gegend aufgefunden und lebendig hierher verbracht worden.
In Florenz sahen wir auch das Palais, in dem die Königinmutter geboren wurde.

Um herauszufinden, was Florenz denn an Vorzügen alles aufzuweisen hätte, sah sich der Herr de Montaigne verschiedne Pensionen und möblierte Zimmer an (wie er es auch in den andern Städten zu tun pflegte); er entdeckte aber nichts nach seinem Geschmack. Man sagte ihm, Zimmer könne man nur in den Gasthöfen mieten; jene aber, die er sich dort zeigen ließ, waren unsauber und viel teurer als in Paris, ja selbst Venedig, und eine klägliche Pension kostete mehr als monatlich zwölf Taler pro Herr. Zudem sind selbst die Angebote zur Fortbildung im Reiten, Fechten und in den Wissenschaften indiskutabel. Zinn gibt es in diesem ganzen Gebiet selten; man benutzt allein bemaltes irdenes Geschirr, das meist recht schmutzig ist.

6. Von Florenz bis Rom, dort erster Aufenthalt

Donnerstag, den vierundzwanzigsten November verließen wir morgens die Stadt und kamen durch ein mäßig fruchtbares, doch überall kultiviertes und reich bebautes Gebiet. Der Weg war holprig und voller Steine. Nach einer äußerst langen Strecke erreichten wir sehr spät **Siena**, zweiunddreißig Meilen oder vier Poststationen, die hier alle acht Meilen errichtet sind, also in längeren Abständen als gewöhnlich bei uns.

Am Freitag unternahm der Herr de Montaigne eine Entdeckungsreise durch die Stadt (vor allem wegen des Krieges, den wir um sie geführt hatten). In ihr geht es ständig rauf und runter, da sie, obwohl auf dem Rücken eines Hügels errichtet, wo auch die meisten Straßen liegen, sich zugleich die beiden Hänge hinab mit vielen stufenförmig angelegten Querstraßen erstreckt, von denen einige wieder nach oben in Richtung andrer Höhen verlaufen.

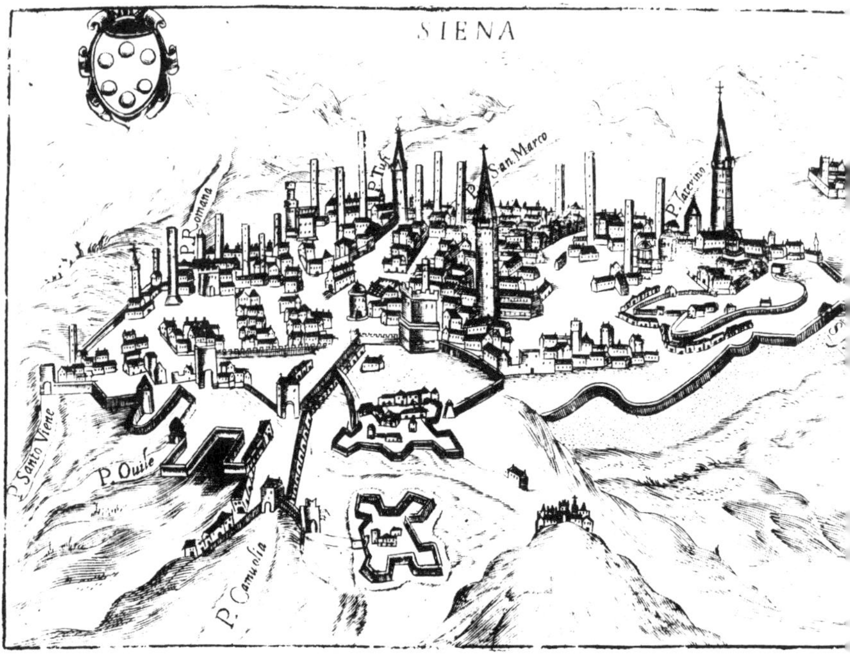

Die Stadt zählt zu den *schönen* Italiens, wenn auch nicht zu den erstrangigen, noch hat sie die Größe von Florenz. Ihr Gesicht bezeugt ihr hohes Alter. Groß ist ihr Reichtum an Brunnen, aus denen die meisten Hausbesitzer sich über Röhren für ihre Privatzwecke bedienen. Auch gibt es gute und kühle Keller.

Der Dom steht dem von Florenz kaum nach. Er ist innen und außen fast überall mit Marmor verkleidet. Die Quader, teils einen Fuß dick, teils weniger, dienen als eine Art Vertäfelung der aus Backstein errichteten Gebäude, dem üblichen Material dieses Landes.

Die schönste Stelle der Stadt aber ist die prächtige große *Piazza:* Von allen Seiten rundet sie sich zum Palast hinunter, der, selbst weniger gerundet, den weitgeschwungnen Bogen auf der einen Seite schürzt, während am höchsten Punkt ihm gegenüber ein herrlicher Brunnen über mehrere Leitungen ein Bekken speist, aus dem alle ein köstlich frisches Wasser schöpfen.

Zahlreiche Straßen, mit ihrem Pflaster in Stufen übergehend, münden auf diesen Platz.

Es gibt hier eine Unzahl alter Gassen und Paläste. Der bedeutendste ist jener der *Piccolomini*, ihm folgen die der *Ciaia*, der *Tolomei*, der *Colombini* und auch der *Cerretani*.

Wir sahen Zeugnisse aus der Zeit vor drei- bis vierhundert Jahren. Das Wappen der Stadt, das man auf vielen Pfeilern erblickt, ist die Wölfin, an deren Zitzen Romulus und Remus hängen.

Der Herzog von Florenz behandelt die Großen, die für uns Franzosen Partei ergriffen hatten, sehr nachsichtig, ja, er hat Silvio Piccolomini sogar gerne bei sich, den in jeder erdenklichen Wissenschaft und Waffenkunst bewandertsten Edelmann unsrer Zeit.

Da der Herzog sich hauptsächlich vor seinen eignen Untertanen zu hüten hat, überläßt er es seinen Städten, sich zu befestigen, während seine ganze Sorge den Zitadellen dient, die er ohne Rücksicht auf die Kosten bestücken und bewachen läßt. So groß ist sein Argwohn, daß er nur äußerst wenigen Leuten gestattet, sich ihnen zu nähern.

Hier tragen die Frauen Hüte auf dem Kopf, jedenfalls die meisten. Wir sahen welche, die sie in der Messe bei der Wandlung ehrfürchtig abnahmen.

Untergekommen waren wir im Gasthof *Alla Corona* — an sich recht gut, doch die Fenster fanden wir wie bisher ohne Scheiben und Rahmen.

In Pratolino war der Herr de Montaigne gefragt worden, wie ihm die Schönheiten des Anwesens gefallen hätten, worauf er zunächst mit Lob nicht sparte, dann aber die Häßlichkeit der Türen und Fenster heftig tadelte: große Bretter aus Tannenholz, kunstlos in Form und Ausführung, sowie ungeschlachte und unzweckmäßige Schlösser — wie in unsren Dörfern. Und dann die Bedachung mit Hohlziegeln: Wenn schon weder Schiefer noch Blei oder Bronze zur Verfügung stünden, hätte man diese Ziegel zumindest durch die Form des Gebäudes verdecken

müssen. Der Verwalter versicherte ihm, er werde seinem Herrn dies alles berichten.

Der Herzog läßt die überall angebrachte Parole *Freiheit!* noch stehn — es ist der alte Wahlspruch der Stadt. Im übrigen aber hat man unter dem Vorwand, an der Kirche müßten gewisse Umbauten vorgenommen werden, die mit Inschriften versehenen Grabmäler der gefallnen Franzosen von ihrem Platz entfernt und an einer bestimmten Stelle der Stadt den Blicken entzogen.

Samstag, den sechsundzwanzigsten brachen wir nach dem Essen auf und kamen durch eine Gegend von ähnlichem Aussehn wie zuvor. Zum Abendessen erreichten wir Buonconvento, zwölf Meilen, ein toscanisches *Castello*: So nennt man hier befestigte Orte, die wegen ihrer Kleinheit nicht die Bezeichnung *Stadt* verdienen.

Am Sonntag zogen wir frühmorgens weiter, und da der Herr de Montaigne sich *Montalcino* wegen dessen alter Treue zu den Franzosen ansehn wollte, machte er einen Abstecher nach rechts und besuchte es mit den Herren d'Estissac, de Mattecoulon und du Hautoy. Es sei, erzählten sie, eine schlecht gebaute Stadt von der Größe Saint-Émilions, auf einem der höchsten, jedoch zugänglichen Berge der ganzen Gegend gelegen. Es traf sich, daß gerade die Hauptmesse gelesen wurde, der sie daher beiwohnten. Am einen Ende der Stadt steht das Kastell, worin auch die Garnison des Herzogs liegt; doch der Herr de Montaigne meint, das Ganze sei wenig sicher, da der Ort auf einer Seite von einem nur hundert Schritt entfernten andern Berg beherrscht wird.

Im Hoheitsgebiet des Herzogs wird die Erinnrung an die Franzosen mit einer solchen Liebe gepflegt, daß den Leuten, sobald man nur daran rührt, die Tränen in die Augen steigen — selbst der Krieg schiene ihnen, wenn er ihnen in welcher Form auch immer mehr Freiheit brächte, erträglicher als dieser Friede unter der Tyrannei. Als der Herr de Montaigne sich erkundigte, ob es denn von den Franzosen gar keine Gräber mehr gebe, erhielt er zur Antwort, es befänden sich etliche in der Kirche *Sant'Agostino*; auf Befehl des Herzogs seien sie jedoch zugemauert worden.

Die weitere Wegstrecke dieses Tages war gebirgig und voller Steine; sie führte uns am Abend nach La Paglia, dreiundzwanzig Meilen. Kleiner Weiler von fünf, sechs Häusern am Fuße kahler und abstoßender Berge.

Am nächsten Tag setzten wir frühmorgens unsern Weg durch eine äußerst steinige Schlucht fort, in der wir einen Bach, der sie der ganzen Länge nach durchfließt, hundertmal überqueren mußten, hin und her. Schließlich trafen wir auf eine vom jetzigen Papst Gregor erbaute große Brücke, an der das Hoheitsgebiet des Herzogs von Florenz endet, so daß wir nun den Kirchenstaat betraten. Wir erreichten Acquapendente, eine kleine Stadt, die, glaube ich, nach einem Gebirgsbach benannt ist, der ganz nah über hohe Felsen in die Ebene stürzt.

Von da kamen wir durch die *Castelli* San Lorenzo und Bolsena; nach letzterem ist der See benannt, an dem sie liegen und den wir nun umgingen: dreißig Meilen lang und zehn breit, mittendrin zwei felsige Inseln, auf denen sich an-

geblich Klöster befinden. Über den gebirgigen und kahlen Weg erreichten wir in einem Zug Montefiascone, sechsundzwanzig Meilen: ein Städtchen, das auf dem Gipfel eines der höchsten Berge dieser ganzen Gegend liegt. Klein, hat aber viele Altertümlichkeiten zu bieten.
Wir verließen es am Morgen und durchzogen ein schönes und fruchtbares Flachland, in dem Viterbo vor uns auftauchte, dessen Häuser sich einem Bergrücken bis zur Kuppe hinauf anschmiegen. Reizvolle Stadt in der Größe von Sanlis. Wir fanden die vielen ansehnlichen Häuser bemerkenswert, die große Menge von Werkstätten sowie die ansprechenden und hübschen Straßen, an drei Stellen von Springbrunnen geziert. Die Schönheit des Orts hätte den Herrn de Montaigne noch verweilen lassen, aber das uns mit dem Gepäck stets voranziehende Maultier war schon längst über alle Berge.
Von hier aus begannen wir, einen hohen Berg hinaufzusteigen, am Fuß von dessen andrer Seite sich ein See namens *Lago di Vico* erstreckt. Weiter ging es durch ein liebreizendes Tal, eingerahmt von diesem See und sanft geschwungenen Hügeln, die sehr waldreich waren — eine dortzulande recht seltne Annehmlichkeit. Frühzeitig kamen wir in Ronciglione an, neunzehn Meilen. Kleine Stadt und Schloß im Besitz des Herzogs von Parma, wie an den Wegen hier überhaupt viele Schlösser und Ländereien des Hauses Farnese liegen.
Die Unterkünfte an dieser Strecke gehören zu den besten, denn es handelt sich um die hauptsächlich benutzte große Poststraße. Ein Mietpferd kostet pro Tag fünf Juliustaler und zwei pro Poststation. Zu diesen Sätzen kann man also die Pferde mieten, sei es für zwei oder drei Stationen, sei es für mehrere Tage, ohne daß man sich im geringsten um sie kümmern müßte, denn von Ort zu Ort nehmen sich die Wirte der Pferde ihrer Zunftgenossen an; und sogar wenn eins ausfällt, ist vereinbart, daß man unterwegs auf ein andres überwechseln kann. In Siena haben wir selbst erlebt, wie ein Wirt einem ihm unbekannten, fremden und ohne Begleitung reisenden Flamen, der sich zu

uns gesellt hatte, ein Mietpferd bis Rom anvertraute. Gewiß, der Mietpreis muß, bevor es losgeht, entrichtet werden — hernach aber ist es ganz dem guten Willen und der Ehrlichkeit des Gastes überlassen, ob er das Pferd auch an der versprochnen Stelle abgibt.

Dem Herrn de Montaigne sagte der hiesige Brauch sehr zu, spät zu Mittag und zu Abend zu essen, dann das entsprach ganz seinem Geschmack. In den guten Häusern nimmt man das Mittagsmahl nämlich nicht vor zwei Uhr ein, und das Abendessen findet um neun Uhr statt, so daß zum Beispiel jedesmal, wenn wir uns ein Schauspiel ansahn, die Aufführung erst um sechs begann, schon beim Schein der Fackeln; sie pflegt dann zwei, drei Stunden zu dauern, und anschließend geht man zum Abendessen. In Anbetracht der Tatsache, daß man hier auch sehr spät aufzustehen pflegt, sagte der Herr de Montaigne, dies sei das rechte Land für Langschläfer und Faulpelze.

Am nächsten Morgen zogen wir drei Stunden vor Tagesanbruch weiter, so groß war sein Verlangen, den Boden Roms zu betreten. Er fand, daß die Nachtfeuchte seinem Magen in der Frühe fast genauso zusetzte wie am Abend, und bis zur Morgendämmerung war ihm davon übel, obwohl eine klare Nacht herrschte. Nach fünfzehn Meilen sahen wir in der Ferne die Stadt Rom liegen, verloren sie dann aber für lange Zeit wieder aus den Augen.

Die Strecke säumten einige Dörfer und Gasthöfe. An mehreren Stellen war der Weg erhöht angelegt und mit mächtigen Platten gepflastert, die recht alt zu sein schienen; näher an der Stadt trafen wir dann auch schon auf Mauerreste, die offenbar aus der Antike stammten, sowie immer wieder auf Steine, welche die Päpste zu Ehren ebender Antike hatten errichten lassen. Die meisten dieser Ruinen sind aus Ziegelsteinen (zum Beispiel die Thermen des Diokletian), aber wie bei uns heute aus kleinen und schlichten, also nicht aus jenen großen und wuchtigen, die man an den antiken Bauten und Ruinen in Frankreich und anderswo sieht.

Von unserm Weg aus machte uns Rom keinen besonderen Eindruck. Fern zu unsrer Linken lagen die Höhenzüge des Appenin; die ganze Landschaft bot einen unfreundlichen und felsigen Anblick, voll tiefer Klüfte — keine Truppe hätte hier in Schlachtordnung aufgestellt werden können; baumloser, nackter Boden, zum größten Teil unbestellbar, mehr als zehn Meilen rundum alles offen und von dieser immer gleichen Öde, nur ab und zu ein vereinzeltes Haus.

Von da kamen wir gegen zwanzig Uhr am letzten Tag des November, Fest des heiligen Andreas, durch die *Porta del Popolo* in Rom an, dreißig Meilen.

Wegen der in Genua herrschenden Pest machte man uns hier Schwierigkeiten — wie vorher andernorts.

Wir stiegen im Gasthof *All'Orso* ab, wo wir auch den nächsten Tag noch blieben. Am zweiten Tag des Dezember mieteten wir dann gegenüber der Kirche *Santa Lucia della Tinta* bei einem Spanier eine Wohnung. Mit drei schönen Zimmern, Eßsaal, Speisekammer, Stall und Küche für zwanzig Taler monatlich waren wir dort gut untergebracht; überdies stellte der Wirt einen Koch und Feuer für die Küche zur Verfügung.

Die Wohnungen dieser Preislage sind in Rom gewöhnlich etwas besser ausgestattet als in Paris, denn da es Mengen von vergoldetem Leder gibt, pflegt man sogar die Wände damit zu tapezieren. Wir hätten daher ganz in der Nähe, im *Vaso d'Oro*, zum selben Preis eine andre mieten können, die gleich königlichen Gemächern mit goldnen Draperien und Seide ausgestattet war; aber abgesehn davon, daß die Zimmer miteinander in Verbindung standen, fand der Herr de Montaigne eine derartige Prachtentfaltung nicht nur unnütz, sondern sogar lästig, da solche Einrichtungen besondre Schonung verlangen.

Allein ein Bett kostete vier- bis fünfhundert Taler.

Für unsre Wohnung hatten wir uns die Lieferung von etwa der gleichen Menge Wäsche wie in Frankreich ausbedungen, denn man ist hier nach Landesbrauch damit etwas sparsamer.

Den Herrn de Montaigne verdroß es, eine derartige Menge Franzosen zu treffen: Kaum ging er auf die Straße, und schon wurde er in seiner Sprache gegrüßt.
Neu war für ihn der Anblick eines so großen, sich drängenden Hofstaats von Prälaten und andren Klerikern — wozu mehr Begüterte, Kutschen und Pferde zu gehören schienen, als er es je bei Kirchenleuten gesehen hatte. Weiter sagte er, das Gesicht der Straßen erinnre ihn in vieler Hinsicht, vor allem aber wegen der Unzahl von Passanten mehr an Paris als an irgendeine andre von ihm besuchte Stadt.
Rom zieht sich heute ganz zu beiden Seiten des Tibers hin. Das Hügelviertel, Sitz der antiken Stadt, weist nur einige Kirchen, etliche kostbare Häuser und die Gärten der Kardinäle auf. Dort machte der Herr de Montaigne täglich tausend Spaziergänge und Besuche. Aus deutlichen Anzeichen (zum Beispiel der Höhe der Trümmerschicht) schloß er, daß sich das Erscheinungsbild dieser Hügel und Hänge seit der Antike völlig geändert haben müsse, und er war überzeugt, daß wir an mehreren Stellen auf den Firsten ganzer Häuser gingen. Am Bogen des Severus etwa ist leicht zu erkennen, daß wir uns heute mehr als zwei Lanzenlängen über dem alten Boden befinden, und so läuft man tatsächlich fast überall auf dem oberen Rand des antiken Mauerwerks, das vom Regen wie vom Verkehr der Kutschen zunehmend freigelegt wird.
Den Leuten, die ihm die Freiheit Roms mit der von Venedig gleichsetzen wollten, widersprach der Herr de Montaigne im wesentlichen mit folgenden Argumenten:
Selbst die Häuser sind hier so wenig sicher, daß denen, die etwas größere Beträge bei sich führen, zumeist geraten wird, ihre Geldbörse den Bankiers der Stadt zur Aufbewahrung anzuvertraun, wenn sie ihr Gepäck nicht erbrochen vorfinden wollen, wie es schon vielen widerfahren ist.
Desgleichen: Wer nachts auf die Straße geht, kann sich kaum darauf verlassen, je zurückzukehrn.

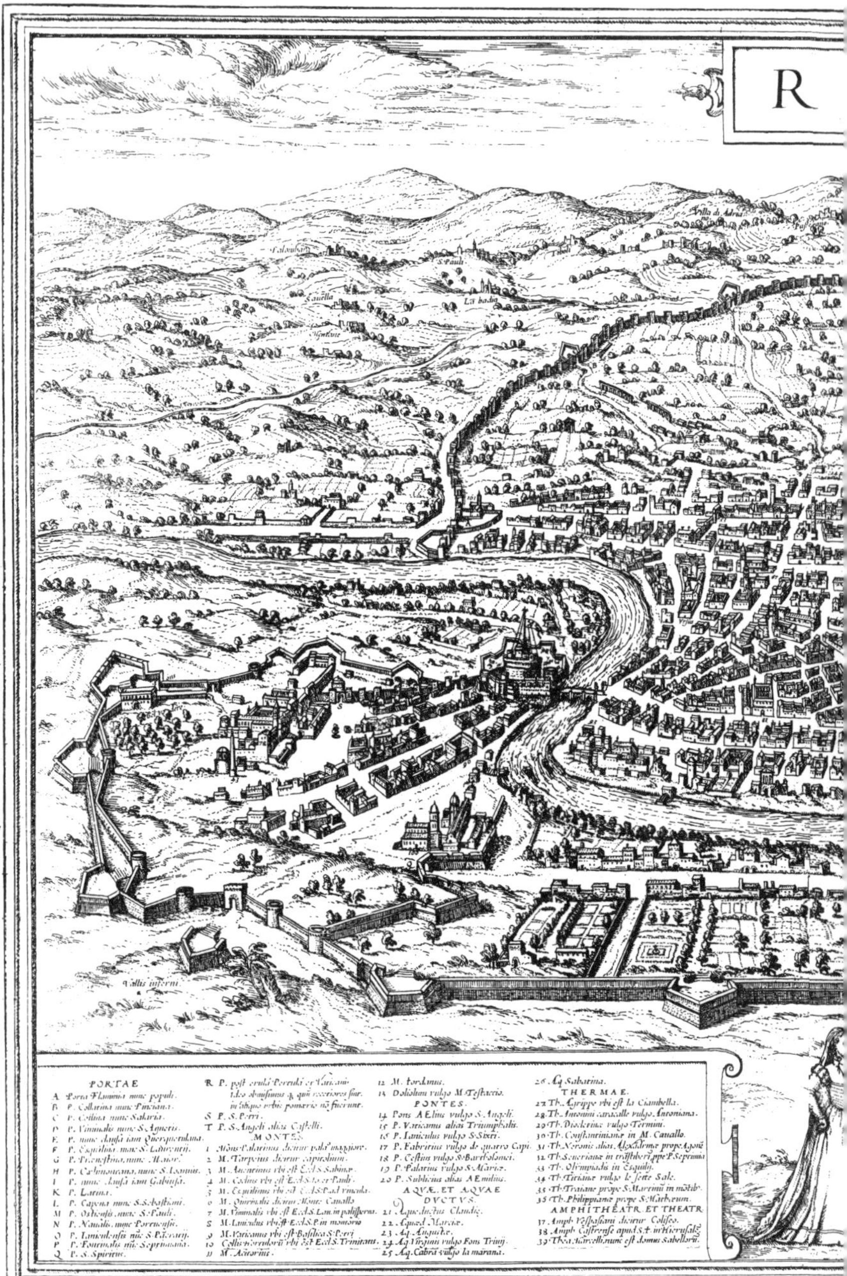
R
Villa di Adriano
Tiboli
S. Paulo
La badia
Vallis inferni
PORTAE
A Porta Flaminia nunc populi.
B P. Collatina nunc Pinciana.
C P. Collina nunc Salaria.
D P. Viminalis nunc S. Agnetis.
E P. nunc clausa iam Querquetulana.
F P. Esquilina nunc S. Laurentij.
G P. Prenestina, nunc Maior.
H P. Cælimontana, nunc S. Ioannis.
I P. nunc clausa iam Gabiusa.
K P. Latina.
L P. Capena nunc S. Sebastiani.
M P. Ostiensis, nunc S. Pauli.
N P. Naualis, nunc Portuensis.
O P. Ianiculensis nūc S. Pancratij.
P P. Fontinalis nūc Septimiana.
Q P. S. Spiritus.
R P. post eruli Pertuli et Vaticani. Ideo obmissimus, quia recentiores sunt, in antiquo urbis pomærio nō fuerunt.
S P. S. Petri.
T P. S. Angeli alias Castelli.
MONTES
1 Mons Palatinus dicitur palaᵒ maggiore.
2 M. Tarpeius dicitur capitolium.
3 M. Auentinus vbi est Eccl. S. Sabinæ.
4 M. Cœlius vbi est Eccl. S. Io. et Pauli.
5 M. Esquilinus vbi est Eccl. S. Pa. ad vincula.
6 M. Quirinalis dicitur Monte Cauallo
7 M. Viminalis vbi est Eccl. S. Lau. in palisperna.
8 M. Ianiculus vbi est Eccl. S. P. in montorio
9 M. Vaticanus vbi est Basilica S. Petri
10 Collis hortulorū vbi est Eccl. S. Trinitatis.
11 M. Citorius.
12 M. Iordanus.
13 Doliolum vulgo M. Testaccio.
PONTES.
14 Pons AElius vulgo S. Angeli.
15 P. Vaticanus alias Triumphalis.
16 P. Ianiculus vulgo S. Sixti.
17 P. Fabritius vulgo de quatro Capi.
18 P. Cestius vulgo S. Bartholomei.
19 P. Palatinus vulgo S. Mariæ.
20 P. Sublicius alias AEmilius.
AQVÆ. ET AQVAE DVCTVS.
21 Aquæductus Claudiæ.
22. Aquæd. Marciæ.
23. Aq. Augustæ.
24. Aq. Virginis vulgo Fons Triuij.
25 Aq. Cabrā vulgo la marana.
26. Aq. Sabatina.
THERMAE.
27 Th. Agrippæ vbi est la Ciambella.
28. Th. Antonini caracalle vulgo Antoniana.
29 Th. Diocletianæ vulgo Termini.
30 Th. Constantinianæ in M. Cauallo.
31 Th. Neronis alias Alexandrinæ prope Agonē
32 Th. Seuerianæ in trāstiberi ppe P. Septimia
33 Th. Olympiadis in Esquilijs.
34 Th. Titianæ vulgo le sette Sale.
35 Th. Traianæ prope S. Martinū in mōtib.
36 Th. Philippianæ prope S. Mathæum.
AMPHITHEATR. ET THEATR.
37. Amph. Vespasiani dicitur Coliseo.
38 Amph. Castrense apud S. † in Hierusalē.
39 Thea. Marcelli, nunc est domus Sabellorū.

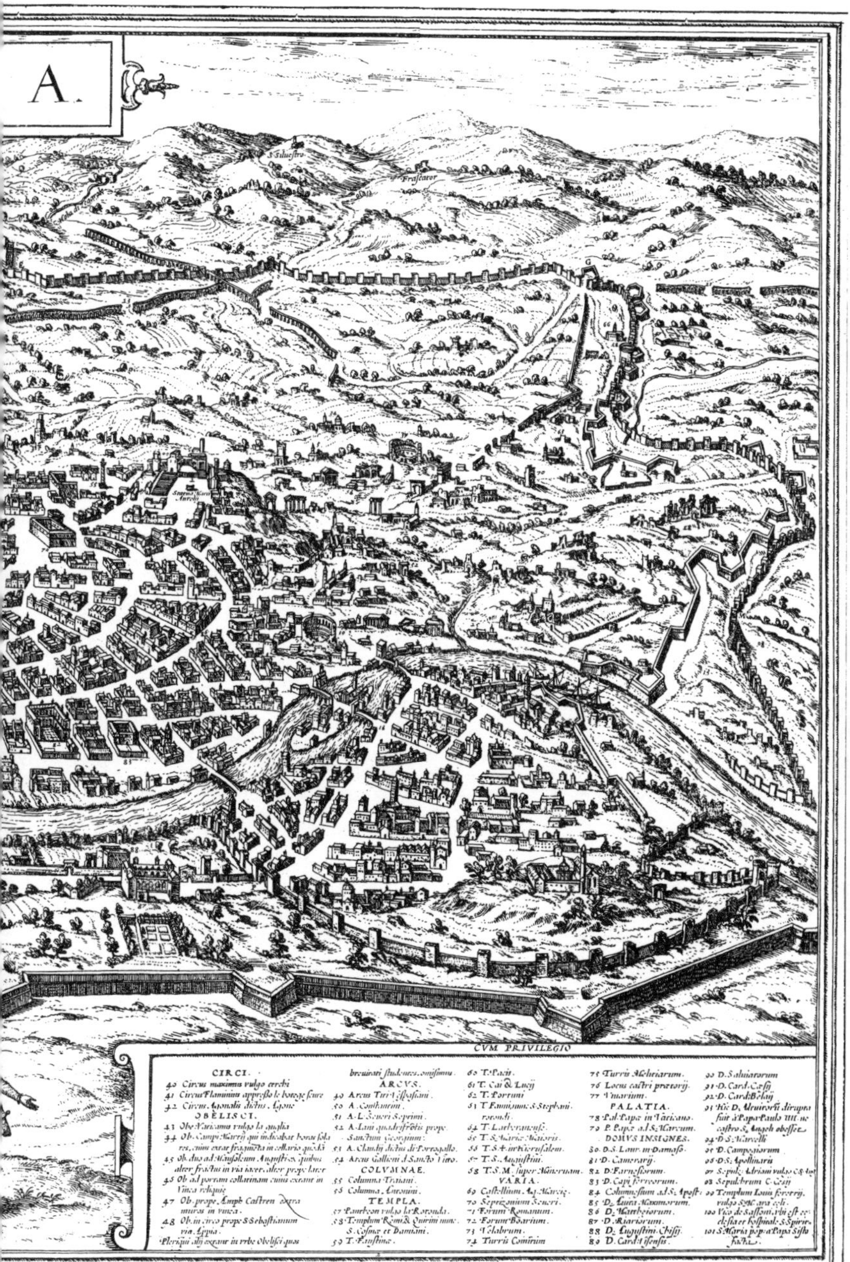
A.
S. Silvestro
Frascator
CVM PRIVILEGIO
CIRCI.
40 Circus maximus vulgo cerchi
41 Circus Flaminius appresso le botege scure
42 Circus Agonalis dictus Agone
OBELISCI.
43 Obe. Vaticanus vulgo la guglia
44 Ob. Campi Martij qui indicabat horas solares, cuius extat fragmenta in cellario quodã
45 Ob. duo ad Mausoleum Augusti ex quibus alter fractus in via iacet, alter prope latet
46 Ob. ad portam collatinam cuius extant in Vinea reliquie
47 Ob. prope Amph. Castren extra muros in vinea.
48 Ob. in circo prope S. Sebastianum via Appia.
Plerique alij extant in vrbe Obelisci quos breuitati studentes omisimus.
ARCVS.
49 Arcus Titi Vespasiani.
50 A. Constantini.
51 A. L. Seueri Septimi.
52 A. Iani quadrifrõtis prope Sanctum Georgium:
53 A. Claudij dictus di Portogallo.
54 Arcus Gallieni d Sancto Vito.
COLVMNAE.
55 Columna Traiani.
56 Columna Antonini.
TEMPLA.
57 Pantheon vulgo la Rotonda.
58 Templum Romi & Quirini nunc S. Cosmae et Damiani.
59 T. Faustinae.
60 T. Pacis.
61 T. Cai & Lucij
62 T. Portuni
64 T. Lateranense.
66 T. S. + in Hierusalem.
67 T. S. Augustini.
68 T. S. M. super Mineruam.
VARIA.
70 Septizonium Seueri.
71 Forum Romanum.
72 Forum Boarium.
73 Velabrum.
74 Turris Comitum
75 Turris Meliciarum.
76 Locus castri pretorij.
77 Viuarium.
PALATIA.
78 Pal. Papae in Vaticano.
79 P. Papae ad S. Marcum.
DOMVS INSIGNES.
80 D. S. Laur. in Damaso.
81 D. Camerarij.
82 D. Farnesiorum.
83 D. Capi ferreorum.
84 Columnesium ad S. Apost.
85 D. Lucij Maximorum.
86 D. Mattheiorum.
87 D. Riariorum.
88 D. Augustini Chisij.
89 D. Card. Visensis.
90 D. Saluiatorum
91 D. Card. Caesij
92 D. Card. Belaij
93 Hic D. Vrsinorũ dirupta fuit à Papa Paulo IIII. ne castro S. Angeli obesset.
94 D. S. Marcelli
95 D. Campegiorum
96 D. S. Apollinaris
97 Sepulc. Adriani vulgo C. S. Ang
98 Sepulchrum C. Cestij
99 Templum Iouis feretrij, vulgo S. M. ara celi.
100 Vico de Sassoni, vbi est ecclesia et hospitale S. Spiritus
101 S. Maria popu. a Papa Sisto facta.

Desgleichen: Am ersten Tag dieses Monats Dezember wurde der Ordensgeneral der Franziskaner Knall auf Fall seines Amts enthoben und eingesperrt, weil er in einer Predigt, welcher der Papst und die Kardinäle beiwohnten, Müßiggang und Pomp der Prälaten in einem recht scharfen Ton angeprangert hatte — und dabei war er, allein die im Volk diesbezüglich umlaufenden Gemeinplätze wiederholend, auf keinerlei Einzelheiten eingegangen!
Desgleichen: Sein eignes Gepäck war beim Betreten der Stadt auf zollpflichtige Waren überprüft und hierbei bis zu den kleinsten Nebensächlichkeiten durchwühlt worden, während in den anderen Städten Italiens sich die Beamten damit begnügten, daß man ihnen die Sachen einfach vorzeigte. Zudem hatte man ihm alle Bücher, die gefunden wurden, zur Überprüfung konfisziert. Diese aber zog sich derart lange hin, daß einer, der noch andres zu tun hatte, sie verloren geben konnte. Dabei waren die angewandten Kriterien höchst kurios: Das *Horarium von Notre-Dame* galt als suspekt, weil es die *Pariser* Gebete und nicht die römischen enthielt; Argwohn erregten ebenso die Bücher deutscher Gelehrter gegen die Ketzer, weil sie, um diese zu bekämpfen, ihre Irrtümer beim Namen nannten.
Wie pries der Herr de Montaigne sein Glück, daß sich in seinem Gepäck kein einziges verbotnes Buch aus Deutschland fand, obwohl er sich doch in völliger Unkenntnis dessen, was ihm hätte passieren können, auf seiner Reise durch dieses Land über dessen Glaubenskämpfe so eingehend informiert hatte! Etliche römische Adlige sagten ihm freilich, selbst wenn man solche Bücher gefunden hätte, wäre mit deren Beschlagnahme die Sache für ihn erledigt gewesen.
Zwölf bis fünfzehn Tage nach unsrer Ankunft begann er sich schlecht zu fühlen. Da er wegen der ungewohnten Entzündung seiner Nieren eine Geschwulst fürchtete, erklärte er sich eines Tages auf Drängen eines französischen Arztes, der den Kardinal de Rambouillet betreute und dem ein sehr geschickter Apotheker zur Seite stand, zum ersten Mal bereit, Kassie ein-

zunehmen — selbst in großen Stücken, die ihm auf einer mit etwas Wasser angefeuchteten Messerspitze gereicht wurden, so daß er sie leicht schlucken konnte. Hernach hatte er zwei- bis dreimal Stuhlgang.
Tags darauf schluckte er venezianischen Terpentinbalsam (der angeblich aus den Tiroler Bergen kommt): zwei von einer Oblate umwickelte große Stücke auf einem Silberlöffel, den man vorher mit ein, zwei Tropfen eines wohlschmeckenden Sirups beträufelt hatte. Er verspürte davon jedoch keine andere Wirkung, als daß der Urin nach Märzveilchen roch. Hierauf nahm er dreimal, wenn auch nicht unmittelbar hintereinander einen Arzneitrank zu sich, der genau wie Mandelmilch schmeckte und auch deren Farbe hatte; und obwohl der Arzt ihm versicherte, daß es sich in der Tat um nichts anderes handle, war er überzeugt, die *vier kalten Sämereien* seien darin enthalten gewesen. Die Einnahme des Gebräus war nicht sonderlich lästig, außer daß sie frühmorgens drei Stunden vorm Essen erfolgen mußte.
Wozu diese angebliche Mandelmilch gut sein sollte, blieb ihm verborgen, denn an seinem Zustand änderte sich nichts. Später, am dreiundzwanzigsten Dezember, bekam er sogar eine heftige Nierenkolik, weswegen er sich gegen Mittag zu Bett legte. Am Abend schied er eine Menge Sand aus, dem ein dicker, harter Stein folgte: lang und glatt. Er blieb fünf bis sechs Stunden in der Rute stecken, ehe der Durchgang geschafft war.
Seit seinen Bädern hatte der Herr de Montaigne die ganze Zeit über einen wesentlich leichteren Stuhlgang, und er meinte, daß ihn das vor viel schlimmeren Koliken bewahrt habe. Nach jenem Anfall verzichtete er mehrmals sowohl auf das Mittag- wie das Abendessen.
Am Weihnachtstag hörten wir in der Peterskirche den Papst die Messe lesen. Der Herr de Montaigne fand bequem Platz, so daß er allen Zeremonien ungehindert folgen konnte. Die Liturgie wies eine Reihe Besonderheiten auf. Evangelium und Epistel etwa wurden zuerst lateinisch und dann griechisch

verlesen (wie auch am Ostertag und zu Sankt Peter). Der Papst teilte an viele Gläubige die Kommunion aus, unterstützt von den Kardinälen Farnese und Medici, Caraffa und Gonzaga. Um den Wein vor Gift zu schützen, hat der Kelch zum Trinken eine Abdeckung.

Der Herr de Montaigne fand es in dieser Messe (wie in andren später) kurios, daß der Papst, die Kardinäle und sonstige Prälaten fast während des ganzen Gottesdienstes nicht nur sitzen- und bedeckt blieben, sondern auch munter miteinander plauderten. Bei diesen Zeremonien scheint es also mehr um Prunk und Pracht zu gehn als um Andacht.

Im übrigen hatte er von der Schönheit der Frauen den Eindruck, daß sie den Ruf dieser Stadt, hierin alle anderen zu übertreffen, keineswegs rechtfertige. Auffallende Schönheit finde sich nicht anders als in Paris allenfalls bei denen, die sie feilbieten.

Der Herr d'Abain, damals Botschafter, ein gelehrter Adliger und langjähriger Freund des Herrn de Montaigne, hielt es für angebracht, daß dieser am neunundzwanzigsten Dezember dem Papst seine Aufwartung mache und mit den anderen Herren bei ihm zum Fußkuß erscheine. Die Herren d'Estissac und de Montaigne durften für die Fahrt zur Audienz in der Kutsche des Botschafters Platz nehmen. Nachdem dieser vom Papst empfangen worden war, ließ er durch dessen Kämmerer die andern Herren herbeirufen. Dem Brauch entsprechend fanden sie den Papst mit dem Botschafter allein. Wenn der Papst wünscht, daß jemand zu ihm komme, bedient er sich einer neben ihm befindlichen Klingel.

Der Botschafter saß barhaupt zu dessen linker Hand (denn während der Papst sein Käppchen vor wem auch immer aufbehält, darf es sich nicht einmal ein Botschafter herausnehmen, vor ihm bedeckten Hauptes zu erscheinen).

Als erster trat der Herr d'Estissac ein, nach ihm der Herr de Montaigne, dann der Herr de Mattecoulon und schließlich der Herr du Hautoy.

Der Papst sitzt in einer Ecke des Zimmers. Wer immer die Eintretenden sein mögen — nach ein, zwei Schritten müssen sie ein Knie zur Erde beugen und warten, bis der Papst ihnen den Segen gibt; danach erheben sie sich wieder und gehn bis ungefähr zur Mitte vor. Freilich tun dies die meisten nicht quer durchs Zimmer auf ihn zu, in gerader Linie, sondern zunächst mehr an der Wand entlang und erst nach diesem Umweg gradlinig, also etwa ab der Mitte. Hier nämlich müssen alle erneut niederknien, um den zweiten Segen zu empfangen. Dann erst setzen sie ihren Weg sieben, acht Schritte weiter bis an einen vor den Füßen des Papstes liegenden Samtteppich fort, an dessen Rand sie sich nun auf beide Knie niederlassen.
Als die Herren an diesem Punkt der Zeremonie angelangt waren, setzte der Botschafter, der sie vorstellte, ein Knie auf den Boden und schlug das Gewand des Papstes von dessen rechtem Fuß so zurück, daß ein roter Pantoffel mit einem weißen Kreuz zum Vorschein kam. Die Knienden rutschten jetzt in dieser Haltung bis zum Fuß des Papstes vor und beugten sich zur Erde, um ihn zu küssen. Der Herr de Montaigne sagte später, der Papst habe hierbei die Fußspitze etwas angehoben. Von den Herren rückte jeder für den jeweils nächsten zur Seite, damit dieser seinen Kuß an derselben Stelle anbringen könne.
Hernach bedeckte der Botschafter den Fuß des Papstes wieder, setzte sich auf seinen Platz zurück und sagte ihm, was ihm zur Empfehlung der Herren d'Estissac und de Montaigne dienlich schien. Mit freundlicher Miene ermahnte daraufhin der Papst den jungen Herrn d'Estissac zu Lerneifer und Tugend sowie den Herrn de Montaigne, er möge in der von ihm stets bezeugten Treue zur Kirche und im Dienst für den allerchristlichsten König fortfahren; er selber wolle ihnen gern, wo immer er könne, zu Diensten sein. Dergleichen Angebote sind freilich nur italienische Höflichkeitsfloskeln.
Die Herren sprachen mit dem Papst kein Wort; vielmehr erhoben sie sich nach einem neuen Segen, der die Verabschiedung bedeutete, und gingen denselben Weg zurück.

Das kann jeder tun, wie er will; am häufigsten bewegt man sich jedoch rücklings hinaus oder zumindest dem Papst halb zugewandt, so daß man ihm stets ins Gesicht sieht. Auf halbem Wege ließen sich die Herren wie beim Eintritt auf ein Knie nieder und erhielten einen weitren Segen, und an der Tür, wiederum gebeugten Knies, dann den letzten.

Der Papst spricht ein Italienisch, das seine Herkunft aus dem Dialekt Bolognas erkennen läßt, dem schlechtesten im ganzen Land; hinzu kommt, daß er sich von Natur aus mit dem Sprechen schwertut. Im übrigen aber ist er ein sehr schöner Greis von mittlerer Größe und gradgewachsen, mehr als achtzigjährig, das Gesicht hoheitsvoll, langer weißer Bart, für sein Alter von erstaunlicher Gesundheit und einer Rüstigkeit, die nichts zu wünschen läßt: ohne Gicht, ohne Nierenkoliken, ohne Magenbeschwerden oder irgendwelche andren Gebrechen; von sanftem Wesen, sich wenig um die weltlichen Geschäfte kümmernd, doch ein großer Bauherr — wofür man in Rom und anderswo sein Andenken in besondrem Maße ehren wird —, und als Almosengeber sogar jedes Maß überschreitend.

(Das wird unter anderem dadurch bezeugt, daß es kein die Ehe eingehendes Mädchen von niedrer Herkunft gibt, zu dessen Mitgift er nicht beitrüge; als Beweis für seine Freigebigkeit nennt man sogar die Höhe der hierfür aufgewendeten Geldbeträge.)

Zudem hat er Kollegs für Griechen und Engländer gegründet, für Schotten und Franzosen, für Deutsche und Polen, von denen er jedes mit ständig mehr als zehntausend Talern Einkünften im Jahr dotierte, wobei er zugleich die unvorstellbar hohen Aufwendungen für die Gebäude übernahm. All dies tat er, um die Kinder dieser von Afterlehren irregeleiteten Nationen in den Schoß der Kirche zurückzuführn. Die Schüler sind in den Kollegs untergebracht und werden dort verpflegt und gekleidet, unterrichtet und mit allem Nötigen versehn, ohne daß sie zu irgend etwas auch nur einen roten Heller vom Eignen beitragen müßten.

Da er Schwierigkeiten möglichst aus dem Weg geht, bürdet er die ihm lästigen weltlichen Obliegenheiten am liebsten andern auf. Audienzen gewährt er jedoch, soviel man will. Auf Fragen reagiert er kurz und entschlossen, und es wäre reiner Zeitverlust, wollte man seine Antworten mit neuen Argumenten widerlegen. Was er recht und billig findet, gilt; und selbst für seinen Sohn, den er leidenschaftlich liebt, weicht er nicht von seinen Rechtsprinzipien ab.
Generell sorgt er dafür, daß seine Verwandten vorankommen (doch ohne die geringste Beeinträchtigung der kirchlichen Rechte, die er niemals antastet. Zudem fördert er großzügigst die öffentlichen Bauten und den Ausbau der römischen Straßen).
Im Grund weist seine Lebensführung weder nach der einen noch der andern Seite größere Besonderheiten auf. (Sie neigt aber eher dem Guten zu.)
Am letzten Tag des Dezember speisten die beiden Herren d'Estissac und de Montaigne zu Mittag beim Herrn Kardinal de Sens, der sich mehr an das römische Zeremoniell hält als irgendein andrer Franzose. Die äußerst langen Segens- und Dankgebete wurden wie im Gottesdienst wechselweise von zwei Kaplanen gesprochen, und während des Essens kam die für den Tag festgelegte Auslegung des Evangeliums zur Lesung — und das auf Italienisch. Vor und nach dem Mahl wuschen sich die Herren mit dem Gastgeber die Hände.
Zum Abtrocknen pflegt jedem eine Serviette gereicht zu werden; vor jene aber, die man besonders ehren will (und sie erkennt man daran, daß sie neben oder gegenüber dem Gastgeber sitzen), stellt man große quadratische Silberschalen mit dem Salzfäßchen: wie für die Großen in Frankreich. Darüber ist eine vierfach gefaltete Serviette gebreitet, auf der sich das Brot sowie Messer, Gabel und Löffel befinden, und über alldem die zweite Serviette, deren man sich bedient, ohne das Übrige zu benutzen; denn sobald das Mahl beginnt, wird neben die Silberschalen für jeden ein silberner oder irdner Teller gestellt,

auf den der Truchseß die Portionen von allem, was aufgetragen wird, den Ehrengästen austeilt, die daher niemals eigenhändig zulangen, oder kaum.
Wie gewöhnlich beim Herrn Botschafter zu Hause, wenn der Herr de Montaigne dort speiste, so wurden ihm auch hier die Getränke folgendermaßen aufgetragen: Man reichte ihm ein Silberbecken, auf dem ein Glas Wein und eine kleine mit Wasser gefüllte Flasche von der Größe eines Tintenfäßchens standen. Mit der rechten Hand ergriff er nun das Glas, in das er aus dieser Flasche, sie mit der linken fassend, soviel Wasser goß, wie er wünschte; danach setzte er die Flasche wieder ins Becken, das ihm jedesmal, wenn er trank, der Bediente unters Kinn hielt. Schließlich setzte er auch das Glas ins Becken zurück.
Mit diesem Zeremoniell wird nur derjenige bedacht, der dem Gastgeber im Range unmittelbar folgt, allenfalls noch der darunter.
Die Tafel wurde sofort nach dem Dankgebet aufgehoben; dann ordnete man die Stühle entlang einer Seite des Eßsaals an, wo der Herr Kardinal seine Gäste einlud, nach ihm Platz zu nehmen. Plötzlich traten zwei Kleriker herein, gut gekleidet und mit was weiß ich welchen Gerätschaften in der Hand, die vor ihm niederknieten und ihm von was weiß ich welchem Gottesdienst berichteten, der in irgendeiner Kirche stattfand. Er sagte kein einziges Wort zu ihnen; aber als sie, nachdem sie gesprochen hatten, sich erhoben und davongingen, lüftete er zum Gruß ein wenig sein Käppchen.
Wenig später nahm er die beiden Herrn in seiner Kutsche mit ins Konsistorium, wo die Kardinäle sich zum Besuch der Vesper versammelten. Der Papst kam unerwartet hinzu und kleidete sich zum gleichen Zweck um. Bei seinem Segen sanken die Kardinäle keineswegs wie das gemeine Volk auf die Knie, sondern empfingen ihn mit einer tiefen Neigung des Kopfes.
Am dritten Januar 1581 kam der Papst an unserm Fenster vorüber. Vor ihm ritten etwa zweihundert Mitglieder seines Hof-

staats, weltliche und geistliche. Begleitet war er vom Kardinal de' Medici, der sich bedeckten Hauptes mit ihm unterhielt und ihn zum Mittagsmahl in seinem Haus abholte. Der Papst trug wie gewöhnlich einen roten Hut und sein weißes Gewand mit Kapuze aus rotem Samt. Er saß auf einem weißen Zelter, dessen Geschirr ebenfalls aus rotem Samt bestand, mit Fransen und Tressen aus Gold. Er pflegt das Pferd ohne Hilfe eines Reitknechts zu besteigen — und dabei geht er schon auf die einundachtzig zu! Alle fünfzehn Schritte gab er seinen Segen. Hinter ihm kamen drei Kardinäle und danach etwa hundert Bewaffnete, Lanze auf dem Schenkel und in voller Rüstung, vom Kopf abgesehn. Es folgten ein zweiter Zelter im gleichen Schmuck wie der erste, dann ein Maultier, ein schönes weißes Streitroß, eine Sänfte und zwei berittne Hofbeamte, die in Felleisen am Sattelbogen die Gewänder des Papstes mit sich führten.
Am selben Tag nahm der Herr de Montaigne Terpentinbalsam aus dem einzigen Grund zu sich, daß er erkältet war. Danach schied er viel Sand aus.
Als er am Morgen des elften Januar die Wohnung zu Pferd verließ, um *in banchi* zu gehn, also das Bankenviertel aufzusuchen, kam er gerade hinzu, wie man Catena aus dem Kerker zur Richtstätte führte. Dieser berüchtigte Räuber und Bandenführer, von dem man sich ungeheuerliche Mordtaten erzählte, hatte ganz Italien in Furcht und Schrecken gehalten. Vor allem war von zwei Kapuzinermönchen die Rede, die er gezwungen hatte, Gott zu verleugnen, indem er dies zur Bedingung für

ihr Überleben machte, nur um sie hernach dennoch zu massakrieren — ohne daß er ein Motiv wie Rache oder Hoffnung auf irgendwelche Vorteile hätte haben können.
Der Herr de Montaigne machte halt, um sich das Schauspiel anzusehn: Man geht hierbei noch über den französischen Brauch hinaus und läßt vor dem Verbrecher ein schwarz verhangnes großes Kruzifix hertragen, dem zu Fuß zahlreiche mit Tuch verkleidete und maskierte Männer folgen. Es soll sich um Edelleute und andre angesehne Römer handeln, die sich dem Dienst weihen, die Verbrecher zur Hinrichtung wie die Verstorbnen zum Grab zu geleiten; zu diesem Zweck bilden sie eigens eine Bruderschaft.
Zwei der so verkleideten und maskierten Männer — vielleicht auch Mönche — befinden sich beim Verbrecher auf dem Karren und predigen auf ihn ein; der eine hält ihm ein Bild mit der Darstellung des Heilands vors Gesicht und läßt es ihn ohne Unterlaß küssen; daher kann man das Gesicht des Verbrechers von der Straße aus nicht sehn.
Noch am Galgen, der aus einem Balken zwischen zwei Pfosten bestand, hielt man dem Catena dies Bild so lange vors Gesicht, bis er von der Leiter gestoßen wurde. Er verschied wie Leute sonst im Bett: ohne zu gestikulieren, ohne ein Wort. Er war dunkelhäutig und dreißig Jahre alt, so etwa.
Gevierteilt wurde er erst, nachdem er tot am Galgen hing. Hierzulande pflegt man die Verbrecher nämlich kaum *vor* dem Tod zu quälen — brutal behandelt man nur den Leichnam.
Der Herr de Montaigne sah so durch dieses Schauspiel bestätigt, was er schon an andrer Stelle über das Ausmaß des Entsetzens gesagt hat, von dem das Volk über die an *toten* Körpern begangnen Grausamkeiten gepackt wird: Obwohl es, während sie den *lebenden* erhängten, regungslos verharrte, schrie es mit jammervoller Stimme bei jedem Streich auf, den man der Leiche versetzte, um sie zu zerhacken.
Sofort nach dem Tod des Verbrechers pflegen sich mehrere Jesuiten oder auch andre auf irgendeine Erhöhung zu stellen

und der eine hier, der andre da schreiend auf das Volk einzupredigen, damit es sich das miterlebte Beispiel ja recht zu Gemüt führe.

In Italien, besonders in Rom fiel uns auf, daß es fast nirgends Glocken gibt, die zu den kirchlichen Diensten läuten, und in Rom noch weniger als im ärmlichsten Dorf Frankreichs. Auch sieht man kaum bildliche Darstellungen, wenn sie nicht aus jüngster Zeit stammen — in vielen alten Kirchen keine einzige.

Am vierzehnten Januar nahm der Herr de Montaigne wieder Terpentinbalsam ein, ohne erkennbare Wirkung.

Am selben Tag sah ich, wie zwei Brüder hingerichtet wurden, ehemalige Diener von des Kastellans Sekretär. Diesen hatten sie kurz davor im Stadtschloß des Kastellans, Jacopo Boncompagno, Sohn des Papstes, nachts ermordet. Man traktierte sie mit glühenden Zangen, hieb ihnen vorm Stadtschloß die Hand ab und ließ auf die Wunde an Ort und Stelle geschlachtete und ausgenommne Kapaune setzen. Dann wurden sie auf einem Schafott hingerichtet, indem man sie mit einer schweren Holzkeule niederschlug und gleich danach erdrosselte. Man sagt, diese Art der Hinrichtung werde in Rom öfters angewandt; andre sind hingegen der Meinung, man habe hier die Strafe lediglich der Untat angepaßt, da die Mörder ihren Herrn auf ebendiese Weise umgebracht hätten.

Was die Größe Roms angeht, sagte der Herr de Montaigne, daß der von den Mauern eingefaßte Raum, der die alte wie die neue Stadt umschließt und zu mehr als zwei Dritteln leer ist, dem gleichkommen könnte, den man erhalten würde, wenn man um Paris einen alle Vorstädte von einem Ende zum andern einschließenden Kreis zöge; wenn man die Größe jedoch nach Zahl und Dichte der Häuser und Wohnungen bemäße, würde Rom seines Erachtens nicht einmal ein Drittel der von Paris erreichen; an Zahl und Größe der öffentlichen Plätze sowie Schönheit der Straßen und Häuser hingegen sei es bei weitem Rom, dem der Vorrang gebühre.

Auch fand er, daß die Kälte des Winters sich sehr der gascognischen nähere. Um Weihnachten herum gab es starke Fröste und unerträglich kalte Winde. Gleichwohl donnert, blitzt und hagelt es selbst dann noch häufig.
Die Paläste sind äußerst weitläufig angelegt. Man durchschreitet nacheinander drei, vier Säle, ehe man den eigentlichen erreicht hat. In manchen Häusern, wo der Herr de Montaigne an einem feierlichen Mahl teilnahm, stellt man die Büfetts nicht im Speisesaal auf, sondern in einem anderen Saal davor, und wenn man zu trinken verlangt, wird von dort auch der Wein geholt; überdies ist hier das Silbergeschirr zur Schau gestellt.
Donnerstag, den sechsundzwanzigsten Januar suchte der Herr de Montaigne den *Janiculus*-Hügel jenseits des Tibers auf, um die Besonderheiten dieses Orts in Augenschein zu nehmen, unter anderm die Überreste einer großen alten Mauer, die erst zwei Tage zuvor freigelegt worden waren. Von diesem Hügel aus betrachtete er die Lage aller Teile der Stadt, die sich von keiner anderen Stelle so klar dem Blick erschließen. Dann stieg er zum Vatikan hinunter, um sich die Statuen in den Nischen des *Belvedere* sowie die schöne Galerie anzusehn, die der Papst mit Gemälden aus allen Teilen Italiens einrichten läßt und deren Aufbau kurz vorm Abschluß steht.
Auf diesem Rundgang verlor er seine Börse mit allem, was drin war. Da er aus ihr zwei- bis dreimal Almosen gegeben hatte und das Wetter regnerisch und höchst unangenehm war, muß er sie wohl, meint er, statt in die Tasche versehentlich in einen Schlitz seiner Hose gesteckt haben.
Diese ganze Zeit über gab er sich mit nichts anderem ab, als Rom zu studieren. Zunächst hatte er einen französischen Führer genommen. Als der aber, aus irgendeinem aus der Luft gegriffnen Grund verstimmt, den Dienst verweigerte, setzte der Herr de Montaigne seinen Stolz darein, sich auf eigne Faust das erforderliche Wissen anzueignen, wozu er verschiedene Karten sowie Bücher zu Hilfe nahm, die er sich am Abend vorlesen ließ; tags darauf besuchte er dann die Sehenswürdigkeiten, um

an Ort und Stelle zu überprüfen, was er gelernt hatte. Nach wenigen Tagen hätte er so mit Leichtigkeit seinen Führer — führen können.

Er sagte, vom alten Rom bekomme man nichts zu Gesicht als den Himmel, unter dem es gelegen war, und den Lageplan. Das Wissen, das er von ihm habe, sei abstrakt und rein imaginär;

nichts davon wirke unmittelbar auf die Sinne; jene, die behaupteten, man sehe wenigstens Roms Ruinen, behaupteten zuviel, denn die Ruinen eines so ungeheuren Organismus würden seiner mit mehr Achtung und Ehrfurcht gedenken lassen — dies aber sei nichts als sein Grab. Die Welt, sich gegen seine lange Herrschaft auflehnend, habe zunächst alle Glieder dieses bewundernswerten Körpers abgeschlagen und zerstückelt, nur um dann, weil er ihr selbst entstellt, selbst zerschmettert, selbst völlig tot noch Schrecken einjagte, sogar die Trümmer zu verscharren. Die kleinen Überreste, die gelegentlich aus dem Sarg herauf zum Vorschein kämen, seien allein dem Zufall zu verdanken, der sie zum Zeugnis dieser unendlichen Größe aufbewahrt habe — einer Größe, die so viele Jahrhunderte, so viele Feuersbrünste, so viele zu ihrer Zerstörung angezettelte Verschwörungen der Welt nicht restlos hätten auslöschen können; wobei diese deformierten Glieder, die übriggeblieben sind, wahrscheinlich sogar die am wenigsten wertvollen seien, weil die Wut der Feinde dieses unsterblichen Ruhms diese dazu getrieben habe, zuallererst das Schönste und Edelste zu vernichten. Die Bauten, die man gegenwärtig dem antiken Gemäuer anfüge und so Rom zum Bastard mache, erinnerten ihn, wieviel Bewundernswertes man heutzutage auch darin finden möge, an die Nester, die Spatzen und Krähen in Frankreich an die Gewölbe und Wände der dort von den Hugenotten zerstörten Kirchen hängten. Zudem fürchte er in Anbetracht des geringen Umfangs, den die Grabfläche heute habe, man bekomme gar nicht das Ganze zu Gesicht, weil das Grab selber zum größten Teil begraben sei. Daß so minderwertiger Abfall wie Ziegel- und Topfscherben im Altertum zum Beispiel einen riesigen Haufen von der Höhe und Breite mehrerer natürlicher Hügel habe bilden können — jedenfalls hielt er diesen für gleich hoch und doppelt so breit wie die Bergkuppe von Gurson —, gehe auf die erklärte Absicht der Geschicke zurück, die durch ein derart außerordentliches Zeugnis der Größe dieser Stadt hätten der Welt vor Augen führen wollen, wie sehr sie selbst zu deren Ruhm und Vorrangstellung beigetragen haben. Auch der spärliche Raum, sagte er weiter, den einige dieser sieben Hügel einnähmen, namentlich die berühmtesten wie *Capitolino* und *Palatino,* mache es ihm schwer vorstellbar, wie darauf eine so große Zahl von Bauten Platz gefunden haben solle. Allein wenn man sich längs des *Forum Romanum* die Überreste vom *Tempel des Friedens* anschaue, dessen Einsturz sich noch ganz lebendig gleich dem eines zu ungeheuren Felsbrocken zerberstenden Berges vor den eignen Augen abzuspielen scheine, vermöge man sich nicht vorzustellen, wie auch nur zwei derartige Gebäude auf der Kuppe des *Kapitols* hätten nebeneinander stehn können, wo es doch aber gut fündundzwanzig bis dreißig Tempel gegeben habe, zudem noch mehrere Privathäuser. Wie auch immer: Viele Spekulationen, die man über das Aussehen dieser antiken Stadt anstelle, seien kaum stichhaltig, hätten sich doch selbst ihre Proportionen unzählige Male verändert; so seien etliche ihrer Täler mittlerweile aufgefüllt, sogar an den einst tiefsten Stellen. Das gelte etwa für das *Velabrum,* das wegen seiner tiefen Lage die schließlich einen See bildenden Abwässer der Stadt aufgenommen habe; wegen der Masse der dorthin zusätzlich verbrachten Trümmer der großen Gebäude hätten sich schließlich künstliche Berge von gleicher Höhe wie diejenigen der sie umgebenden natürlichen gebildet. Der *Monte Savello* wiederum sei nichts andres als ein Trümmerstück vom *Theater des Marcellus.* Der Herr de Montaigne war daher überzeugt: Ein Römer der Antike würde Rom nicht wiedererkennen, wenn er es heute sähe. Oft sei sogar, als man die Ausgrabungen vorantrieb, das Kapitell einer hohen Säule zum Vorschein gekommen, deren Fuß noch tief darunter in der Erde geruht habe. Für die neuen Häuser nehme man keine anderen Fundamente als alte Mauerreste oder Gewölbe, wie man unter allen Kellern feststellen könne; dabei suche man diese Trümmer nicht einmal abzustützen oder durch eine noch intakte Mauer zu verstärken. Selbst die Bruchstücke ganzer Gebäude der Antike, wie sie beim Auseinanderbrechen der Zufall verstreut habe, seien zum Grundstein der neuen Paläste gemacht worden, als wären sie Festigkeit und Sicherheit bietende dicke Felsblöcke. Aus alldem ließe sich leicht schließen, daß viele alte Straßen mehr als dreißig Fuß tief unter den heutigen liegen.

Am achtundzwanzigsten Januar hatte der Herr de Montaigne eine Nierenkolik, die ihn jedoch von seinem üblichen Tun nicht abhielt; er schied einen größeren Stein und etliche kleinere aus.

Am dreißigsten sah er sich das älteste religiöse Ritual an, das es unter Menschen gibt und dem er daher mit höchster Aufmerksamkeit, doch in aller Gelassenheit folgte: die Beschneidung der Juden.

Er war schon vorher in einer ihrer Synagogen gewesen, an einem Samstagmorgen, und hatte sich ihre Gebete angehört: wie in einer calvinistischen Kirche ein wirrer Singsang, mit dem sie für den Tag bestimmte Verse der Bibel auf hebräisch vortragen: Den Rhythmus halten sie ein, die Disharmonie ist aber aufgrund des Durcheinanders so vieler Stimmen jedes Alters extrem — sind doch die Kinder bis zum frühesten Alter mit von der Partie, denn alle verstehn Hebräisch.

Ihren Gebeten widmen sie freilich auch nicht mehr Aufmerksamkeit als wir den unsren, denn sie unterhalten sich dabei über andre Dinge und erweisen so ihren Mysterien keine große Ehrerbietung.

Beim Eintritt in die Synagoge waschen sie sich die Hände, und an diesem Ort die Kopfbedeckung abzunehmen gilt bei ihnen als Sakrileg. Dafür beugen sie Kopf und Knie, sooft die Liturgie es erfordert. Über Schultern oder Kopf tragen sie bestimmte mit Fransen versehne Tücher — doch auf all das näher einzugehen würde zu lang.

Nach dem Mittagsmahl legen bestimmte Schriftgelehrte die Bibelstelle des betreffenden Tages aus, auf italienisch. Dann bestimmt ein andrer von ihnen einen unter den Zuhörern, hernach auch zwei oder drei mehr, deren Aufgabe es ist, gegen die jeweilige Auslegung Argumente vorzubringen.

Jener, den wir zu hören bekamen, schien dem Herrn de Montaigne höchst eloquent zu sein und seine Begründungen mit viel Esprit vorzutragen.

Was nun die Beschneidung angeht, so findet sie in den Privathäusern statt, im dem Kind zugeteilten Zimmer, das gewöhnlich das hellste und bequemste ist. Bei der Beschneidung jedoch, die der Herr de Montaigne aufsuchte, war die Wohnung so beengt, daß man das Ritual am Türeingang vornahm. Sie pflegen dem Kind wie bei uns einen Paten und eine Patin zu geben, und der Vater bestimmt seinen Namen. Die Beschneidung findet am achten Tag nach der Geburt folgendermaßen statt: Der Pate setzt sich auf einen Tisch und nimmt ein Kissen auf den Schoß; die Patin reicht ihm das Kind und zieht sich dann zurück. Das Kind ist wie bei uns gewickelt. Der Pate wickelt es unten auf, und nun beginnen die Umstehenden alle miteinander zu singen, auch der Mann, der die Operation durchführt; diese Gesänge begleiten die ganze Handlung, die eine knappe Viertelstunde dauert.

Wer dieses Amt versieht, muß kein Rabbi sein, sondern irgendeiner der Anwesenden kann es übernehmen — ja, jeder drängt sich danach, denn unter ihnen gilt es als große Auszeichnung, möglichst oft hierzu herangezogen zu werden. Sie suchen sich diese Gunst sogar zu erkaufen, indem der eine dem Kind ein Kleidungsstück, der andre sonst etwas Nützliches schenkt; denn derjenige, glauben sie, der eine bestimmte Anzahl von Beschneidungen öffentlich durchgeführt hat, genießt nach seinem Tod das Vorrecht, daß sein Mund vom Würmerfraß auf ewig verschont bleibt.

Neben dem Paten liegen auf dem Tisch alle Instrumente ausgebreitet, die für die Operation benötigt werden. Außerdem hält ein Mann eine mit Wein gefüllte Phiole und ein Glas bereit. Weiter steht auf dem Boden ein Kohlenbecken, an dem sich der Beschneider zunächst die Hände wärmt, um dann, nachdem auf dem Schoß des Paten das Kind, Kopf ihm zugewandt, unten völlig ausgewickelt liegt, dessen Glied zu packen und die

darüber befindliche Haut mit einer Hand zu sich heranzuzerrn, während er mit der andern die Eichel samt Glied zurückdrückt. Am hintern Ende der von ihm bis zur Eichel fest umfaßten vorgezognen Haut bringt er einen Silberring an, der sie dort fixiert und verhindert, daß er bei ihrem Wegschneiden, das nun mit einem Messer erfolgt, Eichel und Fleisch verletzt.
Die abgeschnittne Haut wird sogleich in einem mit Erde gefüllten Behälter vergraben, der neben den anderen für das Ritual erforderlichen Dingen bereitsteht. Hernach schabt der Beschneider mit bloßen Nägeln an einem der Eichel noch anhängenden Häutchen und reißt es mit Gewalt nach hinten ab.
All das scheint recht anstrengend zu sein, und für das Kind sehr schmerzhaft. Gleichwohl sieht man keine Gefahr darin, und tatsächlich pflegt die Wunde in vier, fünf Tagen zu heilen. Das Kind schreit hierbei nicht anders als die unsren bei der Taufe.
Sobald die Eichel freiliegt, wird dem Beschneider schnell Wein gereicht, von dem er ein wenig in den Mund nimmt, um hierauf an der stark blutenden Eichel des Kinds zu saugen. Das abgesaugte Blut spuckt er aus und nimmt dann wieder einen kleinen Schluck Wein, bis zu dreimal. Danach gibt man ihm in einem Papiertütchen ein rotes Pulver, das *Drachenblut* sein soll, mit dem er die ganze Wunde bestreicht und überdeckt. Schließlich verbindet er das Glied des Kindes mit eigens für diesen Zweck zurechtgeschnittnen Bandagen.
Nun reicht man ihm ein volles Glas Wein, über das er bestimmte Gebetsworte spricht, die, wie es heißt, den Wein segnen. Von diesem nimmt er einen Mundvoll, taucht dann den Finger ins Glas und gibt damit dreimal ein paar Tropfen auf die Lippen des Kindes zum Trinken. Hernach bringt man dasselbe Glas der Mutter und den Frauen, die sich in einem andren Teil der Wohnung aufhalten, damit sie den Rest des Weines leeren. Zudem ergreift ein Dritter ein silbernes Gerät, das, rund wie ein Paumeball, an einer langen Stange befestigt ist und gleich unsren Räucherpfannen kleine Löcher aufweist; dies nun hält er zuerst dem Beschneider, dann dem Kind und schließlich dem

Paten an die Nase, denn man meint, die ausströmenden Gerüche könnten die Geister stärken und zur Andacht erleuchten. Der Mund des Beschneiders aber ist immer noch über und über mit Blut bedeckt.

Am achten und danach noch einmal am zwölften Februar hatte der Herr de Montaigne eine Spur von Nierenkolik, wobei er ohne große Schmerzen etliche Steine ausschied.

Der Karneval war dieses Jahr in Rom mit Genehmigung des Papstes ausgelaßner als seit vielen Jahren; doch wir fanden ihn keineswegs überwältigend: Man ließ bald vier, fünf Kinder, bald Juden und bald Greise völlig nackt von einem Ende des *Corso* zum andern um die Wette laufen — längs dieser langen Straße, die ebendaher ihren Namen hat. Das ganze Vergnügen besteht für den Zuschauer darin, sie an der Stelle, wo er sich befindet, vorbeirennen zu sehn.

Das gleiche macht man mit Pferden, auf denen peitschenknallend kleine Kinder reiten, aber auch mit Eseln und Büffeln, die von den Treibstacheln berittner Männer vorangejagt werden. Für alle Rennen ist ein Preis ausgesetzt, den sie *el palo* nennen: eine Art Fahne aus Samt oder Tuch. An bestimmten Stellen der Straße, wo die Damen freiere Sicht haben, führen die Edelleute auf schönen Pferden das Wettspiel *correre la quintana* vor, und sie tun dies mit großer Eleganz — versteht sich der römische Adel doch generell auf nichts besser als auf dergleichen Vorführungen zu Pferd.

Die Tribüne, die der Herr de Montaigne für sich und die Reisebegleiter errichten ließ, kostete jeden drei Taler; doch sie stand ja auch an einem sehr günstigen Punkt der Straße.

In jenen Tagen konnte man sich all die schönen Edelfrauen Roms so gemächlich man wollte betrachten; denn in Italien pflegen sie anders als in Frankreich keine Maske zu tragen, sondern das Gesicht völlig unverhüllt zu zeigen. Was die außergewöhnliche, die vollkommne Schönheit angehe, sei sie, sagte der Herr de Montaigne, nicht häufiger als bei uns, und er habe, drei, vier Frauen ausgenommen, denn auch nichts Überragendes entdecken können. Gemeinhin fand er sie jedoch hübscher, und man sähe hier keineswegs so viele häßliche wie in Frankreich.

Ihr Kopfputz sei unvergleichlich schmeichelhafter, ebenso die Fasson der Kleidung unterhalb der Gürtellinie. In Frankreich wiederum hätten die Frauen einen schlankeren Körper, denn hier ließen sie ihn um die Taille herum auseinandergehn, so daß sie wie bei uns die Schwangeren einherschritten. Dafür habe ihr Auftreten mehr Hoheit, Sanftmut und Milde. Was den Reichtum ihrer Gewänder betreffe, sei er mit dem der unsern überhaupt nicht vergleichbar: Alles voller Perlen und Edelsteine!

Überall, wo die Frauen sich öffentlich zeigten — in der Kutsche, auf Festen oder im Theater —, geschehe dies getrennt von den Männern; doch fänden durchaus gemischte Tänze statt, die den Paaren Gelegenheit gäben, sich an den Händen zu fassen und miteinander zu plaudern.

Die Männer gingen zu welchem Anlaß auch immer sehr schlicht gekleidet: in Florentiner Serge, schwarz. Und da sie zudem einen etwas dunkleren Teint hätten als wir, sähen sie selbst als Herzöge, Grafen und Markgrafen ein bißchen, wie soll ich sagen, gewöhnlich aus; dabei beherrschten sie die höfische Etikette auf das denkbar artigste — was immer die meisten Franzosen sagten, die ja jedem die Artigkeit absprächen, der ihnen sein Mißvergnügen über ihre üblichen Unverschämtheiten zu verstehen gebe. Wir täten alles in unsren Kräften Stehende, um uns hierzulande in Verruf zu bringen. Und trotzdem bewahrten die Italiener Frankreich ihre alte Zuneigung oder Hochachtung, so daß jene unter uns willkommen geheißen und äußerst ehrerbietig behandelt würden, die es auch nur im geringsten verdienten: Sie bräuchten sich lediglich jeder Beleidigung zu enthalten.

Am Karnevalsdonnerstag nahm der Herr de Montaigne an einem Fest des Kastellans teil. Es waren große Vorbereitungen getroffen worden; vor allem hatte man in einem scheunenartigen viereckigen Bau für ein vorm Abendessen stattfindendes *Barrierenturnier* ein höchst kunstfertig und vielseitig für den Kampf ausgerüstetes Amphitheater errichtet, durch dessen Mitte ein oval aufgeworfner Wall verlief. Zu den Besonderheiten der Vorbereitung gehörte, daß der Boden im Nu mit den verschiedensten roten Ornamenten bemalt wurde, indem man zunächst eine bestimmte Art Gips oder Kalk auftrug und hierüber dann eine Abdeckung aus Pergament oder Kupfer legte, in der die gewünschten Figuren ausgeschnitten waren; über diese Hohlformen strich man nun derart geschwind mit einer in rote Farbe getauchten Bürste, daß man auf diese Weise in zwei Stunden den Boden eines ganzen Kirchenschiffs hätte verzieren können.

Beim Essen wurden die Damen von ihren Ehemännern bedient, die, neben ihnen stehend, ihnen einschenkten und sie mit allem versorgten, was sie wünschten; man trug Unmengen von gebratnem Geflügel auf, das wie lebendig aussah, da man es wieder in sein natürliches Federkleid gestopft hatte; ferner

in Glasbehältern gekochte ganze Kapaune sowie zahlreiche Hasen und Kaninchen, dazu Pasteten, in denen wirklich lebendige Vögel steckten. Was die Tischtücher betraf, waren sie auf bewundernswerte Weise gefaltet. Die Damentafel bestand aus vier übereinander befindlichen Platten, die man einzeln abheben konnte, und darunter einer weitren, auf der, komplett gedeckt, ausschließlich Konfekt lag.

Bei ihren Besuchen pflegen die Italiener keinerlei besondre Kleidung zu tragen — bei ihren öffentlichen Spaziergängen durch die Stadt oder beim Ringelstechen schon, doch mit geringem Aufwand. So waren auch die beiden Mannschaften recht ansehnlich und gut ausgerüstet, die am Karnevalsmontag das Wettspiel des *correre la quintana* gegeneinander austrugen.

Worin uns die Italiener vor allem übertreffen, ist der Reichtum an sehr schönen Pferden.

II.
Von Montaigne französisch verfaßter Text

7. Erster Aufenthalt in Rom (Fortsetzung)

Da ich demjenigen meiner Leute den Abschied gegeben habe, der dieses schöne Geschäft bisher besorgte, und da ich es schon derart vorangeschritten sehe, muß ich es nun wohl oder übel eigenhändig fortführn.

Als ich am sechzehnten Februar von einer Fastenandacht zurückkam, traf ich in einer kleinen Kapelle auf einen Priester im Ornat, der damit beschäftigt war, einen *spiritato* zu heilen. Es handelte sich um einen traurig dreinblickenden und wie abwesend wirkenden Mann. Er wurde kniend vorm Altar mit einem was weiß ich welchem Tuch um den Hals festgehalten. Der Priester las zahlreiche Gebete und Beschwörungsformeln über ihn, die dem Teufel das Verlassen dieses Leibes befahln, und sie alle las er aus dem Brevier. Danach richtete er seine Worte an den Kranken, bald auf ihn selbst, bald auf den Teufel in seiner Person einredend, und schließlich beschimpfte er ihn, ließ wuchtige Faustschläge auf ihn niedersausen und spie ihm ins Gesicht.

Auf die Fragen des Priesters gab der Kranke ein paar wirre Antworten: einmal für sich, indem er zu schildern suchte, wie das Übel in ihm rumorte, einmal für den Teufel, von dem er sagte, wie groß seine Angst vor Gott sei und wie sehr ihm die Beschwörungsformeln zusetzten.

All das dauerte geraume Zeit; hernach griff der Priester zu seinem äußersten Mittel: Er zog sich an den Altar zurück und nahm mit der Linken das den *Corpus Domini* enthaltende Hostiengefäß, mit der Rechten eine brennende Kerze, die er umgekehrt hielt, so daß sie, während er wiederum Gebete sprach, dahinschmolz. Schließlich drohte er dem Teufel in höchstrichterlichem Tonfall und so donnernd er konnte die schrecklichsten Strafen an.

Als die erste Kerze bis dicht an seine Finger abgebrannt war, nahm er eine zweite, dann eine dritte und zuletzt eine vierte. Danach stellte er das auf den *Corpus Domini* hin durchsichtige Hostiengefäß an seinen Platz zurück und wandte sich wieder dem Kranken zu, mit dem er nun gleichsam von Mensch zu Mensch sprach. Er ließ ihn losbinden und seinen Angehörigen zurückgeben, die ihn nach Hause brachten.

Der Prozedur hatten außer mir noch zehn, zwölf Edelleute beigewohnt. Der Priester erklärte uns, daß er es hier mit einem Teufel der schlimmsten Sorte zu tun gehabt habe, verbissen und nur unter größter Anstrengung auszutreiben. Und er erzählte noch mancherlei über diese Wissenschaft und die Erfahrungen, die er mit ihrer Anwendung alltäglich mache. So habe er am Tag zuvor eine Frau von einem großen Teufel befreit, bei dessen Ausfahrt aus dem Mund der Frau gleichzeitig Nägel, Nadeln und ein Büschel seines Haarschopfs hervorgeschossen seien. Als jemand einwandte, daß sie ja noch immer eine gewisse Unruhe zeige, erklärte er, dies rühre von einem Geist andrer Art her, der sich erst heute morgen bei ihr eingenistet habe: Er sei weniger bösartig und daher leichter auszutreiben (denn der

Priester kennt die Teufel alle beim Namen und weiß sie anhand ihrer Unterscheidungsmerkmale genau einzuteilen).

Ich sah jedoch nur diesen einen Fall — und da tat der Besessene nichts anderes, als in dem Augenblick, da man ihm den *Corpus Domini* vorhielt, mit den Zähnen zu knirschen und den Mund zu verziehn. Nur gelegentlich hörte man ihn murmeln: *Si fata volent*. Er war nämlich Notar und konnte etwas Latein.

Am ersten Tag des März ging ich zur Fastenandacht in die Kirche *San Sisto*. Der die Messe lesende Priester stand hinter dem Hauptaltar, das Gesicht dem Volk zugewandt, und hinter ihm niemand. Am selben Tag begab sich der Papst in diese Kirche, denn er hatte kurz zuvor die dort ansässigen Nonnen, weil der Ort etwas zu abgelegen ist, ausquartieren und dafür alle bettelnden Armen der Stadt zur ordentlichen Unterbringung und Verpflegung darin aufnehmen lassen. Die Kardinäle trugen jeder zwanzig Taler bei, um dieses Hilfswerk in die Wege zu leiten, und von Privatleuten gingen hierfür weitere Spenden von außergewöhnlicher Höhe ein. Der Papst schließlich dotierte das Asyl mit monatlich fünfhundert Talern.

In Rom gibt es zahlreiche religiöse Hilfswerke dieser Art sowie eigne Bruderschaften, die vielerlei Zeugnisse von großer Barmherzigkeit liefern. Was die Frömmigkeit der breiten Masse betrifft, scheint sie mir geringer als in den großen Städten Frankreichs, dafür finde ich die Beachtung der äußeren Formen um so größer — ja geradezu extrem. Ich will hier zwei Beispiele anführn (freilich ohne mich für deren Wahrheitsgehalt zu verbürgen):

Während ein Herr Jedermann gerade die Künste einer jungen Dirne in vollen Zügen genoß, begann gegen vierundzwanzig Uhr das *Ave Maria* zu läuten. Da sprang sie mitten im Geschäft hoch, hüpfte aus dem Bett und kniete auf dem Boden nieder, um dort ihr Gebet zu verrichten. Und als sie später einem andern zu Diensten war, pochte plötzlich die Kuppelmutter an die Tür (denn namentlich die jungen unter ihnen werden von alten Zuhälterinnen betreut, die für sie *Mütter* oder *Tanten* sind), stürzte herein und riß ihr wutschnaubend ein Halsband mit einer kleinen Muttergottes ab, damit diese nicht vom Schmutz ihres sündigen Treibens befleckt würde — und das junge Ding zeigte sich auf der Stelle äußerst zerknirscht darüber, daß sie vergessen hatte, das Band wie gewohnt vorher abzunehmen.

In jene von mir besuchte Fastenandacht kam auch der moskowitische Botschafter. Er war mit einem Scharlachmantel und einer Soutane aus goldnem Stoff angetan; hierzu trug er aus demselben Stoff eine pelzgefütterte Kopfbedeckung, wie eine Nachtmütze geformt, und darunter eine Kalotte aus Silbertuch. Es handelte sich um den zweiten moskowitischen Botschafter, der den Papst aufgesucht hat, der erste kam zur Zeit von Paul III. In Rom war man der Meinung, daß sein Auftrag darin bestehe, den Papst zur Vermittlung in dem Krieg zu bewegen, den der König von Polen gegen seinen Herrn führte, da es diesem ja zugefallen sei, den ersten Ansturm der Türken abzuwehrn. Wenn sein Nachbar ihn jetzt aber zu schwächen suche, stünden ihm keine Streitkräfte mehr für diesen anderen Krieg zur Verfügung — und das hieße dem Türken doch Tür und Tor öffnen. Falls der Papst ihm hierin entgegenkäme, sei er sogar bereit, in einigen religiösen Streitfragen klein beizugeben.

Untergebracht hatte man ihn wie schon seinen Vorgänger zur Zeit von Paul III. beim Kastellan, und versorgt wurde er auf Kosten des Papstes.

Mit größter Entschiedenheit bestand er darauf, dem Papst allenfalls die Hand, doch keineswegs die Füße zu küssen, und erst als man ihm nachgewiesen hatte, daß selbst der Kaiser diesem Ritual unterworfen sei, geruhte er, sich zu fügen — das Beispiel der Könige reichte ihm nicht.

Er sprach keine andre Sprache als die seine — und dabei war er ohne Dolmetscher gekommen! Sein Gefolge bestand aus nicht mehr als drei, vier Männern, und er erzählte, daß er nur verkleidet und unter größten Gefahren Polen habe durchqueren können. Über die hiesigen Verhältnisse weiß seine Nation derart wenig Bescheid, daß er für Venedig Schreiben seines Herrn mit sich führte, die »an den Generalgouverneur der Signoria Venedig« gerichtet waren. Über den Grund dieser Adressierung befragt, sagte er, in Moskau habe man gedacht, daß Venedig dem Papst unterstehe und er folglich dorthin ebenso wie nach Bologna und in andre Städte einen Statthalter entsandt habe. Mit Gott weiß wie sauren Mienen mögen die venezianischen *Serenissimi* eine derartige Verkennung aufgenommen haben! Doch dafür machte der Moskowiter ihnen wie dem Papst um so freigebiger Geschenke: Pelze vom Zobel und selbst vom schwarzen Fuchs — und der ist noch kostbarer, denn er kommt weit seltner vor.

Am sechsten März sah ich mir die Bibliothek des Vatikans an, die aus fünf, sechs ineinander übergehenden Sälen besteht. Die Bücher sind dort in zahlreichen Reihen von Regalen aufgestellt und angekettet; manche verwahrt man auch in Truhen, die mir aber alle bereitwillig geöffnet wurden. Unter den vielen handschriftlichen Werken fielen mir vor allem ein Seneca und Plutarchs *Opusculi* auf. An Beachtenswertem sah ich ferner die Statue des guten Aristides: schöner kahler Kopf, dichter Bart und gewölbte Stirn, der majestätische Blick voller Sanftmut. Der Name steht auf dem aus frühester Zeit stammenden Sockel.

Und ich sah ein Buch aus China, völlig fremdartige Schriftzeichen. Die Blätter bestanden aus einem gewissen Material, das viel feiner und durchsichtiger war als unser Papier; und da es sich mit der dunklen Tinte vollsaugt, sind die Blätter nur einseitig beschrieben und jeweils zwei davon durch Zusammenfalten der Außenränder miteinander verbunden. Man nimmt an, daß es sich bei diesem Material um die zarte Innenseite einer bestimmten Baumrinde handelt.

Und ich sah das Fragment eines alten Papyrus, wiederum aus Baumrinde, auf der unbekannte Schriftzeichen standen.

Und ich sah das handschriftliche Brevier des heiligen Gregorius. Es trägt keinerlei Jahresangabe, man versichert jedoch, daß es von ihm selber stamme und von Hand zu Hand in die Bibliothek gelangt sei. Es gleicht weitgehend unseren eignen

Meßbüchern und wurde dem letzten Konzil zu Trient als Zeugnis für die Richtigkeit unsrer Rituale vorgelegt.
Und ich sah ein Buch des heiligen Thomas von Aquin, das eigenhändige Korrekturen des Autors enthält: schlechte Handschrift, kleine Buchstaben — schlechter als meine.
Und ich sah eine auf Pergament gedruckte Bibel: eine von denen, die Plantin kürzlich in vier Sprachen herausgebracht hat. Sie war dem jetzigen Papst, wie auf dem Einband zu lesen ist, vom spanischen König Philipp übersandt worden.
Und ich sah das Original des Buches, das der König von England gegen Luther verfaßte und vor etwa fünfzig Jahren Papst Leo X. geschickt hat; es ist von ihm selbst signiert und ebenfalls eigenhändig mit folgendem wahrhaft köstlichen Distichon auf Latein versehn:

Anglorum rex Henricus Leo decime mittit
Hoc opus, et fidei testem et amicitiae.

Ich las mir die beiden Vorworte durch, das eine an den Papst gerichtet, das andre an den Leser. Darin entschuldigt der König seine unzureichenden Kenntnisse damit, daß seine kriegerischen Unternehmen ihn zu sehr in Anspruch nähmen. Für ein scholastisches Latein ist die Sprache hier jedoch recht gut.
Ich konnte die Bibliothek, die fast jeden Vormittag geöffnet ist, ohne irgendwelche Schwierigkeiten besuchen. Jeder andre kann das ebenso — und zudem sich ausleihen, was immer er will. Überdies wurde ich von einem Edelmann durch alle Säle geführt und eigens eingeladen, mich der Bibliothek nach Belieben zu bedienen. Unser Herr Botschafter hingegen verließ zur gleichen Zeit Rom, ohne daß er sie je hätte besuchen können, denn es war von ihm, wie er beklagte, verlangt worden, hierfür dem Kardinal Sirleto den Hof zu machen, der Herr über die Bibliothek war. Daher habe er nie Gelegenheit gehabt, sagte er, den erwähnten handschriftlichen Seneca in Augenschein zu nehmen, obwohl das sein sehnlichster Wunsch gewesen sei.
Mir aber war ebendies vom Geschick vergönnt worden, nachdem ich die Sache auf den Bericht des Herrn Botschafters

hin bereits für aussichtslos gehalten hatte. So ist alles auf bestimmten Wegen leicht zu erreichen, auf andren aber unerreichbar. Gelegenheit und Gunst der Stunde haben ihre Vorrechte und gewähren dem Volk oft, was sie den Königen verweigern. Die Neugier steht sich zuweilen selbst im Weg — wie auch die Größe, auch die Macht.

Und ich sah eine Handschrift Vergils: überaus mächtige, dabei langgezogne und eng aneinandergereihte Buchstaben, wie sie hier auch die Inschriften der Kaiserzeit aufweisen, etwa aus dem Jahrhundert Konstantins. Diese ähneln in mancher Hinsicht schon der gotischen Schreibweise und haben die viereckigen Proportionen der älteren lateinischen Schriften verloren. Jener Vergil nun bestärkt mich in meiner seit eh und je vertretenen Meinung, daß die vier ersten Verse, mit denen man die *Aeneis* gewöhnlich beginnen läßt, nachträglich hinzugefügt wurden.

Und schließlich sah ich eine Apostelgeschichte in wunderschönen griechischen Goldbuchstaben, die so lebendig und frisch wirkten, als hätte man sie heute geschrieben. Sie sind massiv und heben sich derart körperhaft vom Papier ab, daß man, fährt man mit der Hand darüber, ihre plastische Kompaktheit fühlen kann. Ich glaube, daß wir die Fähigkeit zum Gebrauch einer solchen Schrift verloren haben.

In Rom pflegte ich engeren Umgang mit einem Patriarchen aus Antiochia, einem Araber, der sehr gut in fünf, sechs der dortigen Sprachen versiert war, aber keinerlei Kenntnis des Griechischen oder einer anderen von unsren Sprachen hatte. Am dreizehnten März schenkte er mir eine gewisse Mixtur gegen mein Nierenleiden, die er für mich in einem kleinen irdenen Topf verschloß; dazu überreichte er mir die schriftliche Gebrauchsanweisung. Wie er sagte, könne ich sie zehn, ja zwanzig Jahre aufbewahrn; er halte sie jedoch für derart wirksam, daß ich schon nach der ersten Einnahme von meinem Leiden geheilt sein würde. Damit ich, falls ich seine Gebrauchsanweisung verlieren sollte, sie in diesen Aufzeichnungen wiederfinde, sei sie wie folgt festgehalten: Von dem Mittel muß man, ehe man schlafen geht, nach einem leichten Abendessen ein zwei Erbsen großes Stück zwischen den Fingern zerreiben, dann in lauwarmem Wasser auflösen und fünfmal hintereinander jeden zweiten Tag einnehmen.

Als ich zu Rom eines Tages mit unserem Botschafter im Beisein von Muret und andren Gelehrten speiste, brachte ich die Rede auf die französische Übersetzung des Plutarch; dabei hielt ich denen gegenüber, die sie wesentlich weniger schätzten als ich, an meiner Überzeugung fest, daß der Übersetzer selbst da, wo er den wahren Sinn Plutarchs verfehlte, ihn zumindest durch einen anderen ersetzt habe, der ebenfalls plausibel scheine, da er sich gut ins Vorangehende und ins Folgende füge.

Um mir zu zeigen, daß ich Amyot selbst hierin noch zu hoch einschätzte, führte man zwei bestimmte Stellen an. Die Kritikwürdigkeit der einen entdeckt zu haben schrieben sie dem Sohn des Pariser Advokaten Mangot zu, der gerade aus Rom abgereist war. Sie befindet sich da, wo Plutarch das Leben Solons behandelt, ungefähr in der Mitte. Dort heißt es, Solon habe sich gerühmt, den Attika freigelassen und dabei die eine Erbteilung nach sich ziehenden Beschränkungen beseitigt zu haben. Amyot übersetze das jedoch falsch, denn das entsprechende griechische Wort stehe für gewisse Zeichen, die an den belasteten und verpfändeten Ländereien angebracht wurden, damit eventuelle Käufer gewarnt seien. Das von Amyot dafür eingesetzte Wort »Begrenzungen« ergebe aber keinerlei passenden Sinn, denn *deren* Beseitigung würde die Ländereien ja nicht frei, sondern zum Gemeinbesitz machen. Hier komme Henri Estiennes Übersetzung ins Lateinische der Wahrheit wesentlich näher.

Die zweite Stelle befindet sich ganz am Ende der *Abhandlung über die Erziehung der Kinder*: »Daß diese Regeln eingehalten werden«, heißt es bei Amyot, »kann man eher wünschen, als daß es anzuraten wäre.« Im Griechischen, sagten mir die Gelehrten, heiße es aber: »Wünschen kann man's, doch weniger erwarten« — und ähnliche Sprichwörter finden sich ja auch

anderswo. Hier ist der Sinn tatsächlich leicht zu verstehn; wie ihn der Übersetzer aber wiedergibt, wird er verschwommen und unverständlich.
Da mich die Auslegungen des wahren Sinnes der griechischen Worte nun aufgeklärt hatten, mußte ich ehrlichen Herzens zugeben, daß meine Kontrahenten recht hatten.
Die Kirchen sind in Rom weniger schön als in den meisten größeren Städten Italiens, und in Italien (wie in Deutschland) überhaupt weniger schön als in Frankreich.
Im Eingang der Peterskirche hat man als Trophäen jene Fahnen aufgehängt, die unser König den Hugenotten entrissen hatte; wo und wann, wird nicht gesagt. Nahe der Gregorianischen Kapelle, an deren Mauern Unmengen von Votivtafeln befestigt sind, sieht man unter anderm ein kleines viereckiges Bild der Schlacht von Moncontour: ziemlich unscheinbar und schlecht gemalt. Im Saal vor der Sixtinischen Kapelle wiederum sind auf zahlreichen Fresken denkwürdige Ereignisse dargestellt, die für den Heiligen Stuhl von Bedeutung waren, darunter die siegreiche Seeschlacht des Don Juan de Austria gegen die Türken und die Begegnung des Papstes mit jenem Kaiser, der ihn aufgesucht hatte, um ihn um Verzeihung zu bitten und ihm die Füße zu küssen: Man sieht, wie der Papst den Fuß auf den Hals des Kaisers setzt — doch die Worte, die hierbei angeblich gewechselt wurden, sind nicht verzeichnet. Auf zwei Bildern sind zudem Verwundung und Tod des Admirals Coligny mit größter Genauigkeit dargestellt.
Am fünfzehnten März holte mich bei Tagesanbruch der Herr de Monluc zu einem Besuch *Ostias* ab, den wir am Vortag beschlossen hatten. Wir überquerten den Tiber auf dem *Ponte di Santa Maria* und verließen die Stadt durch die *Porta del Porto*, in der Antike *Portuensis* genannt. Von dort aus folgten wir einem recht holprigen Weg durch eine nur mäßig fruchtbare Gegend: hauptsächlich Wein und Getreide. Nach etwa acht Meilen trafen wir wieder auf den Tiber, und nun ging es in eine weite Ebene aus Wiesen und Weiden hinab, an deren Ende einst eine große

Stadt gelegen hatte; von ihr sind noch eine Reihe schöner, mächtig aufragender Ruinen zu sehen, die sich am Ufer des *Lago di Traiano* hinziehn. Dieser See war ursprünglich eine vom vordringenden Tyrrhenischen Meer ausgehöhlte Bucht, die sogar von Schiffen angelaufen wurde; heute aber speist das Meer den See nur noch spärlich. Noch weitaus weniger Wasser führt es einem anderen zu, der ein wenig oberhalb jener einst *Arco di Claudio* genannten Örtlichkeit liegt.

Dort hätten wir ohne weiteres beim Kardinal von Perugia speisen können, der gerade auf seinem Anwesen weilte, denn es gibt wahrlich nichts Höflicheres als jene hohen Herren und ihre Diener. So ließ mir der Kardinal durch einen meiner Leute, der zufällig dort vorbeikam, ausrichten, er bedaure, daß ich ihn nicht aufsuchen wolle — und ebendieser Diener war zum Trinken in die Weinkellerei geführt worden, obwohl der Kardinal mich überhaupt nicht kannte, geschweige mit mir befreundet gewesen wäre! Solcherart übte er nur eine Gastfreundschaft, in deren Genuß alle Fremden von einigem Ansehn kommen. Ich fürchtete jedoch, der Tag würde uns zu der von mir vorgesehnen Tour nicht reichen, zumal ich meinen Weg bereits wesentlich erweitert hatte, um beide Ufer des Tibers in Augenschein zu nehmen.

Mit dem Boot setzten wir nun über einen kleinen Arm des Tibers und betraten die Insel *Sacra*; sie hat die ungefähre Ausdehnung einer großen gascognischen Meile und ist voller Viehweiden. Außerdem gibt es dort etliche Ruinen und Marmorsäulen von der Art, wie man sie auch in *Porto* findet, das aus den Überresten der antiken Stadt Trajans besteht; der Papst läßt dort ständig weitere Ausgrabungen vornehmen und die Fundstücke nach Rom schaffen.

Am anderen Ende der Insel entdeckten wir, daß wir wieder über den Tiber setzen mußten, was uns wegen der Pferde alles andre denn gelegen kam; wir waren daher schon drauf und dran, denselben Weg zurückzureiten, als zufällig am jenseitigen Ufer die Herren du Bellay, Baron de Chasai, de Marivau und andre auftauchten. Kurz entschlossen ritt ich durchs Wasser hinüber und vereinbarte mit den Edelleuten den Tauschhandel, daß sie unsre Pferde nehmen und wir die ihren. So kehrten sie nach Rom auf dem Weg zurück, den wir gekommen waren, und wir folgten dem ihren direkt nach Ostia, fünfzehn Meilen. Der Ort erstreckt sich am alten Bett des Tiber entlang; mittlerweile hat der Fluß nämlich seinen Lauf etwas geändert und entfernt sich von Tag zu Tag weiter. In einer kleinen Taverne frühstückten wir auf die Schnelle. Jenseits sahen wir *La Rocca* liegen: ein kleines Fort, das recht gut befestigt, doch ohne Besatzung ist.

Die Päpste, namentlich der jetzige, haben an dieser Meeresküste ungefähr von Meile zu Meile massige Wachttürme errichten lassen, um rechtzeitig gegen die Einfälle der Türken gerüstet zu sein, die diese vor allem zur Erntezeit dort oft unternahmen und dabei Menschen und Vieh entführten. Durch Kanonenschüsse wurden die Warnungen mit derartigem Tempo von Turm zu Turm weitergegeben, daß der Alarm wie im Fluge Rom erreichte.

Ostia ist von Salinen umgeben, die den ganzen Kirchenstaat mit Salz versorgen. Sie stehn auf einer weiten sumpfigen Fläche, die immer wieder vom Meer überflutet wird.

Die Straße von Ostia nach Rom, die *Via Ostiensis*, ist reich an Spuren ihrer einstigen Schönheit: Dammaufschüttungen in großer Zahl, viele Überreste der alten Aquädukte und mächtige Bauruinen, die fast die ganze Strecke säumen; zwei Drittel davon sind zudem noch mit jenen schwarzen Steinplatten gepflastert, die den Römern als Straßenbelag dienten.

Wenn man dieses Ufer des Tiber sieht, leuchtet einem die Mutmaßung ohne weiteres ein, daß ehedem Wohnbauten die Straße auf beiden Seiten eingerahmt hätten, von Rom bis Ostia. Unter den Ruinen fiel uns etwa auf halbem Weg zur Linken das sehr schöne Grabmal eines römischen Prätors auf, dessen Inschrift noch völlig erhalten ist. Die Ruinen in Rom selbst hingegen bestehn meist nur noch aus den wuchtigen Überresten

jener Mauern aus Ziegelstein, die ursprünglich mit Platten aus Marmor, mit einem andren weißen Stein, mit einem bestimmten Putz oder mit von diesem überdeckten großen viereckigen Tafeln verkleidet waren. Der Lauf der Zeit hat diese Verkleidungen fast überall längst zersetzt; gerade auf ihnen aber standen die Inschriften. So ging uns deren Kenntnis in den meisten Fällen verloren. Nur da blieben sie erhalten, wo der Bau aus massiven Quadersteinen bestand.

Sobald man sich Rom nähert, sieht man fast ausschließlich kahles und unbebautes Land, sei es, weil die Natur keine Kultivierung zuläßt, sei es, was ich wahrscheinlicher finde, weil die-

se Stadt kaum Menschen hat, die von ihrer Hände Arbeit leben. Gewiß traf ich unterwegs auch auf Weinpflanzungen und Obstgärten, aber die zahlreichen Trupps von Arbeitern darin waren Bauern aus Graubünden und Savoyen, die sich zur Zeit der Bestellung hier etwas zu verdienen suchten — das sei, wie sie mir erzählten, jedes Jahr ihr einziges Einkommen.

Dieses Rom ist ganz Hof und Adel: Jeder nimmt auf seine Weise am klerikalen Nichtstun teil. Es gibt keinerlei Geschäftsstraße, wo man etwas kaufen könnte, und wenn doch einmal, dann ist sie wie im kleinsten Nest. Nur Paläste und Gärten: keine *Rue de la Harpe*, keine *Rue de St. Denis* weit und breit, vielmehr scheine ich ständig in der *Rue de Seine* oder am *Quai des Augustins* zu sein. Die Stadt ändert kaum jemals ihr Gesicht, ob Werk- oder Feiertag. Die ganze Fastenzeit über finden Stationsgottesdienste statt, und die Menschenmenge ist dabei an Werktagen genauso groß wie an andern. Ausgerechnet zu dieser Zeit sieht man im übrigen nichts als Kutschen mit Prälaten und vornehmen Damen.

Am Abend langten wir wieder in Rom an, fünfzehn Meilen. Dort bekam ich am sechzehnten März Lust darauf, einmal die römischen Dampfbäder auszuprobieren. Ich entschied mich für die von *San Marco,* die als die vornehmsten gelten. Ich wurde recht ordentlich behandelt, mit aller üblichen Ehrerbietung, obwohl ich doch allein war. Es ist dort nämlich Brauch, nach Belieben Freundinnen mitzubringen, die mit einem zusammen von den Badewärtern betreut werden. Durch die meinen erfuhr ich, daß jene Salbe, deren Anwendung einen schon nach weniger als einer halben Viertelstunde von allen lästigen Haaren befreit, aus ungelöschtem Kalk und mit Lauge verdünntem Schwefelarsen im Mischungsverhältnis zwei zu eins hergestellt wird.

Am siebzehnten März hatte ich fünf oder sechs Stunden lang wieder meine Nierenkolik, die diesmal jedoch erträglich war; kurze Zeit danach schied ich einen Stein aus, der Form und Umfang eines großen Pinienkerns aufwies.

Zu dieser Jahreszeit blühten in Rom die Rosen, und man bekam schon Artischocken; ich für mein Teil fand es jedoch keineswegs ungewöhnlich heiß, und so ging ich bedeckt wie zu Hause.

Hier gibt es weniger Fisch als in Frankreich, und namentlich die Hechte gelten als völlig wertlos; sie zu essen überläßt man daher dem Volk. Seezungen und Forellen bekommt man selten; dafür sind die Barben aber recht gut und wesentlich größer als in Bordeaux, freilich teuer; auch die Meeräschen sind größer denn die unsren und ein wenig fester; sehr geschätzt werden die Goldbrassen.

Das Öl ist hier so ausgezeichnet, daß ich nie jenen stechenden Nachgeschmack im Hals habe, den ich in Frankreich jedesmal verspüre, wenn ich zuviel davon nehme.
Die Weintrauben ißt man das ganze Jahr über frisch, und jetzt noch hängen sehr gut genießbare an den Spalieren.
Was das Hammelfleisch betrifft, taugt es überhaupt nichts und ist daher auch unbeliebt.
Am achtzehnten März sagte der portugiesische Botschafter im Namen König Philipps dem Papst den Gehorsam des Königreichs Portugals zu — derselbe Botschafter, der schon den verstorbnen König und die Philipp feindlichen Stände vertreten hatte! Auf dem Rückweg von der Peterskirche traf ich einen Mann, der zwei Dinge, wie er mir sagte, recht lustig fand: erstens, daß die Portugiesen ihren Unterwerfungsakt ausgerechnet in die Passionszeit gelegt hätten, und zweitens, daß an ebendiesem Tag der Stationsgottesdienst in der Kirche *San Giovanni a Porta Latina* stattgefunden habe, wo vor ein paar Jahren von gewissen Portugiesen eine seltsame Bruderschaft gegründet worden sei: Sie hätten eine Messe veranstaltet und darin Mann mit Mann die Ehe nach denselben Ritualen wie bei unsren Trauungen geschlossen, das dabei übliche Evangelium gelesen und gemeinsam die Kommunion genommen, um dann zusammenzuziehn und miteinander zu schlafen.
Römische Kirchenrechtler sagten mir, da die andere Vereinigung, jene von Mann und Frau, nur durch die Ehe legitimiert werde, seien diese Schlaumeier auf die Idee verfallen, ihre hiervon abweichende Art würde, wenn durch die Rituale und heiligen Handlungen der Kirche sanktioniert, gleichermaßen legitim. Acht, neun Portugiesen dieser kuriosen Sekte hat man jedoch verbrannt.
Ich sah den pompösen Aufzug der Spanier zum portugiesischen Unterwerfungsakt. Von der Engelsburg schossen die Kanonen eine Salve, worauf der Botschafter von den Trompetern, Trommlern und Bogenschützen des Papstes in den Palast geleitet wurde. Ich unterließ es, mit einzutreten und der Zere-

monie samt Ansprache beizuwohnen. Der Botschafter der Moskowiter stand an einem ausgeschmückten Fenster, um sich den prunkvollen Aufzug anzusehen. Er erklärte, in der Einladung hierzu sei von einer *großen* Veranstaltung die Rede gewesen; doch wenn man in seinem Land zum Beispiel von *großen* Pferdeherden spreche, handle es sich stets um fünfundzwanzig- bis dreißigtausend Tiere — über den ganzen Aufwand hier könne er nur lachen. All dies erfuhr ich aus dem Mund des ihm zugeteilten Dolmetschers.

Als ich am Palmsonntag in eine Kirche zur Vesper ging, erblickte ich ein Kind, das auf einem Stuhl neben dem Altar saß: in ein großes, völlig neues Gewand aus blauem Taft gekleidet, statt Kopfbedeckung nur einen Kranz aus Olivenzweigen tragend. In der Hand hielt es eine brennende weiße Wachskerze. Es war ein auf Befehl des Papstes an ebendiesem Tag aus dem Gefängnis entlaßner etwa fünfzehnjähriger Knabe, der einen andern getötet hatte.

In *San Giovanni in Laterano* gibt es durchsichtigen Marmor.

Am Montag besuchte der Papst die sieben Stationskirchen. Er hatte Stiefel mit nach innen gewendetem Fell an, die auf jedem Fuß ein Kreuz in hellerem Leder trugen. Stets führt er ein spanisches Pferd, einen Zelter, ein Maultier und eine Sänfte mit sich, alle auf dieselbe Weise geschmückt; freilich fehlte diesmal das spanische Pferd. Sein Stallmeister erwartete ihn am Fuß der großen Treppe der Peterskirche mit zwei, drei Paar vergoldeten Sporen in der Hand. Der Papst wies sie jedoch zurück und verlangte statt dessen seine Sänfte, in der an Nägeln zwei fast gleichartige rote Hüte hingen.

An ebendiesem Tag wurden mir abends meine *Essais* zurückgegeben, versehen mit den nach Meinung der Ordensbrüder notwendigen Korrekturen. Der *Maestro del Sacro Palazzo* hatte sich, da er kein Wort Französisch verstand, allein nach dem Bericht eines französischen Ordensbruders ein Urteil darüber bilden können. So stellte ihn denn alles, was ich gegen die Einwände jenes Franzosen zu meiner Entlastung vorbrachte,

derart zufrieden, daß er es schließlich mir selbst überließ, mir ungehörig scheinende Dinge nach bestem Wissen und Gewissen zu überarbeiten.
Ich bat ihn jedoch, in einigen Punkten dem Kritiker durchaus zu folgen. So hätte ich tatsächlich das Wort *fortune* verwendet, ketzerische Dichter namentlich angeführt und Julian entschuldigt, ferner die Auffassung vertreten, daß jeder, der betet, in diesem Augenblick von jedem lästerlichen Wunsch frei sein müsse, daß alles, was über eine einfache Tötung hinausgehe, Grausamkeit sei, daß man einen Knaben zur unbeschränkten Teilnahme am Leben erziehen müsse und dergleichen mehr. Zu alldem bekennte ich mich, denn ich hätte diese Dinge in der Überzeugung geschrieben, daß sie keine Irrtümer seien. Hinsichtlich andrer Dinge bestritt ich jedoch, daß der Kritiker meine Auffassung verstanden habe.
Der *Maestro*, ein gewiefter Mann, wollte mir zu verstehen geben, daß er von den Verbesserungsvorschlägen ohnehin nicht allzuviel halte, und er verteidigte mich daher höchst einfallsreich gegen die Angriffe eines andren Italieners, der ebenfalls zugegen war.
Mein Exemplar der *Geschichte der Schweiz* in französischer Übersetzung hingegen konfiszierten sie allein deswegen, weil es von einem Ketzer übersetzt ist — dabei wird dessen Name nicht einmal genannt. Und den Sebon beschlagnahmten sie, weil das Vorwort, wie sie mir sagten, verurteilt worden sei.
In der oben erwähnten Kirche *San Giovanni in Laterano* saß am selben Tag statt der üblichen Bußpriester, die dieses Amt in den meisten Kirchen versehn, in einer Ecke Monsignore Kardinal San Sisto und gab den Vorüberziehenden mit einem langen Stock, den er in der Hand hielt, einen Schlag auf den Kopf — auch den Damen; bei ihnen zeigte er jedoch ein lächelndes Gesicht, das um so galanter wurde, je vornehmer und schöner die Dame war.
Am Mittwoch der Karwoche machte ich mit dem Herrn de Foix vorm Mittagessen einen Rundgang durch die sieben Sta-

tionskirchen; wir brauchten dafür etwa fünf Stunden. Sowohl in *San Giovanni in Laterano* als auch in der Kirche *Santa Croce in Gerusalemme* sah ich an auffallender Stelle Inschriften, die ausführlich über die Geschichte von Papst Silvester II. berichten. Sie ist von einer Schändlichkeit, wie man sie sich größer nicht vorstellen kann. Ich weiß jedoch nicht, warum manche sich so aufregen, wenn das allgemein bekannte Laster dieses oder jenes Kirchenfürsten offen gebrandmarkt wird.

Durch den Stadtteil am linken Ufer des Tiber habe ich von der *Porta del Popolo* bis zur *Porta San Paolo* schon mehrmals die Runde gemacht; sie ist, wenn man Schritt reitet, in reichlich drei Stunden zu schaffen, allenfalls vier; für den andren Teil der Stadt, der jenseits des Flusses liegt, braucht man höchstens anderthalb.

Zu den Unterhaltungen, die mir Rom in der Fastenzeit bot, gehörten auch die Predigten. Es gab hervorragende Prediger, zum Beispiel jenen konvertierten Rabbiner, der jeden Samstag nachmittags in der *Trinità* zu den Juden sprach: stets sechzig, die hierzu zwangsverpflichtet waren. Er gehörte zu den berühmtesten jüdischen Gelehrten; und so konnte er mit deren eignen Argumenten, mit den Aussagen der andern Rabbiner und mit dem Bibeltext den Glauben der Juden widerlegen. In dieser Kunst und der Kenntnis der hierfür benötigten Sprachen war er bewundernswert.

Ein andrer wiederum predigte dem Papst und den Kardinälen; er hieß *Padre Toledo*, ein an Tiefe des Wissens und rednerischer Begabung außergewöhnlicher Mann; und ein dritter schließlich, sehr populär und ebenfalls von hoher Eloquenz, predigte den Jesuiten, wobei seine Kenntnisse in keiner Weise der Sprachkraft nachstanden. Die letztgenannten beiden Prediger waren selber Jesuiten.

Es ist erstaunlich, welch große Rolle dieser Orden in der Christenheit spielt; ich glaube, daß es noch nie eine Bruder- oder Gemeinschaft unter uns gab, die einen solchen Rang eingenommen hätte und zu einem solchen Einfluß gelangt wäre, wie er den Jesuiten winkt, wenn sie ihre Pläne derart zäh weiterverfolgen: Bald wird ihnen die ganze Christenheit gehören. Der Orden ist eine wahre Pflanzschule für in jederart Größe große Männer — und von all unsren Institutionen die für Ketzer bedrohlichste.

Einer der Prediger sagte übrigens, die Römer hätten ihre Kutschen zu *Sternwarten* gemacht. Ihm ging es dabei um folgendes:

Die beliebteste Tätigkeit der Römer ist es, durch die Straßen zu promenieren, und gewöhnlich entschließt man sich zum Ausgehn allein deswegen, weil man von Straße zu Straße streifen will, ohne sich irgendwo aufzuhalten; und es gibt Straßen, die eigens hierzu vorgesehn sind. Der ganze Gewinn des Unternehmens, um die Wahrheit zu sagen, besteht nun darin, daß man sich dabei die Damen in den Fenstern betrachten kann, namentlich die Kurtisanen: Sie präsentieren sich an ihren Jalousien mit derart trügerischer Kunst, daß ich oft gestaunt habe, wie sie damit unsre Blicke auf sich zu ziehn vermögen; und oft, wenn ich vom Pferde sprang und mir geöffnet wurde, war ich überrascht, wieviel schöner sie sich im Fenster darzubieten wußten, als sie tatsächlich waren.

Jede versteht es, das zu zeigen, was ihr am meisten schmeichelt: entweder nur den oberen Teil des Gesichts, oder den untern oder das Profil; die eine bleibt bedeckt, die andre enthüllt dies und das — im Fenster sieht man folglich keine einzige, die häßlich wäre. Und die Männer tun allesamt nichts andres, als zu den Fenstern hin den Hut zu ziehn und tiefe Verneigungen zu machen, damit sie im Vorübergehn mit einem einladenden Blick belohnt werden. Wenn sie dann für einen Taler oder auch vier mit der Dame eine Nacht geschlafen haben, dürfen sie ihr am nächsten Tag den Hof in aller Öffentlichkeit machen. Gelegentlich erblickt man sogar Damen aus besseren Kreisen. Ihr Gebaren ist jedoch von andrer Art, so daß man sie leicht als solche erkennt.

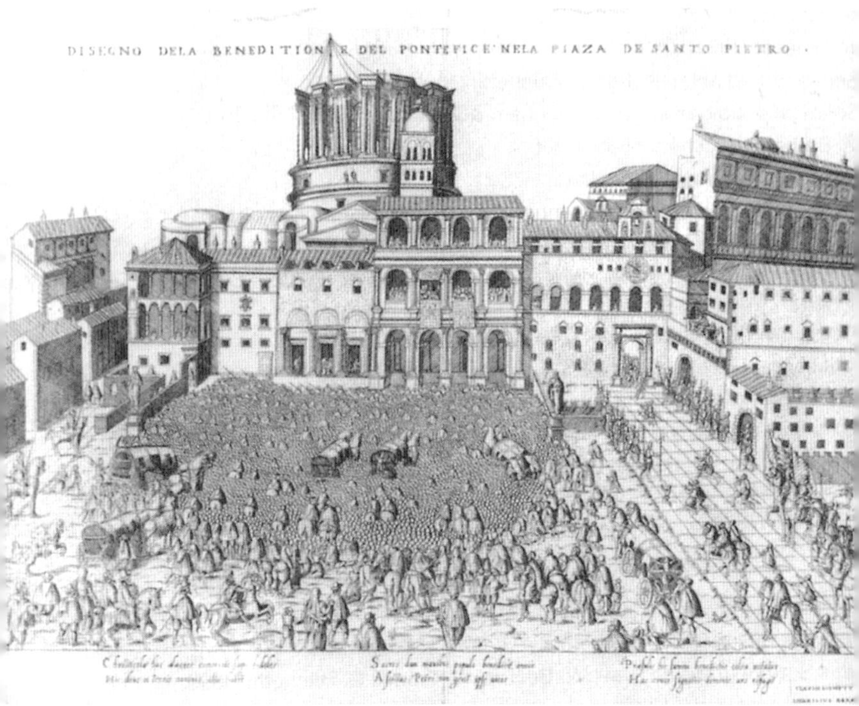

Zu Pferde sieht man natürlich mehr; dieser Möglichkeit bedienen sich aber nur kleine Leute wie ich oder junge Männer, die mit Leihpferden umzugehn wissen. Die Vornehmen hingegen fahren ausschließlich mit der Kutsche; und die lüsternsten unter ihnen lassen nun, um ebenfalls freien Ausblick nach oben zu haben, das Verdeck halb öffnen — und genau hieran dachte der Prediger, als er die römischen Kutschen mit *Sternwarten* verglich.

Am Gründonnerstag trat der Papst im Ornat an den Rand des ersten Säulengangs im zweiten Stock der Peterskirche, umgeben von den Kardinälen, wobei er eine große Kerze in der Hand hielt. Von dort oben las nun ein Kanonikus der Peterskirche laut eine lateinische Bulle vor, die unendlich viele Menschen exkommunizierte, darunter die ausdrücklich so bezeichneten *Hugenotten* sowie alle Fürsten, die der Kirche einen Teil der ihr zustehenden Ländereien vorenthielten. Als der Kanonikus bei diesem Artikel anlangte, brachen die neben dem Papst stehenden Kardinäle de' Medici und Caraffa in schallendes Gelächter aus. Das Verlesen der Bulle dauerte gut anderthalb Stunden, denn jeder Artikel, den der Kanonikus lateinisch vortrug, wurde auf der andern Seite von Kardinal Gonzaga, wie jener entblößten Hauptes, italienisch wiederholt.

Hierauf warf der Papst seine brennende Kerze ins Volk hinunter, und wie zum Spaß oder aus irgendwelchem andren Grund Kardinal Gonzaga eine zweite hinterher — insgesamt hatte man drei angezündet. Um die Kerzen entstand unten nun ein Mordskrawall, denn jeder wollte ein Stück davon an sich reißen. Schließlich schlugen alle mit Fäusten und Stöcken wild aufeinander ein.

Solang der Kanonikus die Exkommunikationen verlas, hing vorm Papst ein großes Tuch aus schwarzem Taft von der Brüstung des Säulengangs herab. Hierauf wurde es hochgezogen, und darunter kam nun ein andres in andrer Farbe zum Vorschein, während der Papst seinen öffentlichen Segen erteilte. In diesen Tagen wird das Schweißtuch der Veronika öffentlich gezeigt. Das Gesicht Christi darauf blickt wie aus einem viereckig gerahmten Spiegel; es wirkt zerschunden und ist von trüber, sehr dunkler Farbe. Man führt das Tuch höchst zeremoniell von einer Tribüne herab vor, die fünf bis sechs Schritt breit ist. Der Priester, der es mit Unterstützung von zwei, drei andern ausbreitet, trägt rote Handschuhe. Es gibt nichts, was je mit größerer Verehrung angeschaut worden wäre: Das Volk sinkt auf die Knie nieder, die meisten haben Tränen in den Augen und stoßen Schreie des Erbarmens aus. Eine Frau, die als besessen galt, begann beim Anblick des Gesichts aufzukreischen und zu toben, wobei sie die Arme vorstreckte und ineinander verdrehte.

Die Priester führen das Tuch dergestalt vor, daß sie es, während sie um die Tribüne herumgehn, bald hier, bald da ausbreiten, und die Schreie erheben sich jedesmal an der Stelle, wo es grade präsentiert wird. Zum selben Ritual gehört es auch, gleichzeitig die in einem Kristallgehäuse aufbewahrte Eisenspitze jener Lanze zu zeigen, die man Christus in die Seite gestoßen hatte.

Die Vorführung findet an diesem Tag mehrmals statt, und das Volk strömt dazu in derart ungeheuren Massen herbei, daß man von der Kirche bis zur weit entfernten Tribüne nur ein schier endloses Gewimmel von Männern und Frauen sieht.

Rom ist fürwahr eine päpstliche Hofhaltung: Die Pracht dieser Stadt, ja ihre eigentliche Größe beruht auf der Zurschaustellung von Frömmigkeit. Es ist beeindruckend, zu dieser Zeit derart ungeheure Menschenmassen von religiöser Inbrunst ergriffen zu sehn. Hundert Bruderschaften nehmen hieran teil, ja noch mehr, und man wird kaum einen Mann von Rang finden, der nicht einer davon angehörte. Die Fremden haben ihre eigenen; so sind unsre Könige Mitglieder einer Bruderschaft, die sich *Gonfalone* nennt. Diese einzelnen Kommunitäten versammeln sich zu bestimmten religiösen Ritualen, hauptsächlich in der Fastenzeit. Am Karfreitag aber ziehn sie mit meist verhülltem Gesicht truppweise durch die Stadt, in Leinwand gekleidet, die je nach Bruderschaft anders gefärbt ist: weiß, rot oder blau, grün oder schwarz.

Der erhebendste und großartigste Anblick aber, den ich hier oder anderswo jemals erlebt habe, war die unglaubliche Zahl von Menschen, die sich an diesem Tag überall in der Stadt den Bekundungen ihrer Frömmigkeit hingaben, namentlich ebenjene Bruderschaften. Schon tagsüber hatten wir viele davon zur Peterskirche strömen sehn; doch als die anderen nach Einbruch der Dunkelheit wohlgeordnet zu ihr hinmarschierten, jeder in der Hand eine große Kerze, die fast alle aus weißem Wachs waren — da schien die ganze Stadt in Feuer aufzulodern. Ich glaube, daß vor mir mindestens zwölftausend Kerzen vorbeizogen, denn von acht Uhr abends bis Mitternacht füllte der Zug die Straße. Dabei bewegte er sich so diszipliniert und in so genau bemeßnen Abständen voran, daß es, obwohl die verschiedensten Trupps aus den verschiedensten Richtungen

zusammengekommen waren, niemals eine Lücke oder Unterbrechung gab.
Zu jeder Bruderschaft gehörte ein großer Chor, der im Marschieren pausenlos sang; inmitten der Reihen aber zogen mindestens fünfhundert Büßer einher, die sich mit Stricken geißelten, so daß von ihrem Rücken die Haut in blutigen Fetzen herabhing — zum Erbarmen!
Es ist ein Rätsel, das ich mir noch immer nicht recht zu erklären vermag: Sie sind alle blutig geschlagen und grausam verletzt; durch ihre Haltung jedoch, ihren sicheren Schritt, ihre feste Stimme (denn ich habe viele miteinander sprechen hören) und ihr ruhiges Gesicht (denn die meisten gingen unmaskiert) erwecken sie den Eindruck, als sei das, was sie sich da antun, weder ernster Natur noch schmerzhaft — und dabei waren Knaben von zwölf, dreizehn Jahren unter ihnen!
Dicht vor mir zog ein ganz junger Mann mit sympathischem Gesicht vorüber; bei seinem Anblick begann eine junge Frau über seine Wunden zu jammern. Da wandte er sich uns zu und richtete lachend diese Worte an sie: »Hör auf zu weinen, denn ich tu's für deine Sünden, nicht für meine!« Nicht nur scheinen die Büßer bei ihren Kasteiungen also keineswegs zerknirscht zu sein oder das Gefühl zu haben, sie täten sich Gewalt an, sondern sie geben sich ihnen sogar ausgesprochen heiter oder zumindest mit derartiger Gelassenheit hin, daß sie sich dabei über ganz andre Dinge unterhalten und lachen oder auch plötzlich unbekümmert zu schreien, zu laufen und hin und her zu springen beginnen, wenn die Reihen einmal durcheinandergeraten, wie es beim Aufzug solcher Volksmassen ja vorkommt.
Zwischen ihnen marschieren Männer, die Wein bei sich haben und den Büßern zum Trinken anbieten, und etliche nehmen hiervon einen Schluck. Zudem gibt man ihnen Süßigkeiten. Gewöhnlich wird der Wein jedoch anders verwendet: Jene, die ihn mit sich führn, nehmen etwas davon in den Mund und spritzen es dann auf die Enden der Geißelstricke, die durch

das gerinnende Blut immer wieder zusammenkleben und sich nur entwirrn lassen, wenn man sie auf solche Weise befeuchtet. Manchen Büßern spritzen sie den Wein auch auf die Wunden.

Sieht man sich die Schuhe und Hosen dieser Büßer an, wird einem sofort klar, daß sie von niedrigstem Stande sind und sich für diesen Dienst verkaufen, zumindest die meisten. Mir wurde zwar gesagt, man reibe ihnen den Rücken mit irgendeiner Salbe ein. Nachdem ich aber mit eigenen Augen gesehn habe, wie tief diese Wunden sind und wie lang diese Quälerei währt, weiß ich, daß es keine Arznei geben kann, welche die hierdurch entstehenden Schmerzen abzuwehren vermag. Und dann: Warum sollten jene, die diese Ärmsten dingen, dies tun, wenn es sich nur um einen Firlefanz handelte?

Bei diesem Umzug ist noch manch andres bemerkenswert. Als die Büßer zum Beispiel an der Peterskirche ankamen, wurde ihnen zum Empfang lediglich *il Viso Santo* gezeigt, worauf sie zurücktraten und für die nächsten Platz machten.

Die Damen sind an diesem Tage völlig frei: Die ganze Nacht über wimmeln die Straßen von ihnen, und fast alle gehn zu Fuß. Dabei scheint die Stadt wahrhaftig auf einmal sittsam geworden zu sein, vor allem im Vergleich zu ihrer sonstigen Zügellosigkeit. Alles Liebäugeln miteinander und verliebte Gebaren hört auf.

Das schönste Grabmal ist wegen seiner Beleuchtung das der *Santa Rotonda*: Ohne Unterlaß wird es von zahlreichen Lampen umkreist, die sich dabei auf und ab bewegen.

Am Tag vor Ostern besichtigte ich in *San Giovanni in Laterano* die Häupter der Heiligen Petrus und Paulus, die dort zur Schau gestellt werden. Haar, Teint und Bart wirken so, als ob sie noch lebten: Sankt Petrus hat ein weißes und etwas längliches Gesicht, der Teint ist purpur- bis blutrot, der geteilte Bart grau; auf dem Kopf trägt er eine Papstmitra. Der Teint des Sankt Paulus wiederum ist dunkel; er hat ein breites und volleres Gesicht mit dichtem und ebenfalls grauem Bart, wobei der ganze Schädel gedrungener wirkt.

Sie werden an einer eigens dafür bestimmten erhöhten Stelle gezeigt. Ihre Vorführung findet wie folgt statt: Man ruft das Volk zusammen, indem man die Glocken läutet; dann wird ein Vorhang nach unten weggezogen, hinter dem sich die Köpfe nebeneinander befinden. Nun läßt man sie für die Dauer eines *Ave Maria* sehen und zieht den Vorhang schnell wieder hoch, und nach einer Weile sinkt er erneut nieder — und das bis zu dreimal. Diese Vorführung erfolgt vier- oder fünfmal täglich.

Die Stelle befindet sich etwa eine Lanzenhöhe über dem Boden. Davor sind dicke Eisengitter angebracht, durch die man hindurchblicken muß; und obwohl außen herum zahlreiche Wachskerzen brennen, ist es schwierig, alle Einzelheiten deutlich zu erkennen. Ich habe mir die Vorführung zwei- bis dreimal angesehn; hierbei fiel mir schließlich auf, daß Glanz und Glätte dieser Gesichter der unsrer Masken glich.

Als mich am Mittwoch nach Ostern Herr Maldonat, der gerade in Rom weilte, nach meiner Meinung über die Sitten dieser Stadt fragte, zumal der religiösen, fand er, daß sein Urteil völlig mit dem meinen übereinstimmte: daß nämlich das gemeine Volk in Frankreich unvergleichlich frömmer sei als hier, wenn auch die Reichen — und namentlich die Herren am Hof — etwas weniger. So erzählte er mir, er pflege der Behauptung namentlich der Spanier (von denen es in seinem Orden viele gebe), daß ganz Frankreich an die Ketzerei verloren sei, jedesmal mit dem Hinweis entgegenzutreten, daß sich allein in der Stadt Paris mehr wahrhaft gläubige Menschen fänden als in ganz Spanien zusammen.

Die Schiffe auf dem Tiber werden durch drei bis vier Paar Büffel bergauf gezogen.

Ich weiß nicht, wie anderen die römische Luft bekommt — ich jedenfalls fand sie sehr angenehm und gesund. Der Herr de Vialard sagte mir, hier sei er seine sonst so häufige Migräne losgeworden: eine Bestätigung der Volksmeinung, nach der Rom als sehr schlecht für die Füße gilt, doch gut für den Kopf.

Nichts schadet meiner Gesundheit mehr als Langeweile und Müßiggang. In Rom aber fand ich stets irgendeine Beschäftigung, und war sie einmal nicht so reizvoll, wie ich sie mir gewünscht hätte, so schaffte sie es zumindest, mir hinreichend Kurzweil zu bieten. Ich besuchte zum Beispiel die Altertümer oder die *vigne,* die wahre Lustgärten von außergewöhnlicher Schönheit sind. Dort habe ich auch sehen gelernt, was die Kunst aus einem unebnen, hügeligen und bergigen Gelände alles hervorzuzaubern vermag: Indem die Römer sich ebendie-

ses ständige Auf und Ab mit größtem Geschick zunutze machen, gewinnen sie ihm Reize ab, die sich mit unsren flachen Anlagen nie erreichen ließen.
Zu den schönsten der Gärten gehören die der Kardinäle d'Este (auf dem *Monte Cavallo*), Farnese (auf dem *Palatino*), Orsino, Sforza und Medici; ferner der des Papstes Julius und die der Madama, der Farnese und des Kardinals Riario (in *Trastevere*), zudem jener der Cesio (außerhalb der *Porta del Popolo*). All diese Schönheiten stehen wem auch immer, der sie genießen will, zu was auch immer offen, und sei es, um dort *in Begleitung* zu schlafen, wenn die hohen Herren nicht da sind — pflegen sie sich doch um ihre Anwesen wenig zu kümmern.
Oder ich hörte mir Predigten an, die hier zu jeder Zeit gehalten werden, oder theologische Disputationen — oder zuweilen auch nur das, was mir irgendeine der öffentlichen Damen zu erzählen wußte, wobei ich es recht mißlich fand, daß sie eine simple Unterhaltung (denn nur die suchte ich, um sie plaudern zu hören und auf diese Weise etwas von ihren raffinierten Praktiken zu erfahren) genauso teuer verkaufen und genauso knausrig damit umgehn wie mit dem ganzen Geschäft.
All diese Unterhaltungen beschäftigten mich, wie gesagt, hinreichend, so daß es weder zu Kummer noch zu Melancholie, die für mich der Tod ist, den geringsten Anlaß gab, weder drinnen noch draußen. Rom ist also ein wirklich angenehmer Aufenthaltsort; hieraus kann ich freilich schließen, wieviel mehr noch die Stadt mir gefallen hätte, wären mir auch die inneren Kreise zugänglich gewesen; denn sosehr ich mich auf allen möglichen Wegen hierum bemühte, habe ich in Wahrheit doch nur ihr öffentliches Gesicht zu sehn bekommen, wie es sich dem kleinsten Fremden darbietet.
Am letzten Tag des März hatte ich einen Kolikanfall, der die ganze Nacht über anhielt; er war einigermaßen erträglich, obwohl er mir mit seinen bohrenden Schmerzen den Bauch aufwühlte und dem Urin eine ungewohnte ätzende Schärfe gab. Ich sonderte groben Sand und zwei Steine ab.

Am Sonntag *Quasimodogeniti* sah ich mir die Zeremonie der Almosenausteilung an junge Mädchen an: Zusätzlich zum üblichen prunkvollen Aufzug des Papstes wurden ihm diesmal fünfundzwanzig reich geschmückte Pferde mit Schabracken aus goldnem Stoff vorangeführt, außerdem zehn bis zwölf Maultiere mit Schabracken von karmesinrotem Samt — all das angeleitet von des Papstes livrierten Lakaien. Seine Sänfte, ebenfalls mit karmesinrotem Samt ausgeschlagen, war leer, denn er saß auf seinem Maultier. Vor ihm kamen vier Männer zu Pferde, die (an der Spitze von wiederum mit rotem Samt umkleideten und an beiden Enden vergoldeten Stäben) vier rote Hüte trugen. Die dem Papst folgenden Kardinäle ritten im Schmuck ihrer Pontifikalgewänder ebenfalls auf Maultieren, an deren Kopfzaum die Schleppen der Gewänder mit einer Nadel befestigt waren.

Die Zahl der Mädchen betrug einhundertundsieben, jedes von einer alten Verwandten begleitet. Nach der Messe verließen sie die Kirche *Santa Maria sopra Minerva* und bildeten eine lange Prozession. Zurückgekehrt, traten sie eins nach dem andern in den für die Zeremonie vorgesehnen Chor der Kirche vor und küßten dem Papst den Fuß. Hierauf erteilte er ihnen den Segen und überreichte jedem Mädchen eigenhändig eine Börse aus weißem Damast. Mit dem darin liegenden Schuldschein können sie, sobald sie einen Mann gefunden haben, ihr Almosen in Anspruch nehmen, das fünfunddreißig Taler beträgt; dazu erhält jede an diesem Tag ein weißes Kleid im Wert von fünf Talern. Während des Rituals ist ihr Gesicht mit einem Tuch bedeckt, in dem sich nur für die Augen eine Öffnung befindet.

Wann immer man auf die Vorzüge Roms zu sprechen kam, pflegte ich zu sagen, es sei die weltbürgerlichste Stadt schlechthin, wo man sich am wenigsten darum kümmert, ob einer fremd ist oder aus welch andrem Land er kommt. Es entsprach ihrer Natur, daß sie sich aus Fremden zusammenfügte: Jeder fühlt sich hier wie zu Hause. Ihr Herrscher umfaßt die ganze Christenheit als oberste Autorität. Seine höchstrichterliche Rechtsprechung gilt wie hier so für die Fremden am heimischen Herd. Bei seiner eignen Wahl und der aller Fürsten und Großen seines Hofs fällt die Frage der Abstammung überhaupt nicht ins Gewicht.

Auch Venedig wird zwar wegen seiner freiheitlichen Verwaltung und der günstigen Geschäftsbedingungen von Fremden bevölkert — aber sie sind nur wie zu Besuch. Hier in Rom hingegen haben sie ihre eigenen Ämter, Güter und Aufgaben, denn es ist der Sitz der Kleriker. Sieht man also in Venedig ebenso viele oder noch mehr Fremde (denn der Zulauf von Fremden nach Frankreich oder Deutschland oder sonstwohin kann als Vergleich überhaupt nicht herangezogen werden), so doch an solchen, die sich niederlassen und ortsansässig werden, viel weniger. Daher regt sich das gemeine Volk hier denn auch über unsre Art der Kleidung — oder die spanische oder die deutsche — keineswegs heftiger auf als über die eigne, und kaum trifft man je auf einen Bettler, der uns nicht in unserer Sprache um ein Almosen bäte.

Aus diesem Grund verwandte ich all meine naturgegebnen fünf Sinne darauf, den Titel eines römischen Bürgers zu erwerben, und sei es nur um der Ehre und des Ansehns willen, die er seit der Antike genießt und die mich zu ihm aufschaun lassen. Ich stieß bei meinen Bemühungen um ihn zwar auf Schwierigkeiten, die ich jedoch zu überwinden vermochte, ohne irgend jemandes Gunst zu erbitten, geschweige den Rat eines Franzosen. Die ausschlaggebende Stimme des Papstes wurde vielmehr von Filippo Musotti, seinem *Maggiordomo,* gewonnen, der mir seine besondere Freundschaft angedeihen hat lassen und sich daher mit aller Kraft um die Sache bemühte. Die Urkunde über das Bürgerrecht wurde schließlich am dritten Tag der Iden des März 1581 für mich ausgestellt und mir am fünfzehnten April übergeben. Sie hatte dieselbe Form und enthielt dieselben schmeichelhaften Worte wie die des Herrn Jacopo Boncompagno, Herzog von Sora und des Papstes Sohn.

Gewiß, es ist ein bloßer Titel — trotzdem hat es mich sehr gefreut, ihn zu erhalten.

Am dritten April brach ich in aller Frühe auf, um Rom durch die *Porta San Lorenzo*, die *Tiburtina*, zu verlassen. Der ziemlich ebene Weg führte durch eine Gegend, die vorwiegend reich an Getreidefeldern, aber wie die ganze Umgebung Roms wenig bewohnt war. Ich überquerte zweimal den *Teverone* (in der Antike *Anio*): erst über die Brücke *Ponte Mammolo*, dann über die Brücke *Ponte Lucano*, die ihren alten Namen behalten hat. Sie trägt noch einige alte Inschriften, von denen die wichtigste sehr gut leserlich ist. An diesem Weg, der einstigen *Via Tiburtina*, liegen zudem zwei, drei römische Grabmäler; weitere Spuren aus dem Altertum finden sich hier aber nicht. Auch von der ehedem großzügigen Pflasterung sind nur ganz wenig Reste erhalten. Zum Mittagessen erreichte ich Tivoli, fünfzehn Meilen: das alte *Tibur*. Eng an den Fuß der Berge geschmiegt, erstreckt sich die Stadt über deren ziemlich steilen untersten Hang hin, was ihre Lage besonders schön macht und die vielfältigsten Ausblicke eröffnet — beherrscht sie doch eine nach allen Seiten grenzenlose Ebene samt dem so großen Rom! Sie ist dem Meer zugewandt, und im Rücken lehnt sie sich an die Berge. Jener *Teverone*, der sie hier umspült, bildet nahebei einen prächtigen Wasserfall: Von den Bergen herabstürzend, verbirgt er sich plötzlich in einem fünf- bis sechshundert Schritt langen Felsspalt, bevor er seinen Lauf in die Ebene fortsetzt und dort die spielerischsten Windungen und Wendungen vollführt. Schließlich ergießt er sich etwas oberhalb der Stadt in den Tiber.

In Tivoli kann man Palast und Garten des Kardinals von Ferrara besichtigen, die *Villa d'Este*. Diese berühmte Anlage ist großartig, aber an vielen Stellen unvollendet, und der jetzige Kardinal setzt sie nicht fort. Ich habe mir alles genauestens angesehn, und gern würde ich es ausführlicher zu schildern versuchen, aber es gibt darüber schon Veröffentlichungen: Bücher und Bilder.

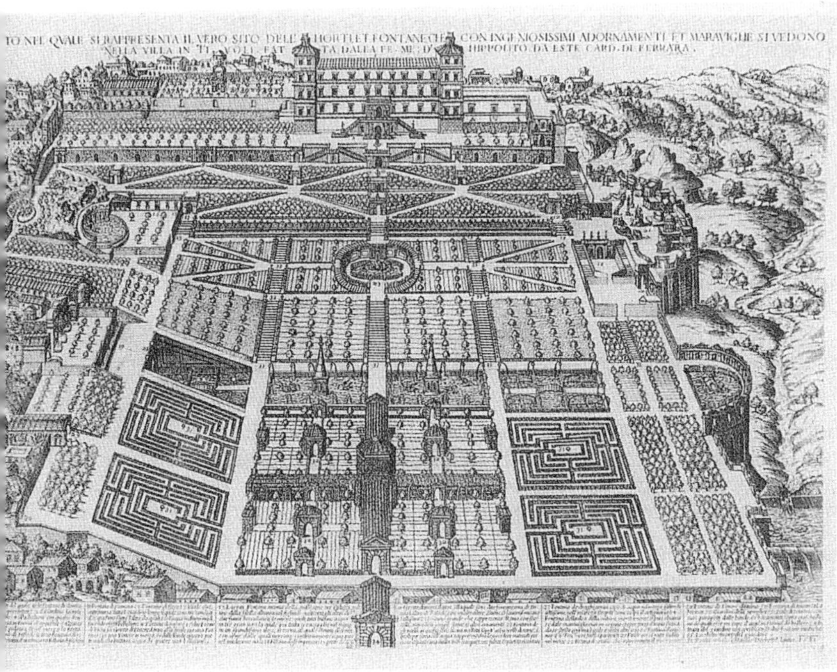

Das Hochschießen einer Unmenge feiner Wasserstrahlen, deren Auf und Ab von einem einzigen weit entfernten Ventil gesteuert wird, hatte ich auf meiner Reise bereits anderswo gesehn, in Florenz und Augsburg, wie es oben beschrieben ist. Die Musik der Wasserorgel zum Beispiel — wirkliche Musik einer wirklichen Orgel, die freilich stets dieselbe Melodie spielt — kommt durch das Wasser zustande, das mit großer Wucht in einen gewölbten Hohlraum fällt und die darin befindliche Luft in Bewegung setzt, die auf diese Weise gezwungen wird, durch die Orgelpfeifen zu entweichen: So liefert sie ihnen den benötigten Wind. Ein zweiter Wasserzulauf treibt ein Rad an, dessen Zähne nach einer bestimmten Anordnung die Registratur der Orgel betätigen — man hört sogar nachgeahmten Trompetenklang.

An andrer Stelle erklingt der Gesang von Vögeln. Er kommt aus kleinen Bronzeflöten, die Teil der Registratur sind. Ihr Klang gleicht dem der kleinen mit Wasser gefüllten Tonbehälter, durch deren Schnabel die Kinder hineinblasen, und wird auf ähnlich kunstreiche Weise erzeugt wie bei den Orgelpfeifen.

Dann lassen andre Ventile eine Eule hoch auf dem Felsen die Flügel schlagen, wodurch die Musik plötzlich abbricht, weil die Vögel vor ihr erschrecken; hernach aber zwitschern sie wieder los — und derart geht das abwechselnd hin und her, sooft man will.

Dann glaubt man das Dröhnen von Kanonenschüssen zu vernehmen, dann Arkebusenknalle, kürzer und spitz. Sie entstehen dadurch, daß ein plötzlicher Wasserschwall die Luft gewaltsam aus den Röhren preßt. Dergleichen Erfindungen, die alle auf denselben Naturgesetzen beruhen, habe ich, wie gesagt, schon anderswo gesehn.

Auch finden sich hier große Fischbecken mit steinernen Umrandungen, auf denen im Abstand von etwa vier Schritt zahlreiche hohe Quaderpfeiler stehn. Aus deren oberem Ende schießt Wasser hervor, aber nicht nach oben, sondern Richtung Becken, wobei die Mündungen der Röhren, da einander gegenüber angeordnet und einwärts gedreht, die Wasserstrahlen so hinabschleudern, daß sie in der Luft zusammenstoßen und durcheinanderwirbeln. Folglich prasselt auf das Becken ständig ein dichter Regen nieder. Wenn nun die Sonne darüber scheint, ruft sie am Grund des Beckens wie darüber und ringsherum einen Regenbogen hervor, der an Natürlichkeit und Leuchtkraft dem gewöhnlich am Himmel sich zeigenden in nichts nachsteht. Dergleichen habe ich noch nirgends gesehn.

Unter dem Palast gibt es große Hohlräume, die künstlich angelegt sind und aus deren Öffnungen ein ständiger Luftzug das ganze Erdgeschoß vollständig kühlt. Dieser Teil der Anlage ist jedoch noch nicht fertiggestellt.

Auch sah ich hier viele hervorragende Statuen, namentlich eine *schlafende* und eine *tote Nymphe* sowie eine *himmlische Pallas*. In Rom hatten mir am meisten gefallen: der *Adonis* beim Bischof von Aquino, die *bronzene Wölfin*, der *Dornaus-*

zieher und die *Komödie* auf dem Kapitol, der *Laokoon* und der *Antinoos* im Belvedere, der *Satyr* in der *Vigna* des Kardinals Sforza — sowie von den zeitgenössischen Werken der *Moses* vom Grabmal in *San Pietro in Vincola* und die schöne *Frauengestalt* zu Füßen von Papst Paul III. in der neuen Peterskirche.

Pratolino wurde eigens angelegt, um der *Villa d'Este* den Rang streitig zu machen, und an Reichtum und Schönheit der Grotten übertrifft es sie auch bei weitem; an Wasserreichtum aber geht die *Villa d'Este* voran. Was die Vielfalt der dem Wasser abgewonnenen unterhaltsamen Bewegungen und Spiele betrifft, ziehen sie gleich, wobei *Pratolino* in der Aufteilung und Gliederung der ganzen Anlage etwas graziöser ist. Hinsichtlich der Statuen gebührt der *Villa d'Este* der Vorrang, hinsichtlich des Palastes *Pratolino.*

An Lage und an Schönheit des Panoramas jedoch, ich würde sogar sagen: an allgemeiner Begünstigung durch die Natur ist die *Villa d'Este* unübertrefflich; sie leidet freilich unter dem schwerwiegenden Nachteil, daß sie alles Wasser aus dem *Teverone* beziehen muß (mit Ausnahme des Springbrunnens im ganz oben liegenden kleinen Garten und jenes anderen, den man in einem Saal des Palastes sehen kann); von ihm hat der Kardinal daher einen Teil abzweigen und für seine Zwecke eigens kanalisieren lassen. Wäre das Wasser wenigstens nicht so trüb und schmutzig, sondern klar und trinkbar, hätte diese Villa nirgends ihresgleichen; das gilt namentlich für die große Fontäne: mit ihren Nebenanlagen eines der schönsten von Menschenhand geschaffnen Werke — schöner noch als alles, was man in diesem Garten oder sonstwo zu Gesicht bekommt.

In *Pratolino* hingegen hat man Quellwasser, das aber von weither bezogen wird.

Da der *Teverone* aus Bergen kommt, die wesentlich höher liegen, führt er so viel Wasser, daß die Anwohner sich hiervon beliebige Mengen ableiten können; und weil das viele Privatpersonen tun, verliert der Kanal des Kardinals seine Besonderheit.

Am Tag darauf verließ ich Tivoli wieder und kam an jener großen Ruine rechts von unserm Rückweg vorbei, die eine Villa von sechs Meilen Umfang gewesen sein soll: das *Praedium* des Kaisers Hadrian.

Den Weg von Tivoli nach Rom durchschneidet ein Bach, der schwefelhaltiges Wasser führt. Seine Uferwände sind vom Schwefel völlig gebleicht, und der Geruch, den er ausströmt, ist mehr als eine halbe Meile weit wahrnehmbar; für medizinische Zwecke wird er nicht genutzt. In diesem Bach schwimmen vom Wasserschaum gebildete Kügelchen, die unserem Konfekt derart gleichen, daß es kaum jemanden gibt, der sich nicht täuschen ließe. Die Einwohner Tivolis stellen aus dem Material alle möglichen Dinge her, zum Beispiel Dosen, von denen auch ich mir zwei zu sieben Sous und sechs Heller kaufte.

Die Stadt Tivoli hat einige Altertümer aufzuweisen, zum Beispiel zwei Thermen in der Gestalt jener Zeit sowie die Überreste eines Tempels, von dem viele Säulen gänzlich erhalten sind. Die Einwohner sagen, es sei der Tempel ihrer antiken Sibylle. Jedenfalls sieht man auf dem Gesims dieser Kirche noch fünf, sechs große Lettern, denen keine weiteren folgten, wie der sich anschließende Mauerteil zeigt, der vollständig erhalten blieb.

Ob davor welche standen, weiß ich nicht, denn dieser Teil ist zerstört. Soweit man erkennen kann, steht da nur: CE...ELLIUS L. F. Ich habe keine Ahnung, was dies besagt.

Am Abend erreichten wir Rom, fünfzehn Meilen, und obwohl ich die ganze Strecke in der Kutsche zurücklegte, verursachte mir das im Gegensatz zu sonst keinerlei Beschwerden.

Hier achten die Einwohner wesentlich mehr als anderswo darauf, welche Straßen und Stadtviertel, ja Räume ihrer Häuser der Gesundheit abträglich sind und welche nicht, und sie nehmen das derart wichtig, daß sie gemäß dem Rat ihrer Ärzte je nach Jahreszeit die Wohnung wechseln; selbst von denen, die zur Miete wohnen, leisten sich manche zu diesem Zweck zwei, drei äußerst teure Paläste.

Am fünfzehnten April verabschiedete ich mich vom *Maestro del Sacro Palazzo* und seinem italienischen Kollegen. Sie baten mich, die Zensur meines Buchs nicht weiter zu beachten, obwohl darin, wie andre Franzosen ihnen mitgeteilt hätten, einige Dummheiten stünden; sie versicherten mir, daß sie meine von Wohlwollen und Zuneigung bestimmte Haltung zur Kirche ebenso wie mein schriftstellerisches Können zu ehren wüßten, und meine Offenheit und Gewissenstreue hielten sie in so hoher Achtung, daß sie es mir selbst überließen, bei einer Neuauflage meines Buches das, was ich allzu freimütig fände, herauszunehmen — unter anderm das wiederholt vorkommende Wort *fortune*.

Ich hatte den Eindruck, daß sie mit mir sehr zufrieden waren; und als Entschuldigung dafür, mein Buch so übergenau durchgesehn und in einigen Dingen verurteilt zu haben, wiesen sie mich auf etliche zeitgenössische Bücher von hochangesehnen Kardinälen und Ordensgeistlichen hin, die wegen ähnlicher Unvollkommenheiten zensiert worden seien, ohne daß dies dem allgemeinen Ruf des Autors oder seines Werks abträglich gewesen wäre. Schließlich baten sie mich, der Kirche meine Eloquenz zugute kommen zu lassen (derart höflich formulierten sie ihre Worte) und mich in dieser so friedlichen Stadt niederzulassen, deren Verhältnis zu ihnen völlig ungetrübt sei.

Männer von großer Autorität — und *kardinabel!*

Schon Mitte März aßen wir Artischocken, Puffbohnen und Erbsen. Im April tagt es nach hiesiger Zeitrechnung um zehn Uhr, und ich glaube, an den längsten Tagen um neun.

Zu dieser Zeit machte ich auch die Bekanntschaft eines Polen, der intimster Freund des Kardinals Hosius war. Er schenkte mir zwei Exemplare des kleinen Werkes, das er über dessen Tod geschrieben hat, und brachte darin eigenhändig Verbesserungen an.

Die Milde des Klimas hatte während meines Aufenthalts noch um mehr als die Hälfte zugenommen: Nie bin ich in den Genuß einer Luft gekommen, die für mich wohltemperierter gewesen wäre und angenehmer für mein Naturell.

Am achtzehnten April sah ich mir das Innere des Palastes von Signor Gian Giorgio Cesarini an, der eine Unmenge seltener Antiquitäten beherbergt, namentlich die Köpfe von Zenon, Poseidonios, Euripides und Karneades — alle echt, wie die sehr alten griechischen Inschriften beweisen. Ferner befinden sich dort die Porträts von Roms schönsten lebenden Damen, darunter der Signora Clelia-Fascia Farnese, der Gemahlin des Besitzers und wenn nicht anziehendsten, so doch unvergleichlich liebenswertesten Frau, die es damals in Rom gab — oder meines Wissens irgendwo sonst.

Cesarini behauptet, von Caesar abzustammen, und ihm steht tatsächlich das Recht zu, das Banner des römischen Adels zu tragen. Er ist reich und führt in seinem Wappen die Säule mit dem daran gebundnen Bären, drüber ein Adler mit gebreiteten Flügeln.

Die *vigne* und Gärten sind wahrlich eine große Zierde Roms, ganz besonders im Sommer.

8. Von Rom bis Loreto

Am Mittwoch, den neunzehnten April verließ ich Rom nach dem Essen. Bis zur Brücke *Ponte Molle* gaben uns die Herren de Noirmoutier, de la Trémouille, du Bellay und andre Edelleute das Geleit.

Hinter der Brücke wandten wir uns nach rechts und ließen so die große Straße nach Viterbo (auf der wir nach Rom gekommen waren) links liegen, rechts den Tiber und die Berge. Wir folgten einem baumlosen und holprigen Weg durch eine wenig fruchtbare und völlig unbewohnte Gegend. Schließlich passierten wir die *Prima porta* genannte Stelle — das erste Tor sieben Meilen vor Rom. Manche behaupten, in der Antike seien die Mauern Roms bis hierher gegangen, was ich völlig unwahrscheinlich finde. Längs des Weges, der alten *Via Flaminia*, sieht man etliche seltene Altertümer, über die nichts Näheres bekannt ist. Zur Übernachtung kamen wir nach **Castelnuovo**, sechzehn Meilen: ein kleines *Castello* der Familie Colonna, das zwischen kleine Hügel eingebettet liegt. Seine Lage erinnerte mich lebhaft an die fruchtbaren Ausläufer unsrer Pyrenäen, wie man sie von

der Straße nach Eaux-Chaudes aus zu Gesicht bekommt. Anderntags, den zwanzigsten April setzten wir unsre Reise durch die gleichermaßen bergige, dabei anmutige, fruchtbare und weithin bewohnte Gegend fort. In einer Talmulde längs des Tibers gelangten wir so nach Borghetto: wiederum ein kleines *Castello*, diesmal im Besitz des Herzogs Ottavio Farnese.
Von dort reisten wir nach dem Mittagessen weiter, und nachdem wir einem sehr idyllisch von Hügeln umschloßnen Tal gefolgt waren, überquerten wir den Tiber bei *Orte*, wo noch große Steinpfeiler zu sehen sind: Überreste der Brücke, die Augustus hier errichten ließ, um eine Verbindung zwischen dem Land der Sabiner (zu dem hin wir den Tiber überquert hatten) und dem der Falisker herzustellen, das auf der andern Seite liegt.
Hernach gelangten wir nach Otricoli: kleines, dem Kardinal von Perugia gehörendes Städtchen. Vor dem Ort sieht man in schöner Lage große und bedeutende Ruinen. Die Berglandschaft ist hier von unbeschreiblichem Liebreiz und bietet den Anblick eines rundum bosselierten Gefildes, das zugleich höchst frucht- und volkreich ist. Unterwegs trifft man auch auf eine Inschrift, worin der Papst kundtut, er sei es, der diese Straße habe planen und erbauen lassen; daher benenne er sie nach seinem Namen *Via Boncompagna*. Dieser in Italien wie in Deutschland anzutreffende Brauch, sich als Urheber von dergleichen Werken zu verewigen, kann gut als Ansporn dienen: Manchen, dem das öffentliche Wohl an sich gleichgültig ist, wird die so eröffnete Aussicht auf Ruhm vielleicht bewegen, etwas allgemein Nützliches zu tun. Ursprünglich war diese Straße in der Tat zum größten Teil beschwerlich, während sie jetzt selbst für Kutschen befahrbar ist — bis nach Loreto!
Zur Übernachtung erreichten wir Narni, lateinisch *Narnia*, zehn Meilen: kleine Stadt, die dem Kirchenstaat gehört. Sie liegt auf dem Gipfel eines Felsens, an dessen Fuß die *Nera* fließt, lateinisch *Nar*; nach einer Seite blickt die Stadt auf eine höchst anmutige Ebene, wo dieser Fluß, mit sich selber spielend, die wunderlichsten Mäander bildet.

Auf dem Marktplatz steht ein sehr schöner Springbrunnen. Ich besichtigte den Dom, und dort fiel mir auf, daß den Gobelins, die ihn zieren, Sätze und Gedichte in unserem Altfranzösisch eingewirkt sind. Ich konnte über deren Herkunft nichts in Erfahrung bringen, wohl aber hörte ich von den Leuten, daß sie seit je eine große Vorliebe für uns gehabt hätten. Diese Gobelins stellen die Passion dar, und sie nehmen eine ganze Seite des Kirchenschiffs ein.

Da Plinius berichtet, es gebe an diesem Ort eine bestimmte Erde, die bei Hitze feucht werde und bei Regen trockne, habe ich mich hierüber bei den Einwohnern erkundigt; doch ihnen war nichts dergleichen bekannt. Wohl haben sie etwa eine Meile weiter weg kalte Quellen, die ebenso heilsam sind wie unsre warmen, und die Kranken machen davon auch Gebrauch — doch ihr Ruf ist nicht gerade groß.

Die Unterkunft war für italienische Verhältnisse gut, obwohl wir keine Kerzen bekamen, sondern für alle Zimmer nur Öllampen.

Am einundzwanzigsten setzten wir frühmorgens unsre Reise mit dem Abstieg in ein sehr hübsches Tal fort, in dem die obenerwähnte Nera fließt. Diese überquerten wir auf einer Brücke vor den Toren von Terni. Als wir in die Stadt einritten, sahen wir auf dem Marktplatz eine sehr alte Säule, die noch völlig aufrecht steht. Ich konnte keinerlei Inschrift entdecken; unter der daneben befindlichen Statue eines aufgerichteten Löwen ist jedoch in altertümlichen Buchstaben eine Widmung an Neptun zu erkennen, zugleich mit dem in Marmor gemeißelten Meeresgott selbst — samt all seinen Attributen.

Auf demselben Platz erblickt man an erhöhter Stelle eine Inschrift, in der es heißt, einem *A. Pompeius A. F.* sei von den Einwohnern der Stadt (die sie *Interamna* nennen, weil die Nera und ein andrer Fluß sie von zwei Seiten einschnüren) diese Statue für die Verdienste errichtet worden, die er sich ihnen gegenüber erworben habe. Die Statue ist zwar nicht mehr vorhanden, doch daß sie sehr alt gewesen sein muß, schloß ich aus der altertümlichen Schreibweise von *periculeis* und ähnlichen Wörtern mit Diphtong.

Terni ist eine hübsche kleine Stadt in ungemein freundlicher Lage. Hinter ihr erstreckt sich jene weite und fruchtbare Talsohle, aus der wir kamen; darüber dehnen sich Hänge, die aufs reichste kultiviert und besiedelt sind. Vor allem bewirkt die Fülle von Olivenbäumen, daß man sich keinen schöneren Anblick denken kann — wechseln die Hügel doch außerdem ständig mit recht hohen Bergen, die bis zum Kamm hinauf ebenfalls bestellt werden und vielfältigste Frucht tragen!

Seit vierundzwanzig Stunden hielt mich wieder ein starker Kolikanfall im Griff, der gerade den letzten Vorstoß unternahm; er vermochte mich jedoch vom Entzücken über die Schönheit dieses Orts nicht abzubringen.

Von da aus drangen wir etwas tiefer in den Appenin vor und stellten immer wieder fest, welch großes und verdienstvolles Werk diese neue Straße wirklich darstellt, die der Papst unter beträchtlichen Kosten anlegen ließ und auf der man nun höchst komfortabel vorankommt. Zu ihrem Bau hatte man die Bevölkerung der Umgegend zwangsweise herangezogen. Aber weniger hierüber beschwert sie sich als über die Tatsache, daß von dem bestellbaren Land, den Obstgärten und dergleichen wertvollem Boden nichts verschont wurde, sondern ohne irgendwelche Entschädigung alles der Planierung zum Opfer fiel.

Zur rechten Hand sahen wir auf der Höhe eines Hügels sehr hübsch ein Städtchen liegen. Das Volk nennt es *Colle Scipoli;* in der Antike soll es *Castrum Scipionis* geheißen haben. Die anderen Erhebungen sind rundum höher: trocknes und steiniges Gebirg. Auf der zwischen ihm und dem Bett eines ausgetrockneten Wildbachs sich hinziehenden Straße erreichten wir **Spoleto**, achtzehn Meilen: berühmte und angenehme Stadt, zwischen den Bergen im Tal gelegen. Man zwang uns, unseren Gesundheitsschein, die *bolletta*, vorzuzeigen: nicht aus Furcht vor der Pest, die damals in keinem Teil des Landes mehr wütete, sondern vor *Petrino*, Bürger dieser Stadt und bekanntester Bandit und Räuber Italiens, der eine Unzahl tollkühnster Verbrechen begangen haben soll. Die Einwohner Spoletos und der benachbarten Städte ängstigten sich daher vor neuen Überfällen.

Die ganze Gegend ist übersät von Gastwirtschaften, und wo sie sich nicht in Häusern befinden, werden Laubhütten hergerichtet: mit gedeckten Tischen, auf denen es gekochte Eier, Käse und Wein gibt. Man kennt hier keine Butter, sondern brät alles in Öl.

Am selben Tag reisten wir von dort nach dem Mittagessen weiter und befanden uns jetzt im Tal von Spoleto, das zwei große gascognische Meilen breit ist und die denkbar schönste zwischen Bergen hingelagerte Ebene bildet. Auf den benachbarten Bergrücken entdeckten wir viele Wohnstätten. Durch diese Ebene führt die Fortsetzung der bereits erwähnten Straße des Papstes: schnurgerade nun, als sei sie eigens für ein Rennen gebaut. Zu beiden Seiten ließen wir zahlreiche Orte liegen, rechts beispielsweise Trevi. Die Stadt ist laut Servius, dem Kommentator des Vergil, jenes *Oliveraeque Mutuscae*, von dem dieser im siebten Buch der *Aeneis* spricht; manche bestreiten das aber und nehmen eine völlig andre Zuordnung vor. Fest steht jedenfalls, daß die Stadt auf einem hohen Berg errichtet wurde und sich an dessen einem Hang bis zur halben Höhe hinabzieht. Da der Berg überdies rundherum von Olivenbäumen bestanden ist, ergibt sich hieraus ein äußerst reizvoller Anblick.

Auf dieser vor drei Jahren neu hergerichteten Straße — der schönsten, die man je zu Gesicht bekommt — gelangten wir am Abend nach Foligno, zwölf Meilen: schöne Stadt, sich über jene breite Talsohle dehnend. Ihre Lage erinnerte mich zuerst an die von Sainte-Foy; die Gegend hier ist jedoch weitaus vielgestaltiger und die Stadt selbst unvergleichlich ansehnlicher und volkreicher. Sie wird von einem kleinen Fluß oder besser Bach durchflossen, der *Topino* heißt. Im Altertum nannte sich

die Stadt *Fulginium*, nach anderen Quellen *Fulcinia*, und sie wurde an der Stelle des *Forum Flaminium* errichtet.
Die meisten Gasthöfe an dieser Route sind mit den französischen vergleichbar, außer daß die Pferde als Futter fast nur Heu bekommen. Der Fisch wird mariniert aufgetragen, frischen gibt es kaum. Die Puffbohnen serviert man in ganz Italien roh, Erbsen und Mandeln grün und die Artischocken nahezu ungekocht. Was die Weine betrifft, so taugen sie nicht viel.
Die Fußböden sind mit quadratischen Fliesen belegt.
Die Ochsen bindet man am Maul an: mit einem durch die Scheidewand der Nüstern gezognen Eisenring, wie die Büffel. Den Packeseln, von denen es hier viele und sehr schöne gibt, werden die Vorderfüße nicht nach unsrer Art beschlagen, sondern mit runden Eisen, die den ganzen Fuß umfassen und größer sind als der Huf.
An verschiednen Stellen trifft man auf Mönche, welche die Passanten mit Weihwasser bespritzen und hierfür ein Almosen erwarten; auch viele Kinder erbetteln sich ein solches: gegen das Versprechen, dem Spender hierfür den hochgestreckten Rosenkranz mit all seinen zehn Paternostern herunterzubeten.
Am nächsten Tag verließen wir in der Frühe diese schöne Talsohle. Der Weg führte uns nun wieder in die Berge, wo wir bald an deren Fuß, bald auf ihrer Höhe viele anmutige Ebenen erblickten. Zunächst aber genossen wir an jenem Morgen eine Zeitlang den wunderschönen Anblick tausend verschiedner Hügel, bald anheimelnd überschattet von den Bäumen der mannigfachsten Obstgärten, bald von den denkbar üppigsten Getreidefeldern umwogt — und dies oft an so steiler und abschüssiger Stelle, daß es ein Wunder schien, wie die Pferde dort hingelangten. Und dann die lieblichen Täler, die zahllosen Bäche, die vielen Häuser und Dörfer, wohin man blickt! All das erinnerte mich an die Umgegend von Florenz, außer daß es hier keine Paläste und Prunkbauten gibt; und während dort der Boden meist dürr und unfruchtbar ist, findet sich in diesen Hügeln

kein ungenutztes Fleckchen. Freilich zeigte sie der Frühling auch im günstigsten Licht.

Oft sahen wir weit über unseren Köpfen ein schönes Dorf liegen, und unter unsren Füßen, fast bei den Antipoden, zugleich ein andres, wobei jedes dem Auge ganz eigene Reize bot. Der Zauber gewinnt sogar noch dadurch wesentlich an Wirkungskraft, daß hinter den so freundlichen und fruchtbaren Bergen der finstre Appenin seine abweisenden Häupter erhebt: Von jenen fernen Felsen sieht man zahlreiche Wildbäche herabstürzen, die sich in den unteren Tälern, ist die erste Wut verschäumt, bald zu sanften und liebreizenden Bächen wandeln. Zwischen den Erhebungen entdeckt man zudem in der Höhe wie darunter viele schöne Ebenen von solcher Weite, daß sie sich zuweilen, wenn man sie etwa an einer Wegwende nicht fest im Auge behält, dem Blick wieder entziehn. Kein Maler, scheint mir, könnte je eine solch reiche Landschaft darstellen.

Von da ab fanden wir, daß unser Weg bald dieses, bald jenes Aussehn annahm. Zum Mittagessen erreichten wir La Muccia, zwanzig Meilen: kleines Städtchen am Fluß *Chienti*.

Durch die Berge folgten wir nun im Tal einem keinerlei Schwierigkeiten bereitenden Weg. Da ich aber unserm *vetturino* eine Backpfeife gegeben hatte — hierzuland eine schwerwiegende Verfehlung (wie jener *vetturino* beweist, der bekanntlich deswegen den Fürsten von Tresignano umbrachte) — und den Mann mir nicht mehr folgen sah, stieg das ungute Gefühl in mir auf, daß er mich anzeigen oder Schlimmeres unternehmen könnte. Daher unterließ ich es, wie vorgesehen bis *Tolentino* weiterzuziehn, und blieb zum Abendessen lieber in Valcimarra, acht Meilen: kleines Dorf wiederum am Fluß Chienti und Poststation.

So setzten wir unsern Weg erst tags darauf, es war Sonntag, durch jenes zwischen fruchtbaren und kultivierten Bergen gelegne Tal bis Tolentino fort. Nachdem wir dieses Städtchen passiert hatten, wurde das Gelände flacher, so daß wir auf beiden Seiten nur noch leicht zugängliche kleine Hügel hatten. Die Gegend erinnerte stark ans Agenais: da, wo es längs der Garonne am schönsten ist — außer daß man hier wie in der Schweiz keine Schlösser oder Adelssitze sieht, dafür aber an den Hängen zahlreiche Dörfer und Städte. All das war den Chienti entlang eine wunderschöne Wegstrecke; die zuletzt mit Ziegelsteinen gepflasterte Straße führte uns zum Mittagessen nach Macerata, achtzehn Meilen: hübsche Stadt von der Größe Libournes, auf einer nahezu kreisrunden Höhe gelegen, die von allen Seiten gleichmäßig zur Mitte hin ansteigt. Ansehnliche Gebäude hat sie freilich kaum. Immerhin fiel mir ein Palast aus Quadersteinen auf, dessen ganze Fassade in Form von vierkantigen Diamantenspitzen behauen war: wie der Palast des Kardinals d'Este in Ferrara. Eine solche Gestaltung ist schön anzusehn. Man betritt die Stadt durch ein neues Tor mit der in goldnen Lettern angebrachten Inschrift: *Porta Boncompagno*, denn sie liegt an der Verlängerung der Straßen, die der Papst erbauen oder wiederherstellen ließ.

Im Ort hat der Legat für die Mark Ancona seinen Sitz.

In diesen Gegenden bietet man den Wein gekocht an: Das Sieden dient seiner Verbesserung, denn hierdurch verringert sich dessen Volumen bis zur Hälfte.

Daß wir uns auf der Route nach Loreto befanden, ließ sich leicht aus der dichten Folge Hin- und Zurückeilender ersehn: nicht nur Einzelpersonen, sondern ganze Gesellschaften reicher Leute waren als Pilger gekleidet zu Fuß unterwegs; manche trugen auch das Gewand ihrer Bruderschaft und marschierten unter deren Fahne und einem Kruzifix daher.

Nach dem Mittagessen kamen wir durch eine nichts Besonderes bietende Landschaft und überquerten bald etliche Ebenen und Flüsse, bald diese und jene unbeschwerliche Erhebung; die ganze Gegend war aber recht fruchtbar. Das Straßenpflaster bestand aus hochkant gesetzten Platten. Dann passierten wir Recanati, eine lang über einen Höhenrücken hingestreckte und dessen Umriß bis in die kleinsten Einschnitte folgende

Stadt, und gelangten am Abend nach Loreto, fünfzehn Meilen: ein kleines Dorf, das zum Schutz gegen die Türkeneinfälle von Mauern umschlossen und befestigt ist. Es liegt etwas erhöht und blickt auf eine sehr schöne Ebene und das ziemlich nahe Adriatische Meer, auch *Golf von Venedig* genannt. Angeblich kann man von hier aus bei schönem Wetter jenseits des Meers sogar die Berge Slawoniens sehn. Eine wahrhaft reizvolle Lage!

Hier gibt es kaum andre Einwohner als jene, die aus dem Dienst an den Wallfahrern ein Gewerbe machen, zum Beispiel viele Gastwirte (und dabei sind die Unterkünfte ziemlich unsauber) und viele Händler: Verkäufer von Wachsartikeln etwa und Bildern, von Rosenkränzen und Darstellungen des *Agnus Dei* sowie des Erlösers und so fort. Hierfür gibt es eine Unzahl bunter Läden, die mit alldem reichlich versorgt sind. Ich für mein Teil ließ nahezu fünfzig gute Taler darin zurück.

Priester, andre Kirchenleute und das Jesuitenkolleg sind gemeinsam in einem erst kürzlich errichteten großen Palast untergebracht, wo auch ein dem Legaten und dem Papst unterstellter Gouverneur residiert, ein Kleriker, der für alle erdenklichen Angelegenheiten zuständig ist.

Der Ort der Anbetung ist ein armseliges uraltes Häuschen aus Ziegelstein, mehr lang als breit. Als Abschluß des vorderen Teils hat man eine Trennwand mit Eisengitter eingezogen, auf jeder Seite mit einer ebenfalls eisernen Tür versehn: alles plump, glanzlos und ohne jeden Schmuck. Dieses Gitter nimmt die ganze Breite von Tür zu Tür ein und gibt den Blick in den hintern Teil des Raumes frei, der etwa ein Fünftel hiervon umfaßt, und ebendieser Teil ist der eigentliche Ort der Anbetung. Dort sieht man oben auf der Wand das Bild der Muttergottes, angeblich aus Holz; der ganze Rest aber wurde derart dicht mit reich verzierten Votivtafeln aus so vielen Orten und von so vielen Fürsten geschmückt, daß es bis zum Fußboden hinab keine Daumenbreite gibt, die nicht mit einem Stück Silber- oder Goldblech bedeckt wäre.

Nur mit Mühe und Not und dank größter Begünstigung gelang es mir, einen Platz zum Anbringen meiner eignen Votivtafel zu ergattern, der vier Gestalten aus Silber aufgesetzt sind: die der Muttergottes, die meine, die meiner Frau und die meiner Tochter. Am Fuß der meinen steht ins Silber eingraviert: *Michael Montanus, Gallus Vasco, Eques regii ordinis, 1581*; unter der Gestalt meiner Frau: *Francisca Cassaniana uxor*; und unter der meiner Tochter: *Leonora Montana filia unica*. Alle knien in einer Reihe, und die Muttergottes im Vordergrund darüber.

In den abgetrennten kleineren Raum gibt es noch einen anderen Eingang als den durch die erwähnten beiden eisernen Türen: von außen. Wenn man ihn durch diesen betritt, erblickt man meine Tafel linkerhand neben der in der einen Ecke befindlichen Tür. Ich sorgte dafür, daß sie dort ordentlich festgenagelt wurde. Zuerst hatte ich zum Aufhängen ein Kettchen mit Silberring an der Tafel anbringen lassen, aber man wollte sie lieber mit der ganzen Fläche befestigen.

In dem Raum befindet sich auch der Kamin des Häuschens, den man nur sehen kann, wenn man die verblichnen Vorhänge zurückzieht, hinter denen er sich verbirgt. Nur wenige haben die Erlaubnis, den Raum zu betreten: Ein reich verziertes Metallschild vor der (zusätzlich mit einem Eisengitter gesicherten) Außentür sagt in klaren Worten, daß ohne Erlaubnis des Gouverneurs der Zutritt für jedermann verboten ist. Wegen ihres Seltenheitswertes war dort unter den vielen Geschenken auch die Wachskerze eines Türken aufgestellt, die er kürzlich hatte schicken lassen, weil er dies in äußerster Notlage der Muttergottes von Loreto gelobt habe — anscheinend wollte er sich alle Türen offenhalten.

Der andre, größere Teil des Häuschens dient als Kapelle, in die kein bißchen Tageslicht dringt. Ihr Altar steht unter dem Gitter der Trennwand, von der ich oben sprach. Hier gibt es weder Schmuck noch Bänke noch Kniestützen, weder Bilder noch Gobelins: Sie ist in sich selbst ein Reliquienschrein. Hier darf man keinen Degen und keine sonstigen Waffen tragen, und Rangordnung und -höhe gelten nichts.

Wir gingen in dieser Kapelle zur Kommunion, was nicht jedem erlaubt ist, denn der Andrang der Menschen, die gewöhnlich hier kommunizieren wollen, ist so groß, daß für sie eine andre Stelle bestimmt wurde. Es gibt derart viele, die zu jeder Stunde die Kapelle aufsuchen, daß man schon zu früher Stunde damit beginnen muß, Platz zu schaffen. Ein deutscher Jesuit las für mich die Messe und gab mir die Kommunion.

Dem Volk ist es verboten, von den Mauern auch nur das Geringste abzukratzen — würde es erlaubt, wäre in drei Tagen nichts mehr davon übrig. An diesem Ort sind unzählige Wunder geschehn, für die ich auf die entsprechenden Bücher verweise. Aber es gibt auch etliche aus jüngster Zeit — so ist es zum Beispiel jenen, die aus Verehrung etwas aus dem Häuschen davongetragen haben, selbst dann noch übel ergangen, wenn sie es mit Erlaubnis des Papstes taten. Sicher aus diesem Grund wurde ein kleines Mauerstückchen, das man zur Zeit des Konzils von Trient abgeschlagen hatte, hernach zurückgegeben. Das Häuschen wird von dem denkbar ungewöhnlichsten und schönsten, dem denkbar schmuckreichsten und prächtigsten viereckigen Marmorgehäuse ummantelt und gestützt — daß es je etwas andres dergleichen geben könnte, ist kaum vorstellbar. Um und über diesen Würfel erhebt sich nun eine schöne große Kirche mit rundum zahlreichen ansprechend gestalteten Kapellen und Grabmälern, zu denen das des Kardinals d'Amboise gehört, das der Herr Kardinal d'Armagnac dort errichten ließ.

Der kleine Marmorwürfel ersetzt gleichsam den Chor der Kirche, die dennoch einen weiteren aufweist, der freilich in einer Ecke liegt. Diese große Kirche ist innen völlig mit Fresken, Skulpturen und Votivtafeln bedeckt. Doch trotz all des reichen Schmucks, den wir zu sehn bekamen, wunderte ich mich, daß es in Anbetracht des seit eh und je so großen Rufs der Kirche nicht noch mehr hiervon gab. Ich vermute, daß die alten Sachen einfach eingeschmolzen und zu andern Zwecken verwendet werden. In gemünztem Silber schätzt man den Wert der Weihgaben auf zehntausend Taler.

Nirgendwo habe ich Gottesfurcht offener zutage treten sehn als hier: Wenn etwas verloren wird, Geld oder sonstwas, das aufzuheben oder für Leute, die daraus ein Gewerbe machen, zu stehlen sich lohnt, legt der Finder es an eine dazu bestimmte öffentliche Stelle, wo jeder, der will, es ohne weitres an sich nehmen kann. Als ich dort war, sah ich viele solche Dinge versammelt, die dem erstbesten zur Verfügung standen: Rosenkränze und Taschentücher und Börsen ohne Hinweis auf den Besitzer.

Und wenn man etwas kauft, um es der dortigen Kirche zu schenken, will kein Handwerker Geld für seine Arbeit nehmen, weil er nach eignem Bekunden an der Gnade Gottes teilhaben möchte. So zahlt man nur für das Silber oder das Holz, und fügt man als Almosen oder aus Freigebigkeit etwas hinzu, wird es prompt zurückgewiesen. Ebenso walten die Männer der Kirche ihres Amtes stets mit höchstem Pflichtbewußtsein: Weder für die Beichte noch für die Kommunion noch für sonstwas nehmen sie das Geringste an. Wohl aber ist es Brauch,

einem von ihnen Geld für die Armen mit der Maßgabe zu geben, es erst nach Abreise des Spenders in dessen Namen zu verteilen.
Als ich mich einmal im Heiligtum aufhielt, kam ein Mann herein und überreichte dem ersten Priester, den er traf, einen Silberkelch, weil er ein entsprechendes Gelübde abgelegt habe — freilich für eine Opfergabe von zwölf Talern, die dieser Kelch aber nicht wert sei; daher zahlte er dem Priester auf der Stelle den Differenzbetrag, und dieser hielt eine solch exakte Berechnung von Gabe und Geld auch für durchaus erforderlich, damit das Gelübde vollständig und nach bestem Wissen und Gewissen verwirklicht werden könne. Hierauf ließ er den Mann ins Innere treten, damit er dort selbst den Kelch der Muttergottes verehren und hierbei ein kurzes Gebet verrichten könne. Das Geld aber warf er in den allgemeinen Opferstock.
Dergleichen erleben die Priester alle Tage, und es läßt sie weitgehend unberührt. Schwerlich wird dem Erstbesten erlaubt, etwas zu geben, und so ist es schon eine Gunst, dies überhaupt zu dürfen.
Ich blieb Montag, Dienstag und Mittwochmorgen in Loreto; von hier brach ich nach der Messe zur Weiterreise auf. Ich möchte aber vorher noch ein Wort über ein Erlebnis in diesem Ort sagen, der mir so gut gefiel. Zur selben Zeit wie ich hielt sich dort nämlich Michel Marteau, der Herr de la Chapelle auf, ein sehr reicher junger Mann aus Paris mit großem Gefolge. Von ihm und seinen Leuten ließ ich mir aufs sorgfältigste bis in alle Einzelheiten berichten, wie es in Loreto zur angeblichen Heilung seines kranken Beins gekommen ist — eine bessere und exaktere Darstellung der Wirkungsweise eines Wunders läßt sich nicht denken:
Alle Chirurgen von Paris und aus Italien waren mit ihren Heilungsversuchen gescheitert, obwohl er mehr als dreitausend Taler hierfür ausgegeben hatte. Seit mehr als drei Jahren litt er an seinem gebrauchsunfähigen, geschwollnen und äußerst schmerzhaften Knie, das, sich rötend und entzündend, immer

schlimmer wurde, bis schließlich Fieber hinzukam. Da ließ er alle Medikamente weg und verzichtete auf jeden weitren Beistand. Als er nun einige Tage später im Schlaf lag, träumte ihm plötzlich, er sehe einen Blitzstrahl — er wacht auf, schreit, daß er geheilt sei, ruft seine Leute, erhebt sich und läuft hin und her, was er seit Beginn seines Leidens nie mehr getan hatte. Die Schwellung geht zurück, und die welke und wie abgestorbne Haut ums Knie herum wird von Stund an ohne irgendwelches Zutun immer frischer.

Die Heilung, heißt es, sei bereits bei einem Besuch Loretos vor zwei, drei Monaten erfolgt. Hernach habe er die Zeit wie wir in Rom verbracht und sei nun *völlig geheilt* nach Loreto zurückgekehrt.

Ein Wunder, gewiß — zumindest nach dem, was man aus seinem und all seiner Leute Mund zu hören bekommt.

Was das Wunder der Herkunft des geschilderten Häuschens betrifft, in dem angeblich Jesus Christus aufwuchs und das erst nach Slawonien verbracht wurde, dann in die Nähe von Loreto und schließlich in den Ort selbst, so halten es große Marmortafeln an den Pfeilern der Kirche fest: auf italienisch und slawonisch, auf französisch, deutsch und spanisch. Im Chor hängt dort auch ein Wappen unsres Königs — und keines Königs Wappen sonst.

Man erzählte mir, es sei überwältigend zu sehen, wie die Slawonier oft in Scharen zum Besuch des Heiligtums übers Meer kämen und zu schreien begännen, sobald sie der Kirche von ferne ansichtig würden; an Ort und Stelle bestürmten sie dann die Muttergottes mit Beteuerungen und Versprechen, damit sie zu ihnen zurückkehre, und die Bekundungen der Zerknirschung über ihre Unachtsamkeit, daß sie überhaupt sie haben davonziehn lassen, nähmen schier kein Ende.

Ich erfuhr, daß man in knappen acht Tagen von hier aus nach Neapel gelangen könne: zunächst entlang der Küste bis Pescara, dann zur Stadt Chieti, wo jeden Sonntag ein *procaccio* nach Neapel abgehe. Diese Reise möchte ich gern machen.

Ich bot etlichen Priestern Geld an, die meisten aber versteiften sich darauf, es abzulehnen; selbst jene, die es annahmen, taten dies erst, nachdem ich die größten Überredungskünste der Welt angewandt hatte.

Hier bewahrt man das Korn in Kellern unter der Straße auf.

Es war der fünfundzwanzigste April, als ich meine Votivtafel anbringen ließ.

Die Reise von Rom nach Loreto, zu der wir viereinhalb Tage brauchten, kostete mich sechs Münztaler gleich fünfzig Sous pro Pferd, wofür der Vermieter sie auch verpflegte, und uns dazu. Diese Regelung ist von Nachteil, denn wegen der entstehenden Kosten werden die Tagesetappen beschleunigt und die Reisenden so knapp wie möglich gehalten.

Am sechsundzwanzigsten April ging ich mir den schönen Hafen ansehn, der drei Meilen entfernt liegt und ein Fort hat, das der Gemeinde Recanati gehört.

Don Luca Giovanni, *Beneficiato,* und Giovanni Gregorio da Cagli, *Custode della Secrestia,* gaben mir ihre Namen, damit ich ihnen schreiben könne, falls ich sie für mich oder jemand anders einmal brauchen sollte; und sie erwiesen mir viele weitre Höflichkeiten. Der erste hat die kleine Kapelle unter sich und wollte von mir nichts nehmen. Ihnen bin ich für all das, womit sie mich in Wort und Tat bedachten, zu Dank verpflichtet.

9. Von Loreto bis Lucca

Wie gesagt, verließ ich am Mittwoch nach dem Mittagessen Loreto, folgte dem Weg durch eine fruchtbare, offne und abwechslungsreiche Landschaft und gelangte zum Abendessen nach **Ancona**, fünfzehn Meilen, der wichtigsten Stadt in der Mark (dem römischen *Picenum*). Sie hat viele Einwohner, namentlich Griechen, Türken und Slawonier, und es herrscht ein reger Handelsverkehr. Gut gebaut. Flankiert von zwei großen Hügeln, die ins Meer abfallen. Auf dem einen erhebt sich ein mächtiges Fort, durch das wir in die Stadt einzogen, auf dem andern, der dicht daneben liegt, steht eine Kirche. Zwischen den Hügeln und an deren Hängen entlang erstreckt sich die Stadt nach beiden Seiten hin, wobei der Hauptteil die Talsohle und das Seeufer einnimmt. An diesem liegt auch ein wunderschöner Hafen, in dem noch ein großer Bogen zu Ehren des Kaisers Trajan, seiner Frau und seiner Schwester zu sehen ist.

Es heißt, daß man oft schon in acht, zehn oder zwölf Stunden nach Slawonien übersetzen könne. Ich glaube, daß ich für sechs Taler oder ein wenig mehr eine Barke zur Fahrt nach Venedig bekommen hätte.
Ich bezahlte dreiunddreißig halbe Pistolen Miete für acht Pferde nach Lucca, etwa acht Tagereisen. Dafür muß der *vetturino* die Pferde füttern, und selbst wenn ich die acht Tage um vier oder fünf überschreite, kann ich sie weiter behalten und brauche für diese Zeit nur den Unterhalt der Tiere und der Knechte zu zahlen.
In der Gegend hier gibt es eine Fülle von ausgezeichneten Vorstehhunden, die man für sechs Taler kaufen kann.
Nie haben wir so viele Wachteln gegessen, die jedoch recht mager sind. Bis nach dem Mittagessen blieb ich in Ancona, um die Lage und Schönheit dieser Stadt zu genießen. *San Ciriaco*, die auf einem der beiden Hügel liegende Kirche, besitzt mehr berühmte Reliquien als jede andre der Welt, und sie wurden uns alle gezeigt.
Wir beobachteten, wie die Wachteln massenweise aus Slawonien übers Meer kommen und man Nacht für Nacht am diesseitigen Ufer für sie Netze spannt, um sie dann, indem man ihren Ruf nachahmt, aus ihrem Höhenflug herunterzulocken. Die überlebenden Vögel flögen, sagte man mir, gegen September nach Slawonien zurück.
In der Nacht hörte ich von den Abruzzen her einen Kanonenschuß. Im Königreich Neapel und noch jenseits seiner Grenzen steht von Meile zu Meile ein Wachtturm. Der erste, der ein Korsarenschiff entdeckt, gibt dem nächsten ein Feuersignal, dieser dem dritten und so fort, und das mit solcher Schnelligkeit, daß die Warnung in einer Stunde vom untern Ende Italiens bis nach Venedig gelangt.
In der Antike wurde der Name *Ancona* wegen der dortigen Bucht vom entsprechenden griechischen Wort abgeleitet, denn die erwähnten beiden Hügel ragen ins Meer hinaus und bilden zwischen sich einen tiefen Einschnitt, an dem die Stadt

IL PORTO
Le Grotte
Seccagine de S.to Clemento
ANC
A Baluardo del castaro
B La Muccia
C Porta del calamo
D P. Vechia S.to Pietro
E La citadella
F La Rocca
G Porta de capo d'monte
H Le fornaci
I Lazzaretto vechio e nouo
K Porta d'lazzaretto
L Magazeni
M Portella Per nauilij
N Portella d'S.to Agostino
O Baluardo d'S.to ag.o
P La Piazza dl' mercato
Q Il Pallazzo dl' gouernator
R La Piazza d'Santo nicolao
S Il Palazzo del barzello
T La Piazza d'mag.ci Anciani
V Il Palazzo d'mag.ci S.ri Anciani
X Il Palazzo del S.r agolo foretti
Y Monte guascho
Z Doue Si pone le mercancie Sospette
AA Larsenale
BB Cavaliero d'Larsenale
CC Larco Traiano
DD La lanterna
EE Il bastardo reuelino del porto
FF La porta del porto
GG Cavaliero d'S.to primiano
HH Palazzo d'ms Pasqual bonarelli
II Portella d'pier grego
KK Palazzo di ms nicolo todini
LL Del troglioni
MM Portella toroleoni
NN Portella noua
OO Portella
PP La loggia d'mercanti
QQ Portella dlla loggia
RR Portella della beccaria
Porta Pia
1 S.to triaco domo vesco.
Palazzo di ms nicolo todini
2 S. Biasio
3 S. Maria loreto
4 Il Carmino
5 S. Girolamo
6 S. Bartolomeo nouo.
ANCONA ciui
Adriaticum posita
non extat in tota
Nomen habet à s
Mercaturâ est
vino, reliquisq; ad
vetus Fatem vndi

eberrima, ad mare
ortu est ornata, quo
odior neq; capacior.
flexuram refert,
ento abundat et
ictum necessarijs,
7 S. Bartolomeo vecchio monast.
8 S. Maria noua
9 S. Catarina
10 S. Tauolo
11 S. Antonio
12 S. Sebastiano
13 Lospitale dll' c.a dla morte
14 S. Anna
15 S. Franc.o
16 Lospitale vecchio
17 S Pelegrino
18 S Nesfasia
19 S. M.a dll misericordia
20 S. Spirito
21 S. Primian
22 S. Georgio
23 S. Pietro
24 S. Dnico
25 La Incoronata
26 S. Gilio
27 S. M.a dla Piaza
28 S. M.a misericod.a e morte
29 S. Nicolao
30 Il corpo d' Xpo
31 S Rocco
32 S Agostino
33 S Zeno
34 S Iacob
35 La nociata osp.
36 S Francesco zocoli
37 S Martino
38 S Maria bel verde
39 S Marco
40 S Lucia
41 S Claudio badia
42 S Giouanni
43 S. Allo
44 S. Giouani decola
45 S.to Chrispino.
Cum Priuilegio
Caualiero d lazzetto vecchio

liegt: vorn von ebendiesen Hügeln und dem Meer geschützt, hinten außerdem von einer andren Kuppe, auf der ehedem ein weitres Fort stand. Heute noch erhebt sich dort eine griechische Kirche, über deren Portal man auf einem alten Stein einige meines Erachtens slawonische Buchstaben erkennen kann.
Allgemein sind die Frauen hier schön, und es gibt viele ehrbare Männer und gute Handwerker.
Am Nachmittag brachen wir auf und folgten nun dem Meeresufer, das hier sanfter und zugänglicher ist als das unsre am Ozean, so daß es bis ganz ans Wasser kultiviert wird. Zur Übernachtung erreichten wir Senigallia, zwanzig Meilen: hübsche kleine Stadt, in einer schönen Ebene entlang des Meers gelegen. Sie besitzt einen ansehnlichen Hafen, denn sie wird auf einer Seite von einem aus den Bergen kommenden Fluß umspült, den man zu einem Kanal ausgebaut hat, indem man ihn auf beiden Seiten mit mächtigen Pfählen befestigte. Hierhin bringen sich die Schiffe in Sicherheit, zumal die Einfahrt mit einer Sperre versehn ist.
Ich entdeckte keinerlei Altertümer; freilich stiegen wir außerhalb der Stadt ab, in einem schönen Gasthof — dem einzigen der Stadt. In der Antike hieß sie *Senogallia*: nach unsren Vorfahren, die sich hier niederließen, als Camillus sie geschlagen hatte. Die Stadt untersteht der Gerichtsbarkeit des Herzogs von Urbino.
Ich fühlte mich ziemlich unwohl. An dem Tag nämlich, da ich von Rom abreiste, ging ich mit dem Herrn d'Ossat spazieren, und als ich einen andren Edelmann grüßen wollte, tat ich dies derart ungeschickt, daß ich mir mit dem rechten Daumen den Winkel des rechten Auges verletzte, aus dem sogleich das Blut hervorschoß. Das Auge blieb lange feuerrot, schien dann aber zu heilen. *Erat tunc dolor ad unguem sinistrum.*
Ich vergaß zu sagen, daß sich zu Ancona auf dem Boden der Kirche *San Ciriaco* der Grabstein einer *Antonia Rocamaro, patre, matre Valletta, Galla, Aquitana, Paciotto Urbinati,*

Lusitano nupta befindet, die dort seit zehn oder zwölf Jahren bestattet liegt.

Wir verließen den Ort am frühen Morgen und zogen auf einem sehr hübschen Weg weiter die Küste entlang; vorm Mittagessen überquerten wir den Fluß *Metauro* (in der Antike *Metaurus*) auf einer großen Holzbrücke und speisten in **Fano**, fünfzehn Meilen: kleine Stadt in einer schönen und höchst fruchtbaren Ebene am Meer gelegen; schlecht gebaut, aber rundum von Mauern gut geschützt.

Dort wurden wir bestens mit Brot, Wein und Fisch bewirtet, doch die Unterkunft war wenig wert. Fano hat aber gegenüber den anderen Städten dieser Küste (wie Senigallia, Pesaro und so fort) den Vorteil, daß es über eine Fülle von Süßwasser verfügt: Während jene sich bis in die Berge hinein das Wasser suchen müssen, gibt es hier viele öffentliche und private Brunnen.

Wir sahen einen großen alten Triumphbogen, dessen Inschrift unterm Namen des Augustus lautet: *Qui muros dederat*. In der Antike hieß die Stadt *Fanum*, weil sie *fanum fortunae* war.

In fast ganz Italien siebt man das Mehl mit Hilfe eines Räderwerks, wodurch ein Bäcker in einer Stunde mehr schafft als bei uns in vier.

Es gibt kaum einen Gasthof, in dem nicht ein Reimschmied aus dem Handgelenk Verse auf die Anwesenden machte, und in allen Werkstätten und Läden macht irgendeiner Musik, selbst beim Flickschneider an der Ecke.

Fano ist vor allen Städten Italiens für die Schönheit seiner Frauen berühmt, wir aber erblickten nur äußerst häßliche. Als ich einen angesehnen Bürger der Stadt hierzu befragte, sagte er, jene Zeiten seien eben vorbei.

Auf dieser Route zahlt man etwa zehn Sous für eine Mahlzeit. Die Unterkunft mit Verpflegung kostet pro Tag und Mann zwanzig Sous, und für Miete und Unterhalt des Pferdes zahlt man dreißig — macht zusammen fünfzig Sous.

Die Stadt gehört dem Kirchenstaat.

Wir unterließen es, Pesaro zu besuchen, das ein bißchen weiter an dieser Küstenstraße liegt und sehr schön und sehenswert sein soll; auch Rimini und das alte Ravenna haben wir uns entgehn lassen. Was Pesaro betrifft, sagte man mir, daß der Herzog von Urbino dort zur Zeit in auffallender Lage ein schönes Gebäude errichten lasse.

Diese Küstenstrecke ist die untere Straße nach Venedig.

Von ihr zweigten wir nun ab, um uns nach links zu wenden. Wir kamen durch eine weite, vom Metauro durchfloßne Ebene. Auf beiden Seiten entdeckt man sehr schöne Hänge, so daß der Anblick dieser Landschaft in mancher Hinsicht an die Dordogne zwischen Blaignac und Castillon erinnert. Jenseits des Metauro fand in dieser Ebene die Schlacht von Salinator und Claudius Nero gegen Hasdrubal statt, in der dieser getötet wurde.

Genau da, wo am Ende der Ebene die Berge sich wieder begegnen, liegt an einem ihrer Hänge **Fossombrone**, das wir nach fünfzehn Meilen erreichten. Die Stadt gehört dem Herzog von Urbino. Im untren Teil hat sie zwei, drei schöne Straßen vorzuweisen, die ausgezeichnet angelegt sind: völlig gerade und eben. Man sagt jedoch, daß die Bürger Fanos viel reicher seien. Auf dem Marktplatz steht ein breites Marmorpiedestal mit einer aus der Zeit Trajans stammenden großen Inschrift zu Ehren eines Bürgers der Stadt; eine andre ist auf der Mauer zu sehn, aber ohne irgendeinen Hinweis auf die Entstehungszeit. Fossombrone ist das antike *Forum Sempronii*; es heißt jedoch, daß die Stadt ursprünglich weiter zur Ebene hin gelegen habe und die dortigen Ruinen auch einen sehr viel schöneren Anblick böten.

Die Stadt hat eine Steinbrücke über den Metauro, die man benutzt, wenn man auf der *Via Flaminia* nach Rom reisen will. Die Meilen sind hier kurz, so daß wir für eine Tagesetappe nur jeweils sieben, acht Stunden im Sattel saßen. Daher war ich auch frühzeitig hier angekommen und konnte mich folglich mit einigen angesehnen Bürgern unterhalten, die mir bereitwillig erzählten, was sie von ihrer Stadt und der Umgebung wußten. Außerdem besichtigten wir einen Garten des Kardinals von Urbino und sahen viele Rebstämme, denen andre Reben aufgepfropft waren. Und schließlich hatte ich ein Gespräch mit einem Buchautor namens *Vincentius Castellani*, ein rechtschaffner Mann, der von hier ist.

Tags darauf reiste ich weiter. Ich verfolgte den Weg noch drei Meilen, wandte mich dann aber nach links und überquerte auf einer Brücke den *Candigliano*, der in den Metauro fließt. Entlang einer Gebirgskette voll wilder Felsen legte ich auf einem engen und recht mühsamen Weg weitere drei Meilen zurück. Am Ende des Wegs erblickten wir einen gut fünfzig Schritt langen Durchbruch, der aus einem der hohen Felsen gehauen war. Und da dies eine beachtliche Leistung darstellt, hatte Augustus, der das Unternehmen begann, in seinem Namen eine von der Zeit allerdings gelöschte Inschrift anbringen lassen; am andern Ende ist aber eine zweite noch gut sichtbar, freilich zu Ehren Vespasians.

Unterhalb der Straße sind ringsum aus dem Wasser ragende riesige Massen Mauerwerk zu sehn, deren Höhe ungewöhnlich ist, zudem flach behauene Felsblöcke von ungeheurer Dicke. Auch tauchen entlang der Straße — jener *Via Flaminia*, die nach Rom führt — immer wieder Reste des großflächigen alten Pflasters auf, das nun zum Großteil verschüttet ist: Die Straße war damals vierzig Fuß breit, heute nur noch vier.

Ich hatte den Abstecher eigens gemacht, um mir all dies anzusehn. Nun kehrte ich auf meinen eigentlichen Weg zurück, dem ich am Fuß einladender und kultivierter Berge entlang weiterfolgte. Gegen Ende unsrer Etappe ging es erst hinauf, dann hinab, und so erreichten wir schließlich Urbino, sechzehn Meilen, eine Stadt, die kaum besondre Vorzüge aufweist. Sie zieht sich über einen Berg von mittlerer Höhe hin, schmiegt sich aber dessen Hängen nach allen Seiten derart eng an, daß es keine ebne Stelle gibt — auch hier geht es also ständig rauf und runter.

Es wurde Markt abgehalten, denn es war Samstag.

Wir besichtigten den Palast, der als so schön gilt, daß er große Berühmtheit erlangte: ein wuchtiger Mauerklotz, der bis zum Fuß des Berges hinabreicht. Die Aussicht erstreckt sich auf tausend benachbarte Berge, ist jedoch nicht überwältigend — wie auch der ganze Bau weder innen noch außen sonderlich anziehend wirkt: Das kümmerliche Gärtchen ist nur etwa fünfundzwanzig Schritt tief!

Im Palast sollen so viele Räume sein, wie das Jahr Tage hat, und wie in Tivoli und andren italienischen Palästen ist die Zahl der Zimmer tatsächlich sehr groß: Blickt man durch *eine* Tür, sieht man oft nach beiden Seiten eine Flucht von jeweils *zwanzig* weitren oder noch mehr.

Es war schon ein älterer Teil vorhanden, doch der Hauptbau wurde 1476 durch Federico Maria della Rovere errichtet, von dem viele Titel, hohe Ämter und Kriegstaten darin festgehalten werden: Die Mauern sind voll hiervon. Eine Inschrift besagt, dies sei »das schönste Haus der Welt«. Es ist aus Backstein, und da es durchweg Gewölbe hat, gibt es hier im Gegensatz zu den meisten Bauten Italiens keine einzige Decke.

Der jetzige Herzog ist der Urenkel des Erbauers. Die ganze Dynastie besteht aus guten Fürsten, die von ihren Untertanen geliebt werden. Vom Vater auf den Sohn sind sie immer Literaten gewesen, und im Palast verfügen sie über eine schöne Bibliothek — für mich freilich unzugänglich, denn der Schlüssel ließ sich nicht finden. Sie neigen den Spaniern zu, daher sieht man das Wappen des Königs von Spanien, den englischen Hosenbandorden und den Orden vom Goldnen Vlies auf dem Ehrenplatz, von unserm hingegen nichts.

Sie zeigen in ihrer Gemäldesammlung sogar ein Bild mit dem nicht zu ihrem Stamm gehörenden ersten Herzog von Urbino: einem jungen Mann, der von seinen Untertanen wegen seiner Ungerechtigkeit umgebracht wurde. Der jetzige Herzog hat die Schwester des Herrn von Ferrara geheiratet, die zehn Jahre älter ist als er. Sie kommen schlecht miteinander aus und leben getrennt — nur wegen ihrer Eifersucht, sagt man. Sie haben

daher, ganz abgesehn von ihrem Alter (sie ist fünfundvierzig), wenig Hoffnung auf Kinder, so daß das Herzogtum, wie es heißt, an die Kirche zurückfallen wird — und das bereitet ihnen Kummer.

Ich sah hier auch das naturgetreue Porträt des Pico della Mirandola: wie bei einem siebzehn- oder achtzehnjährigen Jüngling ein sehr schönes weißes, bartloses und etwas mageres Gesicht mit länglicher Nase und sanften Augen, dazu blonde Haare, die ihm bis auf die Schultern fallen, und eine seltsame Kleidung.

In Italien haben viele große Gebäude Aufgänge, die wie Wendeltreppen spiralförmig sind und in denen, obwohl steil und eng, man bis zum obern Ende hochreiten kann — so auch hier, wo ihr Boden mit hochkant verlegten Platten gepflastert ist.

Dieser Ort gilt als kalt, und der Herzog weilt hier gewöhnlich nur im Sommer. Zur Abhilfe hat man bei zwei Zimmern in die Ecke kleinere quadratische Räume eingebaut, die rundum geschlossen sind, außer einer Glasscheibe, durch die aus dem Zimmer das Tageslicht fällt; und im Innern dieser beiden Verschanzungen steht jeweils ein Bett für den Herrn.

Nach dem Mittagessen machte ich wieder einen Abstecher, diesmal von fünf Meilen, um jenen Ort zu besichtigen, den das Volk seit alters *Sepolcro d'Asdrubale* nennt. Er liegt auf einem ziemlich hohen und steilen Hügel, der *Monte d'Elce* heißen soll. Auf ihm stehn vier, fünf ärmliche Hütten und ein Kirchlein; außerdem ist eine Anlage aus großen Back- oder Quadersteinen zu sehn, die einen Umfang von etwa fünfundzwanzig Schritt hat und fünfundzwanzig Fuß hoch ist. Rundherum sind alle drei Schritte *Brüstungen* wiederum aus Backsteinen angebracht — ich weiß nicht, wie die Maurer diese schnabelförmigen Bauteile, die als Stütze dienen, sonst nennen.

Wir stiegen in das Gemäuer von oben her ein, da es unten keinen Eingang gibt, und trafen auf ein Gewölbe, in dem sich nichts befand: kein einziger behauener Stein, keinerlei Schrift. Die Einheimischen sagen, dort habe einst ein Marmorstein mit einigen Zeichen darauf gelegen; er sei jedoch in unsren Tagen entwendet worden. Wie die Anlage zu ihrem Namen gekommen ist, weiß ich nicht, und ich vermag auch nicht recht zu glauben, daß sie wirklich die ihr nachgesagte Bedeutung hat. Sicher ist jedenfalls nur, daß Hasdrubal ganz nahebei besiegt und getötet wurde.

Von Urbino aus folgten wir dann einem sehr bergigen Weg, der nach einer einzigen Stunde Regen völlig zu Schlamm erweichte, und durch eine Furt überquerten wir erneut den Metauro (was wir am Nachmittag bei unserm Abstecher zum Monte d'Elce schon einmal getan hatten), der nur zeitweise Wasser führt und auf dem daher keine Boote verkehren. Gegen Tagesende erreichten wir auf einem nun bequem am Fuß der Berge entlangführenden Weg Castel Durante, fünfzehn Meilen: im Flachland längs des Metauro liegende kleine Stadt, die dem Herzog von Urbino gehört. Das Volk feierte gerade mit

Freudenfeuern die Geburt eines Sohnes der Fürstin Bisignano, Schwester des Herzogs.

Unsre *vetturini* nehmen den Pferden beim Abzäumen auch den Sattel ab, ganz gleich, in welchem Zustand sie sich befinden, und sie lassen sie saufen, was, wo und wieviel immer sie wollen. Wir tranken hier wie in Urbino Weine, die man, um sie zu süßen, gepanscht hatte.

Sonntagmorgen zogen wir eine Ebene entlang, die wie die Hänge ringsum ziemlich fruchtbar war, und kamen zunächst durch die hübsche kleine Stadt Sant'Angelo, die sich dem Metauro anschmiegt und eine schöne Umgebung hat. Auch diese Stadt gehört dem Herzog von Urbino. Wir begegneten dort kleinen Maiköniginnen, denn es war der Tag vorm ersten Mai. Hernach, immer weiter dieser Ebene folgend, passierten wir ein andres unter derselben Gerichtsbarkeit stehendes Städtchen namens Marcatello. Auf einem Weg, der uns schon das Gebirge des Appenins spüren ließ, erreichten wir dann zum Mittagessen Borgo Pace, zehn Meilen: kleines Dorf in einem Einschnitt der Berge; das armselige Gasthaus ist allenfalls für einen Imbiß gut.

Nach dem Essen folgten wir zuerst einem wilden und steinigen Pfad, dann galt es, einen hohen Berg zu überwinden; der Aufstieg zum Paß betrug zwei Meilen, und der Abstieg vier. Die Strecke war voller Geröll und deshalb recht lästig, aber weder gefährlich noch auch nur furchterregend, da die Hänge nicht so steil und schroff abfielen, daß der Blick keinen Halt mehr fände, an den er sich klammern könnte. Wir folgten dem Metauro bis zu seiner aus diesem Berg sprudelnden Quelle; so haben wir sein Entstehen und sein Ende gesehn, denn wir kamen auch an seiner Mündung bei Senigallia vorbei.

Beim Abstieg bot sich uns der Anblick einer sehr schönen, weiten und vom Tiber (nur etwa acht Meilen von seiner Quelle) durchfloßnen Ebene, die jenseits andre Berge umrahmten — jenem Panorama sehr ähnlich, das einem in der Auvergne die Limagne beim Abstieg vom Puy de Dôme (nahe Clermont) bietet.

Auf unsrer Paßhöhe endete die Gerichtsbarkeit des Herzogs von Urbino, während die des Herzogs von Florenz begann sowie linkerhand die des Papstes. Zum Abendessen erreichten wir Borgo San Sepolcro, dreizehn Meilen: ebendiesem Herzog von Florenz gehörende kleine Stadt in der erwähnten Ebene; keinerlei Sehenswürdigkeiten.
So reisten wir am ersten Mai weiter und überquerten auf einer Steinbrücke den Tiber, der hier noch sein schönes klares Wasser hat — ein Zeichen, daß jene schmutzig-rotbraune Farbe (*Flavum Tiberim*), die er in Rom aufweist, aus der Beimischung von irgendeinem Nebenfluß stammt. Wir durchzogen die vier Meilen breite Ebene und passierten dann auf dem Gipfel des ersten Hügels ein Städtchen, in dem sich uns wie zuvor schon anderswo junge Mädchen in den Weg stellten, die Zügel der Pferde ergriffen und, indem sie ein eigens dafür bestimmtes Lied sangen, Spenden für die Feier des Tages erbaten.
Vom Hügel stiegen wir in eine äußerst steinige Schlucht hinab, wo wir eine lange Strecke entlang dem Bett eines Wildbachs zurücklegen mußten, bis wieder ein kahler und äußerst geröllreicher Berg zu überwinden war, dessen Auf- und Abstieg zusammen drei Meilen betrug. Wir sahen nun eine andre große Ebene vor uns, in der wir auf einer Steinbrücke die *Chiassa* überquerten (später dann den Arno, wiederum auf einer Steinbrücke, die besonders mächtig und schön war). Noch auf dieser Seite des Arno übernachteten wir in Ponte a Buriano, achtzehn Meilen; der ganze Ort besteht nur aus einem kleinen Gehöft. Schlechte Unterkunft — wie die drei vorhergehenden, ja auf dieser Route fast alle. Es wäre töricht, die Strecke mit guten Pferden zurückzulegen, denn es gibt hier überhaupt kein Heu.
Nach dem Essen folgten wir einer langgestreckten Ebene voll entsetzlicher Erdspalten, die das Wasser auf unheimliche Weise in den Boden gerissen hatte: Im Winter dürfte es dem Reisenden hier ziemlich übel ergehn. Man ist aber wenigstens dabei, den Weg instand zu setzen. Noch um die Mittagszeit

zogen wir in einer Entfernung von etwa zwei Meilen rechts an der Stadt *Arezzo* vorbei, die ebenfalls in dieser Ebene liegt, wenn auch, wie uns schien, ein wenig erhöht. Auf einer schönen und sehr hohen Brücke überquerten wir dann den Fluß *Ambra* und kamen zum Abendessen nach Levanella, zehn Meilen. Der Gasthof liegt etwa eine Meile vor dem Ort und ist berühmt: Er gilt als der beste der Toscana — zu Recht, denn für italienische Verhältnisse gehört er tatsächlich zu den besten. Derart weithin wird er angepriesen, daß der Adel des Landes hier angeblich oft gemeinsam tafelt — wie der unsre etwa in Paris bei *Le More* oder in Amiens bei *Guillot*. Man serviert auf Zinntellern, eine große Seltenheit. Die Lage dieses einzeln in der Ebene stehenden Gebäudes, das über eine eigne Quelle verfügt, ist herrlich.

Am Morgen reisten wir weiter und folgten in derselben Ebene einem höchst angenehmen geraden Weg; dabei kamen wir durch *Montevarchi, San Giovanni, Figline* und *Incisa*: vier kleine Städte oder mauerbewehrte Marktflecken. Zum Mittagessen erreichten wir dann Pian della Fonte, zwölf Meilen. Ziemlich schlechte Unterkunft. Nahebei, etwas oberhalb des erwähnten Marktfleckens Incisa, der im Tal des Arno liegt, entspringt ebenfalls eine Quelle — von ihr spricht schon Petrarca. Er soll in Incisa geboren sein, vielmehr in einem eine Meile entfernten Haus, von dem man nur noch ein paar klägliche Überreste vorfindet; immerhin aber ist die Stelle gekennzeichnet.

Die Leute waren gerade damit beschäftigt, zwischen die bereits im Blatt stehenden Melonen weitere zu säen, die man im August zu ernten hofft.

An diesem Morgen bekam ich einen schweren Kopf und Sehstörungen: wie bei meinen alten Migräneanfällen, die mich jedoch die letzten zehn Jahre verschont hatten.

Das Tal, das wir jetzt passierten, bestand früher nur aus Sümpfen, und Titus Livius meint, daß Hannibal gezwungen gewesen sei, sie auf einem Elefanten zu durchqueren, und daß er wegen der widrigen Jahreszeit dort ein Auge verloren habe. Es ist in

der Tat eine tiefliegende, äußerst flache und völlig den Launen des Arno ausgesetzte Gegend.
Ich hatte keine Lust, Mittag zu essen — und mußte es bereuen, denn es hätte mir zum Erbrechen verholfen: mein am schnellsten wirkendes Heilmittel. Andernfalls schleppe ich diesen schweren Kopf immer ein, zwei Tage mit mir herum, und so geschah es prompt auch jetzt.
Wir fanden unseren Weg voll von Landleuten, die Lebensmittel der verschiedensten Art nach Florenz trugen, das wir über eine der vier Steinbrücken erreichten, die den Arno queren; zwölf Meilen.
Am nächsten Morgen setzten wir, nachdem wir die Messe gehört hatten, die Reise fort. Wir wandten uns ein wenig vom geraden Weg ab, um Castello wieder zu besuchen, von dem ich bereits gesprochen habe; da aber die Töchter des Herzogs gerade dort weilten und zu ebendieser Stunde durch den Garten zur Messe gingen, bat man uns, etwas zu warten, was ich jedoch nicht wollte.
Uns begegneten unterwegs viele Prozessionen: Das Banner geht voran, die Frauen folgen, von denen die meisten sehr schön sind. Alle tragen Strohhüte, die in dieser Gegend so formvollendet hergestellt werden wie sonst nirgends in der Welt. Für Bäuerinnen sind sie gut gekleidet, mit weißen Schuhen oder Pantoffeln. Nach den Frauen kommt der Priester, und nach ihm die Männer. Am Tag zuvor hatten wir eine Prozession von Mönchen gesehn, die ebenfalls fast alle Strohhüte trugen.
Wir folgten nun einer sehr schönen und ungemein breiten Ebene, und ich hätte mich wahrhaftig fast zu der Behauptung hinreißen lassen, daß weder Orléans noch Tours, ja nicht einmal Paris mit einem derart weit in die Umgegend reichenden Kranz von Häusern und Dörfern aufwarten könnten wie Florenz — was aber dessen prächtige Bauten und Paläste angeht, so gilt das voll und ganz.
Auf unsrer Route stiegen wir zum Mittagessen in Prato ab, zehn Meilen: wiederum dem Herzog von Florenz gehörendes

Städtchen, am *Bisenzio* gelegen, den wir vorm Stadttor auf einer Steinbrücke überquerten. Keine Gegend ist neben anderen Dingen so reich mit solid gebauten Brücken ausgestattet wie diese. Auch sieht man entlang den Straßen überall große behaune Steine, auf denen steht, welches Teilstück der jeweilige Ort verantwortlich instand zu halten hat.
Im Palast des Ortes erblickten wir Wappen und Namen des Legaten *du Prat*, der von hier stammen soll. Über dem Portal des Palastes steht eine große gekrönte Statue mit der Erdkugel in der Hand, darunter liest man *Rex Robertus*. Man erzählt dort, die Stadt habe früher uns gehört, und tatsächlich sieht man überall Lilien; das eigne Wappen der Stadt zeigt freilich goldene Lilien auf Rot. Der Dom ist in seinem reichen schwarzweißen Marmorschmuck sehr schön.
Von hier aus machten wir wieder einen Abstecher von gut vier Meilen, um die dem Herzog gehörende *Villa Poggio* zu besuchen, die allgemein bewundert wird. Sie liegt am *Ombrone*, und ihre Bauform hat dem Palast von *Pratolino* als Modell gedient. Es ist erstaunlich, daß auf so kleinem Raum hundert ansehnliche Zimmer Platz finden. Drinnen sah ich unter anderm eine große Anzahl Betten mit einem sehr schönen, aber völlig wertlosen Stoff nach Art jener geschmacklosen bunten Gewebe, die nur aus ganz dünner Wolle bestehn und die man daher mit vierfädigem Taft von derselben Farbe unterfüttert. Wir besichtigten auch das Kabinett mit den Destillierkolben des Herzogs sowie seine Werkstatt, in der sich eine Drehbank und andre derartige Vorrichtungen befinden, denn er ist ein großer Mechaniker.
Auf einer sehr geraden Strecke zogen wir nun durch eine äußerst fruchtbare Gegend. Den Weg säumten Bäume, die durch Rebengirlanden miteinander verbunden waren und so eine Hecke bildeten: ein wunderschöner Anblick! Zum Abendessen erreichten wir Pistoia, vierzehn Meilen: große Stadt am Ombrone, die Straßen sehr breit und wie in Florenz, Prato, Lucca und andren Städten mit ungemein großflächigen Steinplatten gepflastert.

Ich vergaß zu erwähnen, daß man von den Sälen in Poggio aus, wenn man sich auf einen Tisch stellt (der Herzog war nämlich gerade in Pratolino), Florenz, Prato und Pistoia sehen kann. Dieses Pistoia hat sehr wenig Einwohner, schöne Kirchen und viele ansehnliche Häuser. Ich erkundigte mich in der Stadt nach dem Preis der Strohhüte, und man wollte fünfzehn Sous dafür. Ich glaube, in Frankreich wären sie mindestens ebenso viele Franken wert.

Nahebei, jedenfalls noch auf dem Gebiet der Stadt, wurde ehedem Catilina geschlagen.

Noch zu Poggio: Unter den dortigen Gobelins, die alle erdenklichen Jagdformen darstellen, fiel mir einer besonders auf, der zeigt, wie man die Strauße jagt: Männer zu Pferde verfolgen sie, und von deren Wurfspießen werden sie durchbohrt.

Der lateinische Name für Pistoia ist *Pistorium*. Es gehört dem Herzog von Florenz. Man sagt, es seien die seinerzeitigen Machtkämpfe zwischen den Familien der Cancellieri und der Panciatichi gewesen, die diese Stadt nahezu entvölkert hätten, so daß sie heute alles in allem nicht mehr als achttausend Seelen zählt, Lucca hingegen, das keineswegs umfangreicher ist, deren fünfundzwanzigtausend und mehr.

Messere Tadeo Rospigliosi, der aus Rom von Giovanni Franchini ein Empfehlungsschreiben zu meinen Gunsten erhalten hatte, lud mich am nächsten Tag mit all meinen Reisegefährten zum Essen ein: reich geschmückter Palast, etwas wunderliche Reihenfolge der Gänge, wenig Fleisch, wenig Diener, Wein noch nach der Mahlzeit — wie in Deutschland.

Wir besuchten auch die Kirchen. In der Hauptkirche ertönte zur Wandlung ein Trompetenstoß, und unter den Chorknaben sahen wir Priester im Ornat, die Zugtrompeten bliesen.

Die arme Stadt tröstet sich über die verlorene Freiheit hinweg, indem sie am äußeren Bild der alten Regierungsform festhält: Man hat hier nach wie vor neun Prioren und einen Gonfaloniere, der alle zwei Monate neu gewählt wird. Ihnen ist die Führung der Regierungsgeschäfte anvertraut. Heute werden sie vom

Herzog bezahlt: wie früher von den Bürgern. Sie residieren im Palast, den sie kaum je anders als gemeinsam verlassen und in den sie im übrigen eingeschlossen bleiben.

Der Gonfaloniere rangiert vor dem Podestà (der aber, vom Herzog entsandt, praktisch die ganze Macht ausübt) und grüßt niemanden: Welch kläglicher Abklatsch wahrer Majestät! Mir taten sie leid, wie ich sie mit dieser Nachäfferei sich so aufblähen sah — und währenddessen erhöhte der Großherzog die Steuern um zehn Einheiten!

Selbst in den Hauptalleen der meisten großen italienischen Gärten läßt man das Gras wachsen und mäht es dann.

Um die damalige Zeit begannen die Kirschen zu reifen, und an der Straße von Pistoia nach Lucca trafen wir auf Bauern, die uns Erdbeersträußchen zum Kauf anboten.

Am Donnerstag, es war Himmelfahrt, reisten wir nach dem Essen weiter. Wir folgten zuerst eine Zeitlang der oben erwähnten Ebene, dann einem leicht bergigen Weg und schließlich wieder einer sehr schönen breiten Ebene.

In Reih und Glied stehen hier zwischen den Getreidefeldern viele Bäume, die durch die sie überwachsenden Reben miteinander verbunden sind: Man meint, nicht Felder zu erblicken, sondern Gärten. Auch die Berge, die man auf dieser Route zu Gesicht bekommt, sind dicht mit Bäumen bestanden: vor allem mit Oliven-, Kastanien- und Maulbeerbäumen; letztere dienen der Seidenraupenzucht.

In dieser Ebene gelangten wir schließlich zur Stadt Lucca, zwanzig Meilen. Sie ist um ein Drittel kleiner als Bordeaux und zwar frei, hat sich aber wegen ihrer Schwäche dem Schutz des Kaisers und des Hauses Österreich unterworfen. Geschlossene und reich mit Bastionen versehne Stadtmauer, die Gräben aber wenig tief: mit breiter, flacher Sohle voll grünem Pflanzenwuchs und einem dünnen Wasserlauf. Auf dem Erdwall rund ums Innere der Mauer sind zwei, drei Reihen Bäume gepflanzt, die als Schattenspender dienen und im Notfall, heißt es, Faschinen liefern könnten. Von außen sieht man lediglich einen die

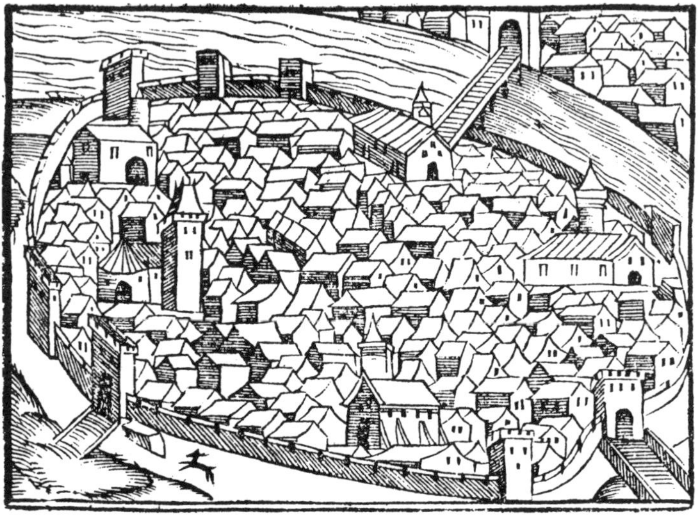

Häuser verbergenden Wald. Ständig ist die Stadt mit einer Besatzung von dreihundert fremden Soldaten belegt.
Sie ist sehr volkreich, namentlich an Handwerkern der Seidenverarbeitung. Die Straßen sind eng, aber schön, und fast überall sieht man prächtige große Häuser. Man hat einen kleinen Kanal vom *Serchio* abgezweigt und durch die Stadt geleitet.
Zur Zeit ist der Bau eines hundertdreißigtausend Taler teuren Palastes schon gut vorangeschritten. Man behauptet hier, hundertzwanzigtausend Untertanen zu haben, die Stadt nicht mitgerechnet. Zu ihrem Herrschaftsbereich gehören zwar einige Burgen, aber keine weitre Stadt. Die Adligen und Kriegsherren treiben alle auch Handel. Unter ihnen ist die Familie der *Buonvisi* die reichste.
Fremde dürfen Lucca nur durch ein bestimmtes Tor betreten, das stark bewacht ist.
Eine ungemein reizvolle Ebene, an der engsten Stelle zwei große Meilen breit, umfaßt die Stadt von allen Seiten, und dahinter erheben sich schöne Hügel und Berge (in denen die meisten Einwohner Landhäuser besitzen): Diese Lage gehört zu den anmutigsten, in denen ich je eine Stadt gesehen habe.

Die Weine sind von mäßiger Güte, die täglichen Unterhaltskosten betragen zwanzig Sous, und die Gasthöfe entsprechen in ihrer Dürftigkeit dem, was man hierzulande gewohnt ist. Mir wurden von etlichen Privatleuten viele Aufmerksamkeiten zuteil — so erhielt ich zum Beispiel Wein, Obst und Geldangebote.

Ich blieb Freitag und Samstag in der Stadt. Am Sonntag brach ich nach dem Essen (für die andern, denn ich selber blieb nüchtern) wieder auf. Die der Stadt nächsten Hügel sind dicht an dicht mit hübschen Landhäusern übersät. Der Weg führte größtenteils zwischen fast überall dicht bewaldeten und bewohnbaren Bergen das Tal des *Serchio* entlang und war recht bequem. Wir durchzogen mehrere Dörfer sowie die zwei beachtlichen Marktflecken Decimo und Borgo; hernach überquerten wir den Fluß, der zu unsrer Rechten lag, auf einer ungewöhnlich hohen Brücke, die mit einem einzigen Bogen fast die ganze Flußbreite überspannte. Brücken von dieser Bauart sahen wir noch drei oder vier.

Gegen zwei Uhr nachmittags trafen wir in den Bagni della Villa ein, sechzehn Meilen.

10. Erster Aufenthalt in den Bädern von Lucca

Die Landschaft ist hier rundum bergig. Vor dem Bad erstreckt sich längs der *Lima* ein drei- bis vierhundert Schritt breiter Talgrund, über dem sich am Hang eines mittleren Berges das Bad in etwa gleicher Höhe hinzieht wie die Stadt Bagnères mit dem Trinkbrunnen davor. Die Stelle, an der das Bad liegt, wirkt ziemlich flach. Die dort befindlichen dreißig, vierzig Häuser sind für den Dienst am Badegast sehr gut eingerichtet: hübsche Zimmer mit eignem Kabinett, getrennt und frei zugänglich, wenn man dies wünscht: Neben dem gemeinsamen Eingang gibt es einen zweiten in jedes Einzelzimmer. Ich sah mir fast alle genau an, ehe ich mich zum schönsten entschloß — besonders wegen der Aussicht, die (zumindest von diesem Zimmer aus) den ganzen kleinen Talgrund mit dem Lauf der Lima und die ihn umkränzenden Berge umfaßt, alle bis zum Gipfel reich kultiviert und grün, dazu viele Kastanien- und Olivenbäume.

An andren Stellen sind die Berge von Reben eingefaßt, die man in stufenförmig übereinander gelegnen Kreisen so angepflanzt hat, daß sie den etwas erhöhten vorderen Teil jeder Stufe einnehmen, während dahinter Getreide wächst.

In meinem Zimmer hörte ich die ganze Nacht das leise Rauschen des Flusses.

Zwischen den Häusern ist ein Platz zum Promenieren, der sich nach einer Seite terrassenförmig öffnet. Von dessen allgemein zugänglichem Laubengang aus genießt man den Anblick des erwähnten kleinen Talgrunds, in dem zweihundert Schritt tiefer ein sich dem Wasserlauf anschmiegendes hübsches Dörfchen zu sehen ist. Man kann es über eine bequeme Straße erreichen, denn bei großem Andrang wird es ebenfalls für die Bäder genutzt. Die Häuser fast alle neu, in der Mitte der ansehnliche Platz. Die meisten Bewohner bleiben dort auch den Winter über und halten ihre Läden offen, namentlich die Apotheken — denn Apotheker ist hier nahezu jeder.

Mein Wirt nennt sich *Hauptmann Paulino*, und Hauptmann ist er auch. Er stellte mir einen Eßsaal zur Verfügung, drei Zimmer, eine Küche und dazu einen Anbau für unsre Leute; wir hatten acht Betten, davon zwei mit Himmel. Das eiserne Küchengerät und die Kerzenständer wurden ganz von ihm gestellt, Salz und Serviette lieferte er täglich neu, das Tischtuch alle drei Tage — das Ganze zum Preis von elf Talern (also ein paar Sous mehr denn zehn halbe Pistolen) für zwei Wochen. Töpfe, Schüsseln und Teller, die hier irden sind, kauften wir selber, ebenso Gläser und Messer.

Kalb- und Ziegenfleisch gibt es, soviel man will, andre Dinge kaum. In jedem Haus erbieten sich Leute, einem die Einkäufe abzunehmen, und ich glaube, für zwanzig Sous pro Kopf täglich würde man schnell handelseinig werden; ebenso könnte man, falls man es wünscht, leicht jemanden finden, der einem die Küche führte, Mann oder Frau. Der Wein taugt hier nicht viel. Man kann sich jedoch welchen von Pescia oder Lucca bringen lassen.

Als ich in dem Ort ankam, waren lediglich zwei Adlige aus Bologna vor mir eingetroffen, die aber kein großes Gefolge hatten. So konnte ich frei wählen und günstigere Preise aushandeln, als dies, wie man mir sagte, zur Zeit des Andrangs möglich gewesen wäre, der jedesmal gewaltig sein soll. Er pflegt jedoch nicht vor Juni zu beginnen und dann bis in den September zu dauern, so daß im Oktober der Ort von den Badegästen wieder verlassen wird: Jene Leute, die auch sonst hier öfters zusammenkommen, tun dies rein zum Vergnügen. Daß aber Badegäste den Ort *vor* der Saison besuchen — wir trafen zum Beispiel welche, die einen Monat im Bad verbracht hatten und bereits die Rückreise antraten — oder *danach* im Oktober, ist die Ausnahme.

Hier gibt es ein sehr schönes Haus, das an Pracht alle andern überflügelt und der Familie der *Buonvisi* gehört. Es wird *Il Palazzo* genannt, hat im Saal einen schönen natürlichen Springbrunnen und weist noch viele andre Annehmlichkeiten auf. Man bot mir das Haus an, zumindest meinem Wunsch entsprechend eine Wohnung von vier Zimmern — oder auch das Ganze, falls ich es benötigen würde. Die vier möblierten Zimmer hätte man mir zum Preis von zwanzig hiesigen Talern für zwei Wochen überlassen, ich war jedoch lediglich bereit, einen Taler pro Tag zu zahlen. In Anbetracht der Vorsaison und der folglich zu erwartenden Preiserhöhungen ist mein Wirt nur für den Monat Mai an unsren Vertrag gebunden; wenn ich länger bleiben will, muß er neu ausgehandelt werden.

Der Ort ist sowohl für Trink- wie für Badekuren geeignet. Das eigentliche Bad hat ein gewölbtes Dach und ist ziemlich dunkel. Seine Größe entspricht etwa der Hälfte meines Eßsaals auf Montaigne. Hier gibt es eine Art Brausevorrichtung, die *la doccia* heißt: Röhren, aus deren Düsen unaufhörlich heißes

Wasser auf die verschiednen Körperteile, besonders den Kopf niedersprüht und die jeweils kranke Stelle durchwärmt. Durch eine Holzrinne, wie die Wäscherinnen sie kennen, läuft das Wasser dann ab. Ein zweites Bad, ebenfalls überwölbt und dunkel, ist für die Frauen bestimmt. Das Ganze wird von einer Quelle gespeist, aus der man auch trinkt. Sie liegt recht ungünstig in einer Vertiefung, zu der man einige Stufen hinabsteigen muß.

Am Montag, den achten Mai nahm ich morgens mit großem Widerwillen Kassie ein, die mein Wirt mir anbot, doch ohne sie mir mit dem Geschick des Apothekers in Rom zu verabreichen; ich führte sie mir daher eigenhändig zu. Zwei Stunden später aß ich zu Mittag, konnte aber die Mahlzeit nicht beenden, da das Mittel derart wirkte, daß ich alles, was ich zu mir genommen hatte, wieder von mir gab; und selbst danach noch mußte ich brechen. Ich hatte unter großen Bauchschmerzen drei- bis viermal Stuhlgang, verursacht von den Blähungen, die mich fast vierundzwanzig Stunden quälten. Deshalb habe ich mir geschworen, von diesem Mittel nichts mehr zu nehmen. Da erdulde ich letztlich lieber einen Kolikanfall, als mir durch die Kassie den Bauch rebellisch zu machen, den Geschmack zu verderben und die Gesundheit zu zerrütten — war ich doch, als ich am gestrigen Sonntag hier eintraf, in so guter Verfassung, daß ich mir nach dem Abendessen, meiner einzigen Mahlzeit an diesem Tag, höchst beschwingt das Bad *Corsena* ansehen ging, das eine gute halbe Meile entfernt auf der anderen Seite des Berges in etwa derselben Höhe wie die diesseitigen Bäder liegt: Ich mußte also erst bis zum Gipfel hochsteigen und dann wieder hinab.

Dieses Bad ist sowohl als solches wie wegen seiner *doccia* wesentlich berühmter, während Ärzte und Gäste das unsre seit alters nur für Trinkkuren geeignet halten. Der Ruf Corsenas soll sogar bis zu den Römern zurückreichen; es hat jedoch ebensowenig wie unser Bad irgendwelche antiken Spuren vorzuweisen, die für ein solches Alter sprächen.

Corsena hat drei, vier Bäder mit gewölbtem Dach, in dessen Mitte sich eine Art Windloch befindet, durch das etwas Licht hereinfällt; gleichwohl bleibt alles dunkel und unbehaglich.
Auf demselben Berg liegt zwei-, dreihundert Schritt höher die heiße Quelle *San Giovanni;* dort hat man drei ebenfalls überdachte Bäder eingerichtet. Weit und breit kein Haus, aber es ist wenigstens soviel Platz, daß man eine Matratze ausbreiten kann, um am Tag ein paar Stunden auszuruhn.
In Corsena trinkt man überhaupt nicht. Im übrigen werden die Wässer nach ihrer Wirkung genau unterschieden: Das eine erfrischt, das andre erhitzt, das eine ist gut gegen diese Krankheit, das andre gegen jene — und von jedem erzählt man sich tausend Wunder. Doch alles in allem gibt es keine Krankheit, die hier nicht ihre Heilung fände.
Was die Wohnungen in Corsena betrifft, kommen auf eine schöne mit vielen Zimmern zwanzig andre, die man kaum als schön bezeichnen kann, und an Komfort lassen sie sich überhaupt nicht mit den hiesigen vergleichen. Das gleiche gilt für die Aussicht, die bei uns wesentlich reizvoller ist (obwohl man auch von dort aus unsren Fluß zu Füßen hat und der Blick sogar viel weiter ins Tal hineinreicht). Trotzdem ist alles viel teurer. Zahlreiche Gäste halten es so, daß sie bei uns trinken und dann zum Baden nach Corsena gehen, das zur Zeit jedenfalls das höhere Ansehn genießt.
Dienstag, den neunten Mai 1581 ging ich noch vor Sonnenaufgang zu unsrer heißen Quelle und trank dort direkt vom Wasserstrahl sieben wie hier üblich aufs halbe Pfund abgemeßne Gläser hintereinander, also insgesamt dreieinhalb Pfund (was aus unserm Quartgefäß zwölf Gläser sein dürften). Heiß ist das Wasser nur in einem sehr abgeschwächten Sinn: Es gleicht eher dem von Eaux-Chaudes oder Barbotan und hat weniger Geschmack und Würze als irgendein andres, das ich je getrunken habe — ich bemerkte lediglich, daß es lau und ein wenig süßlich war. An diesem Tag zeigte es keinerlei Wirkung, und obwohl ich erst fünf Stunden später zum Mittagessen ging,

schied ich keinen einzigen Tropfen wieder aus. Einige Leute sagten mir, ich hätte zu wenig davon getrunken, denn hier wird einem gewöhnlich ein *fiasco* verordnet, das entspricht zwei Krügen gleich acht Pfund, also sechzehn bis siebzehn von den aufs halbe Pfund abgemeßnen Gläsern. Meine Meinung aber ist, daß mich die am Vortag eingenommene Medizin völlig entleert hatte und das Wasser in mir daher die Rolle der Nahrung übernahm.

Am selben Tag erhielt ich Besuch von einem Edelmann aus Bologna, Obrist und Befehlshaber von zwölfhundert Fußsoldaten im Dienst dieser Signoria, deren Standort sich vier Meilen vom Bad befindet. Er bot mir vielerlei Dienste an und hielt sich ungefähr zwei Stunden bei mir auf. Meinem Wirt und andren Vertretern des Ortes befahl er, mir jede erdenkliche Hilfe angedeihn zu lassen. In dieser Signoria gilt die Regel, die eignen Leute je nach Gegend und Zahl der Einwohner auf die Dörfer zu verteilen und ihnen als Befehlshaber ortsfremde Obristen vorzusetzen, von denen der eine mehr, der andre weniger Machtbefugnisse hat. Diese Obristen werden bezahlt, die ortsansässigen Hauptleute hingegen nur im Krieg: Sie treten den Befehl über ihre jeweiligen Kompanien erst im Notfall an. Mein Obrist bekam einen Monatssold von sechzehn Talern, und sein einziger Auftrag bestand darin, sich bereitzuhalten.

In diesen Bädern wird das Reglement strikter eingehalten als bei uns: zum Beispiel bleibt man vor dem Trinken völlig nüchtern. Untergebracht fand ich mich hier besser als in irgendeinem andren Bad — abgesehen allein von Bagnères, wo die landschaftliche Lage ebenso schön ist. Baden wiederum übertrifft an Pracht und Bequemlichkeit seiner Badestätten alle andren bei weitem, und hinsichtlich der Unterkünfte zieht es mit ihnen gleich. Die Aussicht aber ist von hier aus einmalig.

Am Mittwoch ging ich frühmorgens wieder jenes Wasser trinken, da ich über dessen gestrige geringe Wirkung noch immer in großer Unruhe war: Unmittelbar nachdem ich es zu mir genommen hatte, stellte sich zwar Stuhlgang ein, den ich jedoch der Medizin vom Vortag zuschrieb — jedenfalls schied ich keinen einzigen Tropfen aus, der vom Quellwasser hätte stammen können. Daher nahm ich heute sieben nun aufs Pfund abgemeßne Gläser zu mir, also mindestens das Doppelte vom Tag vorher: Ich glaube, soviel habe ich noch nie auf einmal getrunken!

Hierauf verspürte ich ein starkes Bedürfnis zu schwitzen, dem ich aber keinesfalls nachgeben wollte, da ich oft hatte sagen hören, das sei für mich nicht das richtige. Wie am ersten Tag blieb ich auf meinem Zimmer, indem ich bald umherlief, bald mich ausruhte. Das Wasser ging meist nach hinten ab. Ohne drücken zu müssen, hatte ich mehrere dünne und helle Stuhlgänge. Ich meine, daß ich übel daran getan hatte, mich mit jener Kassie zu purgieren: Das Wasser fand den Weg nach hinten vorgezeichnet und geebnet, daher folgte es ihm, wo ich es um meiner Nieren willen doch lieber nach vorn ausgeschieden hätte. Ich werde jedenfalls in einer nächsten Kur am Tag vor der ersten Anwendung nur wenig fasten.

Überhaupt glaube ich, daß dieses Wasser sehr schwach ist und wenig Wirkung zeigt; man geht daher, wenn man es trinkt, kaum ein Risiko ein. Anfänger und empfindliche Naturen sind hier folglich gut aufgehoben. Man trinkt es, um die Leber zu reinigen und um die Gesichtsröte zu beseitigen — was um des Dienstes willen, den ich einer höchst tugendhaften Dame Frankreichs schulde, hier eigens zu vermerken ich mich beeile. Das Wasser der Quelle San Giovanni wird viel zum Schminken verwandt, da es äußerst ölig ist. Ich sah, wie es fässerweise für den Transport in fremde Länder verladen wurde; und von dem Wasser, das *ich* zu mir nahm, gingen auf Eseln und Maultieren noch größere Mengen nach Reggio, Modena und in die Lombardei.

Manche hier trinken das Wasser im Bett; das Wichtigste bei diesem Verfahren besteht darin, Bauch und Füße warm zu halten und sich sowenig wie möglich zu bewegen. Die Einwohner der Nachbardörfer lassen sich das Wasser drei, vier Meilen weit in ihre Häuser bringen. Um zu beweisen, daß es nicht stark abführt, pflegt man andres Wasser von scharfem Geschmack, das an der Quelle sehr heiß ist, aus einem Bad nahe Pistoia herbeischaffen zu lassen, das in den Apotheken bereitgehalten wird, damit man hiervon vor Einnahme des hiesigen ein Glas trinken kann — glaubt man doch, es werde, da wirkungsstark und abführend, diesem den Weg öffnen.

Am zweiten Tag schied ich helles Wasser aus, das in der Färbung wie auch sonst irgendwie verändert war, außerdem eine Menge Sand; aber den hatte schon die Kassie in Gang gesetzt, denn gerade am Tag, da ich sie einnahm, gab ich besonders viel von mir.

Man erzählte mir von einem denkwürdigen Vorfall: Ein ortsansässiger Soldat namens *Giuseppe*, der noch lebt und als Sträfling die Rudermannschaft einer genuesischen Galeere anführt — ich sprach mit mehreren seiner nächsten Angehörigen —, wurde während eines Kriegsunternehmens zur See von den Türken gefangengenommen. Um nun seine Freiheit wiederzuerlangen, machte er sich selbst zum Türken (und dies taten auch etliche andre, die aus den umliegenden Bergen stammen und ebenfalls noch am Leben sind), ließ sich beschneiden und heiratete im Lande.

Als Teilnehmer einer Plünderungsaktion an der hiesigen Küste entfernte er sich aber so weit von seinem Stützpunkt, daß er plötzlich mit etlichen andren Türken in einen Hinterhalt der Einheimischen geriet, die sich zur Verteidigung aufgemacht hatten. Blitzartig fällt ihm da die Ausrede ein, er habe sich absichtlich in ihre Hände begeben, da er Christ geblieben sei. So wird er ein paar Tage später freigelassen, und er macht sich auf den Weg zu diesem Ort hier, zu diesem Haus, das genau dem gegenüberliegt, in dem ich jetzt wohne. Er tritt ein, er trifft auf seine Mutter, sie fragt ihn abweisend, wer er sei und was er wolle (denn er hatte noch die Seemannskluft an und sah völlig fremd aus — zehn bis zwölf Jahre war er ja verschwunden!). So gibt er sich schließlich zu erkennen, er umarmt seine Mutter, sie stößt einen Schrei aus, sie fällt ohnmächtig zu Boden und bleibt es bis zum nächsten Tag, zur Verzweiflung der Ärzte fast ohne Lebenszeichen. Da kommt sie endlich wieder zu sich, lebte aber nicht mehr lang; und alle sind überzeugt, es sei die freudige Erschüttrung gewesen, die ihr Leben verkürzt habe.

Unser Giuseppe wurde nun von allen gefeiert, man führte ihn in die Kirche, seinem Irrtum abzuschwören, der Bischof von Lucca erteilte ihm die Absolution, und dergleichen Zeremonien gab es noch etliche — doch es war alles verlorne Liebesmüh: In seinem Herzen war er Türke geblieben, und um in das Land zurückzukehrn, flieht er heimlich nach Venedig, schließt sich dort wieder den Türken an, macht sich mit ihnen auf den Weg — und fällt erneut in unsre Hände. Da er aber ein Mann von ungewöhnlicher Kraft und ein im Seewesen äußerst erfahrner Krieger ist, haben ihn die Genuesen wieder aufgenommen und bedienen sich seiner heute noch: fest an Ketten.

Dieses Land hat viele ortsansässige Soldaten, die für den Dienst der Signoria registriert sind. Die Obristen haben keine andere Aufgabe, als sie möglichst oft exerzieren, schießen, fechten und sich in dergleichen Dingen üben zu lassen. Die Soldaten erhalten außer im Krieg keinen Sold, aber sie dürfen Panzerhemden, Waffen wie etwa Arkebusen und überhaupt alles tragen, was sie wollen. Zudem können sie nicht wegen irgendwelcher Schulden festgenommen werden. Zu ihnen gehören auch die Hauptleute, Fähnriche und Unteroffiziere, alles Einheimische. Allein der Obrist muß unbedingt von auswärts stammen, und allein er empfängt Löhnung.

Jener Obrist, der mich gestern besucht hatte, schickte mir aus seinem vier Meilen vom Bad entfernten Standort *Borgo* einen Mann mit sechzehn Zitronen und sechzehn Artischocken.

Daß das Wasser hier nur schwach und wenig wirkungsvoll ist, läßt sich auch aus der Leichtigkeit ersehn, mit der es vom Körper aufgenommen und behalten wird, denn es fügt sich ihm selbst in Färbung und Temperatur sofort ein und führt nicht zu jenem stechenden Harndrang, der die Heilwässer sonst kennzeichnet. Diese Erfahrung habe ich jedenfalls ebenso wie andre Leute gemacht.

Obwohl ich im Vergleich zu Rom hier angenehm und sehr bequem untergebracht war, hatte ich doch in meinem Zimmer weder Kamin noch Fensterrahmen, geschweige Glasscheiben. (Dies zeigt, daß in Italien die Stürme nicht so häufig sind wie bei uns, denn sonst wäre es unerträglich, in fast allen Häusern nur Holzläden vorzufinden.) Davon abgesehn, schlief ich in dem Zimmer aber gut.

Die Betten bestehen hier aus primitiven Gestellen, auf die je nach Länge und Breite des einzelnen Betts Bretter gelegt werden, darüber ein Strohsack und eine Matratze, und schon ist man, falls es sogar einen Himmel hat, bestens bedient! Um nun zu verhindern, daß man die Gestelle und Bretter sieht — drei Abhilfen: Entweder man bedeckt sie mit demselben Stoff, aus dem der Betthimmel gefertigt ist (so war's bei mir in Rom). Oder man macht den Betthimmel so lang, daß er bis zum Boden reicht und alles überdeckt (das ist die beste Lösung). Oder aber man läßt die Überdecke, die aus einem leichten Stoff wie etwa weißem Barchent sein sollte, bis zum Boden hinabhängen und befestigt sie dort mit an den Ecken befindlichen Knöpfen, während man sich darunter zum Wärmen in eine andre Decke hüllt.

So habe ich zumindest gelernt, wie ich mit meiner Dienerschar zu Hause sparsamer umgehen kann: Ich brauche ihnen nur Bettgestelle dieser Art zu geben, denn man schläft bestens darin. Und dann: Ein gutes Rezept gegen die Wanzen!

An demselben Mittwoch ging ich nachmittags baden — was den hier geltenden Regeln widerspricht, nach denen man Baden und Trinken auseinanderhalten müsse, da sie sich in der Wirkung gegenseitig blockierten: Erst in diesem Bad acht Tage hintereinander trinken, im andern dann dreißig Tage hintereinander baden! Das Bad war sehr mild und angenehm. Ich blieb eine halbe Stunde im Wasser, was mich nicht weiter angriff, als daß ich etwas zu schwitzen begann. Um die Zeit des

Abendessens verließ ich das Bad, ging in mein Zimmer, legte mich zu Bett und aß lediglich einen gezuckerten Zitronensalat, ohne zu trinken — wie ich überhaupt an diesem Tag nicht einmal das übliche Pfund Wasser zum Essen getrunken hatte. Ich glaube, so hätte man durch eine genaue Zählung nachweisen können, daß bis zum nächsten Morgen das von mir getrunkne Heilwasser fast völlig wieder ausgeschieden wurde. Doch zu zählen, wieviel man pißt — was für eine alberne Gewohnheit!

Ich fühlte mich hier keineswegs schlecht; ganz im Gegenteil war ich wie in den andern Bädern voll Unternehmungsgeist. Was mich jedoch höchst beunruhigte, war eben, daß ich das Heilwasser gewöhnlich nicht wieder ausschied. Gelegentlich ist es mir auch anderswo schon so ergangen, aber hier macht man daraus eine tödliche Gefahr, und wenn man nicht mindestens zwei Drittel davon wieder von sich gibt, wird einem gleich am ersten Tag geraten, die Trinkkur abzubrechen oder eine Arznei zu nehmen. Wenn ich mit meinem Urteil über die hiesigen Wässer jedoch recht habe, können sie weder viel Schaden anrichten noch Nutzen bringen: Sie sind nichts als schwach und fad. So muß man fürchten, daß die Nieren von ihnen eher entzündet als gereinigt werden. Ich glaube daher, ich brauche heißere und abführende Heilwässer.

Am Donnerstagmorgen trank ich erneut fünf Pfund Wasser, und sogleich ergriff mich die Furcht, ich könnte sie nicht wieder ausscheiden und sie möchten mir daher schlecht bekommen. Sie bewirkten zwar einen Stuhlgang, aber urinieren konnte ich tatsächlich kaum. Als ich am selben Morgen einen Brief an den Herrn d'Ossat schrieb, verfiel ich in ein derart quälendes Grübeln über den Herrn de La Boétie und konnte mich derart lange nicht daraus befreien, daß mich dies völlig niederwarf.

Der Boden des hiesigen Wassers und die Rinne, durch die es geleitet wird, sind völlig rot und rostig — was mich verbunden mit seinem schalen Geschmack glauben läßt, daß es viel Eisen enthält und daher zur Verstopfung führt. An diesem Donnerstag gab ich denn auch in den fünf Stunden, die ich bis zum

Mittagessen wartete, nur ein Fünftel des getrunknen Wassers wieder ab.

Was ist die Medizin doch für ein eitler Wahn! Weiter oben sagte ich beiläufig, ich hätte es bedauert, mich derart purgiert zu haben, daß das Wasser, mich leer findend, die Rolle der Nahrung übernahm und sich in mir festsetzte — so meine Mutmaßung. Nun habe ich gerade das Buch eines Arztes namens *Donati* über die Heilwässer der *Bagni della Villa* gelesen, in dem er dazu rät, mittags wenig und abends mehr zu essen. Da an jenem Tag mein Weitertrinken nach dem Purgieren vom Vortag keinerlei Wirkung zeigte, glaube ich, daß meine Mutmaßung tatsächlich für seine These spricht. Sein Kollege *Franciotti* aber vertritt hier wie in vielen andren Dingen die genau konträre Meinung!

An diesem Tag verspürte ich eine gewisse Schwere in den Nieren, und ich fürchtete schon, daß diese Wässer daran schuld seien, indem sie dort stagnierten. Als ich jedoch zusammenzählte, was ich in vierundzwanzig Stunden ausgeschieden hatte, kam ich unter Berücksichtigung der geringen Menge des zur Mahlzeit getrunknen Wassers ungefähr auf meine Vorausberechnung.

Am Freitag trank ich überhaupt nicht, sondern ging unter Mißachtung der an diesem Ort vorherrschenden Meinung am Morgen zum Baden und wusch mir dabei den Kopf.

Hier pflegt man das Heilwasser anzureichern, indem man ihm gewisse Substanzen wie Kandiszucker, Manna oder noch stärkere verdauungsfördernde Mittel beimischt, und zwar dem jeweils ersten Glas, dessen Wasser meist aus der Quelle des *Tettuccio* stammt. Ich habe es gekostet: Es schmeckt salzig. Ich hege jedoch den Verdacht, daß es von den Apothekern, statt es, wie sie behaupten, aus jener Quelle nahe Pistoia zu beziehn, aus gewöhnlichem Wasser zurechtgepanscht wird, denn ich fand seinen Geschmack, vom Salz ganz abgesehn, recht ungewöhnlich. Man pflegt es zu erwärmen und zunächst ein, zwei, drei Glas davon zu trinken. Ich habe selber andern dabei zugesehn und kann folglich sagen: keinerlei Wirkung! Manche setzen dem ersten oder zweiten oder allen weitren Gläsern noch Salz zu. Nach dem Trinken zu schwitzen oder zu schlafen hält man hier für lebensgefährlich — und dabei löste das Wasser bei mir einen ungeheuren Drang gerade zum Schwitzen aus!

III.
Von Montaigne italienisch verfaßter Text

11. Von den Bädern von Lucca bis Florenz und Pisa

Von hier ab will ich versuchen, ein wenig diese *andere* Sprache zu sprechen, vor allem weil ich mich in der Gegend befinde, wo man anscheinend das reinste Toscanisch zu hören bekommt — besonders bei jenen Einheimischen, die es nicht durch Vermischung mit den benachbarten Dialekten entstellt haben.

Am Samstag ging ich frühmorgens zum Wassertrinken an die *Bernabò* genannte Quelle. Sie gehört zu einer ganzen Reihe: Man staunt, *wie* viele dieser Berg davon aufzuweisen hat, warme und kalte. Er ist nicht allzu hoch und hat vielleicht einen Umfang von drei Meilen.

Man trinkt seit alters nur von unsrer Hauptquelle, von der *Bernabò* erst seit wenigen Jahren. Ein Aussätziger desselben Namens, der zum Trinken und Baden alle anderen Quellen ausprobiert hatte, entschloß sich, schon aufgegeben, zu einem Versuch mit dieser — und genas. Von daher rührt ihr Ruf.

Es gibt ringsum keine Häuser, vielmehr hat die Quelle nur eine kleine Überdachung und Steinbänke, die an der Rinne stehn. Obwohl diese erst kürzlich angebracht wurde, ist sie, da aus Eisen, am Boden schon fast vom Rost zerfressen. Man sagt, es sei die Kraft des Wassers, die an ihr nage, und höchstwahrscheinlich stimmt das. Das Wasser ist nämlich ein bißchen wärmer als das andre, und der öffentlichen Meinung zufolge schwerer und aggressiver. Es riecht ein wenig mehr nach Schwefel — freilich: nur ein wenig. Aber wo es hintropft, bleicht es die Stelle zum Aschfarbnen hin, wenn auch wiederum nur wenig.
Die Quelle ist nicht ganz eine Meile von meiner Wohnung entfernt, um den Fuß des Bergs herum gerechnet, und sie liegt wesentlich niedriger als alle andren warmen Quellen hier: nur etwa ein, zwei Lanzenlängen überm Fluß. Ich trank aus ihr fünf Pfund — mit einem gewissen Widerwillen, denn ich fühlte mich an diesem Morgen nicht allzu wohl. Am Tag zuvor war ich in der Hitze nach dem Mittagsmahl und dann nach dem Abendessen etwa drei Meilen gewandert. Heute bekam ich nun die heftigere Wirkungsweise dieses Wassers zu spüren: Nach einer halben Stunde schon fing ich an, es wieder auszuscheiden. Auf der Rückkehr hatte ich einen großen Umweg von ungefähr zwei Meilen gemacht. Ich weiß nicht, ob all diese ungewöhnlichen Anstrengungen mir gut getan haben, denn an den andren Tagen suchte ich immer sogleich mein Zimmer auf, um einer Erkältung in der Morgenluft zu entgehn — liegen die Häuser doch keine dreißig Schritt von der Quelle entfernt.
Das erste Wasser, das ich ausschied, hatte sein natürliches Aussehn; das nächste war farblos und hart. Unzählige Fürze. Ab etwa dem dritten Pfund begann der Urin eine, wie soll ich sagen, rötliche Färbung anzunehmen. Schon vor dem Mittagessen hatte ich mehr als die Hälfte der getrunknen Menge abgesondert.
Bei meinen Wanderungen rund um den Berg stieß ich immer wieder auf heiße Quellen. Überdies sagen die Bauern, daß man im Winter an bestimmten Stellen Rauch aufsteigen sehe:

ein Beweis, daß es noch weitre gibt. Mir scheinen sie in der Temperatur mehr oder weniger gleich, zudem mit den hiesigen verglichen ohne Geruch, ohne Geschmack und ohne Dampf.
In Corsena stieß ich auf eine unterhalb der Bäder liegende Stelle, an der es eine beträchtliche Anzahl Duschen gibt, die viel bequemer sind als die andern. Es heißt, daß sie von mehreren Quellen gespeist werden, etwa acht bis zehn. Am Kopf jeder Rohrleitung steht ein bestimmter Name, der die jeweilige Quelle nach ihrer Eigenschaft oder angeblichen Wirkung kennzeichnet: *La Saporita, L'Innamorata, La Coronata, La Disperata* und so weiter. In Wahrheit ist das Wasser von Leitung zu Leitung nur unterschiedlich heiß.
Fast alle Berge ringsum tragen reiche Frucht an Getreide und Wein, während sie vor fünfzig Jahren noch von Wald bedeckt waren, namentlich Kastanien. In weiter Ferne sieht man auch etliche, die kahl sind, mit schneebedecktem Gipfel.
Das Volk ißt, wie es scherzend sagt, *Holzbrot,* das aus Kastanien hergestellt wird, der Haupternte hier. Es gleicht jenem Brot, das wir in Frankreich *pain d'épice* nennen.
Ich habe noch nie so viele Kröten und Schlangen gesehn. Aus Angst vor diesen trauen sich die Kinder oft nicht, Erdbeeren zu pflücken, von denen es auf den Bergen und im Gebüsch Unmengen gibt.
Manche Kurgäste nehmen zu jedem Glas Wasser drei bis vier Körner eingemachten Koriander, um die Winde auszutreiben.
Am vierzehnten Mai, dem Pfingstsonntag (die vier wichtigsten Feste des Jahres nennt man hier *Ostern*) trank ich fünf Pfund Wasser aus der *Bernabò*-Quelle — oder noch mehr, denn mein Glas faßte *über* ein Pfund. Zum ersten Mal gab ich viel Sand von mir, und in weniger als zwei Stunden waren mehr als zwei Drittel des aufgenommenen Wassers wieder ausgeschieden, zumal ich es mit derselben Bereitschaft und demselben Willen zum Urinieren wie an den andren Quellen getrunken hatte. Es ging mir ab wie geschmiert, und insoweit erleichterte es meinen Körper ungeheuer.

Das italienische Pfund hat nur zwölf Unzen.
Man lebt hier sehr preiswert. Ein Pfund bestes, zartestes Kalbfleisch kostet etwa drei französische Sous. Es gibt viele Forellen, sie sind aber klein. Man findet gute Handwerker für Sonnenschirme, die alle Leute zu tragen pflegen. Die Landschaft ist gebirgig, und die wenigsten Wege sind eben; gleichwohl geht man auf vielen recht angenehm, und bis auf die Bergpfade hat man die meisten gepflastert.
Nach dem Mittagessen gab ich den Bäuerinnen einen Ball, und ich tanzte selber mit, um nicht zu hochnäsig zu scheinen.
In bestimmten Gegenden Italiens, so in der ganzen Toscana und im Herzogtum Urbino, verbeugen sich die Frauen nach französischer Art mit einem Knicks.
Nahe der Quelle *della Villa* ist ein Marmorquader zu sehn, der vor genau einhundertzehn Jahren an den Kalenden des Mai hingesetzt wurde und auf dem ihre Eigenschaften eingraviert sind. Ich gebe die Inschrift hier nicht wieder, da sie bereits in vielen Büchern über die Bäder von Lucca enthalten ist.
In allen Bädern steht eine Menge Sanduhren den Kurgästen zur Verfügung. Ich hatte stets zwei auf dem Tisch, die mir überlassen wurden.
An jenem Abend aß ich nichts als drei in Butter und Zucker geröstete Scheiben Brot, ohne etwas zu trinken.
Da ich annahm, daß dieses Wasser der *Bernabò*-Quelle mir die Wege hinreichend geöffnet habe, kehrte ich am Montag zur gewohnten Quelle zurück und trank davon fünf Pfund. Sie brachten mich nicht wie sonst zum Schwitzen. Als ich aber das erste Mal Wasser ließ, gingen Sandkörner mit ab, die zerstoßnen Steinen glichen. Im Vergleich zur *Bernabò*-Quelle kam mir das Wasser hier kalt vor, wo doch schon jenes nur sehr mäßig warm war und bei weitem nicht die Temperatur des Wassers von Plombières oder von Bagnères erreichte (wie sie dort vorherrschte). Trotzdem zeigte es bei mir vorn und hinten rege Wirkung. Es war also mein Glück, daß ich den Ärzten nicht glaubte, die mir verordnet hatten, die Trinkkur sofort

abzubrechen, falls sie nicht gleich am ersten Tag erfolgreich sei.
Dem hiesigen Brauch folgend (der mir sehr gefällt), setzte ich Dienstag, den sechzehnten Mai mit dem Trinken aus und blieb über eine Stunde, ja noch länger unmittelbar unter der sprudelnden Quelle im Bad, weil mir das Wasser an den andren Stellen zu kalt schien. Da ich aber in Unterleib und Eingeweiden, etwas weniger selbst im Magen ständig Blähungen rumoren fühlte (wenn auch ohne Schmerzen), fürchtete ich, daß ebendies Wasser die Hauptursache sei, und stieg heraus. An sich tat es mir derart gut, daß ich am liebsten drin eingeschlafen wäre. Brachte es mich auch nicht zum Schwitzen, so machte es doch den Körper munter. Ich trocknete mich gut ab und blieb eine Weile im Bett.
Monatlich findet die Parade der Soldaten des jeweiligen Bezirks statt. Der bereits erwähnte Obrist (der auf unsrer Seite steht und mich mit Höflichkeiten überschüttete) hielt heut die seine ab. Daran nahmen zweihundert Soldaten teil: Pikenträger und Arkebusenschützen. Er ließ sie Kämpfe vorführen, und hierbei zeigte sich, daß sie für Bauern hervorragend ausgebildet sind — aber es ist ja auch seine Hauptaufgabe, sie in Zucht zu halten und ihnen militärische Disziplin beizubringen.

Das ganze Volk ist in die französische und die spanische Partei gespalten, und aus dieser Zwietracht entstehen immer wieder öffentliche Auseinandersetzungen. Die Männer und Frauen unserer Partei tragen ihre Blumensträußchen ebenso wie das Haar, die Mütze und dergleichen überm rechten Ohr, die Anhänger Spaniens links.

Hier sind die Bauern und ihre Frauen wie Edelleute gekleidet. Man sieht keine Bäuerin, die nicht weiße Schuhe trüge, feingewebte Strümpfe und eine farbige Schürze aus persischem Taft; und sie tanzen sehr gut: mit Sprüngen und kunstvollen Wirbeln.

Wenn in dieser Signoria vom *Fürsten* die Rede ist, meint man den *Rat der Hundertzwanzig*.

Der Obrist kann ohne Genehmigung des Fürsten nicht heiraten, und er wird sie nur unter großen Schwierigkeiten erhalten, denn man will nicht, daß er im Land verwandtschaftliche Beziehungen oder Freundschaften anknüpft. Auch darf er hier keinerlei Besitz erwerben. Den Soldaten wiederum ist es untersagt, ohne Urlaub das Land zu verlassen. Viele von ihnen sind aus Armut gezwungen, in den Bergen betteln zu gehn, um sich ihre Waffen kaufen zu können.

Am Mittwoch war ich im Bad und hielt mich über eine Stunde darin auf. Ich schwitzte ein wenig und duschte mir den Kopf.

Hier sieht man wieder, wie bequem die Gewohnheit der Deutschen ist, im Winter die Kleider und was immer sonst noch an ihren Kachelöfen zu wärmen; denn ähnlich wärmt unser Bademeister die Kleider an Ort und Stelle, indem er unter einen *focone* (dessen Aufgabe der unsrer Kohlebecken entspricht) etwas brennende Kohle legt und dessen Öffnung mit einem Ziegelstein so weit angehoben hält, daß sie genügend Luftzufuhr bekommt. Dieses Wärmen der Kleider ist viel besser und angenehmer als am Feuer in unsrem Land.

Die Mädchen nennt man hier bis zum heiratsfähigen Alter *bambe*, die Knaben bis zum ersten Bartwuchs *putti*.

Am Donnerstag war ich etwas schneller und daher früher im Bad. Wieder schwitzte ich ein wenig, und wieder duschte ich mir hernach den Kopf. Ich fühlte meine Kräfte diesmal etwas geschwächt, zudem in den Nieren eine gewisse Schwere, schied jedoch genausoviel Sand aus wie nach dem Trinken, und viel Schleim. Überhaupt schien mir, daß Bäder und Trinken dieselbe Wirkung zeigten.

Während all dieser Tage wurden schier unendliche Mengen Wasser aus unserer Quelle wie aus der von Corsena in die verschiedensten Gegenden Italiens verkauft.
Am Freitag setzte ich meine Anwendungen fort. Ich hatte den Eindruck, daß diese Bäder meinen Teint aufhellten. Die Blähungen machten mir immer noch zu schaffen, wenn auch schmerzlos; das ist wahrscheinlich der Grund, warum der von mir ausgeschiedne Urin viel Schaum und eine Menge kleiner Blasen aufwies, die erst nach geraumer Zeit zergingen. Zuweilen fanden sich auch schwarze Fäden darin, doch nur wenig; ich erinnre mich, daß ich früher viele davon ausschied. Gewöhnlich war mein Urin trübe und voller Flocken, oben mit einer öligen Schicht.
Dieser Nation ist unser Brauch fremd, viel Fleisch zu essen. Es wird nur das übliche Metzgerfleisch zum Kauf angeboten, von allem andren kennen die Leute kaum den Preis. So verkaufte man mir ein für diese Jahreszeit herrliches Häschen beim ersten Wort für sage und schreibe sechs französische Sous! Man jagt kein Wild, und man bietet keins an, denn niemand würde es kaufen. — Da am Samstag sehr schlechtes Wetter war und ein derart starker Wind blies, daß man das Fehlen von Fensterrahmen und Glasscheiben arg zu spüren bekam, ließ ich Baden und Trinken lieber sein.
Die große Wirksamkeit dieses Wassers sah ich auch darin, daß meinem Bruder hier unendliche Mengen Sand abgingen, obwohl er sich nicht erinnerte, im normalen Leben oder in den andren mit mir zum Trinken besuchten Bädern jemals welchen ausgeschieden zu haben.
Sonntagmorgen badete ich, doch nicht den Kopf.
Nach dem Mittagessen gab ich einen Ball mit öffentlichen Preisen, wie es in diesen Bädern üblich ist: Damit wollte ich die Saison dieses Jahres eröffnen. Vier, fünf Tage vorher ließ ich das Fest im Ort und in der ganzen Umgegend bekanntgeben, dann sorgte ich dafür, daß am Tag zuvor besondre Einladungen zum Ball wie zum anschließenden Abendessen an alle Edel-

leute und Damen ergingen, die sich in diesem oder jenem Bad aufhielten.

Die Preise ließ ich aus Lucca herbeibringen. Der Brauch will, daß man mehrere davon vergibt, um Eifersüchteleien zuvorzukommen und nicht den Argwohn zu erwecken, man ziehe eine einzige Frau allen andren vor. So gibt es immer acht bis zehn Preise für die Frauen (und zwei bis drei für die Männer). Von vielen Teilnehmerinnen wurde ich gebeten, sie ja nicht zu vergessen: sei es sie selber, ihre Nichte oder die Tochter.

Für die aus Lucca an den vorhergehenden Tagen herbeigebrachten Preise hatte mein guter Freund *Messer* Giovanni da Vincenzo Saminiati entsprechend meinen ihm schriftlich mitgeteilten Wünschen gesorgt. Es waren: ein Ledergürtel und eine Mütze aus schwarzem Tuch für die Männer, und für die Frauen zwei Schürzen aus Taft, die eine grün, die andre pfauenblau (denn es ist gut zu wissen, daß man stets einen höherwertigen Preis zur Verfügung hat, um die eine oder andre zu begünstigen, auf die man es abgesehn hat), zwei weitere Schürzen aus Etamin, vier Schachteln Nadeln, vier Paar Tanzschuhe (von denen ich eins freilich einem jungen schönen Mädchen außerhalb des Balles schenkte), ein Paar Pantoffeln (das ich mit einem Paar Tanzschuhe zusammenband, so daß ich aus diesen zwei Preisen einen machte), drei Haarnetze aus Flor und drei Flechten (die zusammen drei Preise ergaben), zudem vier Halskettchen — für die Frauen alles in allem neunzehn Preise. Dem hiesigen Brauch folgend wurden sie an einen rundum reichgeschmückten großen Ring geheftet, damit jeder sie besichtigen konnte. Das Ganze kostete mich etwas über sechs Taler.

Hinzu kamen noch fünf Pfeifer, die ich den Tag über zu verpflegen hatte und denen ich einen Taler gab, den sie sich teilten — sehr günstig für mich, denn gewöhnlich sind sie teurer.

Der Ball wurde auf dem Platz von mir selbst mit den Frauen der näheren Umgebung eröffnet, und anfangs fürchtete ich, daß wir allein blieben. Bald gesellten sich jedoch von allen Seiten viele Gäste hinzu, vor allem adlige Herren und Damen aus dieser Signoria, die ich empfing und nach besten Kräften zu unterhalten suchte — und ich darf sagen, daß sie hiervon recht angetan schienen. Da es ziemlich warm war, wechselten wir bald in den Saal des Palastes der *Buonvisi* über, in dem man sich wesentlich wohler fühlte.

Als der Tag sich gegen zweiundzwanzig Uhr zu neigen begann, wandte ich mich an die vornehmsten der adligen Damen und erklärte ihnen folgendes: Da ich weder über die Urteilskraft noch über genügend Kühnheit verfügte, um all die Schönheit, den Liebreiz und das wohlgefällige Auftreten angemessen zu werten, die ich an diesen jungen Frauen erblickte, bäte ich sie, diese Aufgabe doch zu übernehmen und die Preise je nach Verdienst zuzuteilen. Hierüber kam es zu einem Austausch von Artigkeiten, denn da sie in meiner Bitte nur einen Akt übertriebner Höflichkeit sahn, lehnten sie zunächst ab. Deshalb machte ich schließlich das Zugeständnis, daß ich, falls es ihnen gefiele, mich in ihre Jury aufzunehmen, auch *meine* Meinung beitragen wolle.

Und so kam es dazu, daß die Wahl meiner Augen nun bald auf diese, bald auf jene fiel, wobei ich besonders auf Schönheit und Charme achtete — was ich damit begründete, daß die Grazie des Tanzes nicht nur von der Bewegung der Füße abhänge, sondern auch von Haltung und Liebreiz der ganzen Person: davon, wie wohlgefällig, wie gewinnend sie sei. So wurden die Geschenke nun verteilt. Gemäß ihren Vorzügen bekam die eine mehr, die andre weniger, wobei die hierfür bestimmte Dame die Preise in meinem Namen überreichte, während ich die ganze Verantwortung auf sie abschob; und so verlief alles in schönster Regel und Ordnung — von dem einen Fall abgesehn, wo eine der jungen Frauen den Preis zurückwies und mich bitten ließ, ihn ihr zuliebe einer andren zu geben; das wollte ich ihr aber nicht antun, denn sie selbst gehörte keineswegs zu den anziehendsten.

Die Siegerinnen wurden eine nach der andern von ihren Plätzen gerufen und schritten auf jene Dame und mich zu, die wir nebeneinander saßen. Ich gab das mir angemessen scheinende Geschenk der Dame und küßte es, sie nahm es und überreichte es ihrerseits der Gewinnerin mit den wohlgesetzten Worten: »Der hohe Herr — Kavalier, der er ist — hat euch dieses schöne Geschenk gemacht, bedankt euch bei ihm!«

Hierauf ich (je nachdem, wie sie waren): »Im Gegenteil habt ihr euch bei dieser hohen Dame zu bedanken, da sie es war, die euch vor so vielen andren der Auszeichnung für würdig erachtete, und ich bedaure nur, daß der Preis euren Vorzügen so wenig gerecht wird!«

Danach machten wir es genauso mit den Männern. Die adligen Herren und Damen freilich nahmen am Wettbewerb nicht teil, obwohl sie doch mitgetanzt hatten.

Es ist für uns Franzosen in der Tat ein seltenes Vergnügen, Bäuerinnen, elegant wie Damen gekleidet, derart gut tanzen zu sehn, daß sie es selbst mit unsren in dieser Kunst geübtesten Edelfrauen aufnehmen können, auch wenn ihr Tanz sich von dem ihren unterscheidet.

Ich lud sie alle zum Abendessen ein (denn die italienischen Bankette entsprechen lediglich einem sehr leichten französischen Mahl: etliche Stücke Kalbfleisch und ein paar Hühnchen, das ist alles). Es blieben aber neben dem obenerwähnten Obristen des Bezirks, Herrn Francesco Gambarini, nur ein Edelmann aus Bologna, der mir wie ein Bruder war, und ein französischer Edelmann, sonst niemand — abgesehn davon, daß ich *Divizia* an den Tisch bitten ließ: eine arme Bäuerin, die zwei Meilen vom Bad entfernt wohnt.

Ebenso wie ihr Mann lebt sie allein von ihrer Hände Arbeit. Siebenundreißig Jahre alt; häßlich, mit Kropf. Sie kann weder lesen noch schreiben. Als sie noch klein war, lebte im Haus ihres Vaters jedoch ein Onkel, der ihr ständig aus den Werken Ariosts und andrer Dichter vorlas. Ihr offenbar von Geburt an für die Dichtkunst besonders empfänglicher Geist wurde hierdurch derart geprägt, daß sie heute Verse nicht nur in unglaublicher Geschwindigkeit hervorbringt, sondern ihnen auch antike Fabeln sowie Namen von Göttern und Ländern, von Wissenschaften und berühmten Männern beimischt, als hätte sie studiert. Sie machte viele Verse auf mich. Natürlich sind das alles nichts als abgezählte Rhythmen und Reime, doch sie weiß sie gewandt wie am Schnürchen vorzutragen.

Die Ballgesellschaft bestand aus hundert fremden Personen und mehr. Dabei war der Augenblick ungünstig, denn es fand gerade die größte und wichtigste Ernte des Jahres statt: die der Maulbeerblätter für die Seidenraupenzucht. Mit dem Pflücken mühten sich in diesen Tagen alle von früh bis spät ab, besonders die jungen Frauen — für Feste hatte da eigentlich niemand Zeit.

Am Montagmorgen kam ich etwas später ins Bad, da ich mir vorher Bart und Haar schneiden ließ. Über eine Viertelstunde badete ich dann den Kopf unter der großen Dusche.

Zu meinen Gästen auf dem Ball gehörte auch der für die Gerichtsbarkeit zuständige Landvogt, der Herr *vicario* — so heißt hier der von der Signoria halbjährlich für jedes *vicariato* ernannte Beamte, der Zivilprozesse bis zu einem bestimmten niedrigen Streitwert in erster Instanz zu entscheiden hat. (Für die Strafsachen ist ein andrer Beamter zuständig.) Ihm legte ich nun dar, daß ich es vernünftig fände, wenn die Signoria eine Anordnung erließe — was ganz einfach wäre, und ich zählte ihm sogar die Möglichkeiten auf, die mir dafür am sinnvollsten schienen —, nach der die zahllosen Händler, die hierherkommen, um die Heilwässer zu entnehmen und nach ganz Italien zu transportieren, eine Beglaubigung über das verladene Wasser bei sich führen müßten, um ihnen so jede Gelegenheit zu Betrügereien zu nehmen.

Und ich teilte ihm auch gleich meine Erfahrung mit, die ich diesbezüglich gemacht hatte: Ein Maultiertreiber kam zu meinem Wirt, einem Privatmann, und bat ihn um die Bescheinigung, daß er vierundzwanzig Fuhren Heilwasser fortgefahren habe; in Wirklichkeit waren es aber nur vier. Daher lehnte der Wirt zunächst eine solche Bescheinigung ab — bis der andre hinzufügte, in vier bis sechs Tagen käme er zurück, um die rest-

lichen zwanzig Fuhren zu holen. »Natürlich«, sagte ich, »ließ sich der Maultiertreiber nicht wieder sehn.«
Der Herr *vicario* war mir für diese Mitteilung höchst dankbar, gleichzeitig aber ließ er nichts unversucht, herauszubekommen, wer dieser Zeuge und wer der Maultiertreiber war, dessen Aussehn, seine Pferde. Doch weder das eine noch das andre hätte ich ihm jemals verraten — nie.
Weiter sagte ich ihm, ich wolle hier durch mein eignes Beispiel den in allen berühmten Bädern Europas üblichen Brauch einführn, daß Personen ab einem gewissen Rang ihr Wappen als Zeichen des Dankes für die Heilwässer hinterlassen, in deren Genuß sie gekommen sind. Im Namen der Signoria sprach er mir hierfür seine Anerkennung aus. — In diesen Tagen begann man an manchen Orten schon mit der Heuernte.
Am Dienstag blieb ich zwei Stunden im Bad und duschte mir den Kopf eine Viertelstunde, vielleicht noch etwas länger.
Zu dieser Zeit besuchte ein Kaufmann aus Cremona das Bad, der in Rom wohnt. Er litt an vielen außergewöhnlichen Gebrechen. Dabei unterhielt er sich jedoch, ging herum und war sogar, wenn man ihn so sah, recht lebenslustig. Die Krankheit saß ihm vor allem im Kopf. Durch dessen Schwächung, sagte er, habe er das Gedächtnis in derartigem Umfang verloren, daß er sich nach dem Essen nie mehr erinnern könne, was ihm vorgesetzt worden sei. Und wenn er das Haus verlasse, um etwas zu besorgen, müsse er zehnmal zurückgehn, um zu fragen, wohin er sich aufgemacht habe. Das Vaterunser könne er kaum je beschließen, denn vom Schluß käme er hundertmal wieder zum Anfang: Am Ende sei ihm nie mehr bewußt, daß er je angefangen, noch am Wiederanfang, daß er schon geendet habe.
Er war taub und blind gewesen und hatte an Zahnschmerzen gelitten. In den Nieren verspürte er eine solche Hitze, daß er stets einen Bleigürtel tragen mußte. Schon seit Jahren hielt er die Vorschriften der Ärzte peinlichst genau ein, und es war nun höchst amüsant, sich die verschiedenen Verordnungen der Ärzte aus den verschiednen Teilen Italiens einmal anzusehn:

Besonders im Hinblick auf Bäder und Duschen widersprachen sie einander derart, daß von zwanzig keine zwei übereinstimmten — ja fast alle beschuldigten und überführten einander des Mords.

Zudem hatte der Ärmste noch unter einem wunderlichen Ungemach zu leiden: Ihm entfuhrn die Blähungen durch die Ohren — und dies mit einem solchen Ungestüm, daß er fast keine Nacht mehr schlafen konnte! Selbst wenn er gähnte, schossen ihm aus den Ohrn flugs mächtige Fürze. Wie er weiter erzählte, bestand sein erfolgreichstes Mittel der Darmentleerung darin, vier große Stücke eingemachten Koriander eine Weile in den Mund zu nehmen und sie dort zur beßren Gleitfähigkeit einzuspeicheln, um sie sich dann in den After zu stecken — die Wirkung trete auf der Stelle ein und könne sich sehn lassen.

Er war der erste Mann, an dem ich einen jener großen, reichlich eine Spanne hohen Hüte aus Pfauenfedern sah, die, von leichter Seide überzogen, zum Schutz gegen die Sonne mit einer der Kopfgröße angepaßten Haube aus feinstem Taft unterfüttert sind, während ringsum anderthalb Fuß breite Krempen unsere Sonnenschirme ersetzen, die beim Reiten zu tragen ja weiß Gott kein Vergnügen ist.

Da ich bedaure, bei früheren Gelegenheiten nicht eingehender über die französischen Bäder geschrieben zu haben, um hieraus Anhaltspunkte und Richtlinien für die jetzt besuchten zu gewinnen, will ich mich über dieses nun des langen und breiten auslassen.

Am Mittwoch ging ich wieder ins Bad. Ich verspürte im Körper eine große Hitze, schwitzte mehr als gewöhnlich und fühlte mich recht schwach. Zudem hatte ich im trocknen Mund einen säuerlichen Geschmack. Als ich das Bad verließ, überkam mich eine gewisse, wie soll ich sagen, Benommenheit (was mir zwar wegen der Wärme des Wassers auch schon in den Thermalbädern von Plombières, Bagnères, Préchacq und so weiter widerfahren war, jedoch weder in Barbotan noch, abgesehn von diesem Mittwoch, in den Bädern hier) — sei es, weil ich viel früher als an den andren Tagen das Bad aufgesucht und daher den Darm noch nicht entleert hatte, oder, weil ich das Wasser viel wärmer als gewöhnlich fand. Gleichwohl war ich anderthalb Stunden darin geblieben und hatte mir dann den Kopf eine Viertelstunde lang geduscht.

In vielem verstieß ich gegen die hier gültige Regel.

So duschte ich mich zum Beispiel bereits im Bad, während der Brauch gebietet, eins nach dem andern zu tun; *und* ich duschte mich mit dem Wasser der hiesigen Quelle, während es kaum Gäste gibt, die dazu nicht diese oder jene Quelle im andren Bad aufsuchten: je nach Verordnung der Ärzte die erste, zweite oder dritte; *und* indem ich abwechselnd trank, badete und wieder trank, brachte ich die richtige Reihenfolge der Tage durcheinander, wo die andern doch ohne Unterbrechung jeweils mehrere Tage trinken und dann baden; *und* im Gegensatz zu den andern, die das Trinken höchstens zehn Tage lang praktizieren, das Baden aber mindestens fünfundzwanzig in einem Stück, hielt ich mich überhaupt nicht an solche Zeiträume; *und* ich badete nur einmal täglich, die andern stets zweimal; *und* ich duschte mich nur ganz kurz, während man am Morgen sonst immer zumindest eine Stunde unter der Dusche bleibt, und am Abend ebensolang. Was schließlich den von allen eingehaltnen Brauch angeht, sich eine Tonsur scheren zu lassen, auf der dann ein mit Bändern versehnes Stück Satin befestigt wird, so hatte er sich bei meinem Glatzkopf sowieso erübrigt.

Aus Corsena, wo er untergebracht war, stattete mir am selben Tag der Herr *vicario*, einer der vornehmsten Edelleute dieser Signoria, einen Besuch ab. Unter anderm erzählte er mir dabei folgende wundersame Geschichte von sich:

Vor ein paar Jahren hatte er sich mit einer Artischocke in das fleischige Ende des Daumens gestochen, worauf er zusammenbrach und fast eines grausamen Todes gestorben wäre. Sein Zustand war derart erbärmlich, daß er fünf Monate lang hilflos auf dem Rücken lag, ohne sich rührn zu können. Diese ungewöhnliche Lage übte einen ständigen Druck auf seine Nieren aus und erhitzte sie daher immer mehr, bis sich sogar Steine bildeten, die ihm ebenso wie die folgenden Koliken über ein Jahr lang schrecklich zusetzten.

Schließlich schickte ihm sein Vater, damals Gouverneur von Velletri, einen bestimmten grünen Stein, den ihm ein Mönch aus Indien mitgebracht hatte. Seit der Edelmann ihn nun auf den Nieren trägt, hat er nie wieder Schmerzen verspürt, und auch kein Sand geht mehr ab. In diesem Zustand befindet er sich seit zwei Jahren.

Was aber den Stich betrifft, hat er nicht nur den Daumen, sondern fast die ganze Hand unbrauchbar gemacht, und selbst der Arm ist derart geschwächt, daß der Edelmann wie heuer, so auch jedes Jahr wieder in die Bäder von Corsena kommt, um Hand und Arm zu duschen.

Die Leute hier sind sehr arm. Sie ernähren sich zur jetzigen Jahreszeit von grünen Maulbeeren, die sie zusammen mit den Blättern für die Seidenraupenzucht von den Bäumen pflücken.

Da wir die Hausmiete für den Juni offengelassen hatten, wollte ich die Sache mit dem Vermieter klären. Als er hörte, wie sehr sich alle Nachbarn um mich bemühten, namentlich der Verwalter des Palastes der *Buonvisi*, der mir diesen für einen Goldtaler täglich angeboten hatte, entschloß er sich, mir das Haus so lang ich wollte für fünfundzwanzig Goldtaler monatlich ab erstem Juni zu überlassen; bis dahin sollte die alte Abmachung gelten.

Zwischen den Einwohnern dieses Ortes herrschen Neid und insgeheim tödliche Feindschaft, obwohl sie alle miteinander verwandt sind.

Von einer Dame hörte ich folgendes Sprichwort:

Willst du von deiner Frau ein Kind,
schick sie allein ins Bad geschwind!

An meiner Wohnung fand ich vor allem recht angenehm, daß ich auf einem ebnen Weg, der nur dreißig Schritt lang war, direkt ins Bett gehn konnte. Was mich hingegen sehr verdroß,

war der Anblick der ihres Laubs beraubten Maulbeerbäume, so daß man sich mitten im Sommer im Winter wähnte.
Der Nierensand, den ich ständig ausschied, schien mir viel gröber als sonst, und bei seinem Abgang verspürte ich im Schwanz unbeschreibliche Stiche.
Jeden Tag war zu beobachten, wie von allen Seiten in kleinen Flaschen Wein zum Verkosten herangebracht wurde, damit die Fremden von dem, der ihnen zusagte, größere Mengen bestellen könnten. Gute gab es jedoch nur sehr wenig — die weißen waren säuerlich, unreif und zu leicht, die roten rauh und zu schwer —, es sei denn, man ließ sich aus Lucca oder Pescia *Trebbiano* kommen: einen zwar äußerst reifen, dafür aber nicht sonderlich delikaten Weißwein.
Donnerstag, Fronleichnam, nahm ich mindestens eine Stunde ein lauwarmes Bad. Ich schwitzte darin nur ganz wenig, und als ich herausging, fühlte ich keinerlei Änderung. Ich duschte mir den Kopf eine halbe Viertelstunde, und nach der Rückkehr schlief ich im Bett eine Weile ein. Das Baden und Duschen tat mir diesmal wohler als sonst. Doch an den Händen und andren Körperteilen verspürte ich einen Juckreiz, und just da fiel mir ein, daß bei den Einheimischen die Krätze grassierte und die Kinder unter Milchschorf litten.
Doch hier geht es genauso zu wie anderswo: Was wir unter so großen Schwierigkeiten suchen, wird von den Einheimischen geringgeschätzt, denn ich traf viele, die diese Heilwässer nie auch nur gekostet haben — sie halten sie für wertlos. Dabei sieht man hier kaum alte Leute!
In dem Schleim, den ich mit dem Urin ausschied (und das geschieht bei mir unablässig), waren von ihm umhüllte Sandkörner zu sehn.
Als ich im Bad die Dusche auf den Unterleib gerichtet hielt, schien mir dies die Blähungen auszutreiben. Zugleich ging die Schwellung meines rechten Hodens eindeutig zurück, an der ich sehr oft leide. Deshalb bin ich mir ziemlich sicher, daß diese Schwellung von den Fürzen herrührt, die sich im Hoden verfangen.

Am Freitag badete ich wie gewöhnlich, den Kopf duschte ich mir sogar etwas länger. Die außergewöhnliche Menge Sand, die ich ununterbrochen ausschied, machte mich zweifeln, daß die Nieren sie hätten fassen können — zusammengepreßt wäre sie ja einem großen Ball gleichgekommen! Eher vermute ich, daß es die Wirkung des Wassers war, die sie entstehen und dann schubweise hervortreten ließ.
Samstag badete ich zwei Stunden lang, und über eine Viertelstunde duschte ich mir den Kopf. Am Sonntag ruhte ich mich aus. Am selben Tag gab ein Bologneser Edelmann seinerseits einen Ball. Eine Frau tanzte dort mit einer gefüllten Wasserschüssel auf dem Kopf, die selbst bei ihren ausgelassensten Sprüngen nicht wankte und schwankte.
Das Fehlen öffentlicher Uhren hier wie fast überall in Italien fand ich recht lästig.
Im Bad befindet sich die Statue einer Madonna mit folgendem lateinischen Vers:

Heilige Jungfrau, führe den, der krank dies Haus
betritt, durch deiner Liebe Macht gesund heraus!

Wegen seiner Schönheit und Nützlichkeit nicht genug zu loben ist der hiesige Brauch, die Berge bis zum Gipfel zu kultivieren, indem man kreisförmig um sie herum stufenweise Terrassen anlegt, deren etwas erhöhter vorderer Rand da, wo die Erde nicht von selbst hält, mit Steinen oder einer andren Bewehrung abgestützt wird. Die Fläche jeder Terrasse, bald breiter, bald schmaler, ist mit Getreide bepflanzt, während auf dem vordern, zur Talseite gerichteten runden Rand dicht an dicht Reben wachsen. Nur da, wo sich (wie etwa zum Gipfel hin) keinerlei flache Stelle findet oder herstellen läßt, wird ausschließlich Wein angebaut.
Die Ärzte waren erstaunt darüber, daß unsre Franzosen meist schon am Morgen tranken und dann noch am selben Tag badeten.

Am Montagmorgen blieb ich zwei Stunden im Bad. Ich duschte mich jedoch nicht, weil ich mir in den Kopf gesetzt hatte, drei Pfund Wasser zu trinken, und die rumorten mir nun im Darm herum. (Jeden Morgen badete ich mir übrigens auch die Augen, indem ich sie im Wasser offenhielt, wovon ich aber keinerlei Wirkung verspürte, weder so noch so.) Jene drei Pfund Wasser schied ich, glaube ich, schon im Bad wieder aus, denn ich pißte dort ziemlich oft; hernach schwitzte ich etwas mehr als sonst.

Was den Stuhlgang betrifft, nahm ich, da ich in den letzten Tagen an ungewöhnlicher Verstopfung gelitten hatte, drei Körner des obenerwähnten eingemachten Korianders zu mir, die mir zwar viel Wind herausjagten, von dem ich ganz voll war, doch an Festem fast nichts. Und obgleich ich die Nieren aufs gründlichste purgiert hatte, verspürte ich noch immer gelegentlich Stiche, die ich aber eher den Blähungen zuschrieb.

Am Dienstag blieb ich zwei Stunden im Bad und duschte mich eine halbe Stunde, trank aber nicht. Mittwoch blieb ich anderthalb Stunden im Bad und duschte mich etwa eine halbe Stunde.

Bei dem wenigen vertraulichen Umgang, den ich bisher mit den Italienern hatte, vermochte ich, die Wahrheit zu sagen, von den Wundern an Geist und Urteilskraft nichts zu entdecken, die man ihnen nachsagt — ich bemerkte keinerlei außergewöhnliche Fähigkeit. Dafür hegen sie eine um so größere Bewunderung für die paar Vorzüge, die *wir* aufzuweisen haben.

Zum Beispiel geschah an diesem Tag folgendes: Mehrere Ärzte waren zu einer wichtigen Konsultation über den hier im Bad weilenden Herrn Paolo de Cesi (Neffe des gleichnamign Kardinals) zusammengekommen, und dieser schickte sie nun zu mir mit der Bitte, ich möchte mir ihre kontroversen Meinungen anhören und ihm dann mein Urteil mitteilen, nach dem sich zu richten er entschlossen sei. Darüber mußte ich im Innern herzlich lachen, denn Ähnliches ist mir hier und in Rom immer wieder passiert.

Wenn ich las oder den Blick auf einen hellen, glänzenden Gegenstand richtete, verschwamm mir manchmal alles vor den Augen. Es verstörte mich zutiefst, daß dieses Übel seit jenem Migräneanfall fortdauerte, der mich kürzlich vor Florenz ereilt hatte. Es bestand in einer an sich schmerzfreien, aber auf die Stirn drückenden Schwere des Kopfes und einer gewissen Umwölkung des Auges, die mir den Blick zwar nicht verkürzte, ihn zuweilen aber was weiß ich wie verwirrte. Danach hatte sich die Migräne zwei- oder dreimal wieder eingestellt, die zu dieser Zeit länger als sonst dauerte, mich von meinen Tätigkeiten jedoch kaum abhielt. Seit ich mir aber regelmäßig den Kopf duschte, packte sie mich sogar täglich, und die Augen tränten wieder wie früher, wenn auch ohne Rötung und Schmerz.

Bis zu jenem Ausbruch der Migräne hatte ich mehr als zehn Jahre nicht mehr unter Kopfschmerzen gelitten.

Da ich fürchtete, daß das Wasser meinen Kopf weiter schwächen könnte, duschte ich ihn am Donnerstag nicht, sondern badete lediglich, eine Stunde.

Freitag, Samstag und Sonntag unterbrach ich überhaupt alle Anwendungen: teils aus ebendieser Furcht, teils weil ich mich ziemlich schlecht fühlte, schied ich doch ständig ungeheure Mengen Sand aus. Aber es half alles nichts — der Kopf fand nicht in seine gewohnte Verfassung zurück, und in manchen Stunden fühlte ich eine Verschlimmerung, die durch das quälende Treiben der Phantasie noch ärger wurde.

Am Montagmorgen trank ich in dreizehn Gläsern sechseinhalb Pfund von der gewöhnlichen Quelle. Vor dem Mittagessen schied ich etwa drei Pfund hartes weißes Wasser wieder aus, das übrige nach und nach.

Obwohl meine Kopfschmerzen weder anhaltend noch allzu heftig waren, verdarben sie mir doch den Teint. Ansonsten aber spürte ich im Kopf weder einen Kräfteschwund noch Ausfälle wie zuweilen früher, sondern nur eine gewisse Schwere auf den Augen, und der Blick war etwas getrübt.

An diesem Tag begann man in der Ebene den Roggen zu mähn.
Am Dienstag ging ich, sobald es tagte, zur *Bernabò*-Quelle und trank davon sechsmal hintereinander sechs Pfund. Es fiel ein leichter Regen. Ich schwitzte etwas. Das Wasser setzte den Bauch in Bewegung und spülte die Därme tüchtig durch. Daher konnte ich nicht verfolgen, wieviel ich ausgeschieden hatte. Ich pißte wenig, aber nach zwei Stunden begann der Urin schon wieder Farbe anzunehmen. Ehe der Tag zur Neige ging, war alles Wasser ausgeschieden — und mehr, als ich einschließlich aller sonstigen Getränke zu mir genommen hatte. Freilich trank ich nur noch ein allereinzigstes Mal: ein halbes Pfund Wasser zur Mahlzeit am Abend. Ich aß wenig.
Für sechs Goldtaler monatlich oder kaum mehr bekommt man hier zu Dutzenden Pensionen mit eigenem Zimmer und allem erdenklichen Komfort angeboten, dazu sogar einen Diener. Wer ohne einen anreist, wird in vielen Dingen vom Wirt selbst bedient und bestens verpflegt.
Am Mittwoch, es war regnerisch, trank ich aus der gewöhnlichen Quelle sieben Mal hintereinander sieben Pfund; hernach gab ich das Wasser und was ich sonst noch getrunken hatte wieder von mir. Donnerstag trank ich neun Pfund: erst auf einen Zug sieben, und als ich das Wasser schon auszuscheiden begann, schickte ich nach zwei weitren. Es ging mir nach allen Seiten wieder ab. Zum Essen trank ich fast nichts.
Freitag und Samstag machte ich es genauso, und am Sonntag ruhte ich mich aus.
Montag nahm ich sieben Gläser gleich sieben Pfund Wasser zu mir. Ständig ging mir Sand ab, aber weniger als nach dem Baden — und das sah ich gleichzeitig bei vielen andren. An diesem Tag verspürte ich im Unterleib einen Schmerz, wie er für Steinabgänge typisch ist, und tatsächlich schied ich einen kleinen aus; Dienstag noch einen.
Nach meiner Beobachtung kann ich deshalb fast mit Sicherheit sagen, daß die Kraft dieses Wassers die Steine zu zerspalten

vermag, denn bei einigen nahm ich während ihres Hinuntergleitens deren beachtliche Größe wahr, und dann schied ich sie in viel kleineren Stücken aus.
An diesem Dienstag trank ich acht Pfund Wasser: achtmal je ein Pfund.
Calvin hätte, wenn ihm bekannt gewesen wäre, daß die Ordensprediger hier *ministri* heißen, seine Prediger zweifellos anders genannt.
Am Mittwoch nahm ich acht Pfund zu mir: acht Gläser. Fast immer war das dann von mir in den ersten drei Stunden bis zur Hälfte ausgeschiedne Wasser klar und naturfarben, hernach etwa ein halbes Pfund rötlich und trüb; der Rest ging nach Tisch ab und nachts.
In der nun beginnenden Saison kamen immer mehr Leute ins Bad. Nach den von mir beobachteten Beispielen wie nach Meinung der Ärzte (namentlich des bereits erwähnten Donati, Autor eines Buchs über diese Bäder) war es kein schwerwiegender Fehler, daß ich mir mit dem Wasser der hiesigen Quelle auch den Kopf duschte, denn wenn die Kurgäste ein Bad nehmen, pflegen sie sich ihrerseits unter Wasser den Bauch zu duschen, indem sie auf diesen einen langen Schlauch richten, der mit seinem oberen Ende an der Quelldüse befestigt wird. Und da man sich früher mit diesem Wasser ebenfalls den Kopf duschte und am gleichen Tag darin badete, kann also weder meine Gewohnheit, beides miteinander zu verbinden, noch die Tatsache, daß ich das Wasser mir statt über den Schlauch direkt aus der Quelle zuführte, ein schwerwiegender Fehler gewesen sein.
Doch nicht richtig war es vielleicht, die Anwendungen zu unterbrechen. Nach dem, was ich bis jetzt an Wirkung verspüre, könnte es sehr wohl sein, daß durch mein Verhalten die schädlichen Säfte nur aufgewühlt wurden, eine Fortsetzung der Kur sie mit der Zeit aber völlig herausgetrieben hätte. Donati erlaubt jedenfalls, an ein und demselben Tag zu trinken und zu baden. Daher bereue ich, daß ich mich nicht dazu aufraffen konnte

(obwohl ich es doch aus guten Gründen wollte), morgens gleich im Bad zu trinken.
Über die *Bernabò*-Quelle ist Donati des Lobes voll, freilich mit den bekannten Argumenten und Spitzfindigkeiten der Mediziner.
Von der Einwirkung des hiesigen Wassers auf den Sand, wie sie sich bei mir ständig zeigte, war bei den meisten andern, die das Nierenleiden verschont hatte, nichts zu sehn. Das sage ich zur Erklärung dafür, daß meiner unveränderten Meinung nach der Sand, den ich ausschied, nicht aus diesem Wasser stammen kann.
Am Donnerstagmorgen weilte ich eine Stunde im Bad, ohne mir den Kopf zu duschen; und um den ersten Platz zu ergattern, hatte ich mich schon vor Tagesanbruch hinbegeben. Deswegen, glaube ich, und weil ich dann im Bett eingeschlafen bin, fühlte ich mich danach schlecht. Der Mund war derart ausgetrocknet und brennend vor Durst, daß ich am Abend vorm Schlafengehn zwei große Gläser gekühltes Heilwasser trank. Doch ich verspürte keinerlei Besserung.
Am Freitag ruhte ich mich aus. Der franziskanische Bruder *ministro* (so nennt man hier die Ordensprovinzialen), ein verdienstvoller Mann, so gelehrt wie höflich, der mit vielen Brüdern aus verschiednen Orden im Bad weilte, schickte mir ein schönes Präsent: Wein von allererster Güte, Marzipan und weitre Köstlichkeiten.
Samstag ließ ich das Kuren sein und ging statt dessen zum Mittagessen nach *Menabbio*, einem schönen großen Dorf auf dem Gipfel eines der umliegenden Berge, wohin mich ein reicher Soldat namens *Signor Sandro* in sein Haus eingeladen hatte; als Gastgeschenk brachte ich Fische mit. Dieser Mann war nach vielem Herumreisen in Frankreich und anderswo schließlich in Flandern durch Einheirat zu viel Geld gekommen.
Das Dorf hat eine schöne Kirche. Auch wohnt dort eine Unzahl bäuerlicher Soldaten, und kaum einer ist darunter, der nicht ebenfalls viel herumgereist wäre. Sie sind zutiefst in die spani-

sche und die französische Partei gespalten. Ohne dies zu beachten, hatte ich mir eine Blume hinters *linke* Ohr gesteckt, worauf die Anhänger der Franzosen sich prompt beleidigt gaben.
Nach dem Mittagessen stieg ich zum Fort hinauf, das, mit mächtigen Mauern bewehrt, genau auf dem Gipfel des äußerst schroffen Berges liegt, der, obwohl steil und zerklüftet, rundum reich kultiviert ist: Hier finden sich selbst an den Steilhängen und ungeheuren Felsstürzen, selbst am Rand der Schründe und Schluchten nicht nur Reben und Korn, sondern sogar grüne Wiesen — und im Unterland haben sie kein Heu!
Über eine andre Seite des Bergs stieg ich geradewegs wieder hinab.
Sonntagmorgen suchte ich mit einigen Edelleuten das Bad auf, in dem ich eine halbe Stunde verweilte.
Von Signor Ludovico Pinitesi wurde mir ein schönes Präsent überbracht: ein mit wunderschönen Früchten beladnes Pferd, darunter erste Feigen, von denen man im Bad noch keine gesehn hatte, und zwölf Flaschen des lieblichsten Weins. Zur gleichen Zeit ließ mir der bereits erwähnte Ordensbruder eine derartige Fülle andrer Früchte zukommen, daß ich einen Teil davon an die Einheimischen verschenken konnte.
Nach dem Mittagessen fand wieder ein Ball statt, zu dem mehrere adlige Damen erschienen, die zwar gut gekleidet, doch nur von durchschnittlicher Schönheit waren — und dabei gehörten sie zu den schönsten Frauen Luccas!
Am Abend erhielt ich von Signor Ludovico di Ferrari, einem aus Cremona stammenden guten Bekannten, als Präsent einige Dosen vorzügliches Quittengelee, das sehr gut gewürzt war, dazu eine besondre Art Zitronen und Orangen von ungewöhnlicher Größe.
In der Nacht bekam ich kurz vor Tagesanbruch am rechten Bein einen Wadenkrampf mit Schüben von äußerst heftigem Schmerz. Die Qual dauerte eine halbe Stunde. Nicht lange vorher hatte ich bereits einen solchen Anfall gehabt, der aber wie der Blitz vorüberging.

Montag begab ich mich ins Bad und hielt dort den Bauch eine Stunde lang unter den Quellstrahl. Dabei spürte ich im Bein immer noch ein leichtes Zucken.

Just in diesen Tagen begann man die Hitze zu spüren, und man hörte die Zikaden zirpen, freilich auch nicht stärker als in Frankreich. Bis jetzt waren mir die Jahreszeiten kälter vorgekommen denn zu Hause.

Die freien Nationen kennen nicht die Rangunterschiede der andren. Hier haben sogar die Ärmsten in ihrem Auftreten etwas, wie soll ich sagen, *Hochherrschaftliches*. Selbst wenn sie ein Almosen verlangen, lassen sie stets ein gebieterisches Wort einfließen: »Geben Sie mir gefälligst ein Almosen!« Oder: »Sie sollten mir endlich ein Almosen geben, klar?« Oder wie jener Bettler in Rom ausrief: »Tut mir Gutes — um euretwillen!«

Am Dienstag blieb ich eine Stunde im Bad.

Am Mittwoch, den einundzwanzigsten Juni reiste ich zu früher Stunde aus den Bagni della Villa ab, nachdem mir beim Abschied von den dort zur Kur weilenden Damen und Herren Beweise der Freundschaft zuteil geworden waren, wie ich sie mir größer nicht hätte wünschen können.
Über steile und dennoch wohlgefällige Berge voller Wälder gelangte ich nach Pescia, zwölf Meilen, kleines Castello am gleichnamigen Fluß, auf Florentiner Gebiet. Schöne Häuser, offne Straßen, berühmte Trebbiano-Weine. Zwischen dichten Olivenhainen gelegen. Die Einwohner für Frankreich begeistert, deshalb sei ihr Wappentier, erklärten sie, ein Delphin.
Nach dem Mittagessen kamen wir durch eine schöne Ebene, die reich an ansehnlichen Häusern und Schlössern war. Ich hatte mir fest vorgenommen, etwa sieben Meilen hinter Pescia den Monte Catini mit dem heißen und salzigen Quellwasser des *Tettuccio* zu besuchen; aus Zerstreutheit ließ ich die Quelle jedoch eine Meile rechts von meinem Weg liegen und merkte das Versäumnis erst, als ich schon fast in Pistoia angekommen war, elf Meilen. Ich stieg vor der Stadt ab und wurde dort von Rospigliosis Sohn besucht.

Wer in Italien anders als mit Mietpferden reist, ist schlecht beraten. Sie von Ort zu Ort zu wechseln scheint mir immer noch bequemer, als sich auf einer langen Reise in die Hände der *vetturini* zu begeben. Für die zwanzig Meilen von Pistoia nach Florenz kosten die Pferde nur vier Juliustaler.

Von Pistoia aus kam ich zunächst durch die Stadt *Prato* und dann siebzehn Meilen weiter nach **Castello**, wo ich in einem dem Palast des Großherzogs gegenüberliegenden Gasthaus zu Mittag aß. Hernach sahen wir uns den Garten des Palastes eingehender als bei unsren ersten Besuchen an, und da erging es mir nun wieder wie schon so oft zuvor: Die Vorstellung übertraf die Wirklichkeit. Ich hatte den Garten seiner Blätter beraubt gesehn, winterlich nackt. So malte ich mir damals seine Schönheit in der wärmsten Jahreszeit reicher aus, als sie mir nun erschien.

Nach dem Mittagessen erreichte ich **Florenz**, drei Meilen. Dort sah ich mir die öffentlichen Prozessionen an, mit dem Großherzog in der Kutsche. Unter anderem Pomp gab es einen Wagen mit einem vergoldeten Theater, auf dem vier kleine Kinder spielten, und ein Mönch oder ein als solcher verkleideter Mann mit falschem Bart stellte den heiligen Franziskus dar: Er stand aufrecht und hielt die Hände so, wie man es von den Bildern kennt; um die Kapuze trug er einen Kranz. Etliche Jungen der Stadt steckten in Rüstungen, und einer gab den heiligen Georg. Auf dem Marktplatz stellte sich ihm ein großer Drache in den Weg, von mehreren Männern unbeholfen gestützt und hochgehalten; mit Riesengebrüll spie er aus seinem Rachen Feuer. Der Junge ging ihn jedoch bald mit der Lanze, bald mit dem Schwert entschlossen an und stach ihn schließlich ab.

Von einem gewissen *Gondi* aus Lyon wurde ich mit Liebenswürdigkeiten überhäuft. Zum Beispiel ließ er mir hervorragenden *Trebbiano* zukommen.

Es herrschte hier eine derartige Hitze, daß sie selbst die Einheimischen überraschte.

Im Morgengrauen bekam ich auf der rechten Seite wieder eine Nierenkolik. Sie machte mir etwa drei Stunden zu schaffen.

An diesem Tag aß ich die erste Melone des Jahres. Schon seit Anfang Juni genoß man in Florenz Gurken und Mandeln.

Am dreiundzwanzigsten Juni fand auf einem von ansehnlichen Häusern eingefaßten schönen großen Platz, rechteckig, doch länger als breit, ein Wagenrennen statt. Am Ende jeder Längsseite hatte man einen hölzernen Obelisken errichtet, und von einem zum andern spannte sich ein Seil, das, von mehreren Querseilen festgezurrt, den Platz absperrte. Alle Balkone beladen mit Damen, oben im Palast der Großherzog, seine Frau und der Hofstaat, das Volk längs des Platzes auf Tribünen wie auch ich.

Das Wettrennen wurde zwischen fünf leeren Wagen ausgetragen, und zwar dergestalt, daß sie sich alle zunächst neben einem der Obelisken aufstellten. Einige meinten, der äußerste hätte den Vorteil, am leichtesten wenden zu können. Auf einen Trompetenstoß begann das Rennen. Die Runde nach der dritten Wende um den Obelisken, von dem das Rennen ausgeht, entscheidet über den Sieg. Der Wagen des Großherzogs behielt immer die Führung — bis zur dritten Wende. Nach ihr aber steigerte der Wagen des Giambattista Strozzi, der bis dahin der zweite war, mit verhängten Zügeln das Tempo und holte derart auf, daß unsicher blieb, wer gewonnen hatte.

Ich fand es bemerkenswert, wie das Volk, sobald es das Aufholen des Wagens von Strozzi sah, sein Schweigen brach und dessen Fahrer mit Klatschen und Schreien aus Leibeskräften anfeuerte — vor den Augen des Fürsten! Und als dann von den dazu bestimmten Edelleuten der Streit um die Siegespalme entschieden werden sollte, die Anhänger Strozzis sie aber dem anwesenden Volk zu überlassen vorschlugen, erhob sich ein einmütiger Schrei zu dessen Gunsten, so daß ihm schließlich der Sieg zugesprochen wurde — meiner Meinung nach zu Unrecht.

Der *palio* dürfte hundert Taler wert sein.

Mir gefiel dieses Schauspiel mehr als jedes andre, das ich in Italien sah, weil es so sehr den antiken Wagenrennen glich.

Da es der Vorabend von Sankt Johannes war, wurde der obere Teil des Doms ringsum von zwei, drei Reihen Lichtern angestrahlt; auch schoß man von dort aus Raketen in die Luft. Es heißt, daß in Italien anders als in Frankreich Johannisfeuer nicht üblich seien.

Samstag war also Johannistag, das wichtigste und am ausgiebigsten gefeierte Fest von Florenz, so daß sich sogar die jungen Mädchen auf den Straßen sehen lassen — doch ich fand keine großen Schönheiten darunter.

Auf dem Platz des Palastes hatte man an dessen mit äußerst reichen Gobelins behangner Mauer eine Tribüne errichtet, darüber einen Baldachin. Am Morgen erschien hier der Großherzog, zu seiner Linken der Nuntius des Papstes und viel weiter weg der Botschafter von Ferrara. Vor ihm zogen nun, von einem Herold jeweils angekündigt, all seine Ländereien, Städte und *Castelli* in Form von Symbolträgern vorbei. Siena zum Beispiel wurde von einem jungen Mann repräsentiert, der, in weißen und schwarzen Samt gekleidet, ein großes Silbergefäß sowie eine Darstellung der sienesischen Wölfin in der Hand trug. Er machte sie dem Großherzog zum Geschenk und hielt dabei sogar eine kleine Ansprache.

Als er geendet hatte, erschienen auf äußerst häßlichen Kleppern und Maultieren in der vom Herold ausgerufnen Reihenfolge schlecht gekleidete Burschen, von denen dieser einen Silberpokal trug, jener eine verwitterte und zerfetzte Fahne. Sie zogen in großen Haufen vorbei, ohne ein Wort zu sagen, ohne jede Ehrerbietung und ohne sich im geringsten nach der feierlichen Form des Festzugs zu richten. Für sie schien das Ganze mehr eine Art Gaudi — so schlecht benahmen sich diese Vertreter der von Siena abhängigen Ortschaften und *Castelli!* (Dieser Zug findet als Zeichen der Huldigung jedes Jahr statt.)

Dann zog ein Festwagen vorüber, der einen großen Holzobelisken trug; auf dessen Stufen stellten entsprechend kostümierte

Knäblein Engel oder Heilige dar. Auf der Spitze aber, die den höchsten Häusern gleichkam, stand ein wie Sankt Johannes gekleideter Mann, der an eine Eisenstange gebunden war. Diesem Wagen folgten die Beamten, vor allem die der Münze.

Als letzter kam ein Wagen, auf dem junge Leute standen, die drei *palii* für die verschiednen Wettrennen trugen. Neben ihnen wurden die Berberrosse für das Rennen dieses Tages von den Stallknechten geführt, die dazu bestimmt waren, sie in den Farben ihrer Besitzer (alles Herren von höchstem Rang) zu reiten. Die Pferde waren klein, aber schön.

Die Hitze schien mir an diesem Tag nicht heftiger als in Frankreich. Um ihr gleichwohl in den Zimmern des Gasthofs zu entgehn, sah ich mich gezwungen, nachts auf dem Tisch des Speisesaals zu schlafen, den ich mit Matratze und Bettüchern versehen ließ. (Ich hatte leider keine angenehmere Unterkunft finden können, denn der Fremde ist in dieser Stadt schlecht dran.) Auch wollte ich mich auf diese Weise vor den Wanzen retten, von denen die Betten wimmeln.

Es gibt hier wenig Fisch. Zum Verzehr werden Forellen und andre Fische nur von auswärts bezogen, und nur mariniert. Ich sah, wie dem Giovan Mariano aus Mailand, der im selben Gasthaus wie ich wohnte, als Präsent vom Großherzog Wein, Brot, Obst und lebendige Fische überbracht wurden; diese waren klein und schwammen in irdnen Kühlgefäßen. — Ich hatte den ganzen Tag über einen vor Trockenheit brennenden Mund: nicht etwa aus Durst, sondern aufgrund einer innren Hitze, wie ich sie bisweilen schon zu Hause an heißen Tagen zu spüren bekam. Ich aß nur Obst und gezuckerte Salate — doch es half nichts: Das Unwohlsein blieb.

Den Vergnügungen, die man bei uns in der Abendkühle *nach* dem Essen genießt, widmet man sich hier davor. An den längsten Tagen des Jahres findet das Abendessen oft erst des Nachts statt. Zwischen sieben und acht Uhr bricht jetzt der Tag an.

Nach dem Mittagessen fand nun das Wettrennen der Berberrosse statt. Gewinner war das Pferd des Kardinals de' Medici.

Der *palio* ist zweihundert Taler wert. Von dem Rennen hat man als Zuschauer kaum etwas, denn man steht nur an der Straße und sieht die Pferde in wilder Jagd vorüberrasen.

Am Sonntag besuchte ich den *Palazzo Pitti*. Hier war unter anderm eine Mauleselin in Marmor als Abbild jener noch lebenden zu sehn, die man solcherart für die langen Dienste im Heranschleppen des Materials zur Errichtung dieses Bauwerks ehren wollte. Lateinische Verse weisen eigens darauf hin. Auch befindet sich dort jene antike Chimäre, die wie ein kleiner Löwe geformt ist und zwischen deren Schultern ein Kopf mit Hörnern und Ohren hervortritt.

Am Samstag zuvor war der Palast des Großherzogs geöffnet, so daß sich die Bauern darin drängten, die sich was immer sie wollten besehen durften, und bis in alle Ecken und Enden des großen Saals wurde getanzt. Diese Leute vermitteln, glaube ich, ein Bild jener Freiheit, die ihnen zwar verlorenging, sich aber wenigstens an diesem Hauptfest der Stadt einmal im Jahr wieder zeigt.

Montag war ich zum Essen ins Haus des Signor Silvio Piccolomini eingeladen, eine wegen ihrer Verdienste, vor allem wegen ihrer Fechtkunst berühmte Persönlichkeit. Es wurde über vielerlei gesprochen, denn es saß eine gute Gesellschaft von Edelleuten beisammen. Piccolomini hält überhaupt nichts von der Fechtkunst der italienischen Meister: weder von jenem Venezianer in Bologna noch von Patinostraro und den andren. Allein einem seiner Schüler zollt er Lob, der in Brescia einige Edelleute in dieser Kunst unterrichtet. Er sagt, in der Art, wie das Fechten üblicherweise gelehrt werde, sei weder System noch Bezug zur Praxis. Besonders verurteilt er den gewohnten Ratschlag, den Degen nach vorn zu stoßen, stehnzubleiben und die Reaktion des Gegners abzuwarten, um erst hernach einen neuen Ausfall zu machen, denn dies entspreche in keiner Weise, wie die Erfahrung zeige, dem tatsächlichen Verhalten der Kämpfer. Er sei gerade dabei, darüber ein Buch drucken zu lassen. Was schließlich die Kriegführung angeht, lehnt er die

Artillerie weitgehend ab — und das hat mir sehr gefallen. Doch Machiavellis Buch über den Krieg lobt er, und er teilt seine Ansichten. Weiter sagt er, von den Festungsbaumeistern stehe zur Zeit der hervorragendste in Diensten von Serenissimus, dem Großherzog von Florenz.
Hier pflegt man dem Wein in den Gläsern Schnee beizumengen. Ich nahm aber nur wenig, da ich mich nicht allzu wohl fühlte; mir taten oft die Seiten weh, und ich schied unglaubliche Mengen Sand aus. Überdies gelang es mir nicht, wieder klaren Kopf zu gewinnen: völlige Benommenheit, und auf Augen und Stirn, auf Backen, Zähnen und Nase, ja dem ganzen Gesicht fühlte ich eine, wie soll ich sagen, seltsame Schwere. Ich überlegte mir, ob nicht die süßen und unausgegornen Weißweine des Landes daran schuld sein könnten, denn als ich das erste Mal wieder meine Migräne bekam, hatte ich, erhitzt von der Reise und der Jahreszeit, eine große Menge *Trebbiano* getrunken, ohne daß dessen Süße meinen Durst hätte löschen können.
Nunmehr mußte ich zugeben, daß Florenz zu Recht *la bella* genannt wird.
An jenem Tag ging ich mir rein zum Vergnügen jene Damen ansehn, die sich jedem zu zeigen pflegen, der dies wünscht; und obgleich ich die bekanntesten zu Gesicht bekam, muß ich sagen: nichts Besondres! Die Unterkünfte liegen alle in dem für ihre Tätigkeit vorgesehnen Viertel der Stadt und sind daher unansehnlich, ja geradezu häßlich, jedenfalls in keiner Weise mit denen der römischen oder venezianischen Dirnen zu vergleichen; und ebensowenig kommen sie diesen an Haltung, Anmut und Schönheit gleich. Wenn eine sich außerhalb der Grenzen dieses Viertels niederlassen will, muß dies unauffällig und unter Vortäuschung eines anderen Berufs geschehn.
Ich sah mir auch die Werkstätten der Seidenspinner an. Sie bedienen sich bestimmter Vorrichtungen, die, von einer einzigen Frau in Gang gesetzt, gleichzeitig fünfhundert Spindeln zum Drehen bringen.
Am Dienstagmorgen schied ich einen kleinen roten Stein aus.

Mittwoch besuchte ich das Landhaus des Großherzogs. Was mir darin am meisten auffiel, war ein pyramidenförmiger Felsen, der aus allen Arten von natürlichen Mineralien zusammengefügt und geformt ist, von jeder ein Stück. Dieser Felsen vermag Wasser auszuspeien, das vielerlei Gegenstände wie Wasser- und Windmühlen, kleine Kirchenglocken, Wachsoldaten und Tiere, ja ganze Jagden und tausend Dinge mehr in Bewegung setzt.
Am Donnerstag gab es ein weiteres Pferderennen; ich hatte jedoch keine Lust, ihm beizuwohnen, und besuchte nach dem Mittagessen dafür *Pratolino*, das ich mir diesmal genauestens ansah. Da der Hausmeister mich gebeten hatte, ihm meine Meinung über dessen Schönheiten im Vergleich mit denen in *Tivoli* zu sagen, begnügte ich mich nicht mit einem Pauschalurteil, sondern nahm mir Teil für Teil die Einzelheiten vor, indem ich die jeweiligen Vorzüge erwog, so daß bald *Pratolino*, bald *Tivoli* Sieger blieb.
Freitag erwarb ich im Laden von *Giunti* ein Bündel Komödien, elf im ganzen, sowie ein paar kleinere Bücher. Ich konnte mir auch das Testament Boccaccios ansehn, das man hier mit vielerlei Anmerkungen und Kommentaren zum *Decamerone* gedruckt hatte. Es verrät auf erschütternde Weise, wie arm und unbegütert dieser große Mann war. Nur Bettlaken und ein wenig sonstiges Bettzubehör hinterläßt er seinen Eltern und Schwestern, die Bücher aber einem Ordensbruder mit der Maßgabe, sie jedem zur Verfügung zu stellen, der ihn darum angeht. Im übrigen listet er noch die erbärmlichsten Möbelstücke und Geschirrteile auf. Zuletzt bestimmt er Messen und Grabstätte. Das Testament wurde so gedruckt, wie man es vorgefunden hatte: auf stark beschädigtem Pergament, schon halb zerfasert.
Wie sich die römischen und venezianischen Dirnen für ihre Freier an den Fenstern präsentieren, so die hiesigen an den Türen ihrer Häuser, wo sie zu den einträglichsten Stunden in größeren oder kleineren Gruppen zusammenstehn und auf offner Straße miteinander plaudern und singen.

Am Sonntag, den zweiten Juli reiste ich nach dem Mittagessen aus Florenz ab, und nachdem wir den Arno auf einer Brücke überquert hatten, ließen wir ihn rechterhand liegen, folgten jedoch seinem Lauf. Wir kamen durch sehr fruchtbare schöne Ebenen, in denen die berühmtesten Melonenfelder der Toscana liegen. Die guten Sorten sind nicht vor Mitte Juli reif, und der Ort, wo es die allerbesten gibt, heißt *Legnaia*, drei Meilen von Florenz.

Unsre Straße führte uns weiter durch eine vorwiegend flache und wiederum fruchtbare Gegend, fast überall mit Häusern, kleinen *Castelli* und Dörfern übersät. Dabei durchquerten wir auch ein hübsches Landgut in äußerst reizvoller Lage, das *Empoli* heißt. Im Klang dieses Namens schwingt etwas, wie soll ich sagen, Antikes mit. Doch an Antikem konnte ich dort keiner-

lei Spur entdecken — nahe der Straße allenfalls eine verfallne Brücke, die tatsächlich irgendwie altertümlich wirkt.
Drei Dinge beeindruckten mich: erstens zu sehen, daß das Volk in diesen Gegenden am Sonntag arbeitet, indem die einen das Getreide aufstellen oder es dreschen, die andern spinnen oder nähen; zweitens zu sehen, daß dieselben Bauern mit der Laute in der Hand Ariost im Munde führen, ja selbst die Hirtenmädchen — und das begegnet einem in ganz Italien; drittens zu sehen, daß sie das gemähte Korn zehn bis vierzehn Tage und noch länger auf dem Feld lassen, ohne zu fürchten, daß der Nachbar es stehle.
In der Dämmerung erreichten wir Scala, zwanzig Meilen. Nur ein Gasthof vorhanden, der aber sehr gut. Ich aß nicht zu Abend und konnte kaum schlafen, da von Zahnschmerzen auf der rechten Seite geplagt, die oft meine Kopfschmerzen begleiten und mir beim Essen am meisten zusetzen, da ich dann nichts ohne heillose Qualen anrührn kann.
Am Montagmorgen, den dritten Juli folgten wir weiter der ebnen Straße längs des Arno, die uns schließlich durch einen flachen Landstrich voller Getreidefelder führte, ehe wir gegen Mittag in Pisa ankamen, zwanzig Meilen. Die Stadt gehört dem Herzog von Florenz und liegt in dem erwähnten flachen Landstrich am Arno, der mitten durch sie hindurchfließt und sich nach sechs Meilen dann ins Meer ergießt. Auf ihm gelangen die verschiedensten Arten von Wasserfahrzeugen in die Stadt.
Zu dieser Zeit hatten die Schulen bereits geschlossen, wie es hierzulande in den drei Monaten der größten Hitze üblich ist.
Wir lernten in Pisa die Komödiantentruppe der *Desiosi* kennen — hervorragend!
Da mir der Gasthof nicht zusagte, mietete ich ein Haus mit vier Zimmern und einem Eßsaal. Der Wirt hatte für die Küche zu sorgen und mußte die Möbel zur Verfügung stellen. Schönes Haus. Das Ganze für acht Taler monatlich. Weil aber das, was er für die Versorgung mit Tischtüchern und Servietten ver-

sprochen hatte, sich als zu dürftig erwies (ist es in Italien doch kaum üblich, die Servietten häufiger als das Tischtuch zu wechseln, dieses aber nur zweimal die Woche), ließen wir die Diener dort alleine essen, während wir für täglich vier Juliustaler in einem anderen Gasthaus speisten.

Unser Haus hatte eine wunderbare Lage mit wohlgefälliger Aussicht auf den Kanal, in dem der Arno das Stadtgebiet durchfließt. Dieser Kanal ist sehr breit und mehr als fünfhundert Schritt lang, etwas geneigt, in leichter Biegung verlaufend, was das Bild um so reizvoller macht, weil man ihn dergestalt von einem Ende bis zum andern mit seinen drei ihn überspannenden Brücken im Blick hat, und mit all den Booten voller Handelsware, die sich auf ihm drängen. Die beiden Ufer sind mit schönen Mauern befestigt, die wie der Pariser *Quai des Grands-Augustins* oben Brüstungen tragen. Auf beiden Seiten ziehen sich dann breite Straßen mit Reihen von Häusern hin; und ebenhier lag auch das unsre.

Mittwoch, den fünften Juli besichtigte ich den Dom; ehedem stand dort der Palast des Kaisers Hadrian. Er weist unzählige Säulen aus verschiedenem Marmor auf, verschieden bearbeitet und geformt, zudem großartige Metalltüren. Überdies hat man ihn mit vielerlei antiken Beutestücken aus Griechenland und Ägypten geschmückt, wie überhaupt zu seinem Bau Trümmer der Antike verwendet wurden. So kommt es, daß man auf dem Kopf stehende oder in der Mitte abgebrochne Inschriften sieht, an andren Stellen wiederum unbekannte Buchstaben, die angeblich von den alten Toscanern stammen.

Ich sah mir auch den *Campanile* an, der eine außergewöhnliche Form hat; mit seiner Neigung von sieben Klaftern ähnelt er dem Turm in Bologna und andren. Er ist rings von Pilastern und offnen Säulengängen umfaßt.

Dann besuchte ich die benachbarte Kirche *San Giovanni,* die ebenfalls einen großen Reichtum an berühmten Werken der Bildhauerkunst und Malerei aufweist, unter andern eine Marmorkanzel mit dichtgedrängten Skulpturen von einer derartigen Schönheit, daß angeblich jener *Lorenzo,* der den Herzog Alexander umbrachte, einige dieser Figuren »enthaupten« ließ, um die Köpfe der Königin zum Geschenk zu machen. Die Form dieser Kirche ähnelt der *Rotonda* in Rom.

Der natürliche Sohn von Herzog Alexander lebt übrigens hier. Ich sah ihn: Er ist schon alt. Da sein Vater großzügig für ihn gesorgt hat, lebt er recht angenehm, und das genügt ihm. Sich um seine schönen Jagden und reichen Fischgründe zu kümmern ist seine einzige Beschäftigung.

An heiligen Reliquien und außerordentlich schönen Kunstwerken aus Marmor oder sonstigem Gestein von seltener Schönheit und Größe finden sich hier mehr als in jeder andern Stadt Italiens.

Doch über alle Maßen gefiel mir die rechteckige Friedhofsanlage, der sogenannte *Camposanto.* Er ist ungewöhnlich groß: dreihundert Schritt lang und hundert breit. Innen ringsherum ein Gang, vierzig Fuß breit, mit Blei überdacht und Marmor gepflastert. Die Mauern voll alter Fresken.

Die Adligen der Stadt hatten unter dem überdachten Gang ihre Gräber. Von etwa vierhundert Familien sieht man auf den Platten noch die Namen und Wappen, darunter die des Florentiners *Gondi,* der zum Stammvater der gleichnamigen Familie wurde. Nach den Kriegen und Zerstörungen dieser uralten Stadt sind von all diesen Familien jedoch kaum vier übriggeblieben. Auch vom Volk nicht viel: In der Stadt wohnen heute Fremde, die von ihr Besitz ergriffen haben. (Aus jenen adligen Familien gingen viele Marchesen und Grafen sowie Granden in andren Gebieten der Christenheit hervor, denen sie sich zuwandten.)

Der mittlere Teil der Friedhofsanlage ist indessen nicht überdacht, und hier finden an einer Stelle ständig weitere Beisetzungen statt. Mit größter Entschiedenheit wird von allen Seiten behauptet, die hier begrabnen Leichen blähten sich in den ersten acht Stunden derart auf, daß man sehe, wie sich das Erdreich hebe; in den nächsten acht würde es sich wieder senken und zusammensinken, und in den letzten acht zersetze sich das Fleisch der Leiche voll und ganz — nach vierundzwanzig Stunden sei also nur noch das nackte Gebein übrig. (Dieses Wunder ist jenem andren auf einem römischen Friedhof vergleichbar, wo die Erde jeden Römer, den man dort begraben will, sofort wieder ausstößt.)

Dieser Teil ist ohne Dach und wie der Gang mit Marmor gepflastert, doch sieht man das nicht, denn darüber hat man ein, zwei Ellen hoch Erde aufgeschüttet, die angeblich aus Jerusalem stammt und von jener großen Flotte hergebracht wurde, mit der Pisa am Kreuzzug Friedrich Barbarossas teilgenommen hat. Falls der Bischof es erlaubt, darf man etwas von dieser Erde mitnehmen und auf andre Gräber streuen, da man glaubt, die Leichen würden sich dann schneller auflösen — und wahrscheinlich stimmt das sogar, denn auf dem Friedhof dieser doch so großen Stadt sieht man äußerst selten Gebeine, fast nie. Auch ist hier anders als in andren Städten nicht einmal eine Stelle vorgesehn, wo sie gesammelt und weggeschlossen werden könnten.

Aus den umliegenden Bergen gewinnt man wunderschönen Marmor, für dessen Bearbeitung die Stadt über hervorragende Steinmetzen verfügt. Zur Zeit arbeiten sie für den König von Fez in der Berberei an den reichen Verzierungen eines Theaters, für das er sich fünfzig ungewöhnlich hohe Säulen wünscht.

An zahllosen Stellen der Stadt sieht man unser Wappen; auch gibt es eine Säule, die König Karl VIII. dem Dom zum Geschenk machte. Ferner ist dieser König an der Außenwand eines Hauses in natürlicher Größe dargestellt, wie er vor der Madonna kniet, die ihm Ratschläge zu erteilen scheint. Eine Inschrift besagt, daß dem König, als er in diesem Haus zu Abend speiste, plötzlich die Idee gekommen sei, den Pisanern ihre alte Freiheit wiederzugeben, womit er sich als größer denn Alexander erwiesen habe. Dabei werden all seine Titel wie *König von Jerusalem, König von Sizilien* und so weiter aufgezählt. Die Worte über die Einzelheiten dieser neu gewährten Freiheit sind jedoch absichtlich unleserlich gemacht worden und zur Hälfte ganz beseitigt. Andre Privathäuser tragen unser Wappen noch als Schmuck: zum Dank dafür, daß der König diese Familien in den Adelsstand erhob.

Es gibt hier nicht viele Spuren antiker Gebäude, außer einer schönen Ruine aus Backstein (an einer Stelle, wo der Palast Neros gestanden hat, nach dem sie auch noch benannt ist) und der Kirche *San Michele*, die ein Marstempel war.

Am Donnerstag, dem Fest des heiligen Petrus, erzählte man mir, früher sei es Brauch gewesen, daß sich an diesem Tag der Bischof in einer Prozession zur vier Meilen außerhalb der Stadt liegenden Kirche *San Pietro* und dann weiter ans Meer begab, um einen Ring hineinzuwerfen und sich so mit ihm zu vermählen: Die Stadt war damals eine achtunggebietende Seemacht. Heute geht ganz allein noch ein Schulmeister ans Meeresufer. Die Priester aber ziehen nach wie vor in Prozession zur Kirche, wo große Ablässe erteilt werden.

Eine fast vierhundertjährige Bulle des Papstes (und dieses Alter wird von einem Buch beglaubigt, das nach dem Jahr 1200 erschienen ist) besagt, daß der heilige Petrus selbst diese Kirche errichtet habe und daß dem heiligen Klemens, als er hier vor einem Marmortisch die Messe feierte, aus seiner Nase drei Tropfen Blut draufgefallen seien. (Die Flecken sehen freilich so aus, als hätte man sie erst vor drei Tagen angebracht!) Die Genuesen nun zerschlugen einst die Platte, um einen dieser Tropfen zu rauben; hierauf brachten die Pisaner den restlichen Tisch bei sich in Sicherheit. Doch alljährlich wird er am besagten Fest des heiligen Petrus in feierlicher Prozession an seinen ursprünglichen Ort zurückgetragen, und schon zuvor macht sich das Volk die ganze Nacht über in Barken dorthin auf den Weg.

Freitag, den siebten Juli ging ich mir zu früher Stunde die Landgüter des Don Pietro de' Medici ansehn, die drei Meilen vor der Stadt liegen. Er hat dort eine ganze Welt von Besitzungen, die er selbst bewirtschaftet. Alle fünf Jahre wechselt er die Bauern, denen jeweils die Hälfte des Ertrags zusteht. Überreiche Kornfrucht tragender Boden, Weiden mit jederlei Art von Tieren. Ich stieg ab, um die Einzelheiten des Betriebs im Gutshof zu besichtigen: Eine Menge Leute sind hier emsig beschäftigt, mit allerlei zweckmäßigen Geräten und Vorrichtungen Quark, Käse und Butter herzustellen.

Von da aus setzte ich den Weg durch die Ebene fort und gelangte so ans Ufer des Tyrrhenischen Meers. Zur Rechten sah ich *Lerici*, zur Linken viel näher *Livorno*, ein am Meer liegendes *Castello*. Auch kann man deutlich die Insel *Gorgona* erkennen, etwas weiter *Capraia* und noch weiter schließlich Korsika. Ich wandte mich nun nach links und folgte dem Meeresufer, bis wir die Mündung des Arno erreichten. Die Schiffe können nur unter großen Schwierigkeiten in sie einfahrn, weil von den vielen kleinen Nebenflüssen dem Arno Erdreich und Schlamm zugeführt werden, die sich in der Mündung festsetzen und sie so erhöhen.

Ich kaufte hier Fische und schickte sie den Damen der Komödiantentruppe in Pisa.

Den Fluß säumen Macchien von Tamarisken. Am Samstag kaufte ich ein aus deren Holz gefertigtes Fäßchen für sechs Juliustaler und ließ es mit Silberreifen beschlagen. Dem Handwerker zahlte ich dafür drei Taler. Außerdem erwarb ich für sechs Juliustaler einen Stock aus indischem Rohr, um mich darauf zu stützen, und für acht Juliustaler eine kleine Schale und einen Becher aus Kokosnuß, die für die Milz und gegen das Nierenleiden dieselben guten Dienste leisten wie die Tamarisken.

Der Handwerker, ein geschickter Mann, der für die von ihm hergestellten mathematischen Instrumente berühmt war, lehrte mich, daß alle Bäume so viele Ringe wie Lebensjahre aufweisen, und er führte mir das an all den Arten vor, die er in der Werkstatt hatte (denn an sich war er Schreiner); hierbei zeigte er, daß die dem Norden zugewandte Seite des Stammes schmaler ist als die andre und die Ringe sich folglich dichter und enger aneinanderschließen. Daher könne er, behauptete er stolz, von jedem ihm vorgelegten Holz genau sagen, wie alt der Baum gewesen sei und in welcher Position er gestanden habe.

Während meines ganzen Aufenthalts in Pisa dauerten meine Kopfschmerzen mehr oder minder heftig an. Sie gingen mit einer derartigen Verstopfung einher, daß ich mich nie ohne künstliche Nachhilfe durch irgendwelche Arzneien entleern konnte, und selbst dies nur mit Mühe und Not. Nieren gut — doch was heißt bei mir schon *gut!*

Die Stadt war bis vor kurzem wegen ihrer ungesunden Luft verschrien. Nachdem aber Herzog Cosimo die sie rings umgebenden Sümpfe hat trockenlegen lassen, ist sie einwandfrei. Früher war sie derart gefährlich, daß man, wenn man jemanden lossein wollte, ihn nach Pisa verbannte, wo es nach ein paar Monaten um ihn geschehn war.

In dieser Gegend finden sich keine Rebhühner, obwohl die Fürsten alles versucht haben, sie hier anzusiedeln.

Mehrmals wurde ich in meinem Haus von *Girolamo Borro* besucht, Arzt und Professor an der hiesigen Universität. Und als ich ihm am vierzehnten Juli einen Gegenbesuch abstattete, schenkte er mir sein in der Volkssprache verfaßtes Buch *Über Ebbe und Flut des Meeres.* Zudem zeigte er mir ein anderes von ihm lateinisch geschriebnes Buch, das von den Krankheiten des Körpers handelt.

Am selben Tag flohen in der Nähe meines Hauses einundzwanzig türkische Sklaven aus dem Arsenal und bemächtigten sich eines voll ausgerüsteten Ruderschiffs, das der Signor Alessandro di Piombino im Hafen gelassen hatte, um auf Fischfang zu gehn.

Vom Arno abgesehen, der in seinem so schönen Kanal die Stadt durchfließt, und abgesehn von den erwähnten Kirchen, den Spuren des Altertums und den besonderen Anlagen hat Pisa wenig Vortreffliches und Reizvolles zu bieten. Man kommt sich wie in einer Einöde vor. Deswegen und auch wegen seiner Gebäudeformen, seiner Größe und seiner breiten Straßen erinnert es sehr an Pistoia. Wasser ist äußerst knapp und zudem schlecht. Alles, was man trinkt, schmeckt nach Sumpf.
Die Einwohner sind äußerst arm, dabei Fremden gegenüber unhöflich und hochmütig, ja geradezu feindselig; davon sind besonders die Franzosen betroffen, seit einer der hiesigen Bischöfe, *Pier Jacopo Bourbon*, gestorben ist, der aus dem Haus unsrer Fürsten stammen soll; eine Familie dieses Namens gibt es hier tatsächlich noch. Dieser Bischof war unsrer Nation derart zugetan und den Franzosen gegenüber derart gastfreundlich, daß er angeordnet hatte, jeden von ihnen, der in der Stadt eintreffe, sogleich in sein Haus zu führn. Wegen seines vorbildlichen Lebens und seiner Freigebigkeit behalten ihn die Pisaner in verehrungsvoller Erinnerung. Es ist erst fünf, sechs Jahre her, daß er starb.
Am siebzehnten Juli unternahm ich mit fünfundzwanzig andren eine *Riffa* um einige Nippsachen, die ein Mitglied der Pisaner Komödiantentruppe namens *Fargnocolo* gespendet hatte; der Einsatz pro Kopf betrug einen Taler. Zunächst lost man, wer anfängt, dann, wer als zweiter kommt — und so weiter bis zum letzten. Diese Reihenfolge muß man einhalten. Da um verschiedne Dinge gespielt wurde, teilte man alles in zwei gleiche Hälften: Wer die meisten Punkte hatte, gewann die eine, wer am wenigsten, die andre. Ich war als zweiter an der Reihe.
Am achtzehnten kam es in der Kirche *San Francesco* zu einer großen Schlägerei zwischen den Dompriestern und den Ordensbrüdern. Ein Pisaner Adliger war am Tag zuvor dort begraben worden, daher wollten die Priester die Messe lesen. Mit allem heiligen Gerät kamen sie nun im Ornat an und beriefen sich darauf, daß dies nach altem Brauch ihr Privileg sei. Gerade das

aber bestritten die Ordensbrüder: Ihnen allein und niemand andrem stehe es zu, in ihrer Kirche die Messe zu lesen. Ein Priester eilte an den Hauptaltar und wollte den Marmortisch packen, doch ein Bruder bot all seine Kräfte auf, ihn wegzuziehn, worauf der Domvikar ihm eine Ohrfeige gab. Von beiden Seiten flogen hierauf die Fäuste, und mit Stöcken und Kerzenhaltern, Leuchtern und dergleichen Dingen ging man aufeinander los: Nichts, was in Reichweite war, blieb unbenutzt. Am Ende las keiner die Messe. Diese wüste Schlägerei wurde ein Riesenskandal. Sobald die Neuigkeit die Runde machte, eilte ich an den Ort des Geschehens und ließ mir alles genau berichten.
Am zweiundzwanzigsten landeten hier in der Nähe drei türkische Korsarenschiffe und entführten fünfzehn bis zwanzig Fischer und arme Schäfer als Gefangne.
Am fünfundzwanzigsten besuchte ich den berühmten Arzt und Universitätsprofessor *Tommaso Cornacchini* bei sich zu Hause. Dieser Mann lebt auf ganz eigne Weise, die wesentlich von den Regeln seiner Kunst abweicht. Zum Beispiel pflegt er unmittelbar nach dem Essen zu schlafen und hundertmal am Tag zu trinken. Er trug mir einige seiner wohlklingenden Gedichte vor, die er im ländlichen Stil verfaßt hat.
Er hält nicht viel von den Bädern in der Nähe Pisas, die sechzehn Meilen weiter entfernt liegenden *Bagni di Casciana* jedoch findet er gut: Ihr Wasser eigne sich hervorragend zur Behandlung von Leberkrankheiten (und er erzählte mir sogar von zahlreichen Wunderwirkungen), aber auch von Nierensteinen und -koliken. Er rät freilich, man solle, ehe man es zu sich nehme, das Wasser der *Villa* trinken. Mittlerweile sei er zur Überzeugung gelangt, daß die Medizin, von den Aderlässen abgesehn, einem im Vergleich zu den Badekuren überhaupt nichts zu bieten habe, falls man sich dieser richtig zu bedienen wisse. Im übrigen sagte er, in den *Bagni di Casciana* gebe es gute Unterkünfte, und man lebe dort angenehm und bequem.
Am sechsundzwanzigsten schied ich morgens einen trüben Urin aus, der schwärzer war, als ich ihn jemals gesehn hatte,

dazu einen kleinen Stein. Dies beendete aber keineswegs den Schmerz, den ich schon seit etwa vierundzwanzig Stunden unterhalb des Nabels und im Glied verspürte; er war jedoch erträglich, weil er weder die Nieren noch die Seiten in Mitleidenschaft zog. Einige Zeit danach ging wieder ein Stein ab, und der Schmerz hörte auf.

12. Rückkehr aus Pisa in die Bäder von Lucca, dort zweiter Aufenthalt

Donnerstag, den siebenundzwanzigsten Juli nahmen wir frühmorgens Abschied von Pisa. Besonders hatten mich hier die Höflichkeiten und Aufmerksamkeiten erfreut, die mir von den Herren *Vintavinti, Lorenzo Conti, Borro* und *San Miniato* (in dessen Haus der *Cavaliere Camillo Gatani* wohnte, der mir seinen Bruder als Reisebegleiter zurück nach Frankreich anbot) sowie von den Handwerkern und Händlern zuteil geworden waren, deren Bekanntschaft ich machen konnte. Ich bin sicher, daß man mir notfalls sogar mit Geld ausgeholfen hätte — und dabei gelten die Pisaner doch als äußerst unhöflich und hochmütig! So erweist sich auch hier wieder: Höflich macht höflich.

Hier gibt es ungeheuer viele Tauben, Nüsse und Pilze.

Nachdem wir eine Zeitlang durch die Ebene geritten waren, gelangten wir am Fuß eines niedrigen Gebirgszugs in die sogenannten Bagni di Pisa. Es gibt mehrere davon. Eine Marmorinschrift in gereimten lateinischen Versen preist die Wirksamkeit dieser Heilwässer; obwohl ich sie kaum entziffern konnte, vermute ich, daß sie im vierzehnten Jahrhundert angebracht wurde.

Das größte und ansehnlichste Bad ist viereckig und an einer Außenseite gut angelegt, mit Marmorstufen. Jede Seite dreißig Schritt lang; auf einer sieht man den Quellaustritt. Um die Qualität des Wassers festzustellen, trank ich davon: Ich fand es ohne Geschmack und völlig geruchlos. Auf der Zunge fühlte ich nur eine leichte Schärfe. Mäßig warm, sehr leicht zu trinken. Im Quellwasser bemerkte ich die gleichen weißen Korpuskeln, die schon in den Bädern von Baden mein Mißfallen erregt hatten — ich hielt sie damals für von außen eingedrungne Schmutzteilchen und Verunreinigungen. Jetzt glaube ich eher, daß es irgendwelche mineralischen Bestandteile sind, zumal man sie am dichtesten an der Quelle sieht, wo das Wasser unmittelbar aus der Erde sprudelt und folglich am reinsten und saubersten sein muß — und die Erfahrung hat mir das eindeutig bestätigt.

Einsamer Ort, schlechte Unterkünfte. Die Bäder sind fast menschenleer. Wer sie noch benutzen will, kommt morgens die vier Meilen von Pisa hierher und kehrt dann zurück. Das große Bad ist nicht überdacht; es allein weist einige antike Spuren auf, daher nennt man es *Bad Neros*. Allgemein wird gesagt, der Kaiser habe dieses Wasser über Aquädukte in seinen Palast zu Pisa leiten lassen.

Daneben gibt es ein überdachtes Bad: ein gewöhnlicher Bau, den das Volk benutzt. Das Wasser darin ist klar und von größter Reinheit. Es soll für die Leber und gegen die von Erhitzung hervorgerufne Krätze heilsam sein.

Man pflegt dort dieselbe Menge Wasser wie in den anderen Bädern zu trinken, hernach herumzugehn und es der Natur zu überlassen, ob sie es ausschwitzen oder sich seiner auf andren Wegen entledigen will.

Als ich die Höhe jenes niedrigen Gebirgszugs erreicht hatte, bot sich uns eine zauberhafte Aussicht zurück auf die große Ebene: mit dem Meer und seinen Inseln, mit Livorno und Pisa. Nach dem Abstieg erreichten wir über die jenseitige Ebene Lucca, zehn Meilen.

Am Morgen vor der Abreise hatte ich übrigens einen weiteren Stein ausgeschieden, der wesentlich größer war und sich ganz offensichtlich von einem *noch* größren Stück gelöst hatte, Gott weiß wie groß. *Sein Wille geschehe.*

Das Gasthaus kostete uns wie in Pisa täglich vier Juliustaler pro Herr und drei pro Diener. Am achtundzwanzigsten zwang mich das höfliche Drängen des Signor Ludovico Pinitesi förmlich dazu, eine Wohnung im Erdgeschoß seines Hauses zu beziehn, die angenehm kühl und in höchst gepflegtem Zustand war: fünf Zimmer, Eßsaal und Küche. Entgegenkommen und Ehrerbietung des Gastgebers ließen mich die vielerlei Möbel und Einrichtungen frei benutzen: dem italienischen Brauch entsprechend, der dem französischen in manchem nicht nur gleicht, sondern ihn überflügelt.

Die hohen und breiten Gewölbe sind fürwahr eine große Zierde der italienischen Bauten: Sie machen selbst den Eingang der Häuser wohlgefällig und erlesen, da der ganze Unterbau mit seinen breiten und hohen Türen damit harmoniert. Im Sommer speisen die Adligen Luccas unter diesen Loggien vor den Augen aller, die auf der Straße vorübergehn.

Tatsache ist, daß ich in Italien überall, wo ich mich aufhielt, eine nicht nur ordentliche, sondern sogar angenehme Unterkunft gefunden habe, abgesehn von Florenz (obwohl selbst dort die in solchen Häusern besonders an heißen Tagen vorherrschenden Unerträglichkeiten nicht so unerträglich waren, daß ich deswegen den Gasthof verlassen hätte) und von Venedig (wo wir in einem zu überlaufnen und ungepflegten Haus abgestiegen waren, aber wir wollten ja auch nur kurze Zeit bleiben).

Mein Zimmer lag abgeschieden, und mir fehlte es an nichts. Ich lebte völlig unbelästigt und ungestört. All die üblichen Höflichkeiten öden einen ja zuweilen an — man wird ihrer leicht überdrüssig. So aber wurde ich nur selten von Einheimischen besucht. Ich schlief und studierte, wie es mir gefiel; und wenn ich ausgehn wollte, fand ich überall Gesellschaft von Frauen und Männern, mit denen ich mich ein paar Stunden des Tages unterhalten und zerstreuen konnte; und dann die Läden, die Kirchen, die Plätze!

Indem ich immer wieder den Ort wechselte, ging mir der Stoff zur Befriedigung meiner Wißbegierde niemals aus. Dabei konnte ich mich eines ruhigen Gemüts erfreun, wie es meinen Gebrechen und meinem Greisenalter gemäß war: Es boten sich ja kaum noch Anlässe, es von außen aufzuwühln. Was mir als einziges fehlte, war ein Gefährte, der zu mir gepaßt hätte. So mußte ich all diese schönen Dinge allein genießen, ohne diesen Genuß mit einem teilen zu können.

Sehr gut sind die Leute von Lucca im Ballspiel, und oft sieht man schöne Wettkämpfe.

Die Männer pflegen sich hier nicht zu Pferd auf den Straßen zu zeigen, oder kaum; und keineswegs in Kutschen. Doch Frauen sieht man auf Mauleseln, denen ein Diener zu Fuß folgt.

Fremden fällt es äußerst schwer, hier ein Haus zu mieten. Es kommen nur wenige in die Stadt, die ohnehin übervölkert ist. Für ein gewöhnliches Haus mit vier möblierten Zimmern, Eßsaal und Küche wollte man von mir monatlich siebzig Taler Miete haben.

In den Genuß gesellschaftlichen Umgangs mit den Einheimischen zu kommen ist unmöglich, da sie bis zu den Kindern ständig mit ihren eignen Angelegenheiten und der Herstellung von Stoffen beschäftigt sind, die sie vertreiben. Insofern ist der Aufenthalt für Fremde hier recht unerfreulich und verdrießlich.

Am zehnten August machten wir mit andren Edelleuten aus Lucca, die mir Pferde geliehen hatten, einen Ausflug. Ich bekam dabei im Umkreis von drei bis vier Meilen sehr hübsche Villen zu sehn: mit Säulengängen und Loggien, die ihnen zu höchster

Zierde gereichen. Eine Loggia mit großem Innengewölbe war zum Beispiel völlig zugewachsen von den Ästen und Zweigen der außenherum angepflanzten und abgestützten Reben: eine natürliche, lebende Laubhütte!

Die Kopfschmerzen verließen mich manchmal für fünf, sechs Tage und länger, doch vollständig konnte ich mich nie davon erholen.

Mich wandelte die Laune an, das Florentinische in Theorie und Praxis zu erlernen; aber wieviel Zeit und Fleiß ich auch darauf verwandte — es kam hierbei verdammt wenig heraus.

In dieser Jahreszeit war man einer viel größeren Hitze ausgesetzt als sonst.

Am zwölften besuchte ich außerhalb Luccas auch die Villa des *Signor Benedetto Buonvisi*; ihre Schönheit ist nicht überwältigend. Unter anderm betrachtete ich mir die Form der Boskette, die dort an erhöhten Stellen angelegt sind: In einer Breite von etwa fünfzig Schritt hat man verschiedene immergrüne Bäume gepflanzt und außenherum kleine Gräben gezogen, während überdeckte schmale Gänge das Innere durchziehn. Mittendrin nun befindet sich der Platz des Vogelfängers, der mit Hilfe einer silbernen Pfeife und einer bestimmten Anzahl eigens zu diesem Zweck eingefangener und angebundner Lockvögel an einem einzigen Morgen zweihundert Drosseln in den nach allen Seiten ausgelegten und mit Leim bestrichnen Schlingen zu erbeuten vermag. Ausgeübt wird diese Vogelfängerei nur zu einer bestimmten Jahreszeit, meistens im November, und nur in einer bestimmten Gegend nahe der Stadt.

Sonntag, den dreizehnten August reiste ich aus Lucca ab, nachdem ich Anweisung gegeben hatte, dem *Signor Ludovico Pinitesi* fünfzehn Taler als Hausmiete anzubieten; dies entsprach einem Taler täglich. Damit war er äußerst zufrieden.

Unterwegs sahen wir uns eine Menge Villen der Adligen von Lucca an, alle gepflegt, wohlgefällig und schön. Wasser gibt es hier reichlich, aber kein natürliches: kein fließendes und frisches; denn es muß herbeigeschafft werden. Es ist erstaunlich,

in einem so bergigen Gelände kaum Quellen zu sehn. Teilweise wird das Wasser aus den Bächen abgeleitet, und um des schönen Scheines willen richten sie es als Quellanlage her: mit Becken, Grotten und dergleichen.
Zum Abendessen suchten wir an diesem Tag eine Villa des besagten *Signor Ludovico* auf, da sein Sohn *Signor Orazio* uns schon die ganze Zeit über Gesellschaft geleistet hatte. Er bewirtete uns aufs umsichtigste und ließ uns ein vorzügliches Mahl unter einer großen Loggia auftragen, die nach allen Seiten offen und daher sehr kühl war; dann wies er jedem von uns ein bequemes Schlafzimmer zu: mit sauberen und völlig weißen Bettlaken aus Leinen, wie wir sie schon zu Lucca im Haus seines Vaters genossen hatten.
Montag brachen wir zu früher Stunde von dort auf. Ohne vom Pferd zu steigen, machten wir unterwegs einen kurzen Halt zur Besichtigung der Villa des Bischofs, der persönlich anwesend war; und obwohl seine Leute uns aufs freundlichste einluden, doch zum Mittagessen zu bleiben, nahmen wir dieses erst in den Bagni della Villa ein, fünfzehn Meilen. Von allen Leuten wurde mir ein großer und herzlicher Empfang bereitet — es sah wahrhaftig aus, als wäre ich nach Hause zurückgekehrt! Ich bezog wieder mein altes Zimmer: für zwanzig Taler monatlich und zu denselben Bedingungen.
Dienstag, den fünfzehnten August ging ich frühzeitig ins Bad und hielt mich etwas weniger als eine Stunde darin auf. Ich fand es eher kalt als warm. Zum Schwitzen brachte es mich jedenfalls kein bißchen. Ich war nicht nur gesund hierher zurückgekommen, sondern man kann sagen: sogar rundum munter. Doch schon nach dem Bad gab ich wieder trüben Urin von mir; und als ich am Abend eine tüchtige Strecke auf steilen und holprigen Wegen zurückgelegt hatte, fand ich ihn hernach blutdurchsetzt. Im Bett verspürte ich was weiß ich welche Verschlimmrung in den Nieren.
Am sechzehnten setzte ich das Baden fort, diesmal, um allein und für mich zu sein, im Frauenbad, das ich noch nie aufge-

sucht hatte. Ich fand das Wasser zu heiß: sei es, daß es das wirklich war, sei es, daß die vom Bad des gestrigen Tags geöffneten Poren mich um so leichter erhitzten. Jedenfalls blieb ich höchstens eine Stunde im Wasser und begann dann mäßig zu schwitzen. Der Urin, den ich ausschied, hatte seine natürliche Beschaffenheit. Sand ging keiner ab. Schon nach dem Mittagessen aber war der Urin wieder trübe und rot, und beim Sonnenuntergang blutig.

Am siebzehnten stieg ich in dasselbe Bad und fand es temperierter. Ich schwitzte sehr wenig. Der Urin ein wenig trüb mit etwas Sand; die Farbe bläßlich gelb.

Am achtzehnten blieb ich zwei Stunden in diesem Bad. Ich verspürte eine, wie soll ich sagen, drückende Schwere in den Nieren. Der Stuhlgang flutschte zur Zufriedenheit; doch vom ersten Tag an fühlte ich mich voller Winde, ständig blubberte es im Gedärm. Ich bin überzeugt, daß dies eine Wirkung des hiesigen Wassers ist, denn schon nach dem ersten Bad merkte ich eindeutig, daß es in mir diese Winde weckte.

Am neunzehnten ging ich etwas später ins Bad, um einer Dame aus Lucca Platz zu machen, die es benutzen wollte. Sie badete also vor mir, denn zu Recht hält man hier die Regel ein, daß die Frauen über ihr Bad verfügen können, wie es ihnen paßt. Ich blieb dann zwei Stunden im Wasser.

Im Kopf, der die letzten Tage völlig frei war, überkam mich wieder eine gewisse Schwere. Der Urin nach wie vor trüb, wenn auch unterschiedlich; viel Abgang von Sand. Zudem spürte ich in den Nieren was weiß ich welche Verstörung. So bekomme ich unmittelbar zu fühlen, daß die Bäder über dieses Organ und seinen Umkreis viel vermögen: Nicht nur öffnen und weiten sie die Gänge und Wege, sondern sie treiben auch die festen Stoffe hindurch und lösen sie gleichzeitig auf: Ich gab immer wieder Sand von mir, der wie vielfach zerkleinerte Steine aussah.

In der Nacht spürte ich, wie sich auf der linken Seite eine recht heftige, ja stechende Kolik anbahnte, die mich dann eine ganze

Zeitlang zerriß, obwohl sie nicht den gewohnten Gang nahm, also ohne sich in den Bauch und Unterleib hinein fortzusetzen. Sie endete so, daß ich zu dem Schluß kam, es seien Blähungen gewesen.

Am zwanzigsten weilte ich zwei Stunden im Bad. Den ganzen Tag über bereiteten mir die Blähungen im Unterleib großes Ungemach. Ständig schied ich äußerst trüben, roten Urin aus, oft mit etwas Sand. Der Kopf machte mir zu schaffen. Stuhlgang hatte ich eher mehr als sonst.

Hier werden die Fest- und Feiertage nicht so streng eingehalten wie bei uns; das gilt vor allem für den Sonntag. Die Frauen erledigen ihre Arbeit zumeist nach dem Mittagessen.

Am einundzwanzigsten setzte ich meine Bäder fort. Danach taten mir die Nieren sehr weh. Mein Urin war äußerst trüb. Zwar schied ich Sand aus, doch nur wenig. Der Schmerz, den ich in den Nieren verspürte, wurde meiner Ansicht nach von den Blähungen verursacht, die sich an allen Ecken und Enden festgesetzt hatten. Aus der Trübung des Urins schloß ich, daß ein dicker Stein niedersteige.

Ich schloß nur zu gut: Nachdem ich dies am Morgen niedergeschrieben hatte, suchten mich gleich nach dem Mittagessen kolikartige Schmerzen heim, und als ob mir das nicht reichte, überfiel mich auf der linken Backe zudem ein derart stechender Zahnschmerz, wie ich ihn noch nie zu spüren bekommen hatte. Weil ich die Qual nicht mehr ertragen konnte, ging ich nach zwei, drei Stunden zu Bett, worauf der Schmerz in der Backe verschwand.

Der andre aber zerriß mich weiter. Da er jedoch bald hier-, bald dorthin wanderte und die verschiedensten Organe in Mitleidenschaft zog, merkte ich schließlich, daß nicht ein Stein die Ursache war, sondern tatsächlich Blähungen. Ich sah mich daher gezwungen, ein Klistier zu verlangen, das mir nach Einbruch der Nacht denn auch auf sehr angenehme Weise gegeben wurde; es bestand, wie es der Apotheker von sich aus verordnet hatte, aus Öl, Kamille, Anis und sonst nichts.

Hauptmann Paulino verabreichte es mir mit derartiger Kunstfertigkeit, daß er jedesmal, wenn er den Gegendruck der Blähungen wahrnahm, sofort einhielt und die Spritze zurückzog, um sie dann sachte, sachte weiter vorzuschieben. Die ganze Prozedur empfand ich daher in keiner Weise als peinlich. Seine Ermahnung, das Klistier so lang wie möglich zurückzuhalten, war gar nicht erforderlich, da es ohnehin keine Anstalten machte, den Körper zu verlassen. Bis zu drei Stunden blieb ich so liegen, dann schien es mir vertretbar, es auszuscheiden. Ich stand also auf und nahm mit großer Mühe einen Bissen Marzipan und vier Tropfen Wein zu mir, legte mich hernach aber gleich wieder ins Bett, wo ich kurz einschlief. Da überkam mich plötzlich der Drang, den Abort aufzusuchen, was ich bis zum Tagesanbruch noch viermal tun mußte, weil stets ein Teil des Klistiers im Darm zurückblieb.

Am Morgen fühlte ich mich sehr erleichtert, da ich mich unzähliger Blähungen entledigt hatte. Gewiß war ich noch recht schlapp, aber frei von Schmerzen. Zu Mittag aß ich ein wenig ohne Appetit, auch das Trinken schmeckte mir nicht, obwohl ich ziemlichen Durst hatte. Nach Tisch suchten mich wieder die Schmerzen in der linken Backe heim, die mir vom Mittagessen bis zum Abendmahl ungeheuer zusetzten.

Fest davon überzeugt, daß jene Blähungen vom Baden verursacht würden, ließ ich es einfach sein. Die Nacht verbrachte ich in tiefem Schlaf.

Beim Erwachen aber fühlte ich mich am nächsten Morgen abgeschlagen und schlapp; der Mund war trocken, mit üblem scharfen Geschmack, und der Atem roch, als hätte ich Fieber gehabt. Mir tat nichts weh, doch ohne Unterlaß sonderte ich weiter jenen ungewöhnlichen, äußerst trüben Urin ab, der Sand und roten Grieß mit sich führte, wenn auch nicht in großen Mengen.

Am vierundzwanzigsten löste sich morgens ein Stein, der jedoch in der Harnröhre steckenblieb. Von da an hielt ich bis zum Mittagessen den Urin zurück, denn ich wollte dessen

Druck verstärken. So konnte ich den Stein schließlich aussto-ßen, nicht ohne Mühsal und ziemlichen Blutverlust zuvor wie danach. Er war groß und lang wie ein Tannenzapfen, an einem Ende aber wies er eine Verdickung auf, die einer Eichel glich — um die ganze Wahrheit zu sagen: Er hatte haargenau die Form eines Schwanzes.

Welch großes Glück für mich, daß ich ihn hatte hervorpressen können! Noch nie wurde von mir ein Stein ausgeschieden, der diesem an Umfang vergleichbar gewesen wäre. Angesichts der Beschaffenheit meines Urins war mir freilich schon vorher klar, was kommen würde. Mal sehen, wie die Sache weitergeht.

Ich würde allzu kläglich versagen, wenn ich angesichts des mich auf diese Weise jeden Tag bedrohenden und mir jede Stunde näherrückenden Todes nicht jetzt schon darüber nachdächte, wie ich ihm am gelassensten begegnen könne, wenn es soweit ist. Inzwischen aber dürfte es am vernünftigsten sein, frohen Herzens das Gute anzunehmen, das Gott uns zu spenden gefällt. Um mit den Übeln (wie zahlreich und wie geartet auch immer) fertig zu werden, die den Menschen von jeder Seite und zu jeder Stunde bedrohn, gibt es nur eine einzige Medizin, Regel und Wissenschaft: entweder sie menschenwürdig zu ertragen oder sie beherzt und auf der Stelle zu beenden.

Am fünfundzwanzigsten August nahm der Urin wieder seine gewöhnliche Farbe an, und ich fand in meinen alten Zustand zurück, außer daß mir die linke Backe oft Schmerzen bereitete, sowohl tagsüber wie nachts; doch sie hielten nie länger an. Mir fiel ein, daß mich dergleichen Schmerzen manchmal auch schon zu Hause gequält hatten.

Samstag, den sechsundzwanzigsten blieb ich morgens eine Stunde im Bad.

Am siebenundzwanzigsten wurde ich nach dem Mittagessen erneut von einem brennenden Zahnschmerz schrecklich gequält, so daß ich den Arzt kommen ließ. Nachdem er mich untersucht und alle Umstände erwogen hatte, besonders den, daß der Schmerz in seiner Gegenwart aufhörte, lautete sein Urteil, für meine Beschwerden gebe es keine oder kaum eine greifbare Ursache; vielmehr handle es sich um Bauchwinde, die in den Kopf stiegen und in Verbindung mit einer etwas schlechten Gestimmtheit dieses Ungemach bei mir auslösten. Das kam mir in der Tat recht wahrscheinlich vor, da mir ähnliches schon in andren Körperteilen widerfahren war.

Montag, den achtundzwanzigsten August ging ich im Morgengrauen zur *Bernabò*-Quelle und trank dort sieben Pfund und vier Unzen Wasser, das Pfund zu zwölf Unzen. Hernach hatte ich einmal Stuhlgang, und bis zum Mittagessen schied ich etwas weniger als die Hälfte des Wassers wieder aus. Deutlich spürte ich, wie seine Dünste mir zu Kopf stiegen und ihn beschwerten.

Dienstag, den neunundzwanzigsten trank ich von der gewöhnlichen Quelle neun Gläser, von denen jedes ein um eine Unze verringertes Pfund faßte, und wiederum schmerzte mir sogleich danach der Kopf. Das tat er freilich, die Wahrheit zu sagen, ohnehin schon, denn seit ihm beim ersten Baden dieses Übel widerfuhr, ist er es nie mehr recht losgeworden. Gewiß bekam ich es hernach etwas seltener zu spüren, und ein klein wenig wurde es auch andersartig, denn es schwächte und blendete mir nicht mehr wie einen Monat zuvor die Augen. Dafür verlagerte sich der Schmerz nun mehr nach hinten; doch wenn das gewohnte Kopfweh wieder auftrat, breitete es sich sofort auf die linke Backe aus und erfaßte von dort aus alles: die Zähne bis zur Wurzel, das Ohr und einen Teil der Nase. Der Schmerz war jeweils kurz, doch meist von schneidender Schärfe. Stets von neuem nahm er mich in seinen Würgegriff, am Tag und in der Nacht.

So also war es damals um meinen Kopf bestellt.

Jedenfalls glaube ich, daß die Dünste dieses Wassers, die sowohl nach dem Trinken wie nach dem Baden in einem aufsteigen (und nach jenem vielleicht stärker als nach diesem), dem Kopf schaden, noch mehr aber, wie ich versichern kann, dem Bauch. Daher nimmt man hier, um dem vorzubeugen, allerlei Arzneien zu sich.

Den Tag über und bis zum nächsten Morgen schied ich unter Anrechnung dessen, was ich zu Tisch getrunken hatte (und das war sehr wenig, weniger als ein Pfund), alles Wasser bis auf ein Pfund wieder aus. Nach dem Mittagessen ging ich bei Sonnenuntergang ins Bad und hielt mich darin drei Viertelstunden auf. Ich schwitzte ein bißchen.

Mittwoch, den dreißigsten August trank ich neun Glas: einundachtzig Unzen; die Hälfte davon schied ich bis zum Mittagessen wieder aus.

Am Donnerstag setzte ich mit dem Trinken aus und ritt am Morgen nach *Controne*, um mir diese dichtbevölkerte Gemeinde in den hiesigen Bergen anzusehn, die oben voller schöner Ebenen sind: fruchtbares Ackerland und grüne Weiden. Der Ort hat etliche hübsche Landhäuschen aus Stein, in denen man bequem wohnen kann. Auch die Dächer sind mit Steinen bedeckt. Ich machte einen großen Rundritt durch diese Berge, ehe ich den Heimweg antrat.

Die Weise, wie ich das zuletzt getrunkne Wasser wieder ausschied, gefiel mir nicht. Daher überlegte ich mir, daß es das beste sei, mit dem Trinken überhaupt aufzuhören. Die Weise gefiel mir nämlich deshalb nicht, weil der an diesem Tag ausgeschiedne Urin nach meiner Berechnung nicht mit der Menge Wasser übereinstimmte, die ich mir zugeführt hatte; vielmehr müßten mehr als drei Gläser Wasser im Körper zurückgeblieben sein — ganz abgesehn davon, daß plötzlich eine mir in diesem Ausmaß ungewohnte Verstopfung hinzukam.

Freitag, den ersten September 1581 badete ich morgens eine Stunde. Ich schwitzte ein wenig; dann schied ich beim Urinieren in ziemlichen Mengen roten Sand aus. Solang ich getrunken hatte, war mir nie welcher abgegangen, oder nur wenig.

Der Zustand des Kopfes blieb sich immer gleich — kurzum: schlecht.

Ich wurde dieses Bads allmählich überdrüssig; und wenn ich aus Frankreich jene Nachrichten erhalten hätte, die ich schon seit vier Monaten vergeblich erwartete, wäre ich auf der Stelle abgereist, um die Herbstkur lieber in irgendeinem andren Bad zu beenden: Auf meinem Weg nach Rom war ich ja bereits nahe der Hauptstraße den *Bagni di Casciana* sowie den Bädern von Siena und von Viterbo begegnet, und auf dem Weg nach Venedig denen von Bologna und von Padua.

Ich ließ in Pisa für anderthalb französische Taler mein Wappen anfertigen: vergoldet und in schönen lebhaften Farben. Da es auf Leinwand gemalt war, sorgte ich dafür, daß es, nachdem man es hier im Bad auf eine Holztafel geklebt hatte, äußerst sorgfältig an die Wand meines Zimmers genagelt wurde — mit der Maßgabe, es als dessen Zubehör und nicht als Eigentum des Vermieters Hauptmann Paulino zu betrachten; jedenfalls dürfe es unter keinen Umständen abgemacht werden, was immer mit dem Haus in Zukunft geschehen möge. Der Hauptmann versprach es mir und bekräftigte dies durch einen Schwur.

Sonntag, den dritten September suchte ich das Bad auf und blieb darin eine Stunde, wenn nicht etwas länger. Ich bekam davon eine Menge Blähungen, doch ohne Schmerzen.

In der Nacht zu Montag, den vierten September und am Morgen wurde ich wieder aufs grausamste von den Zahnschmerzen gemartert, zweifelte aber nach wie vor, daß ein fauler Zahn die Ursache sei. Vormittags kaute ich Mastix, ohne den geringsten Erfolg. Die Aufregung, in die mich dieser schrecklich stechende Schmerz versetzte, führte schließlich erneut zur Verstopfung. Im Hinblick hierauf wagte ich nicht, wieder mit dem Trinken des Heilwassers zu beginnen. So tat ich äußerst wenig für meine Kur.

Zur Essenszeit und noch drei, vier Stunden danach ließ mich der Schmerz in Ruhe. Gegen zwanzig Uhr aber brach er wieder hervor und befiel nun Kopf und Backen mit solcher Wucht, daß ich mich nicht mehr auf den Beinen halten konnte. Mir wurde speiübel, so durchdringend war er. Bald fand ich mich in Schweiß gebadet, bald schauderte ich vor Kälte. Dieser von allen Seiten auf mich einstürmende Schmerz bestärkte mich in der Überzeugung, daß er nicht von einem faulen Zahn kom-

men könne; denn obwohl die linke Seite am stärksten von ihm heimgesucht wurde, spürte ich ihn schubweise auch heftigst in beiden Schläfen und im Kinn, ja bis in Kehle und Schultern hinein setzte er sich fort — überallhin. So verbrachte ich die qualvollste Nacht, an die ich mich erinnern kann: Der Schmerz tobte in mir wie ein tollwütiges Tier.
In der Nacht ließ ich sogar einen Apotheker holen, der mir Branntwein gab, den ich im Mund gegen die mich am meisten quälende Seite drücken sollte. Das half wunderbar, denn im selben Augenblick, da ich dies tat, war aller Schmerz weg. Kaum hatte ich den Branntwein jedoch ausgespuckt, packte mich die Qual wieder, so daß ich das Glas nicht von den Lippen nahm. Andrerseits konnte ich den Branntwein auch nicht im Mund behalten, da mich, wenn der Schmerz nachließ, bei meiner Erschöpfung sofort tiefer Schlaf übermannte, was dazu führte, daß mir jedesmal ein paar Tropfen Branntwein in die Kehle gerieten und mich zwangen, ihn wiederum auszuspucken. Erst gegen Tagesanbruch hörte der Schmerz auf.
Am Dienstagmorgen statteten mir, während ich im Bett lag, alle hier weilenden Edelleute einen Besuch ab.
Ich ließ mir auf die Schlagader der linken Schläfe ein kleines Mastixpflaster legen; daher hatte ich an diesem Tag wenig unter Schmerzen zu leiden. Nachts band man mir warmes Werg auf die Backe und die linke Hälfte des Kopfes. Ich schlief ohne Schmerzen, doch äußerst unruhig.
Mittwoch verspürte ich immer noch Schmerzen an Zahn und linkem Auge. Mit dem Urin schied ich Sand aus, doch nicht in so großer Menge wie bei meinem ersten Aufenthalt. Zuweilen glich er kleinen Hirsekörnern, fest und rot.
Donnerstag, den siebten September hielt ich mich morgens eine Stunde im großen Bad auf.
Am selben Morgen wurde mir ein von Rom nachgeschickter Brief des Herrn du Tausin übergeben, der am zweiten August zu Bordeaux geschrieben war und in dem er mir mitteilte, daß ich am Tag zuvor einstimmig zum Bürgermeister gewählt

worden sei; zudem bat er mich, das Amt aus Liebe zu meiner Vaterstadt anzunehmen.

Sonntag, den zehnten September weilte ich eine Stunde im Damenbad; da es ein bißchen heiß war, schwitzte ich etwas.

Nach dem Mittagessen ritt ich alleine aus, um mir andre Orte in der Nachbarschaft anzusehn, besonders ein Dörfchen namens *Granaiolo*, das auf dem Gipfel eines der höchsten Berge der ganzen Gegend liegt. Beim Weiterreiten über diese Höhen boten sich mir Ausblicke auf die denkbar schönsten, fruchtbarsten und am reizvollsten besiedelten Hügel und Hänge.

Ich kam mit den Einheimischen ins Gespräch und fragte einen schon ziemlich bejahrten Mann, ob sie denn selber diese Bäder benützten. Er antwortete, ihnen ergehe es wie jenen, die in der Nähe Unserer Lieben Frau von Loreto wohnten und daher selten eine Wallfahrt zu ihr unternähmen. Wirkung zeigten die Bäder nur bei Fremden und Ausländern. Seit einigen Jahren bemerke man zu seinem großen Verdruß jedoch, daß sie den Benutzern mehr schadeten als förderlich seien.

Den Grund dafür sehe er in folgendem: In früheren Zeiten habe man hier nie einen Apotheker gesehn, und einen Arzt nur selten, heute sei es umgekehrt; denn diese Leute, allein auf ihren Profit bedacht, hätten verbreitet, die Bäder seien für jeden wertlos, der nicht vorher und danach Arzneien einnehme, mehr noch: der sie nicht sogar dem Heilwasser beimische — nur schwer bekäme man von ihnen die Erlaubnis, es pur zu trinken. Der Erfolg liege klar auf der Hand: An den Bädern stürben heute mehr Leute, als davon geheilt würden. Und er war überzeugt, daß sie daher schon bald überall in Mißkredit und Verruf kämen.

Montag, den elften September schied ich am Morgen eine beachtliche Menge Sand aus, zum größten Teil wieder in Hirseform, fest mit roter Oberfläche, innen grau.

13. Von den Bädern von Lucca bis Rom, dort zweiter Aufenthalt

Am zwölften September 1581 reisten wir zu früher Stunde aus den *Bagni della Villa* ab und erreichten zum Mittagessen **Lucca**, vierzehn Meilen.

In diesen Tagen begann die Weinlese.

Zu den größten Festen der Stadt gehört die *Festa di Santa Croce*. Dann darf acht Tage lang jeder, der wegen seiner Schulden flüchtig ist, heimkehrn und unbehelligt an den Andachtsübungen teilnehmen.

In Italien habe ich keinen einzigen Barbier gefunden, der mir Haar und Bart gut geschnitten hätte.

Mittwoch gingen wir uns die Vesper im Dom anhören, wohin sich die ganze Stadt aufgemacht hatte, zum Teil in Prozessionen. Man sah die enthüllte *Reliquia del Volto Santo*, die hier höchste Verehrung genießt, denn sie ist sehr alt und hat wegen etlicher von ihr bewirkter Wunder einen außergewöhnlichen

Wert. Zu ihrer Anbetung wurde daher seinerzeit der Dom errichtet: Die sie aufbewahrende kleine Kapelle steht noch immer inmitten des großen Kirchenraums, doch an so ungünstiger Stelle, daß dies allen Regeln der Baukunst widerspricht.
Nach der Vesper bewegte sich der ganze Aufzug weiter in eine andere Kirche, die früher als Dom gedient hatte.
Donnerstag hörte ich mir die Messe im Chor des Domes an, der sämtliche Amtspersonen der Signoria beiwohnten. In Lucca ist man sehr musizierfreudig, deshalb singen auch in der Messe gewöhnlich alle mit. Hierbei zeigt sich aber, daß nur wenige eine gute Stimme haben: In dieser Messe wurde wahrlich aus Leibeskräften gesungen, und doch kam nicht viel dabei heraus. Man hatte eigens einen breiten und sehr hohen Altar aus Holz und Papier errichtet, bedeckt mit Bildern, großen Silberleuchtern und verschiednem gleichfalls silbernen Geschirr; dessen Anordnung war so, daß sich um ein Becken in der Mitte vier Schalen gruppierten. Solcherart von unten bis oben reich geschmückt, bot der Altar einen ungemein schönen Anblick.
Jedesmal wenn der Bischof die Messe liest, wird beim *Gloria in excelsis* ein Bündel Werg abgebrannt, das auf einem zu diesem Zweck von der Mitte der Kirche herabhängenden eisernen Gitter liegt.
Für die Jahreszeit war es in dieser Gegend schon sehr kalt und feucht.
Am Freitag, den fünfzehnten floß ich gleichsam von Urin über, denn ich schied fast das Doppelte der Menge aus, die ich getrunken hatte. Sollte sich vom Heilwasser des Bades noch etwas in mir gehalten haben, ging es diesmal bestimmt mit ab.
Samstagmorgen stieß ich ohne die geringste Schwierigkeit einen kleinen rauhen Stein aus. Während der Nacht hatte ich ihn im Unterleib schon ein bißchen gespürt, oberhalb der Rute.
Sonntag, den siebzehnten September wurde der Wechsel des Gonfaloniere der Stadt feierlich begangen. Ich sah ihn mir im Palast an.

Man arbeitet hier fast ohne Beachtung der Sonntagsruhe, und viele Läden sind offen.
Mittwoch, den zwanzigsten September verließ ich Lucca nach dem Mittagessen; zuvor hatte ich angeordnet, zwei Ballen Reisegepäck bereits nach Frankreich zu schicken.
Wir folgten einer bequemen und ebnen Straße durch eine unfruchtbare Gegend, die den *Landes* in der Gascogne glich.
Wir überquerten auf einer von Großherzog Cosimo erbauten Brücke einen großen Fluß; dort befinden sich auch dessen Eisenhütten und ein schönes Gasthaus, ferner drei Fischgewässer in Form von abgeteilten und in sich geschloßnen Becken, deren Boden mit Ziegelsteinen gepflastert ist. Da sie nur mit wenig Wasser gefüllt sind, kann man das Gewimmel unzähliger Aale deutlich erkennen, die darin gehalten werden.
Hernach passierten wir den Arno bei *Fucecchio* und erreichten nach Einbruch der Dunkelheit Scala, zwanzig Meilen. Von dort ging es bei Sonnenaufgang auf einem schönen und fast gleichmäßigen Weg weiter. Die Gegend ist in eine Folge kleiner Berge gegliedert, die gleich den französischen sehr fruchtbar sind.
Wir ritten durch Castelfiorentino, einen kleinen von Mauern umschloßnen Ort, und kamen dann unten ganz nahe an Certaldo vorbei, der Heimatstadt Boccaccios: einem schön auf hohem Hügel gelegnen *Castello*.
Zum Mittagessen erreichten wir Poggibonsi, achtzehn Meilen, eine kleine Ortschaft, und zum Abendessen dann Siena, zwölf Meilen. Zu dieser Jahreszeit scheint mir der Himmel hierzulande kälter als in Frankreich.
Die *Piazza* in Siena ist der allerschönste Platz, da man in keiner andren Stadt dergleichen findet. Auf ihm wird jeden Tag öffentlich die Messe an einem Altar gelesen, zu dem hin alle Häuser und Werkstätten rundum ausgerichtet sind, so daß die Handwerker und das ganze Volk sie anhören können, ohne ihre Arbeit unterbrechen oder sich auch nur von der Stelle rührn zu müssen. Bei der Wandlung wird eine Trompete geblasen, damit jeder aufmerkt.

Sonntag, den vierundzwanzigsten September reisten wir nach dem Mittagessen aus Siena ab. Nachdem wir einer bequemen, wenn auch zuweilen etwas holprigen Straße durch ein gewelltes Gelände voller fruchtbarer Hügel und sanft geschwungner Berge gefolgt waren (auf denen linkerhand sehr nahe *Montepulciano, Monticchiello* und *Castiglioncello* lagen), erreichten wir San Quirico, zwanzig Meilen, ein kleines *Castello.* Wir stiegen außerhalb der Mauern ab. Da das Saumpferd beim Überqueren einer Furt in den Bach gefallen war, hatte es all meine Sachen verdorben, besonders die Bücher; deshalb bedurfte es geraumer Zeit, sie zu trocknen.

Am Montag ging ich mir zu früher Stunde das zwei Meilen entfernte Bad *Vignone* ansehn, das man nach einem ganz in seiner Nähe liegenden *Castello* benannt hat. Es liegt an etwas erhöhter Stelle über der an seinen Füßen vorbeifließenden *Urcia.* Man sieht ringsum etwa ein Dutzend wenig einladend wirkender, ja abstoßender kleiner Häuser: allem Anschein nach verlauste Bruchbuden. In der Mitte eines von stufenförmigen Mauern umfaßten großen Beckens sprudeln mehrere heiße Quellen, deren Wasser keinen Schwefelgeruch hat und wenig dampft; aus seinen roten Ablagerungen zu schließen, scheint es vorwiegend eisenhaltig zu sein; getrunken wird es jedoch nicht. Das Becken ist sechzig Schritt lang und fünfunddreißig breit; außenherum liegen vier bis fünf kleinere Becken, jedes für sich, die überdacht sind und in denen man zu baden pflegt.

Das Bad ist einigermaßen bekannt.

Dessen Wasser also trinkt man nicht, wohl aber das von *San Casciano,* das einen viel größeren Ruf genießt. Der Ort liegt achtzehn Meilen hinter San Chirico links von der Hauptstraße nach Rom.

In Anbetracht der Sauberkeit des irdenen Geschirrs hier, das aus Porzellan scheint, so weiß und blank ist es (und zudem so preiswert), finde ich es wesentlich zweckmäßiger für den Gebrauch bei Tisch als das in Frankreich übliche Zinn, vor allem

wenn man es so ungepflegt vorgesetzt bekommt wie dort in den Gasthäusern.
In diesen Tagen litt ich wieder etwas unter Kopfschmerzen — und dabei hatte ich geglaubt, ich sei sie völlig losgeworden! Auch Augen, Stirn und die andren Teile des Vorderkopfs wurden erneut von Gefühlen der Schwäche, Schwere und Schwummrigkeit befallen, was mich zutiefst verstörte.
Am Dienstag erreichten wir zum Mittagessen La Paglia, dreizehn Meilen, und zur Übernachtung dann San Lorenzo, sechzehn Meilen. Miserable Herbergen.
In dieser Gegend fing gerade die Weinlese an.
Mittwochmorgen kam es zu einem Streit zwischen unsren Leuten und den *vetturini* von Siena, denen es oblag, für den Unterhalt der Pferde aufzukommen; sie erklärten, da wir für die Reise länger als üblich gebraucht hätten, wollten sie den Unterhalt für den Abend zuvor nicht mehr übernehmen. Die Sache ging so weit, daß ich mich gezwungen sah, den Ortsvorsteher damit zu befassen, der mich denn auch anhörte und mir schließlich recht gab; er ließ sogar einen der *vetturini* ins Gefängnis werfen. Zu meinen Gunsten hatte ich vorgebracht, daß der Sturz des Saumpferds ins Wasser, der den größten Teil meiner Sachen verdorben hatte, die längere Dauer unsrer Reise verursacht hätte.
Nahe der Hauptstraße, nur ein paar Schritte nach rechts liegt etwa sechs Meilen von Montefiascone in einer weiträumigen Ebene ein Bad, das ... heißt. Drei bis vier Meilen vom nächsten Berg entfernt befindet sich dort ein kleiner See, an dessen einem Ende eine mächtige Fontäne brodelndes Wasser in die Höhe schleudert, das siedend heiß ist. Es stinkt nach Schwefel, schäumt stark und weist einen weißen Bodensatz auf.
Von dieser Quelle führt an einer Seite des Sees eine Rohrleitung das Wasser zu zwei Bädern in einem benachbarten Haus, das ganz allein steht und viele kleine Zimmer hat, die aber häßlich sind. Ich glaube nicht, daß hier jemals großer Andrang herrscht. Man pflegt von dem Wasser sieben Tage lang zehn

Pfund zu trinken (man muß es jedoch vorher erst ein bißchen abkühlen lassen, um ihm seine Hitze zu nehmen: wie es ja auch im Bad von Préchacq üblich ist), und ebensolang nimmt man die Bäder.

Das Haus gehört wie das Bad selbst einer bestimmten Kirche, und es ist für zusammen fünfzig Taler verpachtet. Der Pächter lebt jedoch nicht nur von den Einkünften, die er aus dem Besuch der hier im Frühjahr ihre Kur nehmenden Kranken bezieht, sondern er verkauft auch einen besonderen Fango, den man aus dem See gewinnt: Mit heißem Öl verrührt, ist er den Christenmenschen als Mittel gegen die Krätze dienlich, und mit Wasser verrührt den Schafen und Hunden gegen die Räude. Diesen Fango verkauft er im Rohzustand für zwei Juliustaler je Lieferung, in Kugelform getrocknet für sieben Heller.

Wir trafen auf zahlreiche Koppeln von Hunden des Kardinals Farnese, die zum Baden hierhergeführt wurden.

Ungefähr drei Meilen weiter gelangten wir nach Viterbo, sechzehn Meilen: zu so später Stunde, daß wir Mittag- und Abendessen zusammenlegen mußten. Ich war völlig heiser und erkältet, hatte ich doch in San Lorenzo wegen der Wanzen angezogen auf einem Tisch schlafen müssen — was mir zuvor nur einmal passiert war, in Florenz.

In Viterbo aß ich eine Art Eicheln, die sogenannten *gensole*, die man in Italien vielerorts findet. Sie sind sehr schmackhaft.

Hier gibt es noch so viele Stare, daß man schon für zwei Heller einen bekommt.

Donnerstag, den achtundzwanzigsten September besichtigte ich am Morgen noch ein paar andre Bäder dieser Gegend, die ziemlich abseits in der Ebene liegen, weit vom Berg entfernt. Zunächst geraten einem etliche Gebäude an zwei Stellen in den Blick, wo noch vor kurzem Bäder waren, die man aber so verkommen ließ, daß man sie aufgeben mußte. Aus dem Boden steigt noch immer ein widerlicher Gestank. Dort steht außerdem ein Häuschen über einer winzigen heißen Quelle, die immerhin ein kleines Becken zum Baden speist. Das Wasser hat

keinen Geruch. Schmeckt fad. Ist nur mäßig heiß. Nach meinem Urteil enthält es viel Eisen. Es wird nicht getrunken.
Weiter draußen steht der sogenannte *Palast des Papstes,* weil es heißt, er sei von Papst Nikolaus V. erbaut oder wiederhergerichtet worden. Unterhalb des Palastes, wo der Boden wesentlich tiefer liegt, entspringen drei verschiedene warme Quellen. Das Wasser der einen dient zum Trinken. Es ist wohltemperiert und hat weder einen üblen noch überhaupt einen Geruch. Dafür schmeckt es etwas stechend und scharf. Ich glaube deshalb, daß es viel Salpeter enthält. Man nimmt hier dieselben Mengen zu sich wie in andern Bädern. Hernach geht man spazieren und freut sich, wenn man dabei ins Schwitzen kommt.
Dieses Wasser hat einen hervorragenden Ruf, und auf Pferde- und Maultierrücken wird es nach ganz Italien verschickt. Jener Arzt, der so umfassend über die Bäder geschrieben hat, zieht es zum Trinken allen andren Wässern Italiens vor. Besonders bei Nierenleiden soll es äußerst heilkräftig sein. Ich war deshalb mit der Absicht hingegangen, drei Tage lang davon zu trinken, obwohl man es gewöhnlich im Mai zu sich nimmt. Was mir aber zu denken gab, war die von einem Kurgast an die Mauer gekritzelte Verfluchung der Ärzte, weil, nachdem sie ihn hierhergeschickt hätten, sein Leiden immer schlimmer geworden sei; und mein Vorhaben ließ ich endgültig fahren, als der Bademeister mich kaltschnäuzig ermunterte, ich solle, auch wenn es jahreszeitlich hierfür viel zu spät sei, getrost von dem Wasser trinken.
Es gibt nur ein einziges Gasthaus, das aber groß und recht einladend ist. Es liegt anderthalb Meilen von Viterbo entfernt, und ich ging zu Fuß dorthin. Hier befinden sich drei bis vier Bäder von unterschiedlicher Heilwirkung und ein Duschplatz. Diese Wässer sondern einen völlig weißen Schaum ab, der sich schnell verdichtet, ja fest wie Eis wird und eine harte Kruste bildet. Die ganze Gegend sieht man davon bedeckt. Wenn man ein Tuch ins Wasser legt, überzieht es sich auf der Stelle mit diesem Schaum, wird steif und starr und scheint gefroren. Der

Schaum läßt sich gut zum Zähneputzen verwenden; deshalb wird er auch verkauft und nach außerhalb verschickt. Kaut man ihn, hat man nur den Geschmack von Erde oder Sand im Mund. Angeblich handelt es sich um die Grundsubstanz des Marmors. Wer weiß, vielleicht würde er auch in den Nieren zu Stein? Doch man sagt, dieses Wasser bilde, wenn in Flaschen gefüllt, keinerlei Bodensatz und bleibe völlig rein und klar. Ich glaube deshalb, daß man soviel man will davon zu sich nehmen könnte und daß jener eigentümliche Geschmack das Trinken sogar etwas erleichtern würde.

Auf dem Rückweg durch die erwähnte Ebene, die sehr lang und acht Meilen breit ist, besuchte ich auch den Ort, wo der von den Bewohnern Viterbos (unter denen es keine Adligen gibt, vielmehr sind sie alle Handwerker oder Kaufleute) aufgehäufte Flachs und Hanf geröstet wird. Nur Männer verrichten diese Arbeit, keine Frauen. Die Bewohner machen mit großer Kunstfertigkeit vielerlei Dinge aus diesem Material. Man sah große Mengen davon mit zahlreichen Arbeitern rund um einen See, dessen Wasser zu jeder Jahreszeit gleich brodelnd heiß ist. Er soll ohne Grund sein. Hieraus hat man Wasser abgeleitet, das andre kleine Seen bildet, die nur lauwarm sind und in denen das Rösten stattfindet.

Nachdem ich von diesem Ausflug (hin zu Fuß, her zu Pferd) heimgekehrt war, schied ich einen kleinen Stein aus: rot, fest und von der Größe eines Weizenkorns. Schon am Vortag hatte ich gespürt, wie er in den Unterleib wanderte; er blieb jedoch zunächst in der Harnröhre stecken. Um den Abgang eines solchen Steins zu erleichtern, tut man gut daran, den Urin durch Zusammendrücken des Schwanzes eine Zeitlang zurückzuhalten, damit er dann um so heftiger hervorschießt. Dieses Rezept habe ich vom Herrn de Langon in Arsac erfahren.

Am Freitag, Fest des heiligen Michael, ging ich mir nach dem Mittagessen die Kirche *Madonna del Quercio* eine Meile vor der Stadt ansehn. Man erreicht sie über eine sehr schöne breite Straße: ebenmäßig, gerade und von einem Ende zum andern

mit Bäumen bestanden. Sie wurde von Papst Farnese mit großer Umsicht angelegt. Die Kirche ist herrlich, voll unzähliger Votivtafeln und andrer Zeugnisse tiefster Verehrung. Nach einer lateinischen Inschrift wurde vor hundert Jahren oder um diesen Dreh ein Mann von Räubern überfallen und flüchtete schon halbtot zu einer Eiche, an der das hier verehrte Bild der Madonna hing; nachdem er sie um seine Rettung angefleht hatte, wurde er durch ein Wunder plötzlich für die Räuber unsichtbar und entkam so seinem sicheren Ende. Daraus entstand die besondre Verehrung für diese Madonna, und um die Eiche herum wurde ihr deshalb die wunderschöne Kirche gebaut. Jetzt noch sieht man den Stumpf der Eiche; und überdies hat man denjenigen Teil des Stamms, an dem das Bild damals hing, mit diesem zusammen nach Entfernung allen Astwerks an der Mauer angebracht.
Samstag, den letzten Tag des September reiste ich morgens aus Viterbo ab und schlug den Weg nach Bagnaia ein: eine großzügige Anlage, die dem Kardinal Gambara gehört. Sie ist derart reich mit Fontänen ausgestattet, daß sie diesbezüglich Pratolino und Tivoli nicht nur gleichkommt, sondern sie sogar übertrifft. So verfügt sie über natürliches Quellwasser, was Tivoli nicht hat, und dies in solchem Überfluß, daß sie unzählige Wasserkünste damit speisen kann, und hieran mangelt es in Pratolino. Derselbe *Messer* Tommaso da Siena, der die Arbeiten in Tivoli geleitet hat, jedenfalls die wichtigsten, leitet auch die hiesigen, die noch im Gange sind. Nachdem er schon seine alten Erfindungen um immer neue zu erweitern pflegte, kann er nun hier sein letztes Werk mit um so größerer Kunst, Schönheit und Anmut vollenden.
Unter tausend anderen Gliedern dieses kunstvollen Ensembles sieht man eine hohe Pyramide, aus der in den verschiedensten Variationen Wasserstrahlen hervorschießen: diese steigen, jene fallen. Um sie herum sind vier schöne kleine Seen gruppiert, bis an den Rand mit klarem, reinem Wasser gefüllt, und mittendrin steht in jedem ein steinernes Schiffchen mit zwei Arke-

busenschützen, die Wasser einsaugen und es auf die Pyramide schießen — dazu je ein Trompeter, der es herausbläst. Um diese Pyramide und die Seen wandelt man auf wunderschönen Parkwegen, die von höchst kunstvoll gearbeiteten steinernen Balustraden eingefaßt sind. Anderen gefielen andre Teile der Anlage noch mehr.

Der Palast ist klein, aber gepflegt und ansprechend.

Soweit ich mich darauf verstehe, gebührt dieser Anlage schon wegen des Gebrauchs und der sinnreichen Verwendung des Wassers bei weitem der Vorrang.

Der Kardinal war selbst nicht anwesend. Aber da er im Herzen für die Franzosen ist, wurde uns von seinen Leuten alle Höflichkeit und Liebenswürdigkeit erwiesen, die man sich nur wünschen kann.

Von dort folgten wir weiter dem geraden Weg und gelangten so nach Caprarola, dem Palast des Kardinals Farnese, der in ganz Italien gerühmt wird; und tatsächlich habe ich hierzulande keinen gesehn, der es mit ihm aufnehmen könnte. Von einem aus dem Tuff geschnittnen großen Graben umringt, wird das Gebäude oben durch eine so hohe Terrasse abgeschlossen, daß die Bodenziegel verdeckt bleiben. Seine Form ist fünfeckig, dem Auge aber erscheint sie als reines Viereck, innen in vollendeter Rundung mit umlaufenden breiten Bogengängen versehn, die durchweg gewölbt und reich bemalt sind. Die Räume samt und sonders quadratisch. Mächtiges Gebäude, die Säle zauberhaft.

Einer darunter erregt besondere Bewundrung: Oben am Gewölbe (denn der Palast ist *überall* gewölbt) erblickt man die Himmelskugel mit all ihren Figuren, während sich ringsum der äußerst vielfarbig auf die Mauern gemalte Erdglobus entfaltet, sämtliche Regionen in sämtlichen Einzelheiten zeigend: die ganze Welt.

In verschiednen andren Sälen sind die berühmtesten Taten von Papst Paul III. und des Hauses Farnese dargestellt oder Personen derart lebensecht porträtiert, daß zum Beispiel unser Konnetabel und die Königinmutter, ihre Kinder Karl IX. und

Heinrich III., der Herzog d'Alençon und die Königin von Navarra, Franz II. und Heinrich II., Piero Strozzi und andre von jedem sofort wiedererkannt werden, der sie jemals gesehen hat.

Weiter gibt es dort einen Saal, an dessen einem Ende man der Büste von König Heinrich II. mit der Inschrift *Dem Erhalter des Hauses Farnese* den ehrenvollsten Platz eingeräumt hat, während am andern Ende die Büste von König Philipp II. mit der Inschrift *Für die vielen von ihm empfangenen Wohltaten* zu sehen ist.

Aber auch außerhalb des Palastes befinden sich allerlei Sehenswürdigkeiten, zum Beispiel eine Grotte, in der Wasser so ausgeklügelt auf einen kleinen See gesprüht wird, daß es Auge und Ohr erscheint, als fiele ein völlig natürlicher Regen.

Die Gegend ist eine öde Wildnis. Das Wasser muß von den Quellen in Viterbo acht Meilen weit hergeleitet werden.

Von da setzten wir unsre Reise auf einer ebenmäßigen Straße durch eine große Ebene fort, bis wir in eine Gegend mit ausgedehnten Grasflächen kamen, die an manchen Stellen jedoch ausgetrocknet und kahl waren; dort sieht man Quellen aus dem Boden sprudeln, deren Wasser, obwohl kalt und rein, derart viel Schwefel enthält, daß man den Geruch schon von weitem wahrnimmt. — Zur Übernachtung gelangten wir nach Monterosi, dreiundzwanzig Meilen, und am Sonntag, den ersten Oktober schließlich nach Rom, zweiundzwanzig Meilen.

In dieser Jahreszeit herrschte eine ungeheure Kälte, zudem war man einer eisigen *tramontana* ausgesetzt.

Montag und die Tage darauf hatte ich Magenbeschwerden; aus diesem Grund entschloß ich mich, einige Mahlzeiten allein einzunehmen, weil ich dann weniger zu essen pflege. Ich hatte regelmäßigen Stuhlgang, so daß ich mich insgesamt recht rüstig fühlte — abgesehn vom Kopf, der noch immer nicht ganz in Ordnung war.

An dem Tag, da ich in Rom ankam, erhielt ich den Brief der Ratsherren von Bordeaux, worin sie mir in aller Form mitteilten, daß sie mich zum Bürgermeister ihrer Stadt gewählt hätten — verbunden mit der inständigen Bitte, mich möglichst bald bei ihnen einzufinden.

Am Sonntag, den achten Oktober sah ich mir in den Thermen des Diokletian auf dem *Monte Cavallo* einen Italiener an, der als langjähriger Sklave bei den Türken tausend ungewöhnliche Reitkunststücke gelernt hatte.

So stellte er sich in gestrecktem Galopp mit beiden Füßen auf den Sattel, schoß mit aller Kraft einen Pfeil ab und ließ sich plötzlich zurückfallen. Im Dahinrasen stieg er dann, mit der einen Hand sich am Sattel festhaltend, vom Pferde ab und streifte mit dem rechten Fuß den Boden, während der linke sich an den Steigbügel klammerte — und das wiederholte sich mehrmals. Stets weitergaloppierend, warf er den Körper immer wieder im Sattel herum. Mit einem türkischen Bogen schoß er dabei mit größtem Geschick vor- und rückwärts. Kopf und Schultern auf den Hals des Pferdes stützend, streckte er die Beine in die Luft und feuerte das Pferd zu immer schnellerem Tempo an. In der Hand hielt er einen Stock, den er hochwarf und mitten im Galopp wieder auffing. Im Sattel stehend spießte er wie beim Ringstechen mit einer Lanze, die er in der Rechten hielt, einen Handschuh auf und durchbohrte ihn. Wieder zu Fuß schließlich gab er einer Pike mit der Hand einen so starken Stoß, daß sie vorn und hinten um seinen Hals wirbelte.

Am zehnten Oktober schickte der Botschafter Frankreichs nach dem Mittagessen einen berittnen Diener zu mir, um mich wissen zu lassen, er würde mich, wenn ich wollte, in seiner Kutsche für die Besichtigung der zum Verkauf ausgestellten Möbel des Kardinals Ursino mitnehmen, der diesen Sommer in Neapel gestorben war; als Erbin seines ungeheuren Besitzes hatte er seine Enkelin eingesetzt, die sich noch im Kindesalter befand. Unter andren seltenen Dingen gab es dort eine mit Schwanenfedern gefüllte Decke aus Taft. (In Siena kann man überall komplette Schwanenbälge sehn, die eigens zu solchem Zweck präpariert sind, und man verlangte mir nicht mehr als

anderthalb Taler dafür ab. Sie haben die Größe eines Hammelfells, und nur wenige hiervon würden reichen, eine derartige Decke zu füllen.)
Weiter sah ich ein künstliches Straußenei, rundum graviert und hübsch bemalt; und dann ein viereckiges Schmuckkästchen, worin sich einige Juwelen befanden; innen aber hatte man es auf allen Seiten sowie oben und unten derart kunstvoll mit kleinen Spiegeln ausgestattet, daß es beim Öffnen den Eindruck erweckte, wesentlich breiter und tiefer zu sein als in Wirklichkeit und zehnmal mehr Juwelen zu enthalten, da man ja jeden Gegenstand durch die Reflexion mehrmals erblickte — waren die Spiegel doch kaum zu erkennen.
Donnerstag, den zwölften Oktober fuhr mich der Kardinal de Sens ganz allein in der Kutsche zur Besichtigung der Kirche von *San Giovanni e San Paolo*, deren Patron er ebenso wie der jener Ordensbrüder ist, die würzige Liköre herstellen und von denen ich schon oben gesprochen habe. Diese Kirche liegt auf dem *Monte Celio*, dessen Höhe künstlich entstanden zu sein scheint, weil darunter alles voller Gewölbe ist, mit großen Korridoren und Sälen. Angeblich befand sich dort das *Foro Ostilio*. Die Gärten und Weinberge der Ordensbrüder bieten einen wunderschönen Ausblick auf das alte wie das neue Rom. Wegen der nach allen Seiten schroff abfallenden hohen Felswände ist der Ort aber fast unzugänglich.
Am selben Tag beauftragte ich einen Spediteur, eine transportsicher zurechtgemachte Holzkiste nach Mailand vorauszubefördern. Die Maultiertreiber benötigen für diese Strecke gewöhnlich zwanzig Tage. Das Ganze wog einhundertfünfzig Pfund, und pro Pfund bezahlt man vier *baiocchi*, was zwei französischen Sous entspricht. In der Kiste befanden sich viele wertvolle Sachen, vor allem ein wunderschöner Rosenkranz mit einem Medaillon des *Agnus Dei*, der in Rom nicht seinesgleichen hatte. Er war eigens für den Botschafter der Kaiserin angefertigt worden, der ihn durch einen seiner Edelleute vom Papst hatte segnen lassen.

14. Von Rom bis Mont Cenis

Sonntag, den fünfzehnten Oktober reiste ich morgens aus Rom ab und ließ dort meinen Bruder mit dreiundvierzig Goldtalern zurück, mit denen er als Unterhalt und Gebühr zum Erlernen des Fechtens fünf Monate auszukommen meinte. Schon vor meiner Abreise hatte er sich ein hübsches kleines Zimmer gemietet. Bis zur ersten Poststation leisteten mir die Herren d'Estissac, de Monluc, Baron de Chasai, de Marivau und mehrere andre Gesellschaft. Und wenn ich nicht vorher abgereist wäre, um den übrigen Edelleuten die Mühe meiner Begleitung zu ersparen, hätten sie viele weitre auf sich genommen, denn von ihnen waren schon die Pferde hierfür gemietet worden — zum Beispiel von den Herren du Bellay, d'Ambres und d'Alègre.

Zur Übernachtung kam ich nach Ronciglione, dreißig Meilen. Bis Lucca hatte ich die Pferde für je zwanzig Juliustaler gemietet, wobei der *vetturino* die Ausgaben dafür selber bestritt.

Am Montagmorgen fühlte ich eine derart schneidende Kälte, daß es mir vorkam, als hätte ich noch nie eine so eisige Jahreszeit erlebt — und dabei waren in dieser Gegend noch nicht einmal die Weinlese und das Einbringen der Trauben beendet. Zum Mittagessen gelangte ich nach Viterbo, wo ich mir meine Pelze und alle sonstigen Wintersachen anzog, und von dort zum Abendessen nach San Lorenzo, neunundzwanzig Meilen, dann weiter zur Übernachtung nach San Quirico, zweiunddreißig Meilen.

All diese Wege sind heuer auf Anordnung des Herzogs von Toscana erneuert worden: ein höchst beachtliches Werk, das dem öffentlichen Verkehr förderlich ist. Gott lohne es ihm, denn selbst die beschwerlichsten Wege sind auf diese Weise so leicht benutzbar und bequem geworden wie die Straßen einer Stadt! Es verblüffte mich zu sehen, wie unendlich viele Menschen nach Rom zogen; der Preis für Mietpferde in diese Richtung war daher schier unerschwinglich, während man die von Rom zurück fast umsonst bekam.

In der Nähe von Siena wie an zahlreichen andren Stellen trifft man auf Doppelbrücken: Die untere überquert den einen Wasserlauf, und die obre führt zugleich den zweiten kanalisiert über sie hinweg.

Am Abend erreichten wir Siena, zwanzig Meilen.

In dieser Nacht erlitt ich eine etwa zweistündige Kolik; auch glaubte ich das Hinabsinken eines Steins zu spüren.

Am Donnerstag besuchte mich zu früher Stunde Guglielmo Felice, ein jüdischer Arzt, der mir des langen und breiten darlegte, wie ich meine Lebensweise im Hinblick auf das Nierenleiden und die Sandabgänge regeln solle. Sogleich danach verließ ich Siena, während sich die Kolik wieder einstellte, die diesmal drei bis vier Stunden anhielt. Hernach merkte ich an den äußerst heftigen Schmerzen in Unterleib, Schwanz und Hintern deutlich, daß ich den Stein ausgeschieden hatte.

Zum Abendessen kam ich nach Ponte a Elsa, achtundzwanzig Meilen. Dort ging mir mit etwas rotem Sand wieder ein Stein ab, der größer als ein Hirsekorn war; Schmerzen oder Schwierigkeiten beim Ausscheiden hatte ich dabei keine.

Von dort reiste ich Freitagmorgen ab; unterwegs hielt ich mich in Altopascio auf, sechzehn Meilen. Hier blieb ich eine Stunde, um die Pferde mit Hafer zu füttern. Ohne besondre Mühe schied ich mit viel Sand erneut einen Stein aus; er war länglich, teils hart, teils weich und hatte mindestens den Umfang eines dicken Weizenkorns.

Wir trafen auf mehrere Bauern, die Weinlaub pflückten, das sie aufzubewahren pflegen, um im Winter das Vieh damit zu füttern. Andre sammelten Farn als Streu.

Zur Übernachtung erreichten wir Lucca, acht Meilen. Dort wurde ich von etlichen Edelleuten und Handwerkern besucht.

Samstag, den einundzwanzigsten Oktober schied ich wieder einen Stein aus, der in der Harnröhre zunächst eine Zeitlang steckengeblieben war, dann aber gleichfalls ohne Schmerz und Schwierigkeit abging. Er war wesentlich größer als ein Weizenkorn, ziemlich rund, dabei hart und massiv, grob und rauh, innen weiß und außen rot. Gleichzeitig gab ich ständig Sand von mir. Hieraus ersieht man, daß die Natur sich manchmal selber hilft, und man hat dann das Empfinden, dieses Zeugs flösse einfach ab. Gott sei gedankt, daß dies ohne größeren Schmerz geschieht und mich in meiner Tätigkeit nicht behindert.

Nachdem ich eine Weintraube verzehrt hatte (denn während dieser Reise aß ich morgens nur sehr wenig oder gar nichts), reiste ich aus Lucca ab, ohne auf einige Edelleute zu warten, die noch dabei waren, sich für meine Begleitung zuzurüsten. Ich hatte einen schönen, zumeist ebnen Weg, zur rechten Hand die mit unübersehbaren Olivenhainen bedeckten Hügel, zur linken Sümpfe und dahinter das Meer.

An einer Stelle noch auf dem Staatsgebiet von Lucca sah ich eine technische Vorrichtung, die durch die Nachlässigkeit der Obrigkeit halb verfallen ist, woraus den Feldern ringsum ein erheblicher Schaden erwächst. Sie war zum Trockenlegen und Fruchtbarmachen der Sümpfe errichtet worden. Man hatte einen großen Graben gezogen, an dessen Ende drei Räder durch einen Wildbach in Bewegung gesetzt wurden, der sich aus den

Bergen herab auf sie ergoß. Die an ihnen befestigten Schöpfkübel konnten so unablässig auf der einen Seite diesem Graben Wasser entnehmen und es auf der andren in einen höheren Graben gießen, der, durch beidseitiges Mauerwerk kanalisiert, eigens angelegt war, um das Wasser ins Meer zu leiten. So sollte das ganze Land ringsum trockengelegt werden.

Ich kam mitten durch Pietra Santa, ein *Castello* des Herzogs von Florenz: ziemlich großer Ort und voller Häuser, aber menschenleer, weil die Luft so schlecht sein soll, daß keiner dort leben kann: Die meisten Einwohner seien gestorben oder siechten dahin.

Zum Abendessen erreichten wir Massa di Carrara, zweiundzwanzig Meilen: ein Ort, der dem Fürsten von Massa aus dem Hause Cibo gehört. Man sieht ein prächtiges Kastell auf dem Gipfel eines Hügels liegen, um dessen halbe Höhe herum und darunter sich die von mächtigen Mauern eingefriedeten Straßen und Häuser hinziehn. Weiter abwärts erstreckt sich außerhalb dieser Mauern in der Ebene ein großer Flecken, seinerseits von Mauern umgeben, die jedoch neuer sind. Der Ort ist wirklich schön: schöne Straßen, schöne Häuser — und diese zudem bemalt.

Ich war gezwungen, junge Weine zu trinken, denn in diesen Gegenden pflegt man das ausschließlich zu tun. Durch Zusatz von bestimmten Holzspänen und Eiweiß macht man sie derart klar, daß sie an Farbe den alten in nichts nachstehn. Sie erhalten hierdurch aber einen was weiß ich welch unnatürlichen Geschmack.

Sonntag, den zweiundzwanzigsten Oktober folgte ich zunächst einer sehr ebenen Straße, wobei ich nur einen Arkebusenschuß entfernt stets das Tyrrhenische Meer zur Linken hatte. Zwischen Straße und Meer erblickten wir eine nicht allzu große Ruine, nach Auskunft der Einheimischen die Überreste einer ehedem bedeutenden Stadt namens *Luni*.

Wir gelangten dann nach Sarzana, einem Ort der Signoria Genua, deren Wappen überall zu sehen ist: ein Sankt Georg zu

Pferd. Sie unterhält hier eine Garnison von Schweizer Soldaten, da der Herzog von Florenz den Ort vorher in Besitz hatte; und wenn es zwischen den beiden Herrschaftsbereichen nicht das Fürstentum Massa gäbe, lägen sich die Grenzorte Pietra Santa und Sarzana zweifellos ständig in den Haaren.
Beim Verlassen Sarzanas (wo wir vier Juliustaler pro Pferd und Poststation bezahlen mußten) wurden donnernde Freudensalven zu Ehren von Don Giovanni de' Medici abgefeuert, dem natürlichen Bruder des Herzogs von Florenz. Er kam gerade aus Genua zurück, denn dort hatte er in dessen Namen wie mehrere andre italienische Fürsten der Kaiserin seine Aufwartung gemacht.
Das Hauptgesprächsthema war freilich der prunkvolle Aufwand des Herzogs von Ferrara, da er der Kaiserin bereits in Padua mit vierhundert Karossen seinen Besuch abgestattet hatte. Dem ging folgendes voraus: Sein an die Signoria Venedig gerichtetes Ersuchen, ihr Gebiet mit sechshundert Pferden durchziehn zu dürfen, wurde so beschieden, daß man ihm dies nur mit einer etwas geringren Zahl gestattete. Hierauf setzte er all seine Leute in Karossen — und dergestalt konnte er sie der Kaiserin samt und sonders vorführn, wenn auch mit weniger Pferden!
Unterwegs begegnete ich dem Fürsten Don Giovanni persönlich: einem sehr schönen Jüngling, den zwanzig Männer in prächtiger Montur begleiteten, doch auf gewöhnlichen Zugpferden — was in Italien nicht einmal für Fürsten ehrenrührig ist.
Hinter Sarzana ließen wir die Straße nach Genua links liegen. Wenn man nach Mailand gelangen will, macht es von der Länge her keinen großen Unterschied, ob über Genua oder eine andre Strecke: Es läuft auf eins hinaus. An sich hätte ich diese Stadt und die Kaiserin gern gesehn, die dort weilte. Was mich aber davon abbrachte, waren die beiden dorthin führenden Wege. Für den einen, vierzig Meilen lang, braucht man ab Sarzana drei Tagereisen; er ist voller Abgründe, steiler Steigungen und

Geröll, zudem finden sich hier nur miserable Bleiben. Daher wird er auch wenig benutzt. Der andre führt über das drei Meilen von Sarzana entfernte Lerici, wo man sich einschifft und in zwölf Stunden Genua erreicht.

Da ich jedoch wegen meiner Magenschwäche das Meer schlecht vertrage, da ich mehr noch als das mir deshalb drohende Ungemach den Mangel an Unterkünften fürchtete, der angesichts der in der Stadt sich drängenden Menschenmassen abzusehen war, da man überdies munkelte, daß die Straße von Genua nach Mailand vor Räubern nicht allzu sicher sei, und da ich schließlich nichts anderes mehr im Kopf hatte als meine Rückkehr nach Frankreich, entschloß ich mich, Genua zu meiden. Statt dessen folgte ich der Straße zur Rechten, die durch viele Berge führte, doch stets unten blieb, im Tal, dem Fluß *Magra* entlang. Ihn zur Linken, kamen wir bald durch das Herrschaftsgebiet von Genua, bald durch das des Herzogs von Florenz oder der Herren aus dem Hause Malaspina. Auf einem Weg, der außer einigen abschüssigen Stellen recht passabel war, gelangten wir schließlich nach Pontremoli, dreißig Meilen: eine sich lang hinstreckende Stadt voll alter und nicht besonders schöner Gebäude. Sie soll einst *Appua* geheißen haben, und es gibt auch noch ein paar Ruinen. Jetzt gehört sie zum Staat Mailand, nachdem sie im Besitz des Hauses Fiesco war. Sie liegt am Fuß der sie umringenden Berge.

Bei Tisch wurde mir als erstes Käse gereicht, wie es nach Mailand hin und in der Gegend um Piacenza üblich ist; und nach Genueser Brauch gab es dann statt Salat in Öl und Essig eingelegte Oliven ohne Kern, die hervorragend schmeckten. Zum Händewaschen wurde auf einem kleinen Untersatz ein Becken mit Wasser gereicht, das allen zur Reinigung diente, ohne erneuert zu werden.

Von dort reiste ich Montag, den dreiundzwanzigsten Oktober morgens weiter; sofort hinter dem Haus begann der Aufstieg zum ziemlich hohen Appenin, der Weg war jedoch weder schwierig noch gefährlich. Den ganzen Tag über ging es die meist unwirtlichen und wenig fruchtbaren Berge hinauf und hinunter, bis wir zur Übernachtung Fornovo, dreißig Meilen, erreichten, das im Staat des Grafen di San Secondo liegt: eine Ansammlung von ein paar kleinen Häusern auf der Talsohle des in mehreren Betten dahinfließenden *Taro* (so heißt der Fluß, glaube ich).

Ich war heilfroh, endlich den Beutelschneidern im Gebirge entronnen zu sein, die den Reisenden bei den Kosten für die Verpflegung und den Unterhalt der Pferde aufs brutalste erpressen. Da in dieser Gegend ein äußerster Mangel an Mietpferden herrscht, ist man diesem Gesindel völlig ausgeliefert, das vor allem die Fremden gewissenlos schröpft. Andre zahlten zum Beispiel zwei Juliustaler pro Pferd und Poststation, mir aber knöpften sie drei, vier und fünf pro Poststation ab, so daß der Preis für ein Mietpferd täglich um einen Taler stieg; überdies wurden oft zwei Poststationen berechnet, wo nur eine vorhanden war.

Zum Essen bekam ich köstliche Beigaben unter dem Namen *mostarda* serviert, von denen es die verschiedensten Arten gibt; eine zum Beispiel bestand aus Quitten.

Die Entfernung von hier nach Parma betrug nur zwei Poststationen, und von dort bis Piacenza war die Entfernung gleich groß wie von Fornovo, so daß sich mein Weg lediglich um zwei Poststationen verlängert hätte. Ich verzichtete jedoch auf den Besuch der Stadt, da ich meine Rückreise nicht hinauszögern wollte, um die allein es mir noch zu tun war.

Dienstagmorgen folgten wir eine Zeitlang dem *Taro* und erreichten zum Mittagessen Borgo San Donnino, zwölf Meilen: ein kleines *Castello*, das der Herzog von Parma mit ansehnlichen, an Vorwerken reichen Mauern zu umfrieden beginnt. Bei Tisch gab es hier eine *mostarda* aus Äpfeln und Apfelsinen, die wie die Stücke in halbroher Quittenkonfitüre geschnitten waren.

Indem wir Cremona, genauso weit entfernt wie Piacenza, rechts liegen ließen, folgten wir nun einer sehr schönen und gleichmäßigen Straße durch eine Gegend, in der man bis zum

Horizont weder Berg noch die geringste Erhebung sieht. Äußerst fruchtbarer Boden. Von Poststation zu Poststation wechselten wir die Pferde, und die letzten beiden ritt ich im Galopp, um zu spüren, was meine Lenden noch hergaben — und es zeigte sich: keinerlei Müdigkeit, keinerlei Schmerz. Der Harn normal.

Links und rechts der Straße nach Piacenza stehen etwa vierzig Schritt auseinander zwei große Säulen, an deren Fuß lateinische Inschriften besagen, daß es verboten sei, zwischen ihnen zu bauen oder Bäume und Rebstöcke zu pflanzen. Ich weiß nicht, ob man so nur die Breite der Straße beibehalten will oder ob vielmehr von den Säulen bis zur Stadt, die eine halbe Meile entfernt liegt, nur das Blickfeld unbeeinträchtigt bleiben soll.

Zur Übernachtung gelangten wir nach Piacenza selbst, zwanzig Meilen, eine sehr große Stadt. Da ich recht frühzeitig angekommen war, durchstreifte ich sie nach allen Seiten: verschmutzte Straßen ohne Pflaster, kleine Häuser. Auf dem Marktplatz, ihrem Schmuckstück, steht der Justizpalast mit dem Gefängnis; hier pflegen sich auch die Bürger der umliegenden Stadtteile zu versammeln. Es gibt viele Läden, die jedoch völlig belanglos sind.

Ich sah mir das Kastell an, das König Philipp in Besitz hat; er unterhält darin eine Garnison von dreihundert Spaniern, die nach dem, was ich von ihnen hörte, schlecht bezahlt werden. Zum Morgen- und Abendappell pflegt man eine Stunde lang Instrumente zu blasen, die wir *Oboen* nennen, sie aber *fiffari*. Im Innern des Kastells, wo prächtige Kanonen aufgestellt sind, drängen sich die Menschen. Dort läßt sich der Herzog von Parma (der damals gerade in der Stadt weilte) aber nie sehen; er wohnt vielmehr in der *Citadella*, einem an andrer Stelle liegenden Kastell.

Im Grunde habe ich dort nichts wirklich Sehenswertes gesehn, außer dem neuen Bau für *San Agostino*, den König Philipp als Ersatz für eine andre Kirche gleichen Namens errichten läßt, deren Platz er für sein Kastell brauchte; dafür gehört ihm ein

Teil von deren Einkünften. Die neue Kirche harrt noch der Vollendung, aber das, was man bereits sieht, ist sehr schön. Die Unterkünfte für die Ordensbrüder, siebzig an der Zahl, und die doppelten Kreuzgänge sind sogar schon fertig. Dieses Gebäude scheint mir mit seinen Korridoren und Schlafsälen, seinen Kellergewölben und sonstigen Dingen das Prächtigste und Großartigste zu sein, was ich, wenn ich mich recht erinnre, je an kirchlichen Einrichtungen zu Gesicht bekam.

Salz wird hier im Stück auf den Tisch gestellt, und der Käse in großen Brocken ohne Teller.

Es hieß, der erstgeborne Sohn des Erzherzogs von Österreich, den ich in Innsbruck kennengelernt hatte, sei auf dem Weg nach Rom, um zum römischen Kaiser gewählt zu werden; der Herzog von Parma wartete daher auf dessen Ankunft in Piacenza.

Das Wasser zum Händewaschen und als Beimischung zum Wein wird einem hier zusammen mit einer großen Schöpfkelle aus Messing gereicht. Der beim Essen aufgetragene Käse gleicht völlig jenem *Piacentiner,* den es überall zu kaufen gibt. Die Stadt liegt genau auf halbem Wege zwischen Rom und Lyon.

Um auf der geradesten Strecke nach Mailand zu kommen, mußte ich zur Übernachtung zunächst in Marignano absteigen, dreißig Meilen; von dort sind es bis Mailand noch zehn. Ich machte jedoch einen Umweg von zehn Meilen, um mir Pavia anzusehn.

Mittwoch, den fünfundzwanzigsten Oktober brach ich daher zu früher Stunde auf und folgte einer schönen Straße. Unterwegs schied ich einen kleinen weichen Stein und viel Sand aus. Wir kamen durch ein unscheinbares *Castello* des Grafen Sforza di Santa Fiora. Am Ende der Straße überquerten wir den Po auf einer von zwei Pontons getragnen Fähre, die mit einem Büdchen versehen war und an einem (durch in regelmäßigen Abständen verankerte kleine Pontons gestützten) langen Seil über den Fluß gezogen wurde. In der Nähe dieser Stelle mündet der *Ticino* in den Po.

Frühzeitig kamen wir in **Pavia** an, dreißig *kleine* Meilen. Sofort machte ich mich daran, die Hauptsehenswürdigkeiten der Stadt zu besuchen: die Brücke über den *Ticino* sowie von den Kirchen den Dom, *Santa Maria del Carmine, San Tommaso* und *Sant'Agostino*; in dieser befindet sich der Sarkophag des Augustinus, ein prächtiges Grabmal aus weißem Marmor, das mit zahlreichen Statuen verziert ist. Auf einem Platz der Stadt steht eine Backsteinsäule mit Reiterstandbild, das dem des Mark Aurel vorm Kapitol in Rom nachgemacht scheint. Dieses hier ist jedoch kleiner und kommt jenem an Schönheit in keiner Weise gleich. Noch mehr zu denken aber gab mir, daß es Steigbügel und einen Sattel mit Vorder- und Hinterbogen hat, während das andre nichts hiervon aufweist — was der Meinung der Gelehrten entspricht, nach der Steigbügel und derartige Sättel eine Erfindung späterer Zeiten seien. Irgendein Dummkopf von Bildhauer glaubte vielleicht, man habe sie nur darzustellen vergessen. Im übrigen besichtigte ich die Anfänge jenes Gebäudes, das Kardinal Borromeo für die Studenten errichten läßt.
Die Stadt ist groß und recht hübsch; sie hat ziemlich viele Einwohner, und es fehlt nicht an Handwerkern jeglicher Art. Es gibt jedoch kaum schöne Häuser, und jenes, das man kürzlich der Kaiserin zur Verfügung gestellt hatte, ist geradezu unansehnlich. Alles in allem hat die Stadt keinerlei Besonderheiten zu bieten.
In den Wappen Frankreichs, die ich sah, waren die Lilien entfernt worden.
Hier bekommt man Pferde für zwei Juliustaler je Poststation.
Das beste Gasthaus oder, besser gesagt, die beste Unterkunft, die ich von Rom bis hierher gefunden habe, war die *Posta* in Piacenza — wenn nicht die beste ganz Italiens ab Verona; doch die schlechteste auf dieser Reise der *Falcone* in Pavia.
Hier (wie später in Mailand) bezahlt man das Holz getrennt, und in den Betten fehlen die Matratzen.
Ich reiste am Donnerstag, den sechsundzwanzigsten Oktober aus Pavia ab und schlug rechterhand den eine halbe Meile ne-

ben der Hauptstrecke verlaufenden Weg ein, um den Ort zu besichtigen, an dem die Armee von König Franz I. vernichtend geschlagen wurde: Nichts als flaches Land.

Ferner wollte ich die berühmte *Certosa* besichtigen, die zu Recht als eine der schönsten Kirchen gilt. Die marmorne Frontfassade ist mit ihren zahllosen Skulpturen wahrhaft überwältigend. Zudem beeindrucken ein Altarschmuck aus Elfenbein, der das Alte und das Neue Testament darstellt, das marmorne Grabmal

von Gian Galeazzo Visconti, des Gründers der Kirche, der Chor, die Verzierungen des Hauptaltars und das ungemein große und großartige Kloster. Dies sind die allerschönsten Dinge hier. Die ganze Anlage ist äußerst weitflächig; und nicht nur durch Größe und Zahl der verschiedensten Gebäude, sondern mehr noch durch die Menge von Leuten — Dienern, Handwerkern und Hilfsarbeitern — sowie von Pferden und Kutschen macht sie den Eindruck der Hofhaltung eines Fürsten höchsten Rangs.

Es wird ständig daran weitergearbeitet, und die ungeheuren Kosten hierfür tragen die Patres aus ihren Einkünften.
Eingebettet ist die Anlage in eine wunderschöne Rasenfläche.
Von da kamen wir nach Mailand, zwanzig Meilen, die Stadt mit der höchsten Einwohnerzahl Italiens: groß und wimmelnd von Handwerkern jeder Art und Händlern. Sie sieht weitgehend wie die französischen Städte aus, ja gleicht in mancher Hinsicht Paris. Gewiß fehlen ihr die Paläste von Rom und Neapel, von Genua und Florenz, doch an Größe übertrifft sie alle, und an Volksgedränge erreicht sie Venedig.
Freitag, den siebenundzwanzigsten Oktober besichtigte ich von außen das Kastell, und ich habe es fast völlig umkreist. Es ist ein riesiges Festungswerk von gewaltiger Wucht. Die Garnison besteht aus mindestens siebenhundert Spaniern, die reichlich mit Kanonen ausgerüstet sind. Ringsum wurde an weiteren Verstärkungen gearbeitet.

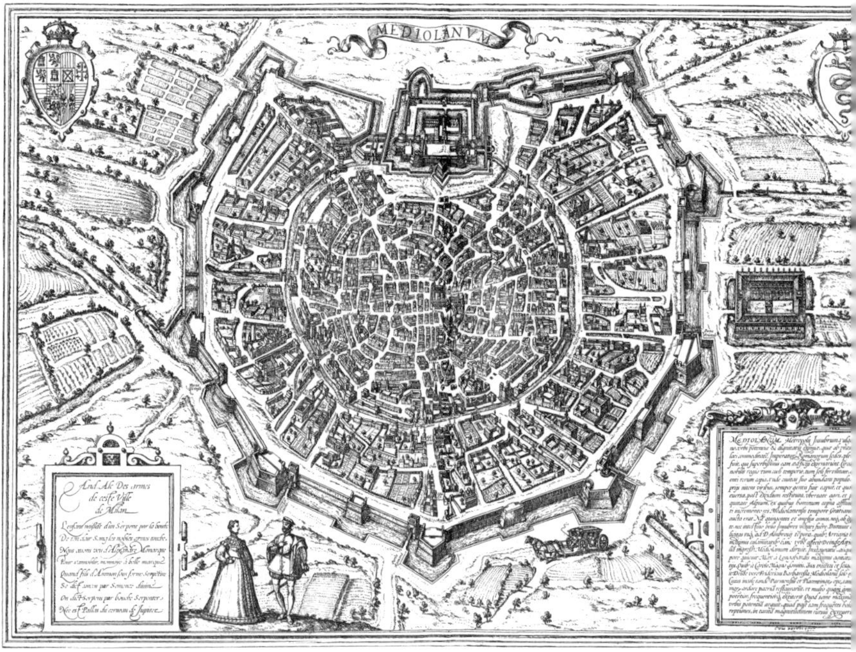

Wegen des sintflutartigen Regens, der dort über uns kam, blieb ich den ganzen Tag in der Stadt — bisher waren mir Wetter und Wege äußerst gewogen.

Samstagmorgen, den achtundzwanzigsten Oktober verließ ich Mailand wieder und folgte einer ebenen und schönen Straße, die zwar, weil es ständig weiterregnete, voller Wasser stand, aber frei von Schlamm war, da der Boden hier sandig ist.

Zum Mittagessen gelangte ich nach Buffalora, achtzehn Meilen. Auf einer Brücke überquerten wir dort den *Naviglio*, einen schmalen, aber derart tiefen Fluß, daß er große Barken bis nach Mailand trägt. Ein wenig weiter setzten wir in Barken über den *Ticino* und erreichten zur Übernachtung Novara, zwölf Meilen: kleine und wenig ansprechende Stadt, in der Ebene gelegen. Umgeben ist sie von Weingärten, Baumgruppen und fruchtbarem Land.

Von da zogen wir am nächsten Morgen weiter und blieben eine Zeitlang in Vercelli, zehn Meilen, um die Tiere zu füttern. Ringsum ist immer noch flaches Land. Die Stadt gehört dem Herzog von Savoyen und liegt an der *Sesia*, die wir in einer Barke überquerten. Der Herzog hat dort in kürzester Zeit und mit einer Unzahl von Arbeitern eine kleine Festung errichten lassen, die nach dem, was ich von außen sehen konnte, recht gut gelungen ist. Damit hat er freilich den Argwohn der in der Nähe befindlichen Spanier erweckt.

Von da kamen wir durch die kleinen *Castelli* San Germano und Santhià.

Indem wir immer weiter durch die Ebene zogen, die hier schön und äußerst reich an Nußbäumen ist (denn in dieser Gegend gibt es keine Olivenbäume, und daher verwendet man allein Nußöl) gelangten wir zur Übernachtung nach Livorno, zwanzig Meilen, einem Städtchen, in dem zahlreiche Häuser stehn.

Montag reisten wir zu früher Stunde auf einem nach wie vor ebnen Weg weiter und kamen zum Mittagessen nach Chivasso, zehn Meilen. Von dort aus überquerten wir zahlreiche Flüsse und Bäche mit Barken oder durch Furten und erreichten schließlich **Turin**, zehn Meilen, das wir auch leicht bis zum Mittagessen geschafft hätten: eine kleine Stadt auf sehr feuchtem Grund, weder sonderlich schön erbaut noch einladend, da mitten durch die Straßen ein Bach fließt, der die Abfälle mit sich führt. Ich zahlte dort fünfeinhalb Taler je Pferd für die sechstägige Reise nach Lyon, wobei der Vermieter für den Unterhalt aufzukommen hatte. Hier spricht man gewöhnlich französisch, und alle scheinen Frankreich sehr zugetan. Die Mundart des Volkes hat vom Italienischen fast nur die Aussprache — das übrige sind den unsren gleichende Worte.

Dienstag, den letzten Tag des Oktober verließen wir den Ort wieder, und auf einer gleichmäßigen Straße erreichten wir zum Mittagessen **Sant'Ambrogio**, zwei Poststationen, dann über eine eng von Bergen umschloßne Ebene zur Übernachtung **Susa**, zwei Poststationen: ein kleines *Castello*, ziemlich viele Häuser. Ich verspürte hier einen starken Schmerz im rechten Knie; er war zwar schon seit Tagen mein Begleiter, hatte jedoch ständig zugenommen.

Die Gasthäuser sind hier besser als an andren Orten Italiens: gute Weine, wenn auch schlechtes Brot, große Portionen und höfliche Wirte — und das in ganz Savoyen.

Nachdem ich zu Allerheiligen die Messe gehört hatte, zog ich weiter und kam nach **Novalesa**, eine Poststation entfernt. Hier mietete ich acht *marroni*, die mich in einer Sänfte zum Mont Cenis hinaufbrachten und dann auf der andren Seite mit dem Schlitten wieder hinab.

IV.
Von Montaigne wieder französisch verfaßter Text

15. Vom Mont Cenis nach Schloß Montaigne

Von hier ab spricht man wieder französisch; daher gebe ich die fremde Sprache auf, deren ich mich zwar mit Leichtigkeit zu bedienen weiß, doch gewiß nur sehr schlecht, da ich stets in Gesellschaft von Franzosen war und somit nie Gelegenheit hatte, sie ordentlich zu erlernen.

Der Aufstieg zum Mont Cenis erfolgte in der ersten Hälfte zu Pferd und dann erst in der erwähnten Sänfte, die abwechselnd von je vier der acht *marroni* auf den Schultern getragen wurde. Er dauert zwei Stunden, ist steinig und für Pferde, die nicht daran gewöhnt sind, sehr mühsam, im übrigen aber ungefährlich und ohne Schwierigkeit: Da das Gebirgsmassiv in seiner ganzen Breite gleichmäßig vor einem hochwächst, sieht man nie in einen Abgrund, und die einzige Gefahr besteht darin, daß man strauchelt. Oben auf dem Berg erblickt man eine zwei Meilen breite Ebene mit Quellen, Seen, vielen Häuschen und der Poststation. Keine Bäume, wohl aber Weiden und Grasflä-

chen, die in der milden Jahreszeit genutzt werden. Jetzt war hier jedoch alles mit Schnee bedeckt.
Der Abstieg beträgt lediglich eine Meile und ist entsprechend abschüssig und steil, weshalb ich mich, wie gesagt, von meinen *marroni* mit dem Schlitten hinabfahren ließ — und für all diese Dienste und für alle acht Männer bezahlte ich zwei Taler! Die Schlittenfahrt allein kostet nur einen *Teston*: ein hübscher Spaß, dabei völlig gefahr- und harmlos.
Das Mittagessen nahmen wir in Lans-Le-Bourg ein, zwei Poststationen: ein Dorf am Fuß des Gebirges, in Savoyen. Von dort zogen wir zum Übernachten zwei Meilen weiter in ein andres kleines Dorf. In dieser Gegend gibt es überall viel Forellen und ausgezeichnete alte wie neue Weine. Dann gelangten wir über einen bergigen und steinigen Weg zum Mittagessen nach Saint-Michel, fünf Meilen: ein Dorf, in dem sich die Poststation befindet. Zum Nachtlager erreichten wir völlig durchweicht La Chambre, fünf Meilen: ein kleines Städtchen, von dem die Marquis de la Chambre ihren Titel herleiten. Freitag, den dritten November kamen wir zum Mittagessen nach Aiguebelle, vier Meilen, einem befestigten Flecken, und zum Nachtlager nach Montmélian, vier Meilen: Stadt mit einer Festung, welche die Spitze einer sich in der Ebene zwischen hohen Bergen erhebenden kleinen Felskuppe einnimmt. Die Stadt liegt unterhalb dieser Festung an der *Isère*, die nach Grenoble fließt, sieben Meilen weiter. Hier machte sich bei mir das Fehlen der vorzüglichen italienischen Öle bemerkbar, denn die ortsüblichen fingen an, mir Magenbeschwerden zu machen, während ich von den andren nie Sodbrennen bekommen hatte. Zum Mittagessen erreichten wir Chambéry, zwei Meilen, die Hauptstadt Savoyens: klein, schön und mit regem Handelsverkehr. Sie liegt zwischen den Bergen, doch an einer Stelle, wo sie stark zurückweichen und einer ansehnlichen Ebene Platz machen.
Von da ging es über den *Mont du Chat*, der zwar hoch, steil und steinig ist, aber kein bißchen gefährlich oder auch nur unbe-

quem. An dessen Fuß liegt ein großer See und an dessen Ufer ein befestigter Flecken namens *Bourdeau*, in dem berühmte Schwerter hergestellt werden. Das Nachtquartier bezogen wir dann in Yenne, vier Meilen, einem kleinen Flecken.

Sonntagmorgen überquerten wir die Rhône, die nun zu unsrer Rechten floß. Vorher waren wir an ihrem Ufer durch ein kleines Fort gekommen, das der Herzog von Savoyen zwischen den hier eng zusammenrückenden Felsen errichten ließ. An einem entlang führt ein schmaler Pfad zum Fort hin: kaum anders als in jenem *Chiusa*, das die Venezianer am Ausgang der Tiroler Berge angelegt haben.

Indem wir immer weiter der Talsohle zwischen den Bergen folgten, gelangten wir in einem Zug nach Saint-Rambert, sieben Meilen: eine kleine Stadt im Tal der Rhône. Mitten durch die meisten Städte Savoyens fließt ein Bach, der die Abfälle mit sich führt; auf dessen beiden Seiten verlaufen die Straßen, die bis zu ihm hin mit großen Wetterdächern überdeckt sind, so daß man zu jeder Zeit geschützt ist und trocken bleibt. Freilich werden die Läden hierdurch verdunkelt.

Montag, den sechsten November verließen wir morgens den Ort, wo mir der Herr Francesco Cenami (Bankier in Lyon, der vor der Pest hierhin geflüchtet war) durch seinen Neffen mit vielen höflichen Komplimenten Wein aus seinen persönlichen Vorräten geschickt hatte.

Zu früher Stunde brach ich von dort wieder auf, und nachdem ich die Berge gänzlich hinter mir gelassen hatte, öffneten sich mir nun die Ebenen französischer Natur.

Im Boot setzte ich nahe *Chazey* über den *Ain* und gelangte in einem Zug nach Montluel, sechs Meilen: kleine Stadt mit regem Durchgangsverkehr, die als letzte zum Herrschaftsbereich des Herzogs von Savoyen gehört.

Dienstag nahm ich nach dem Mittagessen die Post und erreichte damit zur Übernachtung Lyon, zwei Stationen, drei Meilen. Der Anblick der Stadt hat mir sehr gefallen. Dort kaufte ich von Joseph de la Sone drei gestutzte Lastpferde (von denen

Seribit Strabo, LVGDVNVM suo tempore fuisse alteram om-
nium Galliæ vrbium nobilissimam, et populosissimam: Narbone
excepta. Et hodie quidem non in minorem excreuit magnitudinē,
cum tantus sit mœniorū ambitus, colles duos & vineta com-
plectens, vt ei paucissimæ Galliarum vrbes anteponi possint.
Magnus est ibi concursus externarū gentium, quas in hac vr-
be sedes collocasse videmus, vt transferre omne mercium genus in
quamcunq; orbis partem cōmodissime possit. Loci cōmoditas ex am-
nium decursu apparet, quodq; in medio fere Europæ posita sit. Am-
nes autem sunt Rhodanus, et Arar (Sagonam hodie vocant) iux-
ta Lugdunum confluentes, simulque in mare Ligusticum de-
currētes, mercib. importandis et exportandis, accōmodatiss.
LE ROSNE

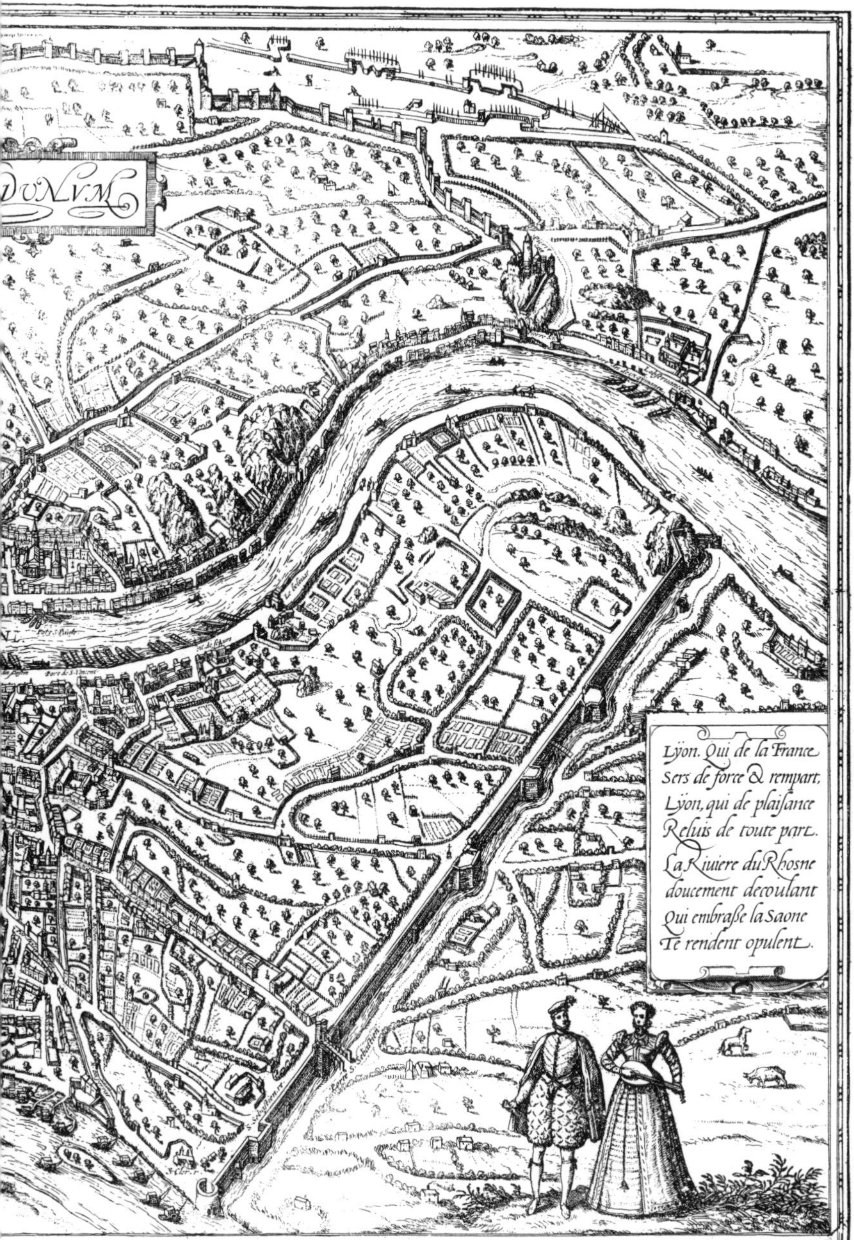
DVNVM
Lyon. Qui de la France
Sers de force & rempart,
Lyon, qui de plaisance
Reluis de toute part.
La Riuiere du Rhosne
doucement decoulant
Qui embraße la Saone
Te rendent opulent.

neun »an der Stange« zweihundert Taler kosten); tags zuvor hatte ich bereits von Malezieu ein langschrittiges Reisepferd für fünfzig Taler erworben, ferner ein gestutztes Pferd für dreiunddreißig.

Am Samstag, Tag des Sankt Martin, bekam ich morgens heftige Magenschmerzen und blieb daher bis zum Nachmittag im Bett, wo noch Durchfall hinzutrat. Zu Mittag aß ich überhaupt nichts, und zu Abend ganz wenig.

Sonntag, den zwölften November, lud mich der Herr Alberto Giachinotti aus Florenz, nachdem er mir bereits viele andre Höflichkeiten erwiesen hatte, zum Mittagessen ein, und er erbot sich sogar, mir Geld zu leihn, obwohl er mich doch gerad erst kennengelernt hatte.

Von Lyon reiste ich Mittwoch, den fünfzehnten November 1581 nach dem Mittagessen weiter und erreichte über einen bergigen Weg zur Übernachtung La Bourdelière, fünf Meilen: ein Dorf, das nur aus zwei Häusern besteht. Von dort schlugen wir Donnerstagmorgen einen schön ebenen Weg ein. Nachdem wir die Hälfte zurückgelegt hatten, setzten wir in der Nähe des kleinen Dorfes *Feurs* im Boot über die Loire und erreichten dann in einem Zug L'Hôpital, acht Meilen: ein befestigter kleiner Flecken. Freitagmorgen ging es über einen wieder bergigen Weg bei rauhem Schneewetter und einem uns grausam ins Gesicht schneidenden Wind weiter nach Thiers, sechs Meilen, einer kleinen Stadt am *Allier*: gut angelegt, dicht bevölkert und mit regem Handelsverkehr. Man vertreibt hier hauptsächlich Papier, doch der Ruf dieser Stadt gründet auf der Herstellung von Messerwaren und Spielkarten. Sie ist gleich weit von Lyon und Saint-Flour, von Moulins und Le Puy entfernt.

Je mehr ich mich meiner Heimat näherte, desto länger schien sich der Weg hinzuziehn; wenn man rein die Anzahl der Reisetage rechnet, hatte ich tatsächlich schon spätestens in Chambéry die halbe Strecke von Rom bis zu meinem Haus zurückgelegt.

Thiers ist bourbonisch und gehört dem Herrn de Montpensier. Ich sah mir bei Palmier die Herstellung der Spielkarten an: Es werden hierzu ebenso viele Arbeiter und ebensoviel Geschick benötigt wie zu jedem andren ordentlichen Werk. Die gewöhnlichen Karten kosten nur einen Sous, die feineren zwei *Carolus*.

Samstag zogen wir durch die äußerst fruchtbare Ebene der *Limagne* weiter, und nachdem wir im Boot die *Dore* und dann den *Allier* überquert hatten, kamen wir zur Übernachtung nach Pont-du-Château, vier Meilen. Die Pest hat hier schlimm gewütet, und ich hörte darüber viele erschütternde Geschichten. So soll das Herrenhaus, Stammsitz des Vicomte de Canillac, beim Versuch, es mit Feuer zu entseuchen, völlig niedergebrannt sein. Der genannte Herr sandte einen seiner Leute mit allerlei wortreichen Anerbieten und der gleichzeitigen Bitte zu mir, ich möchte doch Herrn de Foix ein Empfehlungsschreiben für seinen Sohn zukommen lassen, den er gerade nach Rom geschickt hatte.

Sonntag, den neunzehnten November erreichte ich zum Mittagessen Clermont, zwei Meilen, wo ich einen Zwischenaufenthalt einlegte, um meine jungen Pferde zu schonen.

Montagmorgen, den zwanzigsten reiste ich weiter. Auf der Höhe des *Puy de Dôme* schied ich einen ziemlich großen Stein aus, breit und flach, der seit dem Morgen im Abgehn war; tags zuvor verspürte ich ihn lediglich am Anfang der Rute, nachdem ich ihn beim Niedergleiten in die Harnblase auch in den Nieren schon etwas gefühlt hatte. Er war weder weich noch hart.

In Pontgibaud besuchte ich auf meiner Durchreise Madame de la Fayette und unterhielt mich eine halbe Stunde mit ihr im Salon. Der Ruf des Schlosses übertrifft seine Schönheit. Die Lage ist eher häßlich, der Garten klein und quadratisch; die Wege darin sind gut vier bis fünf Fuß höher als die ebenfalls viereckigen Beete, in denen es viel Obst-, doch wenig Gemüsepflanzen und Kräuter gibt; eingefaßt sind diese tiefliegenden Beete mit behaunen Steinen.

Es schneite so heftig und der Wind war derart kalt und schneidend, daß man von der Landschaft nichts mehr sah. Zur Übernachtung kam ich nach Pontaumur, sieben Meilen, einem kleinen Dorf. Zwei Meilen von hier hielten sich zur Zeit Herr und Frau du Lude auf. Tags darauf erreichte ich zum Übernachten Pontcharraud, ein kleines Dorf, sechs Meilen. Auf dieser ganzen Strecke gibt es bis Limoges nur miserable Gasthäuser, doch fehlt es darin wenigstens nicht an passablem Wein. Außer Maultiertreibern und Boten, die nach Lyon unterwegs sind, kommt hier niemand vorüber.

Mein Kopf war nicht in Ordnung, und wenn die Stürme, eisigen Winde und Regenschauer ihm schaden, habe ich ihn auf diesen Wegen, wo die Winter unvergleichlich härter sein sollen als in Frankreich sonst, reich damit versorgt.

Mittwoch, den zweiundzwanzigsten November reiste ich bei denkbar schlechtestem Wetter von dort aus weiter und kam an Felletin vorüber, einer kleinen Stadt, die auf einer von hohen Bergen umringten Talsohle gut angelegt scheint, doch wegen der kürzlichen Pest noch halb menschenleer war. Zur Übernachtung kam ich nach Châtain, fünf Meilen, einem kleinen armseligen Dorf. Da es keinen alten Wein gab, trank ich jungen, der noch nicht ausgegoren war.

Donnerstag, den dreiundzwanzigsten war der Zustand meines Kopfes unverändert und das Wetter weiter widerlich. Zur nächsten Übernachtung gelangte ich zunächst nach Sauviat, fünf Meilen, einem Dörflein, das dem Herrn de Lauzun gehört, und tags darauf nach Limoges, sechs Meilen, wo ich den ganzen Samstag über blieb. Ich kaufte dort ein Maultier für neunzig *écus-sol*. Eine Maultierladung kostete mich ab Lyon fünf Taler — und dabei wurde ich um vier Livres betrogen, denn alle andren Ladungen kosteten nur dreizweidrittel Taler. Von Limoges bis Bordeaux ist ein Taler hundert Sous wert.

Sonntag, den sechsundzwanzigsten November reiste ich nach dem Mittagessen von Limoges ab und kam zur Übernachtung erst nach Les Cars, fünf Meilen, wo nur Madame des Cars anwesend war, tags darauf nach Thiviers, sechs Meilen, Dienstag nach Périgueux, fünf Meilen, und Mittwoch nach Mauriac, fünf Meilen. Donnerstag, am Tag des Sankt Andreas und letzten Tag des November kehrte ich schließlich zur Nacht nach Montaigne heim, sieben Meilen: von wo ich am zweiundzwanzigsten Juni 1580 aufgebrochen war, um nach La Fère zu gehn. So hat meine Reise siebzehn Monate und acht Tage gedauert.

Anmerkungen

S. = Seite(n) der vorliegenden Übersetzung. ES. = Seite(n) in Michel de Montaigne: *Essais*, erste moderne Gesamtübersetzung von Hans Stilett, Frankfurt am Main, 3. Auflage 1999. O. = Originaltext. Ü. = Übersetzung. Anm. = Anmerkung(en). Im Text häufig wiederkehrende italienische Wörter: *Castello* (Plural *Castelli*): »Befestigter Ort, der wegen seiner Kleinheit nicht die Bezeichnung Stadt verdient« (siehe S. 162); *vetturino* (Plural *vetturini*): Lohnkutscher.

Seite 27

In aller Eile entsandte der Herr de Montaigne seinen Bruder … zum Grafen, dessen Wunden … nicht tödlich waren: Da man die ersten beiden Seiten des Manuskripts, wie Abbé Prunis es vorfand (siehe Vorwort), herausgerissen hatte und der obere Rand der nun ersten Seite zudem beschnitten war, ist der Name des Orts, von dem aus Montaigne seinen Bruder entsandte, ungesichert. Während die meisten Ausgaben (angefangen mit Querlon) aus der Formulierung des zweiten Satzes »Im besagten *Beaumont*« schließen, daß schon die Entsendung des

Bruders von hier aus stattgefunden haben müsse, und zwar von *Beaumont-sur-Oise*, gibt die *Copie Leydet* vielmehr *Niort* (an der Straße von Bordeaux nach Paris) an. Da Montaigne aber vor der Reise an der Belagerung der Festung *La Fère* (am Zusammenfluß von Serre und Oise) teilgenommen hatte, sich also im Norden Frankreichs befand, ist *Beaumont* wahrscheinlicher. Pierre Michel zieht jedoch auch diese Zuordnung in Zweifel und spricht sich mit ebenfalls guten Gründen, Paul Faure folgend (Bordas 1948), für das nahe *Bondy* liegende Dorf *Bobigny* aus. — Völlig unbekannt ist nach wie vor der Name des verwundeten Grafen und der Grund seiner Verwundung.

... der Herr d'Estissac: Er war der ranghöchste Teilnehmer der Reisegesellschaft — Sohn jener Madame d'Estissac, der Montaigne den *Essai* II/8 gewidmet hat.

Montag, den fünften September: Das O. führt das Tagesdatum wechselweise in Ziffern und Worten an, die Ü. einheitlich in Worten.

... nach dem Essen: O.: »dîner«. Die Wörter *dîner* und *déjeuner* wurden früher nicht unterschieden. Im Zweifelsfall übersetze ich daher *dîner* mit Essen; vgl. S. 73: »Er selber frühstückte freilich nie« und ES. 558/l.

Seite 28

... die Wohnung Ogiers des Dänen: Ogier der Däne fiel im Jahre 778 mit Roland im Tal von *Roncesvalles*. Daß man ihn zur Bestattung bis nach *Saint-Faron* befördert habe, ist unwahrscheinlich. Es dürfte sich hier eher um Oger de Charmontray handeln, der 1085 sein ganzes Gut dem Kloster vermacht haben soll.

Seite 29

... Grabmal des Marschalls Strozzi: Marschall Piero Strozzi, Vetter der Königin Katharina von Medici, war ebenso tapfer wie klassisch gebildet. Er soll, tödlich verwundet, jeden priesterlichen Beistand abgelehnt haben und mit einem Fluch auf den

Lippen gestorben sein. Montaigne schreibt über ihn in den *Essais*: »Hinsichtlich der Kriegskunst sind meines Erachtens die bemerkenswertesten Männer der zu Orléans getötete Herzog de Guise und der verstorbne Marschall Strozzi gewesen« (*Essai* II/17, ES. 328/r). Und: Bestimmte Bücher, erzählt man, hätte dieser oder jener Feldherr ganz besonders geschätzt ... Der verstorbne Marschall Strozzi, der sich für Caesar entschied, hatte damit zweifellos die beste Wahl getroffen« (*Essai* II/34, ES. 363/l—/r).

Seite 30

... berühmten Jesuiten: Montaigne wird diesem Jean Maldonat in Rom wiederbegegnen, wohin ihn Papst Gregor XIII. zur Herausgabe der griechischen Bibel berufen hatte (siehe S. 218—219).

Seite 31

... jenes andren Vitry ... das man niedergebrannt hatte: Vitry-en-Perthois wurde von Karl V. 1544 eingeäschert. Hernach baute es Franz I. 1545 völlig neu auf und gab ihm seinen Namen *François*.

... Antoinette de Bourbon, noch lebe: Sie war die Großmutter der Maria Stuart und überlebte zehn ihrer elf Kinder. Wegen ihrer einfachen Lebensart und unermüdlichen Wohltätigkeit genoß sie großes Ansehn.

Seite 32

... die Geschichte ... ist also seriös: Montaigne kommt in den *Essais* (I/21, ES. 53/l—/r) auf sie zurück, stellt sie jedoch — offensichtlich aus dem Gedächtnis — etwas anders dar. Das gilt vor allem für den Zeitpunkt der Namensänderung von *Marie* in *Germain*, die Person des sie vernehmenden Bischofs und die Art der Bezeugung.

... Bar-le-Duc ... wo der Herr de Montaigne bereits einmal gewesen ist: Nach der Krönung von Franz II. in Reims war Montaigne 1559 dem Hof nach *Bar-le-Duc* gefolgt. Diesen Aufenthalt erwähnt er auch in den *Essais* von 1580 (II/17, ES. 325/l).

Seite 33

... alles Städte, die ja von unsrer Reiseroute nicht weit ablagen: Bei der Aufzählung der Städte muß dem Schreibenden ein Fehler unterlaufen sein, wie schon ein Blick auf die Landkarte zeigt. Lautrey betont daher zu Recht, daß Montaigne allenfalls in *Vitry-le-François* beschlossen haben könnte, auf die Route über *Saint-Dizier* und *Joinville* zugunsten der nun eingeschlagnen zu verzichten, und daß er unabhängig davon sich vielleicht in *Bar-le-Duc* überlegte, einen größeren Abstecher nach *Toul, Nancy* und *Metz* zu machen.

... deren Nachkommen durch die Huld des Königs geadelt wurden: Es waren natürlich ihre beiden Brüder und *deren* Nachkommen, die sich *Du Lys* nannten, nachdem 1429 Karl VII. die Jungfrau mit der ganzen Familie in den Adelsstand erhoben hatte.

Seite 35

... berechnet man die Meilen wieder wie in der Gascogne: In Frankreich variierte die Länge der Meile je nach Region. In der Île-de-France betrug sie etwa 4 km, in der Champagne 4,5 km, in Lothringen 5,85 km. In der Schweiz umfaßte eine Meile 8,35 km. Heute beträgt eine französische Meile 4 km (Michel und Littré). In Deutschland schwankte die Länge der Meilen zwischen 7420,4 m in Bayern, 7448,7 m in Württemberg und 7532,5 m in Preußen, bis für das Deutsche Reich die geographische Meile — wie vorher die Postmeile in Sachsen — auf 7,5 km festgelegt wurde.

Seite 37

... eine was weiß ich wie hohe Beimischung von Eisen: Man beachte in der Aufzeichnung des Sekretärs die Übernahme des für Montaigne in den *Essais* und seiner Niederschrift des Reisetagebuchs charakteristischen Verfahrens, seine Maxime *Was weiß ich?* dem Text immer wieder adverbial, gleichsam »syntaktisch getarnt« einzugliedern — getreu seiner Überzeugung, daß jeder Versuch, Wahrheit(en) darzustellen, unvollkommen, ja vergeblich bleiben wird.

Seite 38

... Franche-Comté: Die heutige *Franche-Comté* (= Freigrafschaft Burgund) gehörte damals zu Spanien. Sie fiel im Frieden von Nimwegen 1678 endgültig an Frankreich, nachdem sie 1316 schon einmal vorübergehend mit ihm vereint war.

Seite 41

... vom sechzehnten bis zum siebenundzwanzigsten September: Im Original steht irrtümlich »vom achtzehnten bis zum siebenundzwanzigsten September«. Garavini sieht darin ein Zeichen, daß das Reisetagebuch nicht Tag für Tag geführt wurde; das falsche Datum wäre demnach ein Gedächtnisfehler; und die Tatsache, daß er unkorrigiert blieb, wertet sie als Beweis, daß die Aufzeichnungen nicht nachträglich redigiert wurden. Dem widerspricht aber, daß darin oft Dinge erwähnt werden, die dem angegebnen Datum vorauseilen; der Protokollführer kann sie also nur später eingefügt haben (vgl. Anm. zu S. 43).

... in Arsac: Das im Médoc gelegene Dorf *Arsac* gehörte Montaignes Bruder Thomas de Beauregard (siehe ES. 110/r), der es durch die Heirat von Jaquette d'Arsac, der Stieftochter Étienne de La Boéties, erworben hatte.

Seite 43

... von tausend Tambourins ... umtönt: Darstellung und Dargestelltes verschmelzen im O. zur stabreimgesättigten Einheit: *Nous partîmes et passâmes un pays montagneux, qui retentissait partout sous les pieds de nos chevaux, comme si nous marchions sur une voûte; et semblait que ce fussent des tabourins qui tabourdassent autour de nous.*

Seite 44

... dem Herrn de Montaigne ... mitgaben: Nach dem Tod der Äbtissin Renée de Dinteville wollte das Kapitel seine Kandidatin Humberte de Chastenay für die Nachfolge durchsetzen und suchte hierfür die Unterstützung von Papst Gregor XIII. Ebendies, vermutet Garavini, dürfte der Auftrag an Montaigne gewesen sein, zu dessen Erledigung beim Heiligen Stuhl ihm die Dekanin Marguerite de Ludre Vollmacht gab.

Seite 45

... *Testons*: Kleine Silbermünze = 10—19 Sous.
Thann ... dem Kaiser untertan: Bis 1648 habsburgisch.
Mülhausen ... Kleine Schweizer Stadt, die zum Kanton Basel gehört: *Mülhausen* wurde erst 1797 französisch.
... durch die Reformation doch kaum verändert: Wie auch die Schilderung der weiteren Besichtigungen zeigt, bewundert Montaigne die Schweizer Protestanten, weil sie im Gegensatz zu den französischen Calvinisten in den Kirchen keinerlei Zerstörungen angerichtet haben.

Seite 46

Ein Edelmann: Offensichtlich fehlen hier einige Worte, denn im Original steht ein rückbezügliches »lequel seigneur«.

Seite 47

... einer langen Ansprache, die ... Montaigne mit einer noch wesentlich länger dauernden beantwortete: Der vermutlich vom protokollführenden Sekretär formulierte Witz dieser Szene — die Begrüßungsansprache war »longue«, Montaigne antwortete »fort longtemps« — erschließt sich vielleicht am besten, wenn man Montaignes augenzwinkernd vorgetragnes Bekenntnis in *Essai* I/10 nachliest: »Ich besitze wenig Verfügungsgewalt über mich — der Zufall hat hier größere Rechte als ich. Gelegenheit, Gesellschaft und selbst der Tonfall meiner Stimme entlocken meinem Geist mehr, als ich darin finde, wenn ich ihn in der

Einsamkeit beschäftige und zu ergründen trachte. Daher sind seine gesprochenen Worte mehr wert als die geschriebnen.« (ES. 25/r.)

... des Arztes Felix Platter: Sohn des Humanisten Thomas Platter, Buchdrucker und Verleger Calvins. Die halb deutsch, halb lateinisch geschriebnen Briefe an seinen Sohn Felix sind ein ergreifendes Dokument der deutschen Briefliteratur.

... in der Vorstadt: Klein-Basel am rechten Rheinufer.

... das *Über-* oder *Durchgang* bedeutet: Basel ist aus dem Römerlager *Basilia* hervorgegangen.

Seite 53

Diese kleinen Windmühlen ... zum Beispiel in Baden: Diese Bemerkung kann erst *nach* dem Aufenthalt in Baden eingefügt worden sein, was für eine — zumindest teilweise — nachträgliche Redaktion der Aufzeichnungen spricht (vgl. Anm. zu S. 41).

Seite 54

Hornussen ... zum Herzogtum Österreich gehörender Ort: Daher katholisch.

... hörten wir die Messe: Man beachte, daß hier der Sekretär offensichtlich zum ersten Mal am Messebesuch der Herren d'Estissac und de Montaigne teilnahm.

Die Männer knien ... auf den Bänken vor ihnen: Im Mittelalter feierten die Gläubigen den Gottesdienst stehend. Erst ab der zweiten Hälfte des 16. Jahrhunderts folgten die katholischen Kirchen den protestantischen und stellten ebenfalls Bänke auf, namentlich in der Schweiz (P. Michel).

Seite 55

... unter dem Schutz der acht protestantischen Schweizer Kantone: Baden gehört noch heute zu den besuchtesten Thermalbädern Europas. Bereits zur Zeit der Römer trug es den bezeichnenden Namen *Aquae Helveticae*. Der Schutz der protestantischen acht Kantone für eine katholisch gebliebne Stadt verdient nach Montaignes Meinung, wie man sieht, besondere Erwähnung. (Im 18. Jahrhundert wurde sie dann freilich doch noch von den protestantischen Kantonen Bern und Zürich zerstört.)

Seite 59

... einen, wie soll ich sagen, Stich ins Salzige: Andere Übersetzungsvariante der »syntaktisch getarnten« Eingliederung von Montaignes Maxime *Was weiß ich?* Siehe Anm. zu S. 37.

Herr Maldonat hatte das ... berichtet: Erinnerung an das Gespräch Montaignes mit Maldonat in Épernay (S. 31).

Seite 61

... ließ er sich ... stets nach Landessitte bedienen: Vgl. *Essai* III/9, ES. 497 ff.

Seite 62

... wie es ja in Augsburg ... der Fall ist: Zur Frage der nachträglichen Redaktion vgl. Anm. zu S. 41 und 53.

Seite 65

... die den Fremden abverlangten Preise halsabschneiderisch: Es dürfte der Sekretär sein, der sich über die hohen Kosten beklagt, da er ja gleichzeitig »Reiseleiter« und somit auch für die Ausgaben zuständig war. Montaigne schließt sich in seinem späteren Brief an Hotman (aus Bozen, siehe S. 119) den Klagen jedoch an.

Seite 68

... eine kleine Stadt ... mit den Kantonen verbündet: Wahrscheinlich *Steckborn*. Zu den Schutzverhältnissen zwischen Städten und Kantonen unterschiedlicher Konfession vgl. Anm. zu S. 55.

Seite 69

In der Liebfrauenkirche: Offensichtlich das Münster.

Seite 73

Wir passierten das am Bodensee liegende Buchhorn: Seit 1811 Friedrichshafen.

Seite 74

... *Testons*: Siehe Anm. zu S. 45.

... brechen sie zahlreiche Dispute über die Auslegung seiner Schriften vom Zaun: Vgl. S. 48 und *Essai* III/13, ES. 539/r.

Seite 75

... als Topfgerichte verwendet: Offensichtlich handelt es sich um Sauerkraut.

... würde es ihnen im übrigen an nichts fehlen: Vgl. *Essai* III/13, ES. 545/r.

... von ihnen ißt man nur die Leber: Montaigne verstand kein Deutsch, hatte aber ein feines Ohr. So glaubte er aus dem Wort »Trüsche« — auch »Aalquappe« oder »Rutte«, *Lota lota*, die einzige in Süßwasser lebende Dorschart — das französische »truite« (Forelle) herauszuhören. Das war zwar falsch, richtig hingegen, daß man von den Trüschen nur die Leber (»foie«) als besondre Delikatesse aß. 1909 änderte Louis Lautrey in seiner zweiten Auflage des *Reisetagebuchs* (und nach ihm alle andern Herausgeber und Übersetzer) »foie« fälschlich zu »frai« (Rogen, Laich) ab. So steht nun auch in Flakes Übersetzung der widersinnige Satz: »Forellen werden nicht geschätzt, und man ißt nur ihren Laich«. Aufgedeckt hat diese kuriose Verkettung ein Prof. Dr. Schindele schon 1908 (*Michel de Montaigne in Lindau und Süddeutschland*, in: *Das Bayerland* XIX, München, S. 365) — beachtet wurde sie bisher von keinem.

Seite 76

... daß er nicht wenigstens einen *Münster* ... in seinem Gepäck mitführte: P. Michel hält es für wenig wahrscheinlich, daß Montaigne nicht vorher seinen *Münster* konsultiert habe. Jedenfalls besitzt die Pariser *Bibliothèque nationale* einen Band der Münsterschen *Cosmographie*, der die Signatur Montaignes trägt.

... aus anderen Gründen zuwider und verhaßt: Anspielung auf die blutigen Hugenottenkriege, vgl. *Essai* III/9, ES. 501/l.

... den Wein ohne Wasser trank: Vgl. *Essai* III/9, ES. 488/r—489/r und 497/l—498/r.

... daß er niemals mitmachte: Als er es doch einmal versuchte, scheiterte er kläglich, vgl. *Essai* II/17, ES. 323/r.

... einen Sonnentaler: Goldmünze von 50—90 Sous.

Seite 77

... finde ich die hohen Preise ... vertretbar: Hier spricht offensichtlich wieder der Sekretär und Rechnungsführer.

Seite 78

... und gemeinsam nahm man das Essen ein: Wörtlich heißt es: »Und dieser nahm mit ihnen das Essen ein.« War der Herr d'Estissac also dabei? Weshalb wird er dann aber nicht genannt (wie bisher bei solchen Besuchen stets, und zwar an erster Stelle)? Offensichtlich führte Montaigne in der theologischen Diskussion derart das Wort, daß der Sekretär den höherrangigen Herrn d'Estissac zu nennen vergißt.

... drei Menschen ... die sich im Namen des Heilands versammeln: Vgl. Matthäus 18,20. Einige Herausgeber haben das »trois« des Originals durch ein wenig plausibles »tous« ersetzt.

Da das göttliche Wesen ... wiederum allgegenwärtig: Querlon kommentiert erbost-aufklärerisch: »Man muß wohl Theologe sein, um dieses wirre Zeugs zu verstehn.«

Seite 79

... bis die Herren d'Estissac und de Montaigne ihre Gebete gesprochen hatten: Die alte Rangordnung wird vom Sekretär also wieder eingehalten.

... riesige Mengen von Zinngeschirr ... blankgescheuert wie auf Schloß Montaigne: P. Michel folgert hieraus, daß der Sekretär schon vor Antritt der Reise in Montaignes Diensten gestanden habe. Ist es aber nicht wahrscheinlicher, daß der Hinweis von Montaigne selbst stammt?

... auf Holztellern ... blitzsauber sind: Vgl. S. 52.

Seite 82

... um für meinen Herrn Bettvorhänge zu fertigen: Der Sekretär und Reiseleiter war also zugleich Montaignes Diener.

... jenen Schweizer Kanton: Appenzell.

... ihn schreckte ... die Rückfahrt über den See: Vgl. *Essai* III/6, ES. 451/r—452/l: »Was ich aber nicht lange auszuhalten vermag ..., sind Kutschen, Sänften und Schiffe.«

Seite 84

... servierte man uns weiße Hasen: Vgl. *Essai* I/21, ES. 59/l: »... Hasen, die der Schnee im Gebirge weißt«.

... was man mir mit ihrem Ursprung aus der Antike erklärte: Es handelt sich um die *Römermauer* oder *Römerschanze*. Zum »ich«: Das erste ist wahrscheinlich der Protokoll führende Sekretär, das zweite — wie alle weiteren in dieser nachträglichen Einfügung — Montaigne.

Seite 85

... wollte man uns nicht gestatten Feuer zu machen: P. Michel gibt zu bedenken, ob diese Einstellung der Bergbewohner, abgehärteter gegen die Kälte als die Gascogner, nicht mehr von der Furcht vor Feuersbrünsten als vom Geiz bestimmt gewesen sei.

... statt dessen die andere Route ... eingeschlagen: Vgl. S. 78: »auf geradestem Weg Trient erreichen«.

… in einem benachbarten Schloß: Heute Hohenschwangau.
… fuhren damit … nach Augsburg: Bis dorthin trennen sich also die Wege der reitenden Herren und des Sekretärs samt Troß (von der Übernachtung beider Gruppen in Schongau abgesehn); gleichwohl protokolliert der Sekretär weiter die — ihm von Montaigne berichteten, diktierten? — Erlebnisse der Herren.
… eine Abtei: Benediktinerabtei St. Mang.
Zu Ehren dieses Magnus gründete Pippin dieses Kloster: Es wurde von Magnus selbst gegründet.

Seite 86
Comperta virtute … regia largitate donavit: »Nachdem der Tugend Ruhm des seligen Magnus bis zu König Pippin gedrungen war, überschüttete er den Ort, wo der Heilige gelebt hatte, mit königlichen Geschenken.«

Seite 87
… daß *Senatus populusque* der Stadt dieses Denkmal zum Gedächtnis an die … Herzöge utriusque Boïariae, errichtet hätten: »Senat und Volk« imitiert die Formel des antiken Rom, und unter den Herzögen »der beiden Bayern« — also Ober- und Niederbayerns — wurde die Reformation endgültig unterdrückt. Mit diesen wie den folgenden von mir übersetzt wiedergegebnen Zitaten ironisiert Montaigne offensichtlich das altrömische Imponiergehabe der Stadt.
… die sich auf den Sieg eines bajuwarischen Königs über den Konsul Marcellus beziehn: Im O. folgt der lateinische Text; vgl. Titus Livius XXXIII, 36. Das Treffen fand 196 v. Chr. statt.

Seite 90
… zum Tafeln solche aus Holz hinein: Vgl. S. 52 und S. 79; daß Schweizer und Deutsche ihr kostbares Geschirr wie ihre schönen Ausstattungen nicht zu benutzen pflegen, begründet Montaigne mit Wörtern wie *mépris* und *dédain*. Der Kontext läßt die Flakesche Formulierung »zur Schonung« vertretbar er-

scheinen. Näher an den Ausgangswörtern könnte man zusammenfassend sagen: Diese Menschen *verschmähen* es, die Schönheit ihrer Ausstattungen und ihres Geschirrs für den Alltag zu nutzen (vgl. S. 79: Geringschätzung von deren praktischem Wert).
Wappen ... hinterlassen die durchreisenden Edelleute des Landes an den Wänden aller Gasthäuser: Eine Leidenschaft, der Montaigne nicht minder frönt.

Seite 91

Wir sahen keine einzige schöne Frau: Man beachte das »wir«. Die Enttäuschung scheint so groß zu sein, daß der Satz auf S. 94 wiederholt wird.
... Palast der Fugger: *Fuggerhaus.*
... den Stadtgraben durchfließt: Abzweigung des Lech.
Uns hielten sie für Barone oder Ritter: Keine Anmaßung des Sekretärs, sondern vom Bericht oder Diktat Montaignes offenbar übernommener Einschub.

Seite 94

... die ehrenvolle Behandlung der Herren noch erhöht habe: A. d'Ancona zitiert wie viele spätere Herausgeber den Artikel eines gewissen *Saint-John* in der *Revue Britannique* von 1859, II/101, worin es heißt: »Chroniken aus dem Zeitraum vor der Belagerung von Diedenhofen behaupten, in Augsburg gebe es einen politischen Geheimagenten, der gegen festes Gehalt der französischen Regierung wichtige Informationen liefere. Als Name dieses Agenten geben die Chroniken *Sieur de Montanus* an.« Genauso pflegte sich aber Montaigne selbst zu latinisieren! Hatte etwa seine schier unersättliche Neugier, seine minutiöse Beobachtung und Ergründung vor allem technischer Besonderheiten den Argwohn der Behörden erweckt? All diese immer wieder angestellten Spekulationen sind jedoch abwegig — die Belagerung von Diedenhofen fand bereits 1558 statt. Lautrey hat denn auch für das von Montaigne erstrebte Inkognito eine viel

plausiblere Erklärung: Er wollte — wie in den *Essais* oft bekundet — dem ihm so lästigen feierlichen Brimborium entgehn.
... Auffallen zu erregen: P. Michel glaubt hier eine etwas boshafte Genugtuung des Sekretärs über das Scheitern von Montaignes »Inkognito-Trick« zu erkennen.
In Augsburg trug er ... eine Pelzmütze: Vgl. ES. 488/r—498/r.
... sahen wir dort keine einzige schöne Frau: Siehe Anm. zu S. 91.

Seite 95

Wir durften ... die prächtigsten Säle, die ich je gesehen habe: Man beachte den ständigen Wechsel von »ich« und »wir« — siehe Vorwort.

Seite 97

... durch die zu allen Stunden der Nacht jeder ... eingelassen wird: Es handelt sich um den seinerzeit in ganz Europa berühmten Augsburger *Einlaß*.

Seite 100

»Lasset die Kindlein zu mir kommen ...«: Lukas 18,16, lateinisch zitiert.
Die Katholiken sind viel reicher an Macht als an Zahl: Laut Cento war der Stadtrat mit 23 Katholiken und 22 Lutheranern besetzt, wobei in Fragen der Konfession die 23. katholische Stimme nicht zählte.

Seite 101

... Quelle namens *Sauberbrunnen*: Im O. steht für »Quelle« das Wort »bain«, womit Montaigne sonst ein Bad oder einen Badeort bezeichnet. Da es einen solchen Ortsnamen in der dortigen Gegend weder gibt noch gab, reichen die Spekulationen über dessen mögliche Zuordnung von Göppingen und Heilbronn bis zum Wildbad Giengen. Cento, dem ich hier folge, durchhaut den gordischen Knoten, indem er »bain« als *lapsus*

calami für »fontaine« interpretiert — nur so jedenfalls ergibt diese Stelle, wie der nachfolgende Satz zeigt, einen Sinn.
... wie wir es schon in *Baden* sahn: Vgl. S. 55 und 59.

Seite 102

... bis zum Horizont erstreckende Grassteppe: Dachauer Moos.
... als ich sie je in Frankreich oder Italien gesehn habe: Offenbar nachträglich eingefügt.
... vier Livres: 1 Livre = 8—9 Sous.
Die Fußböden bohnert man mit gekochter Sägemehlwichse: Vgl. S. 52.

Seite 102—103

Steckrüben ... gleich dem Weißkohl für den Winter eingesalzen: Vgl. Anm. zu S. 75.

Seite 103

Königsdorf, ein armseliges Dörfchen in besagtem Herzogtum: Nicht *Icking*, wie Flake, Lautrey folgend, vermutet. O.: *Kinief, Copie Leydet*: *Kinistaf*, A. d'Ancona: *Bichel*, Cento: *Kochel* — ein Musterbeispiel nomenklaturischer Unbekümmertheit, nicht nur bei Montaigne! Allein P. Michel, Garavini und der revidierte Flake von Narciss/Bühler dürften richtig liegen.
Die Jesuiten, die in diesem Gebiet eine große Macht ausüben: Für sie war laut A. d'Ancona München »das deutsche Rom«.

Seite 104

... auf die Loisach: Im Original fälschlich: Isar.
... großen See am Fuß der Bayerischen Berge: Kochelsee.
... die Höhe eines kleinen Gebirgsstocks: Kesselberg.
... trafen wir wieder auf einen See: Walchensee.

Seite 105

Viele Deutsche ließen sich hier mittels Schröpfköpfen zur Ader: Vgl. S. 37 und S. 58.

... das den Paß ins Land Tirol sperrt: Scharnitz.
... ansehnlichen Marktflecken: Zirl.
... eine schöne Burg: Fragenstein.

Seite 106

... der sich bei Wien in die Donau ergießt: Richtig: bei Passau.
... in einer Felswand ein Kruzifix: an einer Stelle, die ein Mensch ohne Abseilen unmöglich erreichen kann: Martinswand.
... Augsburger Halle der Armbrustschützen: Vielmehr Sporthalle für die verschiedensten Waffenarten, siehe S. 92.
Wir wohnten im Gasthof *Zur Rose* — überaus gastlich: O.: *Nous logeâmes/très bon logis.*

Seite 107

Noch nie habe ich soviel Holz aufgestapelt gesehn: Vermutlich das »ich« des Sekretärs — Montaigne ging ja inzwischen die Jesuiten besuchen.
... zur Verdampfung gekocht werden: Das süße Bergwasser dient vielmehr zur Auflösung des Steinsalzes; erst die so entstehende Sole wird verdampft.

Seite 108

... ein schönes Schloß besitzt: Ambras.
... zudem sei das Haus Frankreich mit dem seinen verfeindet: Aus völlig unpolitischem Grund: Die französische Post weigerte sich, dem Erzherzog Schadenersatz für den Verlust eines äußerst wertvollen Smaragds zu leisten.
... seiner Konkubine aus Augsburg: Philippine Welser.
... *bouchet*: Getränk aus Wasser, Zucker und Zimt, in vielen Ausgaben als *vin bouché* = »Flaschenwein« mißverstanden.

Seite 109

... ansonsten ist ihr »Oben« ja stets die rechte Seite: Vgl. S. 73.

Seite 112

... *Pannonien*: Alter Name für Ungarn.

Seite 113

... in diesem sich ... öffnenden Paß: Brenner.

... die Pferde mit der vollen Tagesration Hafer füttern zu lassen: Vgl. *Essais* I/48, ES. 146/l und III/13, ES. 489/l—/r.

... ein schönes neues Schloß: Burg Sprechenstein.

... runde Brote ... die aneinanderhingen: Laut A. d'Ancona örtlich »Paarl« genannt.

... die Haare geflochten und herabhängend wie anderswo: Vgl. S. 60—61 und S. 74.

Seite 114

... Nierenschmerzen ... weswegen er die Tagesetappe verlängert habe: Widerspruch zu S. 113.

... im Sattel verspüre er größere Erleichterung als irgendwo sonst: Siehe Hinweis auf die *Essais*, Anm. zu S. 113.

... Trottel, aus dem nichts über die Besonderheiten der Gegend herauszubekommen war: Vgl. S. 65.

Seite 115

... stets äußerst wenig auf die Warnungen andrer Reisender gegeben: Vgl. *Essai* III/9, ES. 488/r—498/r.

... er liebe es eher zu warm als zu kalt: Anders in *Essai* III/9, ES. 489/l—/r.

Seite 116

Wir hatten schon andre Vorrichtungen gesehn, die zum selben Zweck den Luftzug im Kamin nutzten: Vgl. Anm. zu S. 52—53.

Seite 118

... eine Schutzmauer hochgezogen hätte, die an verschiednen Stellen mehr als eine deutsche Meile lang ist: A. d'Ancona: *Kunsterweg.*

... er lag also jetzt zu unsrer Linken: Da Kolmann am rechten Ufer liegt, müssen die Reisenden ihn schon einmal überquert haben.

... eins, das einem einheimischen Baron gehören soll: Flake: *Kastelruth*? A. d'Ancona: *Trostburg* oder *Schloß Karneid.*

Seite 119

... verschlanken sich ins Weite: Richtung Gries und Etschtal.

... François Hotman, dem er seinerzeit in Basel begegnet war: Vgl. S. 48.

... auch in Deutschland die Fremden unter der Halsabschneiderei der Wirte zu leiden: Vgl. S. 64.

Seite 120

... einen großen Flecken: Wahrscheinlich Neumarkt.

... Salurn: Deutsche Sprachgrenze.

... ein kleines Schloß ... auf der äußersten Spitze eines Felsens: Haderburg.

... völlig der Anmut der deutschen Städte entbehrend: Wie schon in Bozen ist Montaigne zunächst enttäuscht, bis die Betrachtung der kulturellen Sehenswürdigkeiten der beiden Städte seine Trauer über das Verlassen Deutschlands aufzuhellen beginnt.

Seite 121

... *Santa Maria Maggiore* an, in der unser Konzil abgehalten wurde: Abgehalten darin wurden dessen letzte Sitzungen 1562—1563, Dauer insgesamt von 1545 bis 1563. *Unser* Konzil laut Garavini, weil dort zur Abgrenzung von den »protestantischen Ketzern« Dogmen und Liturgie der katholischen Kirche festgelegt wurden; laut P. Michel hingegen, weil Montaigne mit drei Mitgliedern der französischen Delegation enge persönliche Beziehungen unterhielt, besonders zu dem Juristen Arnaud du Ferrier, der, nachdem er sich gegen Rom ausgesprochen hatte, vom König als Botschafter nach Venedig abgeschoben wurde (wo er Montaigne, siehe unten, zum Abendessen einlud). Er stieg schließlich bis zum Kanzler Heinrich von Navarras auf.

... seither gewisse Herrschaftsrechte über die Stadt ausübt: Diese Ansprüche bestanden bereits seit dem 12. Jahrhundert.

... innerhalb des Stadtschlosses: *Castello del Buon Consiglio.*

... ein sehr schönes Gebäude: Heute Sitz der Archäologischen Sammlungen.

Seite 123

... aber nur für ihre Nachfahren: Gilt nicht für die *Fuggerei.*

... zählt man nun durchgehend vierundzwanzig Stunden: Die Zählung begann mit Sonnenuntergang.

... im Gasthaus *Zur Rose* — sehr gastlich: O.: *Nous logeâmes/ bon logis*. Vgl. Innsbruck, Anm. zu S. 106.

Seite 124

... jedenfalls in den guten Gasthöfen: Die Erinnerung präzisiert, was früher gesagt worden war, vgl. S. 75. Über die Schweizer Oberbetten siehe S. 51.

... lenkte ihn von seinem Leiden ab: Essai III/4, besonders ES. 416/r.

Seite 125

... oder denselben Ort zweimal besuchte: Wie in Italien jedoch mehrmals.

... als jedermann schon dort gewesen sei: Ganz zweifellos war Rom dennoch das Hauptziel seiner Reise.

... der simpelste Lakai das Neueste berichten könne: Laut P. Michel gab es in Florenz und Ferrara große französische Kolonien.

... mehrere Alternativen ins Auge fassen: Zu der ganzen Passage ab »Ich glaube wirklich ...« (S. 124) vgl. *Essai* III/9, ES. 488/r—498/r.
... vorzügliche Fische liefert: Bei dem von Catull, Vergil und Plinius wegen seiner Schönheiten besungenen Gardasee denkt Montaigne zuerst an die kulinarischen Genüsse!

Seite 126
... einen Turm von anscheinend hohem Alter: *Torre Apponale.*
... mit einem sehr langen Dorf und einem kümmerlichen Städtchen: *Mori* und *Nago.*
... die man in Deutschland *Flöße* nennt: Vgl. Füssen, S. 85.

Seite 127
... setzten wir nach Tisch den gewohnten Weg fort: Da der Sekretär den Transport des Gepäcks auf dem Floß zu leiten hatte, wechselt bis Verona nun noch häufiger als sonst die Erzählperspektive.

Seite 128
... daß sie im Gottesdienst waren: Selbst der Papst und die Kardinäle in Rom benahmen sich so, siehe S. 172, und die Juden, siehe S. 185.

Seite 129
... der armen Herren della Scala: Die Scaliger, von 1260 bis 1387 in Verona an der Macht.
... ein Anrecht auf eines dieser Gräber habe: Laut A. d'Ancona reine Aufschneiderei.
... die sie mit größter Kennerschaft herstellen: Laut A. d'Ancona nannte man sie deshalb *Branntweinpatres.*

Seite 130

... auch uns mit Parfüm zu besprühn: Vgl. S. 100.

... Form und Funktion solcher Bauwerke unmittelbar erkennen zu lassen: Vgl. *Essai* III/6, ES. 454/r—455/l.

... mit ihrem Namen darauf verewigen: Montaigne sieht die Sache später positiv, siehe S. 230; in *Essai* III/10 hingegen, ES. 514/r—515/r, verspottet er solche Eitelkeiten.

Seite 131

... der Kirche *Nostra Signora dei Miracoli*: *Madonna di Campagna.*

... die Kirchtürme vielerorts mit querverlegten Dachpfannen bedeckt: Vgl. Brixen, S. 115.

Seite 132

Kardinal de Pelvé: = de Sens.

... die trüben Weine der hiesigen Gegend: A. d'Ancona merkt an, trüb könne nur der *junge* Tischwein gewesen sein. Hierzu zitiert er die (in der Druckausgabe von ihm schamhaft verkürzte, doch, wie Cento mitteilt, im Handexemplar komplettierte) zeitgenössische Empfehlung: *Vin vicentin,/ pan padovan/ e tripe trevisane/ e puttane veneziane!* (Also: »Vicentiner Wein/ Padovaner Brot/ und Kutteln aus Treviso/ und Venezianer Dirnen!«)

Seite 133

... kaum bewohnt: Enea Balmas weist nach, daß zur Zeit von Montaignes Besuch das Leben der Stadt nach blutig unterdrückten Studentenunruhen gelähmt gewesen sei.

... der Möglichkeit beraube, fremde Sitten und Gebräuche kennenzulernen: Vgl. *Essai* III/9, ES. 488/r—498/r.

... den, wie soll ich sagen, Adel seines Geistes widerspiegelt: O.: »je ne sçay quoi«: Vgl. Anm. zu S. 37 und S. 59. Der Sekretär scheint hier aus dem ständigen Wechsel zwischen erster und dritter Person immer mehr in die völlige Identifikation mit

Montaignes Sicht- und Darstellungsweise zu gleiten. Dieser sieht den »Adel des Geistes« des dichtenden Kardinals später jedoch viel kritischer — ja er stellt dessen »Verkünstlichung der Natur« sein eigenes Konzept einer »Naturalisierung der Künste« entgegen, siehe *Essai* III/5, ES. 437/r.

Im Justizpalast: *Palazzo della Ragione.*

… der größte pfeilerlose Saal, den ich je gesehn habe: *Il Salone.*

… eine Büste des Titus Livius: Die Büste stellt vielmehr einen freigelaßnen Sklaven dar.

Seite 134

… den Kopf des Juristen Paulus abgebildet: Julius Paulus lebte im 4. Jahrhundert.

… den Fluß entlang: Brenta.

… den Reben zur Stütze dienender Bäume: siehe S. 127.

… daß der König … dort gewohnt habe: Heinrich III.

… Herrn du Ferrier, Botschafter des Königs: Siehe Anm. zu S. 121.

Seite 135

Dieser Greis …: Laut Querlon ist der Klammersatz Montaignes handschriftliche Randbemerkung.

… sofort als verdächtig gelte: Diese Atmosphäre des Mißtrauens wird von Charles de Brosses in seinen *Lettres familières* noch hundertfünfzig Jahre später bestätigt und mit drastischen Beispielen untermauert. Laut P. Michel dürfte Montaigne die Information du Ferriers um so mehr enttäuscht haben, als er davon träumte, Frankreich selber einmal in Venedig vertreten zu können — notfalls sei er, sagt Cento, sogar bereit gewesen, dort als dem offiziellen Botschafter seines Landes zugeordneter Geheimagent zu wirken.

… und die öffentliche Ordnung: Daß Montaigne die Begegnung des gedanklich überhöhten Vorgestellten mit dem sichtbar Vorhandnen zunächst als Realitätsschock empfindet, wird sich auch in Italien ständig wiederholen, in Florenz nicht anders als hier in Venedig. Seinem enragierten Hinschauen gelingt es jedoch immer wieder, das *préimage* in ein wirklichkeitsgesättigtes *image* zu wandeln — und als gedanklich vertieftes *postimage* in die Scheuer der *Essais* einzubringen. Vgl. Anm. zu S. 120.

... wofür er dem Überbringer zwei Taler überreichen ließ: Peinlicher Fauxpas Montaignes? Veronica Franco war eine seinerzeit berühmte, sowohl dichtende wie musizierende Edelfrau *und* Kurtisane, die im selben Jahr König Heinrich III. bei sich empfangen und ihre dem Herzog von Mantua gewidmeten *Lettere famigliari a diversi* veröffentlicht hatte. Es war ein frisch aus der Druckpresse kommendes Exemplar dieses Buchs, das sie Montaigne übersenden ließ. Nach dem damals offiziellen »Katalog der bekanntesten und ehrenwertesten Kurtisanen Venedigs« entsprachen aber die zwei dem Boten für das Geschenk überreichten Taler genau der Taxe, die Veronica Franco für erbrachte Dienste zustand. Sollte es sich bei den zwei Talern jedoch lediglich um den Botenlohn gehandelt haben, dürfte dessen Generosität sicher bemerkt worden sein.

Seite 137

... stimmt, hier tat ihm nichts weh: Vgl. *Essai* III/6, ES. 451/r—452/l.

Seite 138

... tut dies hier im Gebiet der Signoria keiner: Das war wegen der Studentenunruhen verboten, siehe Anm. zu S. 133.

Seite 139

... noch einmal in aller Gemächlichkeit zu besichtigen: Dazu ist es nie gekommen.

... ließ er in Padua ... die Werke des Kardinals Cusanus zurück: Daß er Padua nicht wiedersah und so nie dazu kam, die Werke zu lesen, ist ein beklagenswertes *rendez-vous manqué* dieser großen Geister, die viele Berührungspunkte aufweisen:

Man denke nur an des Cusanus *coincidentia oppositorum* und *docta ignorantia*.

... meine Freunde würde ich hier nicht hinschicken wollen: Laut Lautrey stammt diese Bemerkung von Montaigne, laut P. Michel hingegen vom Sekretär, da sonst der unten folgende Wechsel zu »Der Herr de Montaigne sagte ...« unverständlich sei.

Seite 140

... vom Besuch dieser Bäder abhalten möchte: Über Venedigs Mißtrauen gegenüber allen Fremden siehe Anm. zu Seite 135.

... das großartige Anwesen eines Adligen aus Padua: Laut Cento die riesige Villa *Il Cattajo* des Marchese Pio Enea degli Obizzi.

... da es hier kein Zinngeschirr gibt: Das in Deutschland und der Schweiz reichlich vorhandne will man dort schonen, siehe Anm. zu S. 90.

... machte ich mich mit dem Packesel wieder auf den Weg: Offenbar einschließlich Troß, vgl. S. 142: »... trafen *wir* mit den Herren wieder zusammen«.

... Villa des Herrn Pic: Vermutlich für *Pio* Enea degli Obizzi, siehe oben.

Seite 141

Sie besteht aus zwei Bögen: Lautrey berichtigt »routes« zu »voûtes«.

Seite 142

... wie auf dem darüber die Barken: Cento interpretiert »coches« sehr plausibel als »coches d'eau«.

Drei Verkehrswege einer überm andern: Diese Darstellung einer dreifach kreuzungsfreien Kreuzung dürfte, da umständlich und teilweise verworren, kaum von Montaigne stammen — man denke nur an die Präzision, die *seine* Schilderungen »technischer Wunderwerke« meistens auszeichnen! Die bisherigen Übersetzer und Herausgeber, redlich um Klärung bemüht, haben den Bericht daher unterschiedlich wiedergegeben oder nach eignem Gusto adaptiert. Am einleuchtendsten scheint mir Centos Fazit. Danach kreuzten sich folgende Wasserwege: 1. Ein von den euganeischen Bergen kommender Fluß, vielleicht die *Fossa Paltana* — unterste Ebene. 2. Der *Frassine-Kanal* (*Zwei-Wege-Kanal*), zur Verbindung der beiden Dammwege von zwei Bogen überspannt — mittlere Ebene. 3. Ein in Richtung Lagune führender zweiter Kanal — obere Ebene.

... ein altes Schloß ... jetzt aber in Schutt und Asche: Die Ruinen von *La Rocca*, das Kaiser Friedrich II. errichten ließ. In seinen Trümmermassen gab es zahlreiche Schlangen, deren Fleisch für die Herstellung des seinerzeit berühmten *Theriak von Venedig* begehrt war, einem Antidot gegen Gifte jeder Art.

... und den Reben zur Stütze dienten: Diese für die Po-Ebene charakteristische Form des Baum und Rebe verbindenden Weinbaus wurde schon von Vergil empfohlen. Vgl. S. 127, 132.

... die des Erzherzogs Ferdinand so erstaunlich fand: Siehe S. 109.

... trafen wir mit den Herren wieder zusammen: Vgl. Anm. zu S. 140.

Seite 143

... der sich *Rhodiginus* nannte: Der berühmte Humanist Luigi Ricchieri.

... die Etsch zu unsrer Rechten: Laut Cento vielmehr den *Adigetto*, die »kleine Etsch«.

Seite 144

... das Geld einzustreichen: Anders in Frankreich: *Essai* I/49, ES. 152/r.

... am Stadttor lange auf: Vgl. S. 127.

... dem Herzog ihre Aufwartung: Alfonso d'Este II. Der Herr d'Estissac war Überbringer von Empfehlungsbriefen Heinrichs III. und der Königinmutter.

... aufrecht an einem Tisch stehend: Diese eingeklammerten Sätze gelten seit Lautrey als eigenhändiger Zusatz Montaignes — wofür schon die erste Person Plural spricht.
... als das bejaht wurde, versicherte er ihnen: Montaigne scheint also für die andern mit geantwortet zu haben.
... er starb ... 1533 im Alter von neunundfünfzig Jahren: Seltsame Koinzidenz: Im selben Jahr 1533 wurde Montaigne geboren, und er starb ebenfalls mit neunundfünzig Jahren! Über Montaignes zwiespältige Haltung zu Ariost siehe *Essai* I/26, ES. 88/r, und *Essai* II/10, ES. 202/r und 205/l.

Seite 145

Die jungen, noch trüben Weine ... ließen den Herrn de Montaigne Anfälle seines Nierenleidens fürchten: Vgl. S. 86, 132.

Seite 146

Dienstagmorgen verließen wir Ferrara: Montaignes Besuch bei dem geisteskrank im Hospital *Sant'Anna* darniederliegenden Torquato Tasso bleibt erstaunlicherweise unerwähnt — offenbar hat er ihn, zutiefst erschüttert, dem Sekretär verschwiegen; vgl. *Essai* II/12, ES. 244/r—245/l.
... sahen wir uns einen alten viereckigen Glockenturm an: *La Garisenda*, die laut A. d'Ancona nie ein Glockenturm war.
... die Universität: Die älteste Europas.

Seite 147

... die einer der beiden Parteien anhängen: *Guelfen* und *Ghibellinen*.
... von Banditen ausgeraubt worden: Räuber beherrschten die ganze Gegend. Allein die Bande der *Sassomolari* zählte vier- bis fünfhundert Mitglieder.

Seite 148

Selbst Mädchen und Knaben offerieren sie: Randbemerkung; da italienisch, dürfte sie von Montaigne sein.

Seite 150

… hohe Flamme hervorlodern sehe: Die »brennenden Quellen« von *Pietramala*.

… ob an alldem etwas dran ist: Die eingeklammerten Sätze sind vermutlich eine Randbemerkung Montaignes.

… mit einem Material völlig eingefaßt: Travertin.

Seite 151

… ein Vergnügen, das nicht jedermanns Sache ist: Vgl. Augsburg, S. 96.

Seite 152

… die Figur eines Riesen zu errichten: *L'Appennino*.

Florenz … eine Stadt von geringerer Größe als Ferrara: Erstaunliche Fehleinschätzung — Garavini vermutet: des Sekretärs.

… in der Toscana verloren: 1554 wurde Strozzi von den Kaiserlichen Truppen geschlagen.

Seite 153

… ein Werk Michelangelos: Die Grabmäler von Giulio und Lorenzo de' Medici.

… wo man schöne Frauen so selten zu Gesicht bekäme wie in Italien: Über Montaignes widersprüchliche Beurteilung der italienischen Frauen vgl. *Essais* II/12, ES. 240/r, und III/5, ES. 442/l. P. Michel hält die sich verstärkenden Nierenkoliken und Migräneschübe Montaignes für die Ursache auch der folgenden Mäkeleien.

… wer nicht gerne hart schläft, ist da schlimm dran: Ich folge in der Wiedergabe dieser unklaren Stelle weitgehend Cento.

Die Weine … in dieser Jahreszeit ungenießbar: Vgl. S. 86, 132 und 145.

… im Gasthaus *Dell'Agnolo*: Im O. fälschlich *De l'Ange*, siehe A. d'Ancona.

… sieben *reales* täglich: 1 *reale* = 7 Sous.

… Palast des Herzogs: *Villa Poggio*, sein Landhaus.

Seite 154

... vier Männer zu fassen vermag: O.: »vierzig«. Der Durchmesser der Kugel beträgt 2,40 Meter.

Er argwöhnte ... daß dieser Marmor wohl kaum natürlich sei: Unberechtigte Skepsis, dieses Mal.

... des Großherzogs (so nennt man ihn dort): Von Montaigne erst ab dem italienisch verfaßten Teil übernommen — mit zahlreichen Rückfällen.

... ganz nach landesüblichem Geschmack: Siehe *Essai* II/12, ES. 240/r.

... von meiner Statur: Laut *Copie Leydet* Randbemerkung Montaignes.

Seite 155

... warum Florenz als *einmalig schön* bezeichnet wird: In seinem Exemplar von Sebastian Münsters *Cosmographia* hat Montaigne die entsprechende Stelle angestrichen. Er muß es also schon vor Antritt der Reise besessen oder, wie Lautrey vermutet, unterwegs gekauft haben. Erst beim zweiten Aufenthalt im Juni 1581 erkennt er Florenz endgültig das Prädikat *la bella* zu, siehe S. 309.

Seite 156

... seine Grotten in Pratolino verkleiden ließ: Siehe Anm. zu S. 150.

... schon zweimal beschrieben habe: Vgl. Augsburg, S. 96, und Pratolino, Anm. zu S. 151.

Seite 157

... eine Art Hütte gebildet: Über ähnlich umgestaltete Bäume siehe Schaffhausen, S. 66—67, mit Hinweis auf Baden.

... Wassermusik erklingen zu lassen: Wie schon in Pratolino.

... mit was weiß ich welchen Körperteilen: Siehe Anm. zu S. 37 und 59.

Seite 159

...wegen des Krieges, den wir um sie geführt hatten: 1552—1555.

Seite 160

... die prächtige große *Piazza*: *Piazza del Campo.*
... rundet sie sich zum Palast: *Palazzo Pubblico.*

Seite 161

Das Wappen ... ist die Wölfin, an deren Zitzen Romulus und Remus hängen: Es ist also identisch mit dem von Rom.
... bewandertsten Edelmann unsrer Zeit: Beim zweiten Besuch in Florenz wird Montaigne von ihm zum Essen eingeladen, siehe S. 308.

Seite 164

Ein Mietpferd kostet ... fünf Juliustaler: Zuerst unter Papst Julius II. geprägte Münze, 1 Juliustaler = etwa 13 Sous.

Seite 165

... das rechte Land für Langschläfer und Faulpelze: Vgl. *Essais* III/9, ES. 489/r, und III/13, ES. 553/r—554/l.

Seite 166

... bei einem Spanier eine Wohnung: Spanien war damals mit Frankreich verfeindet. P. Michel sieht deshalb in Montaignes Entscheidung einen weiteren Beweis für dessen weltbürgerliche Haltung.
... die Zimmer miteinander in Verbindung standen: Montaigne schätzte besonders getrennt zugängliche Zimmer: wie in Plombières und Baden.

Seite 167

... und schon wurde er in seiner Sprache gegrüßt: Vgl. *Essai* III/9, ES. 497/r—498/l.

... und die Gärten der Kardinäle: Laut A. d'Ancona ist das Hügelviertel zur Zeit Montaignes im übrigen Ödland gewesen.
... vom Verkehr der Kutschen zunehmend freigelegt wird: Man beachte den Übergang des Konjunktivs in den Indikativ — der Sekretär übernimmt wieder einmal Montaignes Sichtweise.

Seite 170

Diese aber zog sich derart lange hin ...: Lautrey: Darunter befand sich ein Exemplar der gerade herausgekommenen ersten beiden Bände der *Essais*, das ihm erst am 20. März zensiert zurückgegeben wurde. Die Überprüfung hatte also drei Monate und zwanzig Tage gedauert. Vgl. S. 208—209 und Anm. zu S. 173.
... zum erstenmal bereit, Kassie einzunehmen: Kassie = Sennesblätter (Abführmittel). Montaigne nahm sie in den *Bagni della Villa* »mit großem Widerwillen« eigenhändig ein, weil sein Wirt sich bei deren Verabreichung anders als der römische Apotheker zu ungeschickt verhielt. Vgl. S. 267.

Seite 171

... die *vier kalten Sämereien*: Laut Furetière Gurke, Kürbis, Melone und Zucchino — im Gegensatz zu den *vier heißen Sämereien*: Anis, Fenchel, Feld- und Gartenkümmel.
... in der Peterskirche den Papst: Gregor XIII.
Der Herr de Montaigne fand bequem Platz: O.: »Er«.

Seite 172

... hat der Kelch zum Trinken eine Abdeckung: Die mit drei Röhrchen versehne *fistola*. Laut A. d'Ancona soll sie jedoch nicht, wie Montaigne meint, vor Gift schützen, sondern vorm Verschütten des geweihten Weins. Dieser wurde laut Querlon zudem vorgekostet.
... munter miteinander plauderten: Wie das Kirchenvolk in Verona, S. 128, und die Juden, S. 184. Vgl. Montaignes spätere Gespräche mit Maldonat, S. 218.

… allenfalls bei denen, die sie feilbieten: Vgl. *Essais* II/12, ES. 240/r, und III/5, ES. 442/l.

Seite 173

… nur italienische Höflichkeitsfloskeln: Lautrey vermutet, zu diesem eher kühlen Empfang habe Montaignes Übersetzung von Raymond Sebonds *Theologia naturalis* beigetragen, die 1581 neu aufgelegt werden sollte. Zudem fand der Vatikan zahlreiche Stellen der *Essais* bedenklich, wie das spätere Gespräch mit dem Leiter der päpstlichen Zensurbehörde zeigen wird. Vgl. Anm. zu S. 170 und S. 208—209.

Seite 174

… mehr als achtzigjährig: Tatsächlich acht- oder neunundsiebzig.

… wofür man in Rom und anderswo sein Andenken in besondrem Maße ehren wird: Vgl. *Essai* III/6, ES. 453/l.

… die Höhe der hierfür aufgewendeten Geldbeträge: Klammersatz laut Querlon eine handschriftliche Randbemerkung Montaignes.

Seite 175

… weicht er nicht von seinen Rechtsprinzipien ab: Seinen Sohn Jacopo Boncompagno, vor Gregors Eintritt in den Kirchendienst geboren, verbannte er nach Perugia, weil der einen seiner Diener dem Rechtsspruch Gregors entziehn wollte.

… den Ausbau der römischen Straßen: Worte in Klammern wieder eine Randbemerkung Montaignes.

Sie neigt aber eher dem Guten zu: Randbemerkung Montaignes.

Kardinal de Sens: = de Pelvé.

Seite 176

... schließlich setzte er auch das Glas ins Becken zurück: Vgl. den ähnlichen Vorgang beim Gastmahl des Herzogs von Florenz, S. 155.

... mit was weiß ich welchen Gerätschaften ... von was weiß ich welchem Gottesdienst: Siehe Anm. zu S. 37 und 59.

Seite 177

... dabei geht er schon auf die einundachtzig zu: Vgl. Anm. zu S. 174.

Dieser berüchtigte Räuber und Bandenführer: Laut A. d'Ancona beging Catena vierundfünfzig Morde, und seine Hinrichtung lockte mehr als dreißigtausend Zuschauer an.

Seite 178

... ohne zu gestikulieren, ohne ein Wort: Vgl. *Essai* I/19, ES. 45/r.

... pflegt man die Verbrecher nämlich kaum vor dem Tod zu quälen: Vgl. *Essais* II/11, ES. 214/r, und II/27, ES. 347/l; beide Stellen stimmen wortwörtlich überein und beweisen so den Nachdruck, den Montaigne auf seine Grundüberzeugung legte: »Alles, was über die einfache Tötung hinausgeht, scheint mir schiere Grausamkeit«.

... über die an *toten* Körpern begangnen Grausamkeiten gepackt wird: Vgl. *Essai* II/11, Ausgabe 1580, ES. 215/l.

... schrie es ... bei jedem Streich auf, den man der Leiche versetzte: Vgl. *Essai* II/11, Ausgabe 1582, ES. 2215/l: Hier schildert Montaigne nach seiner Rückkehr diese Episode in eignen Worten zwar verblüffend erinnerungsgenau, doch nicht textidentisch, offenbar also ohne das *Reisetagebuch* konsultiert zu haben.

Seite 179

... die zu den kirchlichen Diensten läuten: A. d'Ancona findet Rabelais, der das Gegenteil behauptet, glaubwürdiger. Wohl könne es sein, daß man sich in Rom beim Läuten enger an die kanonischen Restriktionen gehalten habe und daß zudem, wie Zeitzeugen berichten, die französischen Glocken schöner geklungen hätten.

... in vielen alten Kirchen keine einzige: In seinem Vergleich zwischen Frankreich und Italien hebt Tasso gerade den größeren Reichtum der italienischen Kirchen an Gemälden und Skulpturen hervor — und Montaigne muß dessen Werk, wie die *Essais* zeigen (vgl. *Essai* III/11, ES. 521/l), gekannt haben. Davon abgesehn, weisen viele Kommentare darauf hin, daß Rom 1527 von den Truppen Karls V. geplündert wurde. Ihren überreichen Bilderschmuck erhielten die italienischen Kirchen sowieso erst im Barock.

... sah ich, wie zwei Brüder hingerichtet wurden: Bericht des Sekretärs.

Seite 182

... einen riesigen Haufen von der Höhe und Breite mehrerer natürlicher Hügel: *Monte Testaccio.*

Seite 183

... vom *Tempel des Friedens*: Schon unter Commodus Ende des 2. Jahrhunderts vom Feuer zerstört. Montaigne meint wahrscheinlich die von Konstantin an seiner Stelle errichtete Basilika.

... wo es doch aber gut fündundzwanzig bis dreißig Tempel gegeben habe: Stendhal erklärt in seinen *Promenades dans Rome* diese Diskrepanz damit, daß die Forscher ein Gebäude neben das andre gestellt hätten, während man sie in zeitlicher Abfolge *übereinander* stellen müsse; siehe Cento.

... künstliche Berge von gleicher Höhe wie diejenigen der sie umgebenden natürlichen: Laut Cento übertreibt Montaigne nach beiden Richtungen: Ein sumpfiges Tal sei das Velabrum nur in *prähistorischer* Zeit gewesen, andrerseits hätte es zu *seiner* Zeit nie künstliche Berge der angegebnen Höhe gegeben.

Seite 184

... daß viele alte Straßen mehr als dreißig Fuß tief unter den heutigen liegen: Um rhetorische Wucht und Beobachtungsdichte dieses Trauergesangs auf das antike Rom nicht abzuschwächen, ist er, dem Original folgend, *en bloc* wiedergegeben.

... in einer ihrer Synagogen gewesen: In Verona; siehe S. 130.

... ein wirrer Singsang: Querlon: »Als seien sie von Sinnen«; vgl. Lucca, S. 337.

... sie unterhalten sich dabei über andre Dinge: Worin sie den Christen gleichen — vgl. Anm. zu S. 172

Seite 186

... das *Drachenblut* sein soll: Als Adstringens verwendetes rotes Harz.

Seite 187

... des *Corso* ... die eben daher ihren Namen hat: *Corso*, von italienisch *correre* = laufen.

... *correre la quintana*: Lanzenstechen auf eine schildbewehrte Holzpuppe, die jeden, der den Zielpunkt verfehlt, mit einer drehbaren Latte schlägt.

Seite 188

... keineswegs so viele häßliche wie in Frankreich: Vgl. *Essai* III/5, ES. 442/l: Dort findet sich eine erinnerungsgenaue, doch nicht textkonforme Wiederholung dieser Stelle — erneutes Indiz, daß Montaigne bei der Abfassung der *Essais* das *Reisetagebuch* nicht konsultiert hat.

... ein bißchen, wie soll ich sagen, gewöhnlich: Siehe Anm. zu S. 37 und 59.

... an einem Fest des Kastellans: Jacopo Boncompagno, siehe Anm. zu S. 175.

Seite 190

… correre la quintana: Siehe oben.

Seite 193

… muß ich es nun wohl oder übel eigenhändig fortführn: Für P. Michel schwingen in diesem Satz Verstimmung wie ironische Distanzierung mit. Bedenkenswert scheint mir auch seine Überlegung, mit der er den zahlreichen Spekulationen über den Grund der abrupten Verabschiedung (vgl. Vorwort) folgende hinzufügt: Da der Klassenunterschied zwischen Herr und Diener seit dem Eintreffen in Rom durch Montaignes Verkehr mit der *haute volée* stärker hervorgetreten sei, habe es dieser vielleicht trotz oder gerade wegen des so vertraut gewordnen Umgangs miteinander für inopportun gehalten, weiter in Begleitung des als Reiseleiter ohnehin nicht mehr benötigten Sekretärs aufzutreten. Dem steht aber die Klage Montaignes entgegen, daß er nie wirklichen Zugang zu den inneren Kreisen der römischen Gesellschaft gefunden habe, siehe Anm. zu S. 219 sowie S. 296. Aus dem Duktus der Mitteilung Montaignes glaube ich eine noch tiefgründigere Trauer herauszuhören: Die zeitliche Begrenztheit des engen Verhältnisses zu dem jungen Sekretär dürfte ihm wieder einmal höchst schmerzlich bewußt gemacht haben, wie sehr er sich nach einem Freund sehnte, der ihm auf Dauer hätte zur Seite stehn können: La Boétie verließ ihn zu früh, und die Gournay trat zu spät in sein Leben — was sie für den Nachruhm seines Werkes tun würde, konnte er ja noch nicht wissen. Handelte es sich also bei der Entlassung des Sekretärs, falls es denn eine war, um einen doppelten Befreiungsschlag: Weg von den Schatten der Vergangenheit, hin zum synästhetischen Sichöffnen für das erfrischend helle Hier und Jetzt — als *cavalier seul*?

spiritato: Besessener.

Seite 195

Si fata volent: Wenn das Schicksal es denn will.

… alle bettelnden Armen … aufnehmen lassen: Laut A. d'Ancona hingegen war die schlechte Luft der wahre Grund für den Auszug der Nonnen, weswegen auch die bettelnden Armen gar nicht dort untergebracht werden wollten; so hielten es zuletzt von den achthundertfünfzig »Zwangsumgesiedelten« nur noch ein paar in dem Asyl aus.

Seite 196

… moskowitische Botschafter: Entsandt von Iwan dem Schrecklichen.

… der erste kam zur Zeit von Paul III.: Vielmehr waren laut A. d'Ancona schon 1472 und 1524 moskowitische Botschafter zum Papst entsandt worden.

Er sprach keine andre Sprache als die seine: Es muß also in Rom Dolmetscher für Russisch gegeben haben.

Seite 197

Aristides: Aelius Aristides, Rhetor aus Smyrna.

Seite 198

… die Plantin … in vier Sprachen herausgebracht hat: Berühmter Drucker der Renaissance. Der Bibeltext war hebräisch, chaldäisch, griechisch und lateinisch.

König von England: Heinrich VIII.

… mit folgendem wahrhaft köstlichen Distichon auf Latein versehn: Montaigne ironisiert die falschen Versfüße in der ersten Zeile, dem Hexameter.

Anglorum rex Henricus Leo decime mittit / Hoc opus, et fidei testem et amicitiae: Also etwa: *Heinrich, der König von England, entsendet Leo dem Zehnten / aus Freundschaft dieses Werk, Zeugnis seiner Treue.*

… dem Kardinal Sirleto … der Herr über die Bibliothek war: Im O. fälschlich: »Charlet«. Er pflegte ihm mißliebigen Personen die Benutzung der Bibliothek zu verwehren. Dergleichen widerfuhr viel später selbst einem Stendhal, wie er in den *Promenades dans Rome* berichtet.

Seite 199

... nachträglich hinzugefügt wurden: Daher fehlen sie in den heutigen Ausgaben.

Seite 200

... im Beisein von Muret: Berühmter Humanist, am *Collège de Guyenne* Montaignes Lehrer; siehe *Essai* I/26, ES. 95/l und 96/r.

Seite 201

... zugeben, daß meine Kontrahenten recht hatten: Seiner Begeisterung für die Übersetzung Amyots hat das freilich keinen Abbruch getan; vgl. *Essais* II/4 und I/46, ES. 181/l und 141/l.

... weniger schön als in Frankreich: Querlon merkt an, die späteren französischen Besucher Italiens seien andrer Meinung gewesen.

... der Schlacht von Moncontour: Hier besiegte der spätere König Heinrich III. die Hugenotten.

... die siegreiche Seeschlacht ... gegen die Türken: Seeschlacht von Lepanto 1571.

... ihm die Füße zu küssen: Alexander III. und Friedrich Barbarossa.

... die Worte ... sind nicht verzeichnet: Henri Estienne zufolge sagte der Papst: »Es steht geschrieben: Ich habe euch Macht gegeben, zu treten auf Schlangen und Skorpione und den Fuß zu setzen auf Löwen und Drachen.« Darauf der Kaiser: »Nicht dir, sondern dem heiligen Petrus!« Der Papst, erneut den Fuß auf ihn setzend: »Mir ebenso wie dem heiligen Petrus!«

... Verwundung und Tod des Admirals Coligny mit größter Genauigkeit dargestellt: Laut A. d'Ancona ordnete Papst Gregor, als ihn die Nachricht vom Blutbad der Bartholomäusnacht erreichte, ein riesiges Jubelfest an und bat den französischen Botschafter, seinem König zu schreiben, dieses Ereignis habe ihn, den Papst, mehr erfreut, als es fünfzig weitere Siege der katholischen Liga gegen die Türken getan hätten.

… der Herr de Monluc: Ihm war Montaigne schon in Bologna begegnet, siehe S. 146.

… einst eine große Stadt gelegen hatte: *Portus Trajani,* dann *Porto Traiano.*

Seite 202

Arco di Claudio: Die »Korrektur« A. d'Anconas zu *Porto di Claudio* gilt als überholt.

… beim Kardinal von Perugia: Er war Bischof von *Porto.*

Ich fürchtete jedoch, der Tag würde uns … nicht reichen, zumal ich …: Man beachte den Wechsel von Singular zu Plural zu Singular der Personalpronomen — klar, wer hier das Sagen hat.

Seite 205

Keine *Rue de la Harpe,* keine *Rue de St. Denis* … vielmehr scheine ich … in der *Rue de Seine* oder am *Quai des Augustins* zu sein: Die ersten beiden: Pariser Geschäftsstraßen, die anderen: damals vornehme Wohnviertel.

Seite 206

… im Mischungsverhältnis zwei zu eins hergestellt wird: Montaignes Interesse an der Rezeptur wird verständlich, wenn man sein der Selbstbeschreibung dienendes Martial-Zitat (Epigramme II/36,5) liest: *Und darum hab' ich Brust und Bein/ voll Borsten wie ein Stachelschwein.* Vgl. *Essai* II/17, ES. 319/l.

Seite 207

… daß die Portugiesen ihren Unterwerfungsakt ausgerechnet in die Passionszeit gelegt hätten: Gleichsam um zu demonstrieren, wie sehr sie darunter litten.

Seite 208

… durchsichtigen Marmor: Wahrscheinlich Alabaster.

… wurden mir abends meine *Essais* zurückgegeben: Sie waren beim Betreten Roms konfisziert worden, siehe Anm. zu S. 170.

Maestro del Sacro Palazzo: Oberster Zensor, stets ein Dominikaner.

Seite 209

… fortune …: »Schicksal, Zufall«. In der Ausgabe von 1588 sogar noch häufiger; vgl. ES. 162/l.

… ketzerische Dichter namentlich angeführt: So George Buchanan und Théodore de Bèze, ES. 328/r.

… und Julian entschuldigt: Vgl. ES. 334/l—335/l.

… von jedem lästerlichen Wunsch frei sein müsse: Vgl. ES. 162/l.

… daß alles, was über eine einfache Tötung hinausgehe, Grausamkeit sei: ES. 214/r und ES. 347/l.

… zur unbeschränkten Teilnahme am Leben erziehen müsse: ES. 90/l—/r und 91/r.

… *Geschichte der Schweiz* in französischer Übersetzung: Simler: *La République des Suisses*, übersetzt von dem Protestanten Innocent Gentillet.

Und den Sebon beschlagnahmten sie, weil das Vorwort … verurteilt worden sei: Hier weichen Original (»le bon«) und *Copie Leydet* (»Sebond«) voneinander ab. Folgte man dem Original, hätte Montaigne die Beschlagnahme seines Exemplars der *Geschichte der Schweiz* mit den Worten ironisieren wollen (und so etwa geben es die meisten Ausgaben wieder): »Das Schönste dabei ist, daß sie es beschlagnahmten, weil das Vorwort …« Wie Garavini und Rigolot folge ich jedoch der *Copie Leydet*, da das Vorwort zu Sebons (= Sebonds) *Theologia naturalis*, die Montaigne 1569 übersetzt hatte, schon 1564 tatsächlich verurteilt wurde. 1581 (!) erfolgte dennoch eine Neuausgabe der Übersetzung. Siehe *Essai* II/12: *Apologie für Raymond Sebond*, ES. 217—300.

Seite 210

... Schändlichkeit, wie man sie sich größer nicht vorstellen kann: Gilt nur für die Inschrift in *San Giovanni in Laterano.*

... wenn man Schritt reitet: Verkürzt übersetzt. Im O. heißt es zusätzlich »en trousse« (= »en croupe«); übersetzte man dies wörtlich, würde es besagen, daß Montaigne wie die Damen auf der Kruppe des Pferds, also hinter dem eigentlichen Reiter aufgesessen sei — worin Cento stark untertreibend »ein kleines Problem« sieht.

Trinità: Laut Cento *Trinità dei Pellegrini.*

... hieß *Padre Toledo*: Der erste Jesuit, der Kardinal wurde (1593).

Seite 211

... die für Ketzer bedrohlichste: Diese Stelle wird von den Kommentatoren unterschiedlich, ja kontrovers ausgelegt, denn Montaigne war nicht nur mit dem Jesuiten Maldonat befreundet, sondern ebenso mit dessen erbittertem Gegner Étienne Pasquier. Zudem wies er als Bürgermeister von Bordeaux die Jesuiten entschieden in die Schranken. Sein Nachfolger Marschall Matignon, der sich oft von Montaigne beraten ließ, jagte sie sogar aus der Stadt.

... die Römer hätten ihre Kutschen: O.: »Wir hätten unsre Kutschen ...«.

... zu *Sternwarten*: O.: »astrolabes«. Das *Astrolabium* war ein astronomisches Beobachtungs- und Meßgerät.

... keine einzige, die häßlich wäre: Vgl. ES. 305/l.

... den Hof in aller Öffentlichkeit machen: Vgl. ES. 441/r.

Seite 212

... nur kleine Leute wie ich: Montaigne beklagte mehrfach seine kleine Statur; hier jedoch macht er sich *gesellschaftlich* klein.

Seite 213

... in schallendes Gelächter aus: Großherzog de' Medici von Florenz, Bruder des Kardinals, hatte sich gerade eines Schlosses im Kirchenstaat bemächtigt, und der Papst, der sich hierüber beim Kardinal beschwerte, war von diesem in unverschämtem Ton abgewiesen worden. Dergleichen territoriale Streitigkeiten zwischen Papst und italienischem Adel gab es damals überall.

... es wirkt zerschunden: So Cento. O.: »ouvrageux«, von Lautrey zu »outrageux« (mit dem Zusatz »im passiven Sinn«) geändert. *Copie Leydet*: »ombrageux«.

Seite 215

»Hör auf zu weinen, denn ich tu's für deine Sünden, nicht für meine!«: O.: »Basta, disse, che fo' questo per li lui peccati, non per li miei!« Das Italienisch ist fehlerhaft oder Dialekt, wobei »lui« für »tui« stehn dürfte — so die meisten Ausgaben, denen ich hierin folge. Querlon hingegen geht von der Richtigkeit des »lui« aus und gibt die Stelle dementsprechend wie folgt wieder (Kursivsetzung von mir): »Hör auf zu weinen, sag *ihm*, daß ich es für *seine* Sünden tue, nicht für meine!« Darin sieht Querlon eine »galanterie italienne«. So wenig plausibel diese Interpretation auch scheint — es fällt doch auf, daß sich der Büßer »uns« zuwandte und nicht allein der jungen Frau. Sie muß also unmittelbar neben Montaigne gestanden haben.

Seite 217

... wenn es sich nur um einen Firlefanz handelte? Über ähnliche Erfahrungen Montaignes schon vor seinem Aufenthalt in Rom siehe *Essai* I/14, ES. 34/r. Über seine Verurteilung derartiger Bußpraktiken siehe *Essai* II/12, ES. 261/l.

... il *Viso Santo*: Das Schweißtuch der Veronika, siehe S. 213—214.

Haar ...: So *Copie Leydet*.

Seite 218

... Herr Maldonat: Siehe Anm. zu S. 30.

Seite 219

... um dort in Begleitung zu schlafen: Querlon präzisiert: »einer Frau, einer Kurtisane oder von sonstwem«.

... pflegen sie sich doch um ihr Anwesen wenig zu kümmern: O.: »... qui n'aiment guère«. Dieser verstümmelte Nebensatz läßt die unterschiedlichsten Interpretationen zu, von Querlons »was man kaum liebt« über Flakes »die das nicht gerade gern sehen« bis zu Lautreys Alternative »die dort kaum hingehn« oder »die es kaum lieben, dort hinzugehn«, der ich sinngemäß folge.

... Die inneren Kreise ... habe ich in Wahrheit doch nur ihr öffentliches Gesicht zu sehn bekommen, wie es sich dem kleinsten Fremden darbietet: P. Michel: »Die Verbitterung ist offensichtlich. Trotz der Höflichkeit der Römer und obwohl Montaigne keineswegs *ein kleiner Fremder* war, wurde er doch nicht in die großen Familien eingeführt — und konnte so auch keinen Kontakt zu den hohen Damen finden, wie er es in Frankreich gewohnt war.« Vgl. *Essai* III/5, ES. 257/l; Anm. zu S. 193; S. 296.

Seite 220

Am Sonntag *Quasimodogeniti*: Weißer Sonntag.

Seite 221

... kaum trifft man je auf einen Bettler, der uns nicht in unserer Sprache um ein Almosen bäte: Vgl. *Essai* III/9, ES. 449/r.

... seinem *Maggiordomo*: Haushofmeister.

... am dritten Tag der Iden des März: 13. März.

Herrn Jacopo Boncompagno, Herzog von Sora und des Papstes Sohn: Siehe Anm. zu S. 157 und S. 188.

Seite 222

... ein bloßer Titel — trotzdem hat es mich sehr gefreut, ihn zu erhalten: Siehe vollen Wortlaut der Verleihungsurkunde in *Essai* III/9 mit dem bezeichnenden Titel »Über die Eitelkeit«,

ES. 504/l—/r. Die Akten des Vatikans vermerken, das römische Bürgerrecht sei dem »französischen Sokrates« verliehen worden.
... etwas oberhalb der Stadt: Offensichtlich ist Rom gemeint.
... die *Villa d'Este*: Begonnen von Kardinal Ippolito d'Este 1549.
... der jetzige Kardinal: Luigi d'Este, der sich in der Villa *Il Cattajo* aufhielt, als Montaigne dort vorbeikam, siehe S. 140.

Seite 224

... durch deren Schnabel die Kinder hineinblasen: Laut Lautrey eine Art Okarina.

Seite 226

Am Tag darauf verließ ich Tivoli ... rechts von unserm Rückweg: Man beachte ab hier den häufigen *ich/wir*-Wechsel: Bald hat Montaigne die Reisegruppe, bald sein persönliches Erleben im Sinn; siehe Vorwort.
Praedium: Landhaus. In der Renaissance diente diese *Villa Adriana* als Steinbruch für die *Villa d'Este*.
... auf dem Gesims dieser Kirche: Sic! Montaigne hat auch in den *Essais* die antiken Tempel mehrmals »Kirchen« genannt. Hier aber könnte der Grund sein, daß im Mittelalter der heute *Tempio della Vesta* genannte Tempel zur Kirche *Santa Maria della Rotonda* umgebaut wurde.
Ich habe keine Ahnung, was dies besagt: P. Michels plausibles Fazit aus den Spekulationen über die fehlenden Buchstaben: »Erbaut unter der Leitung von Cellius, dem Sohn des Lucius.«
... keinerlei Beschwerden: Vgl. *Essai* III/6, ES. 451/r—452/l.

Seite 227

... vom *Maestro del Sacro Palazzo und seinem italienischen Kollegen*: Vgl. S. 208—209.
... wie andere Franzosen ihnen mitgeteilt hätten: Als Montaigne die *Essais* zurückgegeben wurden, war nur von *einem* französischen Ordensbruder die Rede, siehe S. 209.

… das, was ich allzu freimütig fände, herauszunehmen — unter anderm das … Wort *fortune*: Was Montaigne keineswegs tat — im Gegenteil. Siehe Anm. zu S. 209. Die *Essais* wurden 1676 auf den Index gesetzt.
… und *kardinabel*: Tauglich für die Kardinalswürde.
… an den längsten Tagen um neun: Man zählte ab Sonnenuntergang durchgehend vierundzwanzig Stunden, vgl. Anm. zu S. 123.

Seite 229

… du Bellay: Montaigne begegnete ihm bereits auf dem Ausflug nach Ostia, siehe S. 202.
… was ich völlig unwahrscheinlich finde: Montaigne hat recht: Die *Prima porta* ist kein altes Stadttor, sondern der Überrest eines Triumphbogens.

Seite 230

… nach Eaux-Chaudes: O.: *Aigues-Caudes*, der okzitanische Name dieses Bades, das Montaigne einst zur Kur aufgesucht hatte. Seine Schilderung der französischen Bäder in den *Essais* von 1580 ersetzte er für die Ausgabe von 1582 durch die Erinnerungen an die auf seiner Reise besuchten Bäder.
… gelangten wir so nach Borghetto: Ohne Entfernungsangabe, wie von hier ab häufiger.
… Überquerten wir den Tiber bei *Orte*: So Querlon und A. d'Ancona, von Lautrey und Cento bestritten; im O.: *Corde*. Garavini meint, darunter sei zweifellos »sur un barc à corde« zu verstehn, also »auf einer Seilfähre« (wie bei Rovigo, S. 143, und später bei Pavia, S. 358).
… dem Kardinal von Perugia: Bischof von Porto.
… das zugleich höchst frucht- und volkreich ist: O.: »… des ruines grandes et im*p*ortantes; le *p*ays montueux et infiniment *p*laisant *p*résente un *p*ros*p*ect de région toute bosselée, mais très fertile *p*artout et fort *p*eu*p*lée.« (»p« zur Verdeutlichung der Stabreim-Sequenz von mir kursiv gesetzt.) Vgl. Anm. zu S. 43.

... etwas allgemein Nützliches zu tun: Vgl. dagegen Anm. zu S. 130 und *Essai* III/10, ES. 514/r—515/r.

Seite 232

Man zwang uns ... die *bolletta* vorzuzeigen: Siehe S. 128, 144 und 145.

... aus Furcht ... vor *Petrino*: Vgl. Anm. zu S. 147. *Petrino Leoncilli* soll ein natürlicher Sohn des Kardinals Farnese gewesen sein.

Seite 233

... erinnerte mich zuerst an die von Sainte-Foy: Vgl. Bemerkung über Kempten, S. 79.

Seite 235

Zauber gewinnt ...: Hier wie an vielen andren Stellen bewirkt der Wechsel vom Imperfekt zum Präsens die Vergegenwärtigung des Reiseerlebnisses.

... dem Blick wieder entziehn: O.: »*p*lusieurs riches *p*laines, grandes *p*arfois à *p*erte de vue *p*ar certain biais du *p*ros*p*ect«. Vgl. Anm. zu S. 230.

... daß er mich anzeigen ... könnte: Über Montaignes Einstellung zu Wutausbrüchen siehe *Essai* II/31, ES. 355/r.

Seite 236

Macerata ... hübsche Stadt von der Größe Libournes: Schon das Solbad Hall und Bozen wurden damit verglichen, siehe S. 107 und 119.

Porta Boncompagno: Nach dem Familiennamen Gregors XIII.

Seite 237

... die Berge Slawoniens: Heute Dalmatien.

... ein armseliges uraltes Häuschen aus Ziegelstein: *La Casa Santa*. Nach der Legende handelt es sich um das Geburtshaus der Jungfrau Maria, das von Engeln erst nach Slawonien und dann über die Adria in die Mark Ancona getragen wurde, wo sie es in einen Lorbeerhain setzten, ital. *laureto* = Loreto.

Seite 238

Nur mit Mühe und Not ... gelang es mir, einen Platz zum Anbringen meiner eignen Votivtafel zu ergattern: Flake behauptet wie einige andre Kommentatoren, Montaigne habe das Gelübde einer »Wallfahrt« nach Loreto getan, und er beruft sich hierbei auf Lautrey; dieser sagt jedoch im Vorwort zu seiner Ausgabe des *Journals* lediglich, er *vermute* (»je pense«), daß es die zarte Konstitution der einzig überlebenden und in der Entwicklung zurückgebliebnen Tochter Léonor (siehe *Essai* III/5, ES. 428/r) gewesen sei, die Montaigne und seine Frau bewogen hätten, der Muttergottes von Loreto eine Votivtafel zu widmen — was Montaigne (zusätzlich zur Hoffnung auf Linderung seiner Leiden in den Bädern) einen *ausgezeichneten Vorwand* (»excellant prétexte«) für seine Italienreise gegeben habe. Auch die eher distanzierte Beschreibung der ihm unterwegs begegnenden Pilger zeigt meines Erachtens, daß er sich keineswegs als einer der ihren sah.

Michael Montanus, Gallus Vasco, Eques regii ordinis, 1581 ... Francisca Cassaniana uxor ... Leonora Montana filia unica: »Michel de Montaigne, Franzose aus der Gascogne, Ritter des Königsordens, 1581; Françoise de la Chassaigne, seine Gattin; Léonor de Montaigne, einzige Tochter«.

Seite 239

... die Wachskerze eines Türken ... anscheinend wollte er sich alle Türen offenhalten: Was Montaigne gefallen haben dürfte, war er doch selber bereit, »im Notfall« sowohl dem heiligen Michael wie seinem Drachen eine Kerze darzubringen, siehe *Essai* III/1, ES. 392/r.

Seite 240

... daß die alten Sachen einfach eingeschmolzen ... werden: Laut A. d'Ancona geschah das auch mit Montaignes Votivtafel, denn in späteren Auflistungen werde sie nicht mehr erwähnt.

Seite 241:

... von hier brach ich nach der Messe ... auf: O.: »brachen ich«. Dieser *lapsus calami* zeigt besonders schön, daß Montaigne nicht allein reist. Hierfür spricht ja bisher schon der häufige *ich/wir*-Wechsel — siehe Anm. zu S. 226 und Vorwort.
... Michel Marteau, der Herr de la Chapelle: Er setzte sich 1588 für die Freilassung Montaignes aus der Bastille ein, als dieser von der Liga dort eingesperrt wurde.

Seite 242

... zumindest nach dem, was man aus seinem ... Mund zu hören bekommt: Zur Frage der Wunder siehe *Essai* III/11, ES. 516ff., besonders ab 517/l, sowie *Essai* I/21, ES. 52ff. Querlon und die großen Aufklärer äußerten sich skeptisch, ja empört über Montaignes (laut A. d'Ancona in der *Revue britannique* 1859 so bezeichneten) *Anfall von Gläubigkeit* (»accès de foi«). In diesem Zusammenhang erscheint daher Montaignes Einschränkung im vorliegenden Satz aufschlußreich.
... das Wunder der Herkunft des geschilderten Häuschens: Auch hier fällt auf, wie nüchtern Montaigne die Legende wiedergibt, zum Beispiel ohne Erwähnung der Engel, die das Häuschen durch die Luft getragen haben sollen.
procaccio: Vorgänger der Postkutsche.
Die Reise möchte ich gern machen: Dazu ist es nie gekommen.

Seite 243

Beneficiato: Pfründenbesitzer von geringerem Rang als der Kanonikus.
Custode della Secrestia: Küster der Sakristei.

Seite 245

... nach Slawonien: Siehe Anm. zu S. 237.

... eine Barke ... nach Venedig: Die Sehnsucht nach Venedig bleibt, eine zweite Verwirklichung des Reiseplans bleibt aber aus.

... halbe Pistolen: Spanische Goldtaler.

... vom untern Ende Italiens bis nach Venedig gelangt: Vgl. Ostia, S. 203.

Seite 248

In der Antike hieß sie *Senogallia*: Vielmehr *Sena Gallica*.

... mit dem Herrn d'Ossat: Vermittler zwischen Heinrich IV. und dem Vatikan. Ab 1599 Kardinal.

Erat tunc dolor ad unguem sinistrum: Herkunft des Zitats und genaue Bedeutung unbekannt; sehr frei übersetzt könnte es heißen: *Den Schmerz löste jener unglückselige Nagel aus.*

... *Antonia Rocamaro, patre, matre Valletta, Galla, Aquitana, Paciotto Urbinati, Lusitano nupta*: Querlon übersetzt: »Antoinette Roccamoro neben ihrem Vater und ihrer Mutter Valette, Französin und Gascognerin, verheiratet mit Pacoccio aus Urbino, von portugiesischer Herkunft.« A. d'Ancona bezweifelt, daß Montaigne den Text richtig wiedergibt.

Seite 249

Qui muros dederat: »Der die Stadt mit Mauern versehen hat.«

fanum fortunae: »Der Tempel der Fortuna«.

... wir aber erblickten nur äußerst häßliche: Vgl. S. 153 und 248.

Seite 250

... ist die untere Straße nach Venedig: *Via Romea*.

Seite 251

... Durchbruch, der aus einem der hohen Felsen gehauen war: Der Tunnel am *Passo del Furlo*.

… zudem flach behauene Felsblöcke von ungeheurer Dicke: In der Antike vielleicht Stützmauern für die überm Fluß verlaufende Straße, wie P. Michel und Garavini vermuten. Im übrigen folge ich hier A. d'Ancona und Cento.

Seite 252

… der Hauptbau wurde 1476 durch Federico Maria della Rovere errichtet: Es war Federico da Montefeltro.

Der jetzige Herzog …: Francesco Maria II. della Rovere.

… von unserm hingegen nichts: Als Montaigne die Stadt besuchte, war er, wie seine säuerlichen, ja boshaften Bemerkungen zeigen, nicht in bester Stimmung — wozu natürlich die ihm widerfahrne abweisende Behandlung wesentlich beitrug. Don Negroni, Dozent am erzbischöflichen Seminar in Urbino und profunder Kenner der Stadtgeschichte, bestätigte mir gegenüber denn auch, daß der unauffindbare Schlüssel natürlich ein Vorwand war: Man ließ Montaigne vor der Tür stehn, weil man erstens Gäste wenig schätzte, die Urbino auf die Schnelle kennenlernen wollten, und zweitens Franzosen sowieso nicht mochte, da man selber den Spaniern nahestand — kurz: Montaigne war unwillkommen. Als ein Meisterwerk der Kunst nun, den Gegner durch Schönung seiner Texte für sich singen zu lassen, darf man daher die Gedenktafel bezeichnen, die um 1960 am Marktplatz zu Ehren Montaignes angebracht wurde und durch geschickte Auslassungen sein so verdroßnes Urteil über die Stadt in ein Loblied verwandelt.

… von seinen Untertanen wegen seiner Ungerechtigkeit umgebracht: Oddantonio da Montefeltro auf dem Diptychon *Die Geißelung Christi* von Piero della Francesca.

Seite 254

Sepolcro d'Asdrubale: »Grab Hasdrubals«.

Brüstungen … ich weiß nicht, wie die Maurer diese schnabelförmigen Bauteile … sonst nennen: Die Kommentatoren sind diesbezüglich zerstritten: Ihre Spekulationen reichen von

Kragstein bis zu *Strebebogen*. Alberto Cento meint, in Wirklichkeit habe es sich um »brüstungsartige Zinnen« gehandelt.
Castel Durante: Heute: *Urbania*.

Seite 255

... die Geburt eines Sohnes der Fürstin Bisignano, Schwester des Herzogs: Im O.: »Le peuple y *f*aisait *f*eux de joie et *f*ête de la naissance d'un *f*ils mâle ...«. Vgl. Anm. zu Seite 230.
... was, wo und wieviel immer sie wollen: Nicht viel anders, als Montaigne selbst mit seinen Pferden verfährt, vgl. *Essai* III/9, ES. 489/r.
... gepanscht hatte: Vgl. S. 86, 132, 145, 153.
... kleinen Maiköniginnen: O.: »kleinen Königinnen der Fasten-Halbzeit«, Sinn ungeklärt.
... der Aufstieg zum Paß: Die *Bocca Trabaria*.
... an den er sich klammern könnte: Vgl. *Essai* II/12, ES. 296/l—/r.
... Metauro ... an seiner Mündung bei Senigallia: Vielmehr: Fano.

Seite 256

... jene schmutzig-rotbraune Farbe (*Flavum Tiberim*): Mit dem Epitheton *flavus* wurde der Tiber von Vergil und Ovid, vor allem aber von Horaz versehn.
... Spenden für die Feier des Tages erbaten: Vgl. Anm. zu S. 255.

Seite 257

... ist die Stelle gekennzeichnet: Es ist das Haus von Petrarcas Vater. Petrarca wurde in Arezzo geboren.

Seite 258

... um Castello wieder zu besuchen, von dem ich bereits gesprochen habe: Siehe S. 155.

Seite 259

... Wappen und Namen des Legaten *du Prat*: Wahrscheinlich hat Montaigne Kardinal *Niccolò da Prato*, um den es sich hier handelt, mit *Antoine du Prat*, dem Kanzler Frankreichs, verwechselt.

... *Rex Robertus*: Robert von Anjou, dem sich die Stadt 1313 ergab.

... ihre Bauform hat dem Palast von *Pratolino* als Modell gedient: Er wurde von Montaigne bereits auf dem Weg nach Rom besucht, siehe S. 150.

... daß auf so kleinem Raum hundert ansehnliche Zimmer Platz finden: Hierzu Cento: »Die übliche Übertreibung«.

... denn er ist ein großer Mechaniker: Siehe S. 153—154.

Seite 260

Messere Tadeo Rospigliosi: So im O. italienisch — Titel und Anredeform für eine hochgestellte Persönlichkeit: Rospigliosi war zur Zeit von Montaignes Besuch zum dritten Mal Gonfaloniere (Stadtoberhaupt).

Seite 261

... Podestà: Stadtvogt, später Bürgermeister.

... währenddessen erhöhte der Großherzog die Steuern: Von Montaigne vorwiegend *Herzog* genannt — *Großherzog* ist für ihn lediglich »die offizielle Bezeichnung« (siehe Anm. zu S. 154).

... viele Bäume, die durch die sie überwachsenden Reben miteinander verbunden sind: In der Po-Ebene Pappeln, hier laut A. d'Ancona Feldahorn, Nußbaum und Ulmen; vgl. S. 127, 134, 142 und 259.

Seite 263

Bagni della Villa: Bäder von Lucca. Vgl. *Essai* II/37, ES. 385/r.

Seite 265

… Hauptmann Paulino: *Paulino di Cherubino* oder *Cherubini*, laut A. d'Ancona damals Hauptmann der *Compagnia delle Ordinanze*, einer Art Bürgerwehr.

… zehn halbe Pistolen: Siehe Anm. zu S. 245.

Seite 267

… und die jeweils kranke Stelle durchwärmt: Vgl. *Essai* II/37, ES. 386/l.

… ich führte sie mir daher eigenhändig zu: Vgl. Anm. zu S. 170.

… nach dem Abendessen, meiner einzigen Mahlzeit an diesem Tag: Vgl. S. 73 und Anm. zu S. 27.

Seite 268

Eaux-Chaudes: Vgl. Anm. zu S. 230.

Barbotan: Vgl. S. 85 und 141.

Seite 270

… um des Dienstes willen, den ich einer höchst tugendhaften Dame Frankreichs schulde: Diese galante Förmlichkeit spricht dafür, daß Montaigne weniger seine Gemahlin (wie Lautrey ohne jede Begründung vermutet) als Madame d'Estissac gemeint hat, deren Tugenden er in der Einleitung zu *Essai* II/8 in den höchsten Tönen preist, siehe ES. 190/r ff.

Seite 272

… die ihr Leben verkürzt habe: Daß Freude töten kann, zeigt Montaigne an Beispielen in *Essai* I/2, ES. 12/l.

Borgo: *Borgo a Mozzano.*

Seite 274

Doch zu zählen, wieviel man pißt — was für eine alberne Gewohnheit: Hierzu Querlon: »Es ist nicht unsre Sache, für all diese Details, die weder appetitlich noch wissenswert sind, um Entschuldigung zu bitten — man möge sie, wenn man will, *Mon-*

taigne verzeihn. Sie wiederzugeben gehörte derart untrennbar zu seiner Art von Egoismus, daß er die *Essais* damit übersäte. Wir hätten sie daher nicht auslassen können, ohne die Rechenschaft zu verfälschen, die er vor sich selber abgelegt hat.«

... den Herrn d'Ossat: Vgl. Anm. zu S. 248.

... daß mich dies völlig niederwarf: Über seinen Freund Étienne de La Boétie, dessen frühen Tod er nie verschmerzt hat, siehe ES. 86/l—/r, 99/l—/r, 100/l—/r, 101/r—102/l, 104/r, 185/r, 196/l, 327/r—328/l und 534/l. P. Michel hält es, Michel Butor folgend, sogar für möglich, daß Montaigne mit den *Essais* ursprünglich seinem Freund ein literarisches Denkmal setzen wollte.

Seite 275

... mich derart purgiert zu haben: Vgl. S. 269.

... die genau konträre Meinung: Zu Montaignes Skepsis gegenüber der Medizin siehe *Essais* III/13und II/37, hier besonders ES. 384/r—385/l.

Manna: Zuckerreiche Absonderung der Mannaesche nach dem Stich der Eschenzikade.

... aus jener Quelle nahe Pistoia: Siehe S. 270.

Seite 279

... das reinste Toscanisch ... bei jenen Einheimischen, die es nicht durch Vermischung ... entstellt haben: Querlon: »Das Italienisch, das Montaigne nun schreibt, ist so, wie er es kannte oder zu sprechen wußte. Es ist nicht reiner als sein Französisch; aber ich habe es wörtlich wiedergegeben ... und ohne das Geringste zu ändern. In meiner Übersetzung ins Französische nahm ich mir hingegen eine etwas größere Freiheit heraus ...« Hierzu P. Michel: »Querlon hat also Montaignes Italienisch eine größere Flüssigkeit geben wollen, da es recht unbeholfen sei und lediglich kurzen französischen Sätzen übergestülpt scheint. Montaigne verstand zwar Italienisch durchaus gut, wie u. a. die Audienz beim Herzog von Ferrara zeigt, schrieb es aber weniger gut, was er im *Essai* III/5 selber zugibt.« Und Lautrey: »Man kann bedauern, daß Montaigne, um sich im Sprechen des Italienischen zu üben, einen Teil des Tagebuchs in dieser Sprache verfaßt hat: Hierdurch war er auf einen eingeschränkten Wortschatz angewiesen und so im Ausdruck seiner Gedanken behindert.« Mir scheinen diese Bedenken, soweit sie sich auf Montaignes Selbsteinschätzung seines Italienisch (wie in *Essai* II/12, ES. 272/r, und *Essai* III/5, ES. 436/r—437/l) berufen, dessen Bescheidenheitsgestus wie seine Lust am Ironisieren zu übersehn. Vor allem lassen sie unbeachtet, daß es ihm um ein tiefstmögliches, also auch sprachliches Eintauchen in die andre Lebenswelt ging: Wunschziel war die Kongruenz von synästhetischer Wahrnehmung *und* Wiedergabe. So dürfte es vorwiegend die Ungeduld gewesen sein, das jeweils Präsente gleichsam geburtswarm zu präsentieren, die ihn zu seinem quicklebendig pulsierenden Italienisch trieb — bei aller Fehlerhaftigkeit kommt es der damaligen Volkssprache gewiß näher, als es ein zur Hochsprache hin perfektioniertes vermocht hätte. Selbst A. d'Ancona, Italiener *de pur sang*, jubelt in einer Fußnote: »Donnerwetter, wie elegant unser Gascogner zu *toscanisieren* weiß!« Vgl. Anm. zu S. 326.

... an die *Bernabò* genannte Quelle: Laut A. d'Ancona hießen die Quellen der *Bagni della Villa*: *Bagno caldo* oder *Bagno di Corsena, Docce basse* oder *Bagno rosso, Bagno di San Giovanni, Bagno della Villa* und *Bagno di Bernabò*, außerdem die in Privatbesitz befindlichen *Bagni Cardinali*.

Seite 280

... der öffentlichen Meinung zufolge: O.: *opinione pubblica*. A. d'Ancona vermutet, daß Montaigne hier als erster diesen Begriff ins Italienische eingeführt habe.

Seite 281

... eine beträchtliche Anzahl Duschen: Die *Docce basse*.

La Saporita, L'Innamorata, La Coronata, La Disperata: *Die Wohl-*

schmeckende, Die Verliebte, Die Gekrönte, Die Hoffnungslose.
pain d'épice: Eine Art Gewürzbrot.
... dem Pfingstsonntag: O.: »Ostersonntag«.
Die vier wichtigsten Feste des Jahres nennt man hier Ostern: Das »große Osterfest« oder »Eier-Ostern« (*Pasqua maggiore, Pasqua d'uova*), Himmelfahrtstag, Pfingsten (*Pasqua di rose* = »Rosenostern«) und Weihnachten (*Pasqua di ceppo* = »Ostern der Geschenke«).
... erleichterte es meinen Körper ungeheuer: O.: *assaissimo* — dem entspräche etwa »auf das sehrste«! Montaignes Erfindungsreichtum sprengt damit die Grenzen der italienischen Superlativbildung; vgl. Anm. zu S. 298 und zu S. 320.

Seite 282

Das italienische Pfund hat nur zwölf Unzen: Das französische sechzehn.
... an den Kalenden des Mai: 1. Mai.

Seite 283

Der bereits erwähnte Obrist: Siehe S. 269 und S. 272.
... in die französische und spanische Partei gespalten: *Guelfen* und *Ghibellinen*, vgl. Anm. zu S. 147.

Seite 284

bambe, putti: Sollte Montaigne ausnahmsweise nicht genau hingehört haben? A. d'Ancona betont, daß noch zu seiner Zeit — also gegen Ende des 19. Jahrhunderts — die entsprechenden Ausdrücke im Dialekt von Lucca *bambore* und *bambori* gewesen seien.

Seite 285

... daß meinem Bruder ...: Dem Herrn de Mattecoulon, damals erst einundzwanzig Jahre alt. Offenbar hatte er sich Montaigne in Rom zum Besuch der Bäder angeschlossen, um dem in der Familie als erblich angesehnen Nierenleiden vorzubeugen.

Seite 286

... *Messer* Giovanni da Vincenzo Saminiati: Vgl. Anm. zu S. 260. Gab Montaigne dort den Titel innerhalb des französischen Textes mit *Messere* italienisch wieder, so hier innerhalb des italienischen Textes mit *Messer* französisch — oder hatte sein feines Ohr inzwischen erfaßt, daß sich im Italienischen vor Konsonanten das End-*e* des Wortes abschleift, das dann also der französischen Form gleicht?

Seite 287

Als der Tag sich gegen zweiundzwanzig Uhr zu neigen begann: Ungefähr zwanzig Uhr unsrer Zeitrechnung, siehe Anm. zu S. 123 und 227.

Seite 288

... und küßte es: Diesen Brauch lehnt Montaigne in *Essai* I/43 ausdrücklich ab, siehe ES. 138/l.

Seite 289

... wie am Schnürchen vorzutragen: Zu Volksdichtung/Kunstdichtung vgl. *Essai* I/54, ES. 158/l.
... zu meinem Wirt, einem Privatmann: Vgl. jedoch Anm. zu S. 265.

Seite 290

... ihr Wappen ... hinterlassen: Auf S. 90 macht er sich über den Wappenfimmel der Deutschen lustig. Er selbst hat sein Wappen nicht nur in den *Bagni della Villa* hinterlassen, sondern bereits in Plombières und Augsburg.
Er war taub und blind gewesen und hatte Zahnschmerzen gelitten: Das von Montaigne bei Aufzählungen meist bevorzugte *decrescendo* verblüfft hier derart, daß es Querlon bewogen hat, die »Zahnschmerzen« ohne textliche Absicherung durch »schwere Gebrechen« zu ersetzen.

Seite 291

... die beim Reiten zu tragen ... kein Vergnügen ist: Vgl. *Essai* III/9, ES. 489/l. Dort sind es freilich die Italiener, die angeblich »schon seit dem alten Rom« beim Reiten Sonnenschirme tragen.

Seite 292

... hatte er sich mit einer Artischocke ... gestochen: Im O. *scargioffolo*, Dialektform von *carciofo*. Obwohl Querlon dies erkennt und als Fußnote zur italienischen Originalfassung anmerkt, gibt er das Wort in seiner französischen Übersetzung mit *scarabée* (= Skarabäus, Pillendreher) wieder — der kann aber gar nicht stechen. Flake verallgemeinert genausowenig überzeugend zu *Käfer*.

Seite 293

... für einen Goldtaler täglich angeboten hatte: Vgl. aber S. 265.

Seite 294

... verspürte ich im Schwanz: O.: *cazzo*; siehe Anm. zu S. 331.
... die diese Heilwässer nie auch nur gekostet haben: Vgl. *Essai* II/15, ES. 304/r.

Seite 295

... vermute ich, daß es die Wirkung des Wassers war, die sie entstehen ... ließ: Vgl. jedoch S. 298—299.
... wird ausschließlich Wein angebaut. Vgl. S. 264. Schon auf dem Weg nach Innsbruck war Montaigne von einer ähnlichen Terrassenbauweise beeindruckt, siehe S. 106.

Seite 296

Bei dem wenigen vertraulichen Umgang, den ich bisher mit den Italienern hatte: Vgl. Anm. zu S. 193 und S. 219.

... für die paar Vorzüge: Querlon interpretiert diesen Passus auf abenteuerliche Weise falsch.

Seite 297

... der mich kürzlich vor Florenz ereilt hatte: Siehe S. 257.

Seite 298

... spülte die Därme tüchtig durch: Querlon: »die Ohren«!
... ein allereinzigstes Mal: Montaigne erfindet zu *volta* = »Mal« die bis dahin nicht existente Diminutivform *voltetta*, also etwa »Mälchen«. Vgl. Anm. zu S. 281 und zu S. 320.

Seite 299

... schied ich sie in viel kleineren Stücken aus: Vgl. S. 294, 300.
Donati: Siehe S. 275.

Seite 300

... nicht aus diesem Wasser stammen kann: Vgl. S. 294, 300.
... *ministro* ... nennt man hier die Ordensprovinzialen: Vgl. S. 299.

Seite 301

... worauf die Anhänger der Franzosen sich prompt beleidigt gaben: Vgl. Bologna, S. 147, besonders aber 283.
... daß ich einen Teil ... verschenken konnte: Montaigne war ohnehin »weder auf Salat noch auf Obst sonderlich erpicht, außer auf Melonen«. Siehe *Essai* III/13, ES. 557/l.
... dabei gehörten sie zu den schönsten Frauen Luccas: Vgl. Anm. zu S. 153.

Seite 302

Tut mir Gutes — um euretwillen!: O.: *Fate ben per voi!* Montaigne übernahm nach seiner Rückkehr dieses Wort in *Essai* III/5, ES. 449/r, vgl. S. 221.

Seite 303:

... ein Delphin: Französisch *dauphin*, zugleich Name des Thronfolgers. Laut A. d'Ancona ist von einer damaligen Franzosenfreundlichkeit der Pesciatiner jedoch nichts bekannt; viel eher könne sich ihr Wappentier auf den Namen der Stadt beziehn: *pesce* = Fisch. Damit unterstellt er ihnen freilich, als solchen hätten sie den Delphin angesehn — bei der notorischen Nonchalance der Italiener gegenüber zoologischen Benennungen nicht von der Hand zu weisen.

Tettuccio: Vgl. S. 275.

... und wurde dort von Rospigliosis Sohn besucht: Siehe S. 260.

Seite 304

vetturini: Über sein mißliches Erlebnis mit einem solchen siehe S. 235.

Juliustaler: Siehe Anm. zu S. 164.

Hernach sahen wir uns den Garten des Palastes eingehender als bei unsern ersten Besuchen an: Vgl. S. 155—157 und 259.

Die Vorstellung übertraf die Wirklichkeit: Vgl. Trient, Venedig, Florenz: S. 120, 135—136, 155.

Seite 305

... und zwar dergestalt ...: O.: *e della sorte*. Querlon schwankt zwischen *au hasard* und *après avoir tiré au sort*, während A. d'Ancona, Garavini und Rigolot, denen ich folge, hier einen der häufigen Rückfälle Montaignes ins Französische vermuten — also: *de la sorte*.

palio: Siegestrophäe; in Rom *el palo*, siehe S. 187.

Seite 306

... keine großen Schönheiten darunter: Vgl. Anm. zu S. 153.

Seite 307

... drei *palii*: Von *palio*, siehe oben.

Zwischen sieben und acht Uhr bricht jetzt der Tag an: Nach der italienischen Zeitrechnung — siehe Anm. zu S. 123.

Seite 308

Lateinische Verse weisen eigens darauf hin: In freier Übersetzung etwa: *Gewalt'ge Säulen, Holz und Marmorstein / trug sie herbei und scheute keine Pein.* Montaigne ist für solche Beispiele besonders empfänglich. So berichtet er in *Essai* II/11 von den Athenern, sie hätten die ihnen beim Bau des *Hekatompeton* behilflichen Maulesel zum Dank freigelassen, siehe ES. 216/r.

... jene antike Chimäre: Etwas anders und ohne sie zu benennen wird sie bereits beim ersten Besuch in Florenz vom Sekretär geschildert, freilich soll sie sich im herzoglichen Palast befunden haben; vgl. S. 157.

Silvio Piccolomini: Siehe S. 161.

... von jenem Venezianer in Bologna: Siehe S. 146.

Seite 309

... und das hat mir sehr gefallen: Montaigne verwarf sogar Pistolen, siehe *Essai* I/48, ES. 146/r.

Hier pflegt man dem Wein in den Gläsern Schnee beizumengen: Schon im alten Rom üblich, siehe *Essai* I/49, ES. 152/l.

... die süßen und unausgegornen Weißweine: Vgl. S. 132, 146, 153 und 255.

... daß Florenz zu Recht *la bella* genannt wird: Vgl. S. 155.

... nichts Besondres: Vgl. S. 172.

Seite 310

... das Landhaus des Großherzogs: *Villa Poggio*, vgl. S. 154 und 260. Daß der Bericht vom zweiten Besuch im Landhaus des Großherzogs andre Dinge anführt als der vom ersten, den der Sekretär geschildert hatte, läßt Garavini dessen selbständige Autorschaft vermuten.

… im Laden von *Giunti*: Berühmte Verlagsdruckerei mit Filialen in Venedig.

Seite 312

Die Stadt gehört dem Herzog von Florenz: Gewiß aus Unachtsamkeit »degradiert« ihn Montaigne wieder, nachdem er ihm zumindest seit dem italienisch geschriebnen Textteil seinen offiziellen Titel *Großherzog* zugestanden hatte; vgl. Anm. zu S. 154 und 261.

… die Komödiantentruppe der *Desiosi*: Wörtlich: *Die Begierigen.* Zu Montaignes Theaterbesuchen vgl. S. 165 und 146. Schon in *Essai* I/26 empfiehlt er wärmstens das Theaterspielen, ES. 96/r.

Seite 313

… sich als zu dürftig erwies: Montaigne pflegte, wie damals in Frankreich noch üblich, mit den Fingern zu essen; siehe *Essai* III/13, ES. 559/l.

Seite 314

… Turm in Bologna: *La Garisenda*; siehe Anm. zu S. 146.

… Kirche *San Giovanni*: *Il Battistero.*

… jener *Lorenzo*: *Lorenzino*, Mussets *Lorenzaccio.*

… der Königin: Caterina de' Medici.

… der *Rotonda* in Rom: *Santa Rotonda*; siehe S. 217.

… er ist schon alt: Damals neunundvierzig Jahre, ein Jahr älter als Montaigne!

Seite 315

… auf einem römischen Friedhof vergleichbar: Fremdenfriedhof *San Pietro.*

Seite 317

Ich … folgte dem Meeresufer, bis wir die Mündung des Arno erreichten: Zu *ich/wir* siehe Vorwort.

... um mich darauf zu stützen: Montaigne war es gewohnt, einen Stock in der Hand zu haben, »und sei es nur, um hierdurch eleganter zu wirken, besonders wenn ich mich mit gespielter Lässigkeit darauf stütze«; *Essai* II/25, ES. 342/l.

Seite 318

... die Ringe sich folglich ... enger aneinanderschließen: Laut A. d'Ancona sagt Leonardo da Vinci in seinem *Trattato della pittura* hingegen, die Ringe der dem *Süden* zugewandten Seite seien enger.

... dauerten meine Kopfschmerzen ... an: Querlon gibt sich montaignischer als Montaigne und versieht seine Übersetzung mit dessen so häufigem Vorbehalt *je ne sais quel(s)/quelle(s)* selbst hier, wo er gar nicht steht.

... Sümpfe hat trockenlegen lassen: Vgl. S. 142.

Girolamo Borro: Er ist der »eingefleischte Aristoteliker« in *Essai* I/26, ES. 83/r.

Seite 319

... Fremden gegenüber ... geradezu feindselig: Beim Abschied fällt sein Urteil anders aus, siehe S. 322.

Riffa: Eine Art Lotto.

Seite 320

... wesentlich von den Regeln seiner Kunst abweicht: Vgl. *Essai* II/37, ES. 387/r.

... von zahlreichen Wunderwirkungen: Sie inspirieren Montaigne dazu, das Adverb *assai* = »ziemlich«, »viel« zu adjektivieren und es zugleich in den (mit »zahlreichen« nur blaß wiedergegebnen) Superlativ *assaissimi* zu setzen; vgl. Anm. zu S. 281 und 289.

Seite 322

Höflich macht höflich: Vgl. S. 319: Dort *sind* die Pisaner unhöflich, hier *gelten* sie nur noch als unhöflich — offenbar ist gemeint: zu Unrecht, denn Montaigne glaubt bei ihnen durch sein eignes Verhalten einen Sinneswandel bewirkt zu haben.

Seite 323

Bagni di Pisa: *Terme di San Giuliano.*

Seite 324

... bot sich uns eine zauberhafte Aussicht: *Monte Pisano*; wie schon Dante feststellte (*Divina Commedia*: *Inferno* XXXIII/30), hindert er die Pisaner daran, Lucca zu sehn.
... fünf Zimmer, Eßsaal und Küche: P. Michel behauptet, zur Reisegesellschaft Montaignes hätten, »auch wenn er es nicht erwähnt«, hier wie stets junge Adlige gehört, deren »Mentor« er gewesen sei.
Tatsache ist, daß ich in Italien überall ... eine nicht nur ordentliche, sondern sogar angenehme Unterkunft gefunden habe: Zu Beginn seines Aufenthalts in Italien trauerte Montaigne der »Sauberkeit der deutschen Zimmer und Einrichtungen« nach, siehe S. 124.

Seite 325

... man wird ihrer leicht überdrüssig: Vgl. hierzu *Essai* I/13, ES. 29/l: »Ich habe oft Menschen getroffen, die vor lauter Höflichkeit unhöflich waren ...«.
... meinem Greisenalter gemäß: Montaigne stand im neunundvierzigsten Jahr. Seine Einschätzung entspricht der damaligen Lebenserwartung.
... ohne diesen Genuß mit einem teilen zu können: Vgl. *Essai* III/9, ES. 498/l: »An keinem Vergnügen, das ich nicht mit einem teile, finde ich Geschmack ...«.

Seite 326

... es kam hierbei verdammt wenig heraus: Beim Verlassen Italiens (S. 367) behauptet Montaigne, daß er sich des Italienischen

»zwar mit Leichtigkeit zu bedienen weiß, doch gewiß nur sehr schlecht«, weil er stets in Begleitung von Franzosen gewesen sei. P. Michel läßt diese Begründung jedoch nicht gelten: Montaigne habe sich vielmehr über die leichte Erlernbarkeit des Italienischen Illusionen gemacht. Hier könnte man in der Tat dessen (freilich nur augenzwinkernd erteilten) Ratschlag anführn, man solle, um sich auf Italienisch verständlich zu machen, irgendwelchen Wörtern aus andren romanischen Sprachen einfach italienische Endungen anhängen; siehe *Essai* II/12, ES. 272/r. Doch welches Lesevergnügen und wieviel frisch von der Leber weg hingeschriebne Beobachtungen über das damalige Leben in Italien wie über die Befindlichkeiten des reisenden Philosophen wären uns entgangen, wenn er seinem sprühenden Einfallsreichtum, seiner überbordenden sprachlichen Innovationslust die Fesseln philologischer Korrektheit angelegt hätte! Vgl. Anm. zu S. 279.

Seite 329

... Zahnschmerz, wie ich ihn noch nie zu spüren bekommen hatte: Dabei sind Montaignes Zähne, wie er in *Essai* III/13 betont, »stets gut bis ausgezeichnet gewesen«; siehe ES. 556/r.

Seite 330

... hielt ich ... den Urin zurück, denn ich wollte dessen Druck verstärken: Vgl. *Essai* II/37, ES. 385/l.

Seite 331

... einer Eichel glich ... er hatte ... die Form eines Schwanzes: O.: *cazzo*. Montaigne pflegte dem Volk aufs Maul zu schauen und übernahm daher mit Freuden dessen deftige Ausdrucksweise — was die Übersetzer oft nicht erkannt haben oder nicht wahrhaben wollten. So ist *fava* nicht nur wie in allen bisherigen Ausgaben die *Saubohne* (von Flake zu *Bohne* verflacht), sondern vulgär auch die *Eichel* als Teil des Penis, und nur die kann in Anbetracht des Kontextes hier gemeint sein. Ebenso verhält es sich mit dem Wort *cazzo*: Wiederum alle Ausgaben geben es witzlos (wenn auch wenigstens in der Sache richtig) mit *männliches Glied, Penis* und dergleichen wieder, wo es doch schlicht und einfach *Schwanz* heißt. Montaigne war von der Selbstverständlichkeit, mit der man es in Italien schichtenübergreifend gebrauchte, offensichtlich so beeindruckt, daß er es gleich nach der Rückkehr zum französischen Neologismus *le catze* umformte und in die *Essais* aufnahm, siehe I/49, ES. 152/l: »Den Schwanz trockneten sie sich …«.

… menschenwürdig zu ertragen oder zu beenden: Über Montaignes Einstellung zum Freitod siehe *Essais* I/14, III/4, besonders II/3: »Nicht nur eine einzelne Krankheit vermag der Tod zu heilen, sondern alle«, ES. 175/l.

Seite 332

… wie einen Monat zuvor die Augen: Vgl. S. 297; auch S. 257.

Seite 333

… trank ich neun Glas: einundachtzig Unzen: So in Querlons ersten drei Ausgaben, in der vierten abgeändert zu »achtzehn«. Wenn jedoch jedes Glas ein Pfund gleich zwölf Unzen faßte, wie von Montaigne oben angegeben, passen die beiden Zahlen nicht zueinander. Garavini meint daher, nur wenn ein Glas neun Unzen fasse, käme man bei neun Gläsern auf einundachtzig Unzen; achtzehn Unzen hingegen entsprächen lediglich zwei Gläsern. Was all diese Spekulationen übersehen, ist meines Erachtens, daß Montaigne erst von den Gläsern der *Bernabò*-Quelle spricht, dann von denen der *gewöhnlichen* Quelle: *della Villa*. Gleichwohl dürften sie selbst innerhalb ein und desselben Bades von unterschiedlicher Größe gewesen sein.

… jene Nachrichten …, die ich schon seit vier Monaten vergeblich erwartete: Laut P. Michel meinte Montaigne damit weder Nachrichten aus seinem Haus, das er in den zuverlässigen Händen seiner Frau wußte, noch die von ihm gar nicht angestrebte Ernennung zum Bürgermeister von Bordeaux — vielmehr habe er sich einen höheren diplomatischen Auftrag erhofft.

Seite 334

Bagni di Casciana: Vgl. S. 320; ehemals (wie im Original) *Bagnoacqua*.

Ich ließ in Pisa für anderthalb französische Taler mein Wappen anfertigen: Auf S. 290 hatte Montaigne dem *vicario* bereits angekündigt, »durch mein eignes Beispiel den in allen berühmten Bädern Europas üblichen Brauch« hier einzuführn.

Gegen zwanzig Uhr: Nach italienischer Zeitrechnung; siehe Anm. zu S. 123.

Seite 336

... das Amt aus Liebe zu meiner Vaterstadt anzunehmen: Vgl. *Essai* III/10, ES. 506/l—/r.

... selten eine Wallfahrt zu ihr unternähmen: Vgl. *Essai* II/5, ES. 304/r, und S. 294.

... überall in Mißkredit und Verruf kämen: Man vergleiche, wie es den Bewohnern von *Lahontan* erging: *Essai* II/37, ES. 386/l—/r.

Seite 337

Festa di Santa Croce: *Fest des Heiligen Kreuzes.*

Seite 338

Reliquia del Volto Santo: *Reliquie des Heiligen Antlitzes.*

... steht noch immer inmitten des ... Kirchenraums: Die Kapelle ist viel jüngeren Datums als der Dom.

... und doch kam nicht viel dabei heraus: Beim Besuch einer römischen Synagoge schienen ihm die dortigen Gebete sogar »wie in einer calvinistischen Kirche ein wirrer Singsang«, siehe S. 184.

... der Wechsel des Gonfaloniere: Vgl. Pistoia, S. 260.

Seite 339

Die *Piazza* in Siena: Vgl. S. 160.

Seite 341

Mittwochmorgen kam es zu einem Streit zwischen unsren Leuten und den *vetturini*: Vgl. S. 235 (Ohrfeige für einen *vetturino*), S. 72 (Auseinandersetzung eines Bedienten mit dem Reiseführer in Konstanz) und S. 85 (Streitigkeiten mit den Wirten).

... ein Bad, das »...« heißt: Im O. freigelaßner Raum für die Eintragung des Namens, zu der es nicht mehr gekommen ist. Wahrscheinlich handelte es sich um das Bad *Naviso* mit dem See *Bagnaccio*.

Seite 342

... was mir zuvor nur einmal passiert war: Siehe S. 307.

gensole: Dialekt für *giuggiole* = »Brustbeeren«, Früchte des *Judasdorns*.

Seite 343

... zieht ... allen andren Wässern Italiens vor: Laut A. d'Ancona dürfte es sich um Andrea Bacci und sein berühmtes Buch *De Thermis* handeln. Darin bezeichnet er die Bäder von Viterbo sogar als »die besten der Welt«.

Seite 344

... unter denen es keine Adligen gibt: A. d'Ancona und Cento zufolge falsch; P. Michel weist darauf hin, daß in Italien Adlige, die einer Berufstätigkeit nachgingen, keineswegs auf ihren Titel verzichten mußten.

... damit er dann um so heftiger hervorschießt: Vgl. *Essai* II/37, ES. 385/l, und S. 330—331.

... vom Herrn de Langon in Arsac: Vater der ersten Frau von Thomas de Beauregard, Montaignes Bruder; vgl. Anm. zu S. 41.

Am Freitag, Fest des heiligen Michael: O.: Samstag. Es muß Freitag gewesen sein, da Donnerstag der achtundzwanzigste September war, das Fest des heiligen Michael am neunundzwanzigsten begangen wird und Montaigne Samstag, »den letzten Tag des September« morgens aus Viterbo abgereist ist.

Seite 345

Papst Farnese: Paul III.

Messer Tommaso da Siena: Vgl. Anm. zu S. 260 und 286.

Seite 346

... im Herzen für die Franzosen: O.: *essendo Francesco* (heute *francese* = französisch) *di core*; zusätzlich vielleicht Wortspiel mit dem Vornamen des Kardinals Gambara: *Gian Francesco*.

Seite 347

tramontana: Nordwind.

... weil ich dann weniger zu essen pflege: Vgl. *Essai* III/13, ES. 556/r.

Seite 348

... mit der inständigen Bitte, mich möglichst bald bei ihnen einzufinden: Vgl. S. 335 und *Essai* III/10, ES. 506/l—/r; dort heißt es u. a.: »Ich lehnte zunächst ab, aber man überzeugte mich schließlich, ... zumal der Befehl des Königs hinzukam.« Es muß also, worauf P. Michel hinweist, ein mehrfacher Briefwechel zwischen Montaigne und den Ratsherren stattgefunden haben.

... tausend ungewöhnliche Reitkunststücke gelernt hatte: Montaigne hat den Bericht nach seiner Rückkehr in den *Essai* I/48 der Ausgabe von 1582 aufgenommen, siehe ES. 150/r. Es ist höchst reizvoll, im Vergleich festzustellen, was die Erinnerung richtig aufbewahrt und was sie nach so relativ kurzer Zeit schon verändert hat. Er selbst nahm einen solchen Vergleich — vermutlich, weil er seinem oft dargelegten Begriff von unkorrigierter Spontaneität widersprochen hätte — offenbar nicht vor.

Seite 349

... der Kardinal de Sens: = de Pelvé.

... die würzige Liköre herstellen und von denen ich schon oben gesprochen habe: Die *Jesuaten vom heiligen Hieronymus*, siehe S. 129; »gesprochen« davon hat dort der Sekretär — offen bleibt, ob nach Montaignes Diktat, »nur« von ihm inspiriert oder auf eigne Faust; siehe Vorwort.

Foro Ostilio: Also *Forum Hostilium*, das es jedoch nie gegeben hat; vielleicht ist die *Curia Hostilia* gemeint — die aber war Teil des *Forum Romanum*.

... Holzkiste nach Mailand vorauszubefördern: Bereits in Lucca hatte er zwei Ballen Reisegepäck direkt nach Frankreich schikken lassen, siehe S. 293.

... vier *baiocchi*: Der *baiocco* war eine Kupfermünze, fünf *quattrini* = Heller wert.

... der Kaiserin: Maria, Tochter Karls V.

Seite 350

Die Herren d'Estissac, de Monluc, Baron de Chasai, de Marivau: Sie tauchten bereits beim Ausflug nach Ostia auf, siehe S. 202. Die Zuordnung der Identitäten ist teilweise spekulativ, da die Namen im O. unterschiedlich wiedergegeben sind.

Seite 351

San Lorenzo: In diesem Ort (»miserable Herbergen«) hatte er auf der zweiten Hinreise nach Rom »wegen der Wanzen auf einem Tisch schlafen müssen«, siehe Anm. zu S. 342 — verständlich also, daß er dort nicht noch einmal übernachten wollte.

... des Herzogs von Toscana: = von Florenz; nomenklatorischer »Rückfall« Montaignes, der ja bereits weitgehend *Großherzog* übernommen hatte, siehe Anm. zu S. 153.

... trifft man auf Doppelbrücken: Vgl. Anm. zu S. 142.

Seite 352

... während dieser Reise aß ich morgens nur sehr wenig oder gar nichts: Vgl. S. 73, 263 und 267.

Seite 353

... ringsum trockengelegt werden: Vgl. S. 142 und 318.

... des Herzogs: Vgl. Anm. zu S. 351.

Ich war gezwungen, junge Weine zu trinken ... einen was weiß ich welch unnatürlichen Geschmack: Immer wieder hatte er (oder in seinem Namen der Sekretär) sich auf dieser Reise über die zu jungen und daher unausgegornen und noch trüben Weine beschwert, von denen er nachteilige Auswirkungen auf sein Nierenleiden befürchtete, so S. 132 und 145, oder ihm mißfiel die vom Panschen herrührende »fade Süße«: S. 153, 255 und 309. Auf S. 294 findet er die Weißweine »säuerlich, unreif und zu leicht«, die Rotweine »rauh und zu schwer«.

Luni: Anfangs etruskisch, dann römisch, im 11. Jahrhundert von Korsaren zerstört; vgl. Dantes *Divina Commedia*: *Inferno* XX/47 und *Paradiso* XVI/73.

Seite 354

... der Kaiserin seine Aufwartung gemacht: Maria von Habsburg, die sich auf dem Weg nach Spanien ins Kloster befand; siehe Anm. zu S. 349.

Seite 355

Da ich jedoch wegen meiner Magenschwäche das Meer schlecht vertrage: Siehe *Essai* III/6, ES. 451/r—452/l; vgl. Anm. zu S. 137.

... nichts anderes mehr im Kopf hatte als meine Rückkehr nach Frankreich: Montaigne hat sein Zögern, die Wahl zum Bürgermeister von Bordeaux anzunehmen, also überwunden, vgl. Anm. zu S. 348.

... nachdem sie im Besitz des Hauses Fiesco war: Bis zum Scheitern der berühmten Verschwörung, von Schiller dramatisiert.

Seite 356

mostarda: In gekochten Most und Essig mit Senf eingelegte Früchte.

Borgo San Donnino: Heute *Fidenza*.

Seite 358

Salz wird hier im Stück auf den Tisch gestellt: Vgl. Rovigo, S. 143.

... den ich in Innsbruck kennengelernt hatte: Andreas, Kardinal von Österreich; Montaigne war zu einem Abendessen bei ihm eingeladen, siehe S. 108.

... um zum römischen Kaiser gewählt zu werden: Was nie geschah.

... an einem langen Seil über den Fluß gezogen wurde: Vgl. S. 143.

Seite 359

... dreißig *kleine* Meilen: S. 250: »Die Meilen sind hier kurz« — im Gegensatz zu denen in Deutschland und der Schweiz, siehe Anm. zu S. 35.

Sant'Agostino: Vielmehr: *San Pietro in Ciel d'Oro.*

Mark Aurel: Im O. fälschlich: *Antonino Pio* (= Antoninus Pius). Marc Aurel war dessen Adoptivsohn.

Seite 360

... die Armee von König Franz I. vernichtend geschlagen wurde: 1525 von Karl V., dessen Soldaten schon mit Arkebusen bewaffnet waren, während die französische Infanterie noch mit Armbrüsten schoß. Fast der ganze französische Adel ist in der Schlacht gefallen.

Seite 364

... das übrige sind den unsren gleichende Worte: Vgl. Anm. zu S. 279 und 326. Siehe *Essai* II/12, ES. 272/r und *Essai* III/5, ES. 436/r—437/l.

marroni: Bergführer.
... die mich in einer Sänfte zum Mont Cenis hinaufbrachten: Vgl. *Essai* II/12, ES. 265/r.
... auf der andren Seite mit dem Schlitten wieder hinab: Dort das bis zum Bau der Straße 1810 übliche Transportmittel.

Seite 367

... nie Gelegenheit hatte, sie ordentlich zu erlernen: Vgl. Anm. oben (zu Seite 364).

Seite 368

Teston: Siehe Anm. zu S. 45.

Seite 369

... ein großer See: *Lac du Bourget.*
... an dessen Ufer ein befestigter Flecken: O.: *château* — offensichtlich noch analog zu italienisch *Castello.*
Chiusa: Siehe S. 127.
... ein Bach, der die Abfälle mit sich führt: Vgl. S. 364.

Seite 372

... »an der Stange«: O.: *par le billot*: Laut Lautrey hintereinander an einer Stange befestigt.
... er erbot sich sogar, mir Geld zu leihn: Vgl. Lucca, S. 322.
Thiers ... einer kleinen Stadt am *Allier*: Vielmehr an einem Nebenfluß von dessen Nebenfluß *Dore.*

Seite 373

Carolus: Unter Karl VIII. geprägte Kupfermünze, zehn Heller wert.
... Herrn de Foix: Botschafter des Königs in Rom, vgl. dessen Einladung an Montaigne, S. 348.

Seite 374

... für neunzig *écus-sol*: Wert ursprünglich etwa dreißig, später dann bis zu neunzig Sous. Ob es sich hierbei analog zum *écu au soleil* auf Seite 76 (Lindau) um »Sonnentaler« handelt, wie in allen mir zugänglichen Ausgaben und Übersetzungen angegeben, ist mehr als zweifelhaft; Furetière zum Beispiel führt *sol* vielmehr auf *à solido* zurück, da Wert und Gewicht der alten französischen Goldtaler nahezu identisch waren. Vgl. »Sou«: ebenfalls abgeleitet aus dem spätlateinischen *solidus*.

... um vier Livres betrogen: Ein Livre entspricht 8—9 Sous, siehe S. 136 und Anm. zu S. 102.

... ein Taler hundert Sous wert: Die Angabe »Sous« ist im O. ausgelassen, dürfte aber plausibler sein als das »Livres« in andren Ausgaben und Übersetzungen.

Im Turm und auf Tour
Essais und Reisetagebuch: Montaignes Diptychon der Selbst- und Welterfahrung

Ich schildere nicht das Sein,
ich schildre das Unterwegssein
(Essai III/2, ES. 398/r)

Mit dem *Reisetagebuch* führt uns Michel de Montaigne sein in alle Richtungen offenes Denken, wie es die *Essais* in stetem Wechselspiel bekunden und bewirken, durch sein Eintauchen in völlig fremde Alltagswelten leibhaftig vor Augen: Hier macht er die Probe aufs Exempel, hier zeigt er sich in seiner wahrhaft *essayistischen Existenz*. Wenn Goethe im Hinblick auf das *Reisetagebuch* betont, daß »der lebendige Mensch auf jeden Fall den Schriftsteller erklärt«, so wird diese Aussage hundert Jahre später von John Murray noch vertieft und erweitert: »Der Reisende erklärt den Denker.«
In der Tat ist das Unterwegssein Montaignes *existentieller* Dauerzustand. Diese Behauptung mag angesichts der klischierten Ikone vom einsamen Türmer, der, in seiner Bibliothek über Mensch und Zeit nachdenkend, nur widerwillig Ausflüge ins Getriebe der Welt unternimmt, allzu kühn erscheinen — ihre Richtigkeit wird von den *Essais* und dem *Reisetagebuch* jedoch auf immer neue Weise bestätigt: ob im Turm oder auf Tour, stets war »Montaigne en mouvement« (Jean Starobinski).

Er selber schreibt: »Mein Geist rührt sich nicht, wenn die Beine ihn nicht bewegen« (*Essai* III/3, ES. 413/l). Für die Erkundung der Außenwelt aber vertraut sich der Zwei- am liebsten einem gezäumten Vierbeiner an, denn »Montaignes Weisheit hat den Hintern im Sattel« (Roger Judrin). Daher überprüft er die Welthaltigkeit seiner im Turm unternommenen Gedankengänge, indem er Land und Leute zu Pferde, doch nie auf hohem Roß in Augenschein nimmt. Auf diese Weise werden ihm Natur, Kultur und jedes Menschen Ich schließlich zu Manifestationen des als Bewegungsprinzip verstandenen Seins, deren vielschichtigem Zusammenspiel er schauend, denkend und schreibend unermüdlich nachspürt. Vor allem unterwegs malt er das ihm ringsum begegnende Leben *sur le vif.* Anders als der legendäre chinesische Maler aber verschwindet er uns hierbei nicht im Bild, sondern tritt, in es hineingehend, immer weiter daraus hervor.
So eröffnen die Einblicke in das prozeßhafte Wahrnehmen, Reflektieren und sprachliche Gestalten unsres Reisenden auch weit umfassendere hermeneutische Zugriffe auf die *Essais*. Montaigne bricht auf, »ohne zu wissen, wohin die Fahrt ihn treibt, Abschweifungen sind das Eigentliche«, nämlich der wesentliche Teil seiner »erschließenden Skepsis« (Hugo Friedrich). Hieraus entsteht jener Kraut-und-Rüben-Stil, den Montaigne so treuherzig wie verschmitzt selbst anprangert (*décousu, fricassée, marqueterie mal jointe, fagotage, excréments*), worauf manche Interpreten prompt hereingefallen sind: Sie nahmen für bare Münze, was als Spielmarke gedacht ist. Wie, wenn Kraut und Rüben gar austauschbar wären — Schwebendes und Schwere, Wollust und Schmerz, Würde und Witz?
Als höchst aufschlußreich erweist sich in diesem Zusammenhang ein Vergleich der (vorwiegend früheren) Vorwürfe gegen die *Essais* mit den (heute noch häufigen) gegen das *Reisetagebuch*: Sie sind weitgehend identisch — wie auch anders, wo es doch Montaignes stets im Fluß befindliche, stets sich neuen Kontingenzen stellende Gedanken- *und* Gegenstandsmalerei ebenfalls ist!

Die Darstellung des Unterwegsseins als Bewegungsprinzip, das in Montaignes Sicht den universalen Makro- wie den menschlichen Mikrokosmos bestimmt, entfaltet sich ihm immer weiter zur Triade der Erkundung des Ich, des Anderen und der beide konditionierenden Lebenswelten. Um die dazwischen unaufhörlich oszillierenden Beziehungen angemessen wiedergeben zu können, betätigt sich Montaigne als eine Art mobiler Wegweiser: Zum Sichbewegenden verhält er sich, während er auf es hinzeigt, als ein Sichbewegender. So konstituiert sich der Weg nicht zuletzt nach Maßgabe dessen, der ihn im Beschreiben beschreitet, im Beschreiten beschreibt.

In allem sieht er das große Unterwegssein: *Allee* und *Straße*, *Weg* und *Pfad* kommen in den *Essais* über hundertmal vor. Ob lesend, schreibend oder im Sattel, er scheint einem »geheimen Nomadeninstinkt« zu folgen (Alexandra Micha). So wird alles, was er dem Leser unterbreitet, zum Zwischenbericht: Dokument einer in beide Zeitrichtungen offnen Vorläufigkeit.

In seiner Schilderung von Landschaften nun führt uns Montaigne gleichsam den Bühnenraum für das menschliche Werken und Wirken vor Augen, das diesen seinerseits entscheidend mitprägt. »Montaigne gefällt eine harmonische, kultivierte und bewohnte Natur, in der Ursprünglichkeit und menschliche Präsenz eine untrennbare Verbindung eingehn« (Guido Piovene). Dabei ergeben sich bei näherer Analyse erstaunliche Korrespondenzen zwischen seinem Ideal einer »Seele mit mehreren Etagen« und der terrassenförmigen Gliederung bestimmter Landschaften in Bayern, Tirol und Italien.

Über das Inntal lesen wir zum Beispiel im *Reisetagebuch* (S. 106): »Dieses Tal schien dem Herrn de Montaigne die wohlgefälligste Landschaft, die er je gesehen hat: Bald verengte es sich vor den dicht an dicht herandrängenden Bergen, bald erweiterte es sich auf unserer Seite ... und gab Land zum Kultivieren und Bearbeiten bis in die Abhänge der hier weniger steilen Berge hinein frei; und dasselbe dann auf der andern Seite. Und dann der Anblick dieser in zwei, drei Stufen [*étages !*] gegliederten Terrassen voll schöner Adelssitze und Kirchen! Und dann all das allseitig durch Berge umschlossen und beschützt, die unendlich hoch sind!«

Während aber im Inntal die unendlich hohen Berge nur seine furchtlose Neugier erwecken, kommen ihm auf seinem Weg durch Südtirol die Steilwände schon bedrohlich nahe (S. 118): »Das hautnah an uns herantretende Gebirge bestand fast nur aus wilden Felsen: teils dichte Massen, teils zerklüftet und von herabrauschenden Bächen durchfurcht; andre aus grobem Geröll, von dem schier unendliche Mengen, darunter riesige Brocken, am Boden lagen ... Wir wären abgestürzt, wenn man zwischen Fluß und Weg nicht eine Schutzmauer hochgezogen hätte.« Doch sogar hier dann die freudige Feststellung: »Dennoch ist die Gegend so volkreich, daß selbst Berge, die wir oberhalb der uns nächsten erblickten, kultiviert und bewohnt waren — ja, man sagte uns, noch weiter darüber lägen schöne große Ebenen, die den Städten im Unterland das Getreide lieferten; die Bauern seien daher sehr reich und hätten ansehnliche Höfe.«

In diese Weitwinkelaufnahmen von real Gesehnem, so scharf konturiert wie farbig, sei mit hartem Schnitt (und zunächst unkommentiert) Montaignes Vision der Tugend eingeblendet: »Sie thront keineswegs, wie die Schulmeister behaupten, auf der Spitze eines steilen, zerklüfteten und unzugänglichen Bergs; jene, die in ihre Nähe gelangten, sagen im Gegenteil, sie wohne auf einer blühenden und fruchtbaren Hochebene, von der aus sie alle Dinge unter sich sehe, die aber jeder, der die Richtung kenne, auf schattigen, von süßem Duft umwehten Rasenpfaden über einen sanft ansteigenden, der Neigung des Himmelsgewölbes gleichenden glatten Hang leicht erreichen könne« (*Essai* I/26, ES. 88/r).

Doch weiter, von den Alpen zum Appenin! Bei dessen Überquerung scheint sich Montaigne von einer Begeisterung in die nächste hochzuschreiben: »Zunächst genossen wir den wunderschönen Anblick tausend verschiedner Hügel, bald an-

heimelnd überschattet von den Bäumen der mannigfachsten Obstgärten, bald von den denkbar üppigsten Getreidefeldern umwogt — und dies oft an so steiler und abschüssiger Stelle, daß es ein Wunder schien, wie die Pferde dort hingelangten. Und dann die lieblichen Täler, die zahllosen Bäche, die vielen Häuser und Dörfer, wohin man blickt! ... Oft wiederum sahen wir weit über unseren Köpfen ein schönes Dorf liegen, und unter unsren Füßen, fast bei den Antipoden, zugleich ein andres, wobei jedes dem Auge ganz eigene Reize bot. Der Zauber gewinnt sogar noch dadurch wesentlich an Wirkungskraft, daß hinter den so freundlichen und fruchtbaren Bergen der finstre Appenin seine abweisenden Häupter erhebt: Von jenen fernen Felsen sieht man zahlreiche Wildbäche herabstürzen, die sich in den unteren Tälern, ist die erste Wut verschäumt, bald zu sanften und liebreizenden Bächen wandeln« (S. 234—235).
Die Art und Weise, wie Montaigne die erlebten Gebirgswelten in beeindruckenden Bildsequenzen wiedergibt, ist in vielfacher Hinsicht aufschlußreich. Am Brenner macht er sich noch über die Angst seiner Zeitgenossen vor den von ihm selber als belanglos empfundnen Schwierigkeiten der Alpenüberquerung lustig: »Er sagte, wenn er mit seiner erst achtjährigen Tochter spazierengehn müßte, würde er dies ebensogern auf diesem Paßweg als in einer Allee seines Gartens tun« (S. 116). Doch je unwirtlicher die Berge werden und je mehr sie ihm auf den Leib rücken, desto mehr rückt er innerlich von ihnen ab, und immer häufiger drängen sich nun Wörter wie »abweisend« und »unzugänglich«, wie »wild« und »gefährlich« in den Vordergrund: Um die hohen Berge, als wären sie eine schlafende Bestie, macht man am besten einen weiten Bogen — »an sie wagt sich keiner heran« (S. 118).
Hierbei läßt er es freilich keinesfalls bewenden. Gewiß soll man die gefährliche Wildnis in Ruhe lassen; das ändert aber nichts daran, daß man sie wenigstens als *ästhetische* Bereicherung verbuchen darf: Der Zauber gewinnt durch den finstren Appenin sogar noch »wesentlich an Wirkungskraft« (siehe

oben). Gleichwohl muß für den Lebens- wie Glaubenspragmatiker Montaigne das Unzugängliche für immer unzugänglich bleiben, denn an seiner fideistischen Grundhaltung läßt er nicht rütteln. Dabei ist das Festhalten an der denkerischen Unerreichbarkeit des Jenseits bei ihm nicht etwa Ausfluß einer frustrierten Sehnsucht, sondern seiner entschiedenen Zustimmung zum Diesseits, zum jeweiligen Hier und Jetzt, *innerhalb* dessen sich ihm Grenzüberschreitungen zur Genüge bieten.
Selbst zunächst rein deskriptiv wirkende Landschaftsbilder geben so Einsichten in das geistig-literarische Woher und Wohin des Autors frei: Bei näherer Betrachtung erweisen sie sich als Sediment und Sprungfeder zugleich — ihre vermeintliche Nur-Augenblicklichkeit transzendiert.

Bezeichnenderweise geht bei Montaigne mit der Forderung, das Unzugängliche unzugänglich sein zu lassen, im *Reisetagebuch* eine zunehmende Erotisierung des landschaftlich Zugänglichen einher. Vokabeln aus dem Damenschneider-, Modistinnen- und Coiffeurgewerbe werden herangezogen, um die von der Schönheit der kultivierten Gebirgsteile im Autor ausgelöste Erregungskurve nachzuzeichnen. Über die Brixen einrahmenden Hänge lesen wir zum Beispiel: »Ringsum, selbst auf unsrer linken Seite des Flusses steigen die Berge so sanft an, daß sie sich vollständig kultivieren lassen — sie sind gleichsam bis zu den Ohren gekämmt und frisiert« (S. 115). Bei Borghetto wiederum folgert Montaigne aus der Auskunft der Einheimischen, daß sich die Grafschaft Tirol noch viel weiter erstrecke als bis zu den von der Etsch aus sichtbaren Bergen, »das alles sei wie ein Kleid, das wir nur plissiert sähen — sobald man es jedoch ausbreite, ergäbe sich ein erstaunlich großes Land: eben Tirol« (S. 127).

In Anbetracht der synästhetischen Sensibilität, mit der Montaigne die Landschaft als Bühnenraum für alles menschliche Werken und Wirken wahrnimmt und wiedergibt, überrascht es zunächst, daß ihm immer wieder vorgeworfen wurde, auf seiner Italientour sei er den großen Schöpfungen der zeitgenössischen Kunst mit einer Art Wahrnehmungsverweigerung gegenübergetreten. Abgesehn davon, daß sich der pauschalisierende Vorwurf mit vielen Einzelbeispielen aus dem *Reisetagebuch* wie aus den *Essais* widerlegen läßt, verschiebt Montaigne tatsächlich die traditionelle Gewichtung von Natur und Kunst — die *mimesis naturae* ist ihm wichtiger als jede *mimesis picturae*: Weniger will er gemalte Landschaften beschreiben, als mit seiner Beschreibung Landschaften malen. So wirft er auch den gelehrten Werken vor, sie behandelten die Dinge auf eine Weise, die vom Natürlichen zu weit abliege, und hinsichtlich der Philosophenschulen erklärt er rundheraus: »Wäre ich vom Fach, würde ich jedenfalls so, wie sie die Natur verkünsteln, die Künste naturalisieren« (*Essai* III/5, ES. 437/r).

In den nichtlandschaftlichen Gemälden wiederum, den Porträts und Gruppenkompositionen vermag er lediglich eingefrorene Bewegung zu sehn, die er allenfalls über die erinnerte Geschichts- und Geschehensteilhabe der dargestellten Personen wieder in Gang zu setzen sucht. Statt Darstellung von Szenen — Inszenierung!

Mit seinen Landschaftsschilderungen kündigt Montaigne zugleich den Auftritt der sei es individuell, sei es kollektiv handelnden (oder Handeln über sich ergehn lassenden) Menschen an: Wo sich Kirchen zeigen, wird es bald Begegnungen mit Kirchenleuten geben, wo bebaute Felder — mit Bauern, wo Städte — mit Städtern, wo Parks und Schlösser — mit Schloßherrn.

Dabei spricht aus vielen Seiten des *Reisetagebuchs* eine auffallende Vorliebe für die kleinen Leute, für die Handwerker und Händler, und diese Hochachtung vor dem »niederen Volk« hat ihn von Geburt an geprägt. So erinnert er sich: »Der gute Vater, den Gott mir schenkte ..., gab mich von der Wiege an in ein armes Dorf zur Pflege, das zu seinen Besitzungen gehörte, und er beließ mich dort, solange ich gestillt wurde, ja noch länger, um mich an die einfachste und niedrigste Lebensweise zu gewöhnen ... [und] mich mit dem Volk, mich mit dieser

Schicht von Menschen vertraut zu machen, die unsrer Hilfe bedarf … Das war auch der Grund, warum er mich von Leuten des niedrigsten Standes aus der Taufe heben ließ« (*Essai* III/13, ES. 555/r—556/l).

Eine solche Verbundenheit wird natürlich erwidert, so daß die Leute, die Montaigne liebt, Montaigne lieben — was ihn wiederum zu einem *excellent mixer* (Donald M. Frame) macht: einem geselligen und kontaktfreudigen Menschen. Als er zum zweiten Mal die Bäder von Lucca aufsucht, hat er das Gefühl, heimzukommen: »Von allen Leuten wurde mir ein großer und herzlicher Empfang bereitet — es sah wahrhaftig aus, als wäre ich nach Hause zurückgekehrt« (S. 327).

Ähnliche Leitlinien, die Montaignes synästhetisches Wahrnehmen und Darstellen unterschwellig oder manifest bestimmt haben, lassen sich aus den Einzelbeobachtungen des *Reisetagebuchs* gewinnen, wenn man sie unter bestimmten Aspekten zusammenfaßt. Vor allem wäre hier Montaignes Krankheit zu nennen, die sich bei ihm bereits zwei Jahre vor dem Aufbruch nach Italien als unerbetener Dauergast einnistet und ihren Würgegriff nicht mehr lockern wird, bis sie ihn anderthalb Jahrzehnte später fällt.

Was sind, müssen wir fragen, die Beobachtungen eines Kranken wert, der, von einer Nierenkolik in die andre gepeitscht, die Welt vermutlich nur in den Ruhepausen wahrzunehmen vermag? Oder sollte ihn der schwarze Tunnel des Schmerzes vielmehr um so hellsichtiger für die draußen aufscheinende Landschaft gemacht haben — ergeben gerade die in der existentiellen Dunkelkammer entwickelten Negative seine so besonders leuchtkräftigen Bilder?

Auf seinem Ritt nach Loreto notiert er über den Abruzzenort Terni: »Eine hübsche kleine Stadt in ungemein freundlicher Lage. Hinter ihr erstreckt sich jene weite und fruchtbare Talsohle, aus der wir kamen; darüber dehnen sich Hänge, die aufs reichste kultiviert und besiedelt sind. Vor allem bewirkt die Fülle von Olivenbäumen, daß man sich keinen schöneren Anblick denken kann — wechseln die Hügel doch außerdem ständig mit recht hohen Bergen, die bis zum Kamm hinauf ebenfalls bestellt werden und vielfältigste Frucht tragen.« Dieses liebliche Landschaftsgemälde aber kontrastiert er abrupt mit dem schwarzen Spachtelhieb: »Seit vierundzwanzig Stunden hielt mich wieder ein starker Kolikanfall im Griff, der gerade den letzten Vorstoß unternahm« — um das Ganze schließlich mit dem ins Lichte zurückführenden Pinselstrich ausschwingen zu lassen: »Er vermochte mich jedoch vom Entzücken über die Schönheit dieses Orts nicht abzubringen.« (S. 232)

Umgekehrt ist es unerläßlich, auch bei den negativ wertenden Beschreibungen von Landschaft, Land und Leuten die Frage zu bedenken, inwieweit ihm sein Leiden die Feder geführt haben könnte; die Krankheit ist als mögliche Mitproduzentin des Textes jedenfalls stets im Auge zu behalten — so oder so.

Betrachtet man Montaigne weniger als treibende denn durch diesen *basso continuo* der Krankheit getriebene Kraft, eröffnet sich zudem die Aussicht, den Streit um die Diskrepanz zwischen »schönen« und »häßlichen« Textstellen durch eine ästhetische Redimensionierung seines Gegenstands gegenstandslos zu machen: Wie gewisse moderne Maler in ihren Werken den noch nicht mit Farbe bedeckten Farb*träger* als Gestaltungsfaktor mitwirken lassen, drängt sich auch das den Beschreibungsprozeß existentiell grundierende Leiden bei Montaigne immer wieder in kruder Nacktheit hervor, um sich gequält-quälend zur Geltung zu bringen. Sollte dies trotz aller realen erlittnen Schmerzen gar auf eine Dynamisierung der Darstellung zielen? Kein allzu abwegiger Gedanke — schreibt Montaigne doch in *Essai* III/5 (ES. 440/r):

»Die Maler durchschatten ihre Bilder, um deren Leuchtkraft zu erhöhen, und man sagt, daß Sonnenstrahlen und Windstöße gebrochen größre Kraft entfalten als ungebrochen.«

Während er sich selbst so Schritt um Schritt ins gestaltende Jasagen zum Unabänderlichen einzuüben sucht — eine Vorwegnahme fast von Nietzsches Wort über den *amor fati* (»Ich will immer mehr lernen, das Notwendige an den Dingen als das Schöne zu sehen; so werde ich einer von denen sein, welche die Dinge schön machen«) —, beobachtet er gleichzeitig mit steigendem Abscheu die religiösen Auseinandersetzungen seiner Zeit. Dabei fällt ihm in Süddeutschland höchst angenehm auf, daß sie hier ganz anders als in Frankreich nicht blutig ausgetragen werden (der Dreißigjährige Krieg stand Deutschland ja noch bevor). So kann er sich das heftigste Pro und Kontra in aller Ruhe, ja Amüsiertheit anhören.

War ihm schon die Apologie des Sebondschen Vernunftglaubens (*Essai* II/12, ES. 217/l ff.) immer mehr zu dessen Widerlegung geraten, so sieht er nach der Reise die von ihm vermutete absolute Relativität allen Meinens und Glaubens erst recht bestätigt. Nicht einmal die Vernunft ist davon ausgenommen: Gott be-, gar *er*gründen zu wollen ist unvernünftig. Es gilt daher, auch die *raison* zur Räson zu bringen — unser Philosoph erkennt *ante verbum* die »Dialektik der Aufklärung«, lange bevor Adorno und Horkheimer sie auf den Begriff brachten.

Dem widerspricht keineswegs, daß er nach eignem Bekunden aus der Schweiz, Deutschland und Italien in seiner Glaubens*praxis* gefestigt zurückkehrt, denn dies ist nicht deswegen der Fall, weil er von der Alleingültigkeit der katholischen Lehre nun erst recht überzeugt gewesen wäre, sondern umgekehrt, weil seine Gespräche und Beobachtungen ihm gezeigt haben, daß *jede* (Glaubens-)Sitte ihr Daseinsrecht hat — also auch die seine. Dieses uneingeschränkte Toleranzgebot gilt ihm keineswegs nur für die Religion, vielmehr sieht er dessen Notwendigkeit durch seine tagtäglichen Beobachtungen auf immer neue Weise untermauert. Zu einem seiner bevorzugten Demonstrationsobjekte werden ihm dabei die Frauen, deren Unterschiede in Aussehen und Auftreten, in Lebens- und Liebensweise zu schildern er nicht müde wird. Meistens führt ihm hierbei freilich sein kritischer, zuweilen aber auch nur krittelnder Blick die Feder: teils launig, teils launisch. Dieserart entsteht ein so buntes wie schillerndes Bild der Weiblichkeit gegen Ende des 16. Jahrhunderts, vorwiegend freilich der käuflichen.

Nur selten ist er mit der Schönheit der Frauen zufrieden. Dafür beeindruckt ihn die Anzahl der venezianischen Kurtisanen und deren Verschwendungssucht um so mehr. In Rom wiederum mäkelt er, die »außergewöhnliche, die vollkommne Schönheit« sei in Italien nicht häufiger als in Frankreich — von drei, vier Fällen abgesehn, habe er »nichts Überragendes« entdecken können; allgemein fand er die Frauen hier jedoch hübscher und sah »keineswegs so viele häßliche« (S. 188 sowie *Essai* III/5, ES. 442/l).

In einer kuriosen Zusammenstellung schildert er, welche Möglichkeiten ihm Rom bietet, seiner Langeweile zu entfliehn: »Ich hörte mir Predigten an ... oder theologische Disputationen — oder zuweilen auch nur das, was mir irgendeine der öffentlichen Damen zu erzählen wußte, wobei ich es recht mißlich fand, daß sie eine simple Unterhaltung (denn nur die suchte ich, um sie plaudern zu hören und auf diese Weise etwas von ihren raffinierten Praktiken zu erfahren) genauso teuer verkaufen und genauso knausrig damit umgehn wie mit dem ganzen Geschäft« (S. 219).

Die Diktion dieser Stelle scheint seltsam zweispältig. Zwar hebt er frohgemut an: »Nichts schadet meiner Gesundheit mehr als Langeweile und Müßiggang. In Rom aber fand ich stets irgendeine Beschäftigung, und war sie einmal nicht so reizvoll, wie ich sie mir gewünscht hätte, so schaffte sie es zumindest, mir hinreichend Kurzweil zu bieten« (S. 218). Am Ende kommt in seiner so optimistischen Darstellung aber eine zutiefst beklemmende Grundierung zum Vorschein: »All diese Unterhaltungen beschäftigten mich, wie gesagt, hinreichend, so daß es weder zu Kummer noch zu Melancholie, die für mich der Tod ist, den geringsten Anlaß gab, sei es drinnen oder draußen.« (Das Granteln über die zu hohen Körper- und Konversationspreise der Kurtisanen gewinnt in diesem Kontext einen seltsam kleinkrämerischen Aspekt.)

Mit welch mimetischer Exaktheit dieses *clair-obscur* die tatsächliche Bewegtheit seiner inneren Zustände wiedergibt, ersieht man schon daraus, daß es sich immer wieder fast detailgetreu wiederholt — so in Lucca anfangs als reines *clair*: »Ich wurde nur selten von Einheimischen besucht. Ich schlief und studierte, wie es mir gefiel; und wenn ich ausgehn wollte, fand ich überall Gesellschaft von Frauen und Männern, mit denen ich mich ein paar Stunden des Tages unterhalten und zerstreuen konnte; und dann die Läden, die Kirchen, die Plätze!« Hierauf der plötzliche Umschlag ins *obscur*: »Was mir als einziges fehlte, war ein Gefährte, der zu mir gepaßt hätte. So mußte ich all diese schönen Dinge allein genießen, ohne diesen Genuß mit einem teilen zu können« (S. 325). Zweifellos meint er mit »einem« keinen andern als seinen verstorbenen Freund La Boétie, über dessen allzu frühen Verlust er nie hinwegzukommen vermochte. (S. 274: »Ich verfiel in ein derart quälendes Grübeln über den Herrn de La Boétie, daß mich dies völlig niederwarf.«)

Der Eindruck, daß es Montaigne bei den *clair*-Passagen seiner Schilderungen in Wirklichkeit darum geht, sein zunehmendes Gefühl der Vereinsamung schönzureden, steigert sich noch, wenn man in dem Bericht aus Rom weiterliest (S. 219): »Dies ist ein wirklich angenehmer Aufenthaltsort; hieraus kann ich freilich schließen, wieviel mehr noch die Stadt mir gefallen hätte, wären mir auch die inneren Kreise zugänglich gewesen; denn sosehr ich mich auf allen möglichen Wegen hierum bemühte, habe ich in Wirklichkeit doch nur ihr öffentliches Gesicht zu sehn bekommen, wie es sich dem kleinsten Fremden darbietet.« Offensichlich bedrückt es ihn eben doch, daß er nicht in die großen Familien eingeführt wurde und so auch keinen engeren Kontakt zu den hohen Damen finden konnte, »wie er es in Frankreich gewohnt war« (Pierre Michel). Was blieb ihm da andres übrig, als mit den Kurtisanen *vorliebzunehmen*? Sie freilich boten ihm ein reiches Anschauungsmaterial; zudem fanden sich so berühmte darunter wie die Venezianerin

Veronica Franco, die selbst Schriftstellerin war und sich nur mit Herzögen und Königen abgab (S. 135). Worin sein Verkehr mit ihr auch bestanden haben mag, dürfte er doch weder einseitig noch einsinnig gewesen sein. In Anbetracht ihres Bildungsniveaus und ihrer ungewöhnlichen Einblicke in das damalige Leben des Landes wird Montaigne die Begegnung jedenfalls *auch* zu einem Gedankenaustausch über Kunst und Kultur genutzt haben — von deren Hervorbringungen freilich eine ganz bestimmte Kategorie sein sich ständig steigerndes Interesse fand:

Wünschte er sich hinsichtlich der gemalten und skulptierten Kunstwerke seiner Zeit (wie der philosophischen Werke) deren »Naturalisierung«, so sah er dieses Ideal nämlich im Sinne der Schönheit alles Funktionsgerechten und dem Menschen Förderlichen auf jenem Gebiet des produktiven Tätigseins weitgehend verwirklicht, das sich unter dem antiken Begriff der *téchnē* zusammenfassen läßt: Kunst als Handwerk, Kunst als Architektur, Kunst als Technik. Die Begeisterung hierfür gibt seiner Sprache eine immer größere Konturenschärfe, wobei aber seine ästhetische Konzeption einer engstmöglichen Verflechtung von Menschen- und Naturwerk stets bestimmend bleibt.

So bewundert er an den Villen in der Gegend von Lucca die »Säulengänge und Loggien, die ihnen zu höchster Zierde gereichen« (S. 325—326); besonders hat es ihm eine Loggia mit großem Innengewölbe angetan, die »von den Ästen und Zweigen der außenherum angepflanzten und abgestützten Reben völlig zugewachsen war: eine natürliche, lebende Laubhütte!« Am Beispiel Sienas wiederum führt er vor Augen, wie eine konsequente städtebauliche Einschmiegung in die Vorgaben der Landschaft Menschen- und Naturwerk in Einklang bringt (S. 159). Vor allem aber nimmt die Beschreibung dessen, was heute *technische Errungenschaften* heißt, im *Reisetagebuch* einen herausgehobnen Platz ein: vom trickreich ausgetüftelten Bratenspießwender über wuchtige Winden und umfangreiche

Schöpfanlagen bis zur Großkonstruktion auf drei Ebenen übereinandergebauter Straßen-, Kanal- und Flußkreuzungen. Im kleinen wiederum geht er selbst auf die handwerkliche Materialverarbeitung akribisch ein, ob es sich nun um Holz oder Eisen handelt, um Ton oder Glas.

Daß jedoch all diese so schön rational-zweckdienlichen Geräte und Anlagen auch bedrohliche Potentiale in sich bargen, zeigt Montaignes genauigkeitsbeseßne Darstellung des Augsburger *Einlasses* (S. 97—99). Diese seinerzeit berühmte Toranlage, die mit raffinierten technischen Vorrichtungen die Stadt vor ungebetnen Gästen schützen sollte, suggeriert durch die aufgezeigten wuchtigen Dimensionen dem heutigen Leser die düsteren Raumphantasien der Piranesischen *Carceri*. Jeder Fremde, der die Stadt betreten wollte, wurde ihren makabren Kontrollmechanismen unterworfen:

Zwei unsichtbar bleibende Pförtner dirigierten nacheinander den Ankömmling durch mehrere sich »mit Mordsgetöse« öffnende und schließende Tore sowie über etliche Brücken in eine große Halle, wo er, nachdem er Namen und Ziel seines Besuchs ins Leere gerufen hatte, das Einlaßgeld in eine bronzene Schale warf, die sogleich an einer Kette hochgezogen wurde. War der hier zuständige Pförtner mit Auskunft und Geldbetrag zufrieden, konnte der Fremde durch das letzte Tor die Stadt endlich betreten — wenn nicht, mußte er, falls er nachts angekommen war, in der öden Halle bis zum nächsten Morgen ausharren.

Mit der *unheimlich* präzisen und völlig emotionsfreien Beschreibung dieser Überwachungs- und Diszipliniermaschine, die den Menschen zur Manipuliermasse einer Vorrichtung macht, deren Betreiber, im Moloch selber eingeschlossen, unsichtbar bleiben — mit dieser Beschreibung hat sich Montaigne als eine Art Kafka *avant la lettre* erwiesen. Gleichwohl kann er sich nicht einmal hier seiner Bewunderung für die technischen Innovationen seiner Zeit erwehren. So lautet denn sein abschließendes Urteil: »Das ist eine der erfindungsreichsten Anlagen, die man je zu Gesicht bekommt.«

Am stärksten aber fesselt ihn ein Element, dem er aus objektiven und subjektiven Gründen zentrale Bedeutung beimißt: das Wasser.

Objektiv gilt, daß »eines der Hauptprobleme, dem sich im 16. Jahrhundert Städtebauer, Ingenieure und Verwaltungen gegenübersahen, in der Heranführung und Verteilung von Wasser bestand. Von der Lösung dieses Problems hingen nicht nur die Annehmlichkeiten der großen Herren ab, sondern ebenso die öffentliche Sauberkeit und der Gesundheitszustand der Bevölkerung in den großen städtischen Ballungsräumen, die Produktionskosten der vor- und frühindustriellen Betriebe und die Entwicklung des Bergbaus« (Lino Pertile).

Was den subjektiven Aspekt betrifft, sieht Montaigne im Wasser das zwischen Erde und Wind, zwischen Voll- und Entmaterialisierung anschaulich gewordene Bewegungsprinzip *par excellence*, dem er seinerseits durch die fließende Form seines Denkens und Darstellens Gestalt zu geben sucht. Daß *sein* Element das Wasser sei, ist jedoch nicht nur philosophisch zu verstehn, sondern im selben Maße lebenspraktisch: generell zunächst, dann im Hinblick auf seine Suche nach Heilung von seinem Leiden speziell.

Schon seine exzessiven Anwendungsrituale bei den Badekuren, wo er ständig das Wasser in den Körper, den Körper ins Wasser einbringt, um so den durch seine Nierensteine blockierten Vitalprozeß wieder *in Fluß* zu bringen, wären Grund genug, eine Art Obsession zu vermuten. Was aber gegen eine ausschließlich hypochondrische Fixierung spricht, ist die Tatsache, daß Montaignes Blick in den bereisten Ländern ganz allgemein von diesem Element angezogen wird, in all seinen Erscheinungs- und Verwertungsformen: Ihn faszinieren Seen, Flüsse und das Meer, natürliche und künstliche Kanäle, Brücken und Schleusen, Brunnen und Fontänen, hydraulische Anlagen, Pumpen und die wuchtigen bis winzigen Wasserspiele in den von ihm besuchten italienischen Villen. Vor allem deren Zauber zu schildern wird er nicht müde.

Monologisiert in der Wildnis die Natur, so in den Kunstwerken die Kultur, während im Acker- und Städtebau beide sich ganz nach Montaignes Geschmack zu einem fruchtbaren Dialog zusammenfinden, der dann, gekrönt von ebenden Wasserspielen, in den Gärten und Parks seine höchste, weil zwanglos-heitere Vollendung findet.

In *Essai* III/13 (ES. 539/r) aber läßt er seine Sicht vom großen Unterwegssein alles Bestehenden durch keinen andern als den toten Freund La Boétie auf dichteste Weise darstellen — im Gedicht:

dem Wasser endlos Wasser nach,
und jede Welle folgt im Wandern
der einen und enteilt der andern:
Sieh dort, wie diese jene scheucht
und selber dann der nächsten weicht!
Sieh Flut in Flut sich fortergießen:
Der Bach bleibt gleich, doch nie das Fließen.

Biblio-
graphie

a) Kommentierte Ausgaben des Reisetagebuchs

Journal du voyage de Michel de Montaigne en Italie par la Suisse et l'Allemagne en 1580 et 1581, hg. von **Anne-Gabriel Meu(s)nier de Qerlon**, Rom und Paris, (1—3) 1774, (4) 1775.

L'Italia alla fine del secolo XVI — Giornale del viaggio ... (franz. und ital. Originaltext), hg. von **Alessandro d'Ancona**, Città di Castello 1889.

Journal de voyage, hg. von **Louis Lautrey**, Paris (1) 1906, (2) 1909.

Journal de voyage, hg. von **Charles Dédéyan**, Paris 1946.

Journal de voyage, in »Montaigne: Œuvres complètes« (Bibliothèque de la Pléiade), hg. von **Albert Thibaudet** und **Maurice Rat**, Anmerkungen von Maurice Rat, Paris 1962.

Journal de voyage, hg. von **Pierre Michel**, Paris 1974.

Journal de voyage, hg. von **Fausta Garavini**, Paris 1983.

Journal de voyage, hg. von **François Rigolot**, Paris 1992.

b) Übersetzungen ins Englische

The Journey into Germany and Italy, in »Complete Works of Michael de Montaigne«, übertragen und hg. von **William Hazlitt**, London 1842.
Montaigne. Travel Journal, übersetzt und hg. von **Donald M. Frame**, San Francisco 1983.

c) Übersetzungen ins Italienische

Giornale del viaggio, hg. und übersetzt von **Americo Terenzi**, Florenz (2) 1959.
Viaggio in Italia, hg. und übersetzt von **Alberto Cento**, Bari (1) 1972, (2) 1991.

d) Übersetzungen ins Deutsche

Michael von Montagne, Reisen durch die Schweiz, Deutschland und Italien in den Jahren 1580 und 1581, übersetzt von **Johann Heinrich Friedrich Ulrich**, Halle 1777—1779.
Reisetagebuch. Übersetzt und eingeleitet von **Otto Flake**, Band 7 in »Michel de Montaignes Gesammelte Schriften«, München und Berlin 1908—1915.
Tagebuch einer Badereise. Aus dem Französischen von **Otto Flake**, durchgesehen und bearbeitet von **Dr. Irma Bühler**, Stuttgart 1963. [Die »Bearbeitung« besteht nur in der Korrektur einiger grober Übersetzungsfehler.]
Tagebuch einer Reise durch Italien. Aus dem Französischen von **Otto Flake**, Taschenbuchausgabe, Frankfurt am Main 1988/f. [Flakes Originalfassung in »Michel de Montaignes Gesammelte Schriften« von 1908 bis 1915, also *einschließlich* der in der Ausgabe von 1963 korrigierten Fehler.]
Das Reisetagebuch (Auszüge), in *Montaigne: Die Essais*, hg. und verdeutscht von **Paul Sakman**, Leipzig (1) 1932, Stuttgart (2) 1939.

e) Weitere im Text zitierte Werke und Autoren

Enea Balmas: *Montaigne a Padova ...*, Padua 1962.

Craig B. Brush: *The Essayist is learned ...*, in: *The Romanic Review* LXII/1, New York/London 1971.

Michel Butor: *Essai sur les Essais*, Paris 1968.

Copie Leydet, in: *Autour du »Journal de voyage« ...* (Auszüge), *Actes des Journées Montaigne à Mulhouse et Bâle, octobre 1980*; Genf/Paris 1982.

Dante Alighieri: *La Divina Commedia*, Florenz (2) 1974.

Les Essais de Michel de Montaigne (Édition Municipale), Bordeaux 1906—1933.

Michel de Montaigne: *Essais* (hg. von **Alexandre Micha**), Paris 1969.

Henri Estienne: *Apologie pour Hérodote*, 1566.

Donald M. Frame: *Montaigne's Discovery of Man ...*, New York, London, (1) 1955, (2) 1967.

Hugo Friedrich: *Montaigne*, Bern/München, (1) 1949, (2) 1967.

Antoine Furetière: *Dictionnaire Universel* (Reprint), Hildesheim/New York 1972.

Johann Wolfgang von Goethe: *Sämtliche Werke in 18 Bänden* (hg. von **Ernst Beutler**), Zürich 1977.

Goethes Gespräche (Gesamtausgabe), hg. von **Flodoard Freiherr von Biedermann**, Leipzig 1910.

Grimm, **Diderot** etc.: *Correspondance littéraire, philosophique et critique*, Neuausgabe, Paris 1879.

Journal des Sçavants, Amsterdam 1774.

Roger Judrin: *Montaigne*, Paris 1971.

Alexandre Micha: *Le singulier Montaigne*, Paris 1964.

John Murray: *The Significance of Montaignes »Journal de voyage«*, in: *The Modern Language Review*, Cambridge 1934.

Lino Pertile: *Montaigne in Italia — arte, tecnica e scienza dal »Journal« agli »Essais«*, in: *Saggi e ricerche di letteratura francese*, Rom 1973.

Guido Piovene: Vorwort zu *Viaggio in Italia* (übersetzt von Alberto Cento), Bari (1) 1972, (2) 1991.

Richard A. Sayce: *Baroque elements in Montaigne*, in: *French Studies*, Oxford 1954.
Prof. Dr. St. Schindele: *Michel de Montaigne in Lindau und Süddeutschland*, in: *Das Bayerland*, München 1908.
Sansoni: *Nuovo Dizionario Enciclopedico*, Florenz 1987.
Jean Starobinski: *Montaigne en mouvement*, Paris 1982.

Bildnachweise

Seite 26 Reiter im Sommer, aus P. Bertelli, *Diversarum nationum habitus*, Padua 1594

Seite 36 Badeszene in Plombières, Titelholzschnitt aus J. J. Huggelins, *Von heilsamen Bädern des Teutschlands*, Mülhausen 1559

Seite 46 Mülhausen, aus Braun-Hogenberg, *Civitates orbis terrarum*, Köln 1575

Seite 49 Basel, aus Braun-Hogenberg, *Civitates orbis terrarum*, Köln 1575

Seite 53 Zeitgenössische Küche, Holzschnitt 16. Jh.

Seite 56/57 Baden, aus Braun-Hogenberg, *Civitates orbis terrarum*, Köln 1575.

Seite 67 Rheinfall bei Schaffhausen, aus Johann Stumpf, *Gemeiner loblicher Eydgenossenschafft Stetten, Landen und Völckeren Chronick wirdiger Thaaten Beschreybung*, 1548

Seite 70/71 Konstanz, aus Braun-Hogenberg, *Civitates orbis terrarum*, Köln 1575

Seite 80/81 Kempten, aus Braun-Hogenberg, *Civitates orbis terrarum*, Köln 1575
Seite 88/89 Augsburg, aus Braun-Hogenberg, *Civitates orbis terrarum*, Köln 1575
Seite 95 Deutsche Tanzszene, 16. Jh.
Seite 103 München, aus S. Münster, *Cosmographia*, Basel 1628
Seite 110/111 Innsbruck, aus Braun-Hogenberg, *Civitates orbis terrarum*, Köln 1575
Seite 116/117 Brixen, aus Braun-Hogenberg, *Civitates orbis terrarum*, Köln 1575
Seite 122 Trient, aus P. Bertelli, *Theatrum urbium italicarum*, Venedig 1599
Seite 128 Verona, aus Braun-Hogenberg, *Civitates orbis terrarum*, Köln 1575
Seite 131 Vicenza, aus Braun-Hogenberg, *Civitates orbis terrarum*, Köln 1575
Seite 133 Padua, aus S. Münster *Cosmographei*, Basel 1550
Seite 134 Padua, St. Antonio, aus P. Bertelli, *Diversarum nationum habitus*, Padua 1594
Seite 136 Venezianische Damen und Kurtisanen, Kupferstich aus dem 16. Jh.
Seite 148/149 Florenz, aus Braun-Hogenberg, *Civitates orbis terrarum*, Köln 1575
Seite 160 Siena, aus P. Bertelli, *Theatrum urbium italicarum*, Venedig 1599
Seite 162 Aquapendente, aus S. Münster, *Cosmographia*, Basel 1628
Seite 168/169 Rom, aus Braun-Hogenberg, *Civitates orbis terrarum*, Köln 1575
Seite 177 Papstprozession, aus P. Bertelli, *Diversarum nationum habitus*, Padua 1594
Seite 181 Rom, aus S. Münster, *Cosmographia*, Basel 1558
Seite 189 Turnierszene, Stich 1565
Seite 204/205 Ostia, aus Braun-Hogenberg, *Civitates orbis terrarum*, Köln 1575

Personen- und Orts-register

Personenregister

Ortsregister

Die Geschichte der 1985 von Hans Magnus Enzensberger und Franz Greno noch im Bleisatz aus der Taufe gehobenen Buchreihe **Die Andere Bibliothek** ist längst zum Bestandteil unserer deutschsprachigen Lesekultur geworden.
Monat für Monat ist seitdem ein Band erschienen. Am Anspruch, intellektuelles und visuelles Vergnügen zu verbinden, hat sich bis zum heutigen Tag nichts geändert.

Seit Januar 2011 wählt Christian Döring monatlich sein Buch aus und gibt es im neuen Verlag **Die Andere Bibliothek** unter dem Dach des Aufbau Hauses am Berliner Moritzplatz heraus.

Das Programm der **Anderen Bibliothek** folgt inhaltlich seit Anbeginn nur einem Maßstab: Genre-, epochen- und kulturraumübergreifend wird entdeckt und wiederentdeckt, die branchenübliche Einteilung in Sachbuch und Literatur hat nie interessiert, nur Originalität und Qualität sollen zählen.

– Jeden Monat erscheint ein neuer Band, von den besten Buchkünstlern gestaltet.
– Die Originalausgabe erscheint in einer einmaligen Auflage von 4.444 Exemplaren, limitiert und nummeriert.

Sind die limitierten und nummerierten Originalausgaben vergriffen, bieten wir Ihnen unsere Extradrucke der Anderen Bibliothek, damit Sie alle an den Erfolgen unserer schönen Bücher teilhaben können. Unser Vorschlag: Werden Sie Mitglied im Club unserer Abonnenten, so erhalten Sie garantiert jede Originalausgabe zum Vorzugspreis.
Und als persönliches Dankeschön: eine unserer Prachtausgaben im Folioformat.

Tagebuch der Reise nach Italien über die Schweiz und Deutschland von 1580 bis 1581 ist als Originalausgabe im Januar 2014 als dreihundertneunundvierzigster Band der **Anderen Bibliothek** erschienen.
Als Extradruck wurde *Tagebuch der Reise nach Italien über die Schweiz und Deutschland von 1580 bis 1581* im März 2018 wiederaufgelegt.

Die Herausgabe lag in den Händen von Christian Döring.

Die Neuausgabe und Aufnahme in die **Andere Bibliothek** folgte der von Hans Stilett 2002 übersetzten, edierten und mit einem Essay versehenen Ausgabe Berlin 2002.

Hans Stilett war von 1953 bis 1983 im Bundespresseamt tätig und begann anschließend ein Studium, das er mit einer Promotion über Montaignes Reisetagebuch abschloss. Nach vielfachen Lyrikveröffentlichungen und der biographischen Erzählung *Eulenrod*, machte ihn die erste moderne deutsche Gesamtübersetzung der Essais bekannt. Sie erschien 1998 in der **Anderen Bibliothek**. Hans Stilett verstarb im Jahre 2015.

Dieses Buch wurde von Uta Schneider, Offenbach am Main, gestaltet und aus der Scala Pro und der Scala Sans Pro gesetzt. Die Herstellung betreute Katja Jaeger, Berlin. Gedruckt und gebunden wurde bei Kösel, Altusried-Krugzell. Als Inhaltspapier wurde Munken Premium von Arctic Paper eingesetzt.

ISBN 978-3-8477-2021-8
AB – Die Andere Bibliothek GmbH & Co. KG
Berlin 2018

Extradrucke der Anderen Bibliothek
№ 349

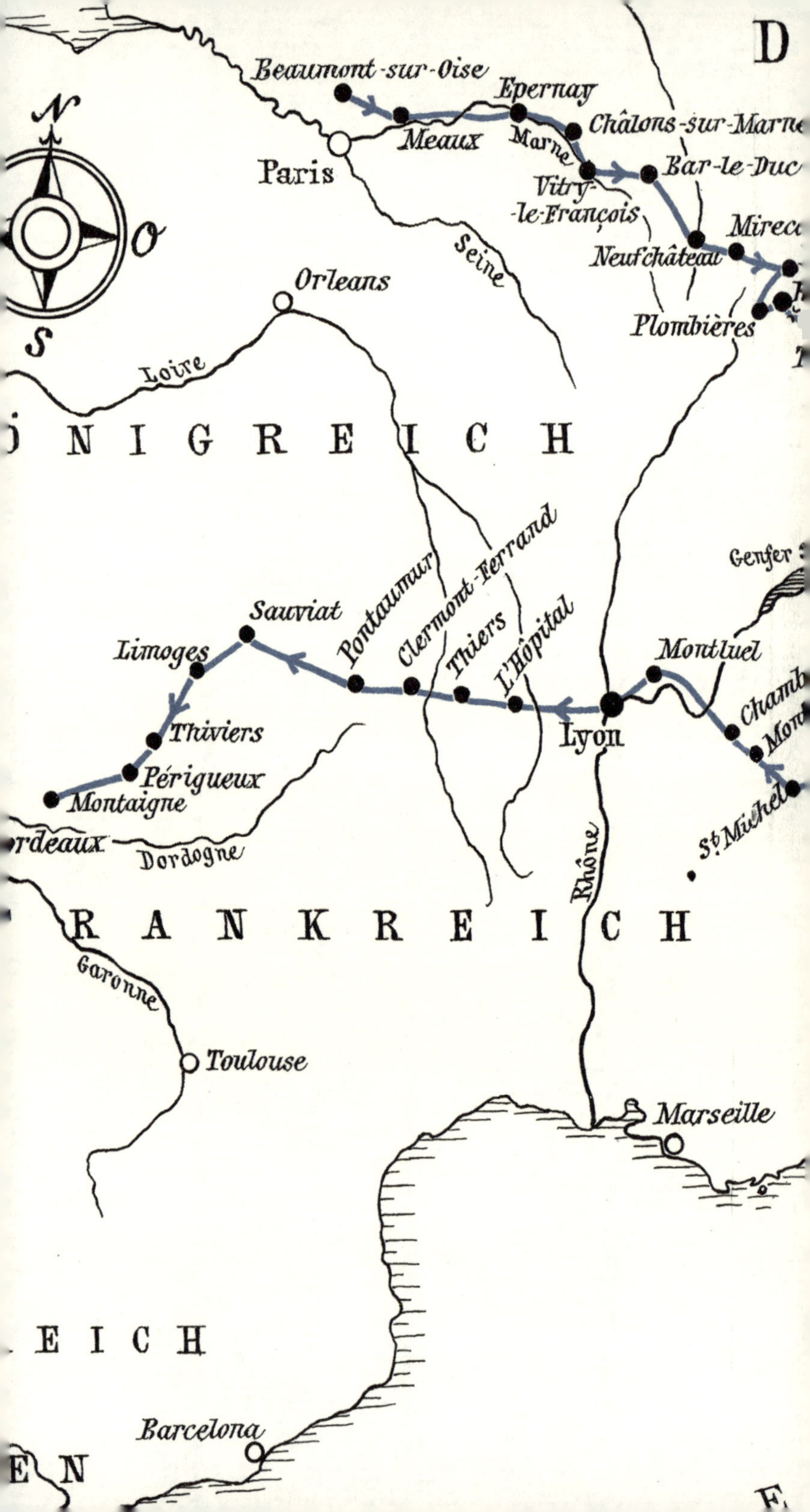

D
Beaumont-sur-Oise
Epernay
Meaux
Marne
Paris
Vitry-le-François
Bar-le-Duc
Neufchâteau
Plombières
N
O
S
Seine
Orleans
Loire
Sauviat
Pontaumur
Clermont-Ferrand
Thiers
L'Hôpital
Limoges
Montluel
Lyon
Thiviers
Périgueux
Montaigne
Dordogne
Rhône
Garonne
Toulouse
Marseille
Barcelona